발명의 진보성 판단에 관한 연구

발명의 진보성 판단에 관한 연구

이 헌

景仁文化社

서 문

이 책은 2016년 8월 필자가 서울대학교에서 박사학위를 받은 논문인 "발명의 진보성 판단에 관한 연구"를 토대로 이를 수정·보완한 것이다.

필자는 2012년 2월 특허법원에 부임하게 되면서 특허 사건을 집중적으로 다루어 볼 수 있는 소중한 기회를 얻게 되었다. 그런데 특허법원에 근무하다 보니 상당수의 특허 사건에서 진보성 요건이 다투어지고, 진보성 유무가 당해 사건의 결론을 좌우하게 되는 결정적인 쟁점이 될 때가 많음을 알게 되었다. 특허 사건을 다루면서 습득하게 된 지식과 경험을 사장시키지 않고 나름대로 정리해 보아야겠다는 생각으로 진보성을 박사학위논문 주제로 선택하게 되었다.

특허법에서 진보성 판단은 워낙 어렵고 방대한 주제인 것을 스스로 잘 알고 있었던 까닭에 주제를 선택할 당시부터 무모한 도전이 아닌가 하는 생각을 하였고, 실제 논문을 작성하면서도 벽에 부딪힐 때가 한 두 번이 아니었다. 다만, 여러 분들의 도움 덕분으로 무사히 박사학위논문을 완성하였고, 이렇게 책으로 출간되기에 이르렀다.

이 책에 부족한 점이 많이 있음을 스스로 잘 알고 있지만, 이는 전적으로 필자의 과문함과 게으름의 결과일 뿐이고, 이 책이 무언가 의미 있는 것을 남긴다면 그것은 오로지 다음과 같은 분들의 도움과 배려가 있었기에 가능하였음을 고백하지 않을 수 없다.

석사과정에 들어와 지적재산권법을 전공한 이래로 항상 용기와 격려를 아끼지 않으시고 세심한 배려로 논문을 지도해 주신 정상조 지도교수님께 깊이 감사드린다.

심사위원장을 맡으셔서 깊이 있고 날카로운 질문을 통해 더 나은 논문이 될 수 있도록 도와주신 권영준 교수님과 논문 심사를 흔쾌히 맡아 주시고 논문의 완성도를 위해 조언을 아끼지 않으신 박준석, 이상정, 심영택 교수님께도 감사의 말씀을 전하고 싶다.

대법원 지적재산권조에서 함께 동고동락하며 많은 가르침을 주시는 김창권, 구민승, 김정아, 손천우 재판연구관님께 깊이 감사드리고, 작년까지 함께 근무하였던 박태일 부장판사님과 송현정 판사님께도 감사의 말씀을 전하고 싶다.

특허법원에서 근무하는 동안 훌륭한 가르침을 주시고 이끌어주셨던 강영호 전 특허법원장님과 배광국, 배준현, 한규현, 이정석 부장판사님께 깊이 감사드리고, 특허법원에서 함께 근무하면서 많은 깨달음과 도전을 주었던 동료 판사님들께도 감사의 말씀을 전하고 싶다.

마지막으로 판사로서 바쁜 와중에서도 학업까지 병행하느라 남편과 아버지로서의 역할을 제대로 하지 못함에도 늘 지지와 응원을 아끼지 않는 사랑하는 아내와 아들, 딸과도 이 기쁨을 함께 하고자 한다. 아울러 부족한 자식을 위해 늘 기도하시는 부모님과 항상 아낌없이 후원해 주시는 장인어른, 장모님께도 지면을 빌어 감사의 말씀을 드리고자 한다.

2017년 00월

이헌

〈목 차〉

서 문

제1장

서 론

제1절 연구의 배경

특허제도는 산업상 이용가능한 새로운 발명을 공개한 자에게 공개의 대가로서 일정기간 독점배타권을 부여함으로써 산업발전에 기여하게 하는 것을 근간으로 한다. 따라서 특허법에 의한 보호를 받기 위해서는 해당 발명에 대해 충분한 공개를 하여야 할 뿐만 아니라, 해당 발명은 산업상 이용가능한 새로운 기술이어야 한다. 그러나 새롭기만 한 것으로는 특허요건을 만족시킬 수 없고, 특허법에 의한 보호를 받기 위해서는 자연적인 진보를 넘어서는 기여가 있어야 하는데, 그와 같은 관점에서 요구되는 특허요건이 바로 진보성이다.[1] 진보성이 없는 발명에 대해서도 특허권이 난립하게 되면 기술의 이용이 억제되어 산업발전에 오히려 역행하게 되는 결과가 나타나기 때문이다. 그러한 점에서 볼 때 진보성은 특허제도의 근간 및 목적과 가장 관련이 깊은 특허요건이라고 할 수 있을 뿐만 아니라, 특허요건 중 가장 중요하고도 판단하기 어려운 것이라는 데에 별다른 이견이 없다.[2][3]

특허청의 통계에 의하면, 우리나라에서 심사되는 특허출원의 약

---

1) Martin J. Adelman, Randal R. Rader, Gordon P. Klancnik, Patent Law in a nutshell(2nd edition), West(2013), p.172

2) 현대적 의미의 진보성 요건이 도입된 시기는 각 나라별로 상이하다. 이에 관한 자세한 내용은 Martin J. Adelman, Randal R. Rader, John. R. Thomas, Cases and Materials on Patent Law(3rd edition), West(2009), p.293. 한편, 진보성 요건의 연원은 1474년 베네치아 특허법으로 거슬러 올라가는데, 이 법에 따르면 '새롭고 독창적인(new and ingenious)' 장치에 대해 특허가 부여되는 것으로 규정되어 있었다. Samuel Oddi, "Beyond Obviousness: Invention Protection in the Twenty-First Century", 38 Am. U. L. Rev. 1097, 1101-1103(1989).

3) 특허법의 개정 이력은 정차호, 특허법의 진보성, 박영사(2014), 3-12면 참조.

64%, 실용신안등록출원의 약 79%에서 진보성 결여가 거절이유로 제시되었다고 한다.[4] 그리고 특허등록이 된 이후에도 등록무효심판절차에서 진보성이 판단될 수 있는데, 특허심판원의 통계에 의하면, 무효로 심결된 사건 중 진보성 결여를 이유로 하는 것의 비율이 약 70%에 달하였다고 한다.[5] 또한 심결취소소송을 담당하는 특허법원의 통계에 의하면, 등록무효 사건에서 진보성 유무가 쟁점이 된 사건의 비율이 약 89%에 이르렀다고 한다.[6]

이상의 통계를 분석해 보면, 출원심사 단계에서부터 심판 및 소송 단계에 이르기까지 특허요건 중 진보성이 매우 중요한 위치를 차지하고 있음을 알 수 있다. 특히 특허심사 단계에서 거절이유로 제시되는 특허요건 중 산업상 이용가능성 요건(특허법 제29조 제1항 본문)이나 신규성 요건(특허법 제29조 제1항 제1, 2호)은 대체로 심사관이 어렵지 않게 판단할 수 있는 것이고, 명세서 기재 요건(특허법 제42조)은 출원심사 단계에서 보정에 의해 해소되는 것이 일반적이어서 심판이나 소송으로 갈수록 진보성 요건의 중요성은 더해질 수밖에 없다.[7]

따라서 이와 같이 중요한 진보성의 판단을 위하여 예측가능하면

---

4) 이윤원, "특허법상 진보성 판단에 관한 연구", 충남대학교 대학원 박사학위 논문(2006), 2-3면 참조.
5) 정차호, 전게서(주 3), 609면 참조.
6) 특허법원, "특허법원 2014", 21-25면 참조. 이 통계는 2013. 9. 1.부터 2014. 8. 31.까지 특허법원에서 처리한 사건을 대상으로 한 것인데, 이에 의하면 등록무효 사건 중 판결이 선고된 사건은 227건으로서 그 중 약 89%인 203건에서 진보성 유무가 쟁점이 되었고, 거절결정 사건 중 판결이 선고된 사건은 103건으로서 그 중 약 93%인 96건에서 진보성 유무가 쟁점이 되었다고 한다. 한편, 2014. 9. 1.부터 2015. 8. 31.까지 특허법원에서 처리한 특허·실용신안 등록무효 사건(208건) 중 약 90%인 189건에서 진보성 유무가 쟁점이 되었다고 한다(특허법원, "특허법원 2015", 18면 참조).
7) 신혜은, "진보성 판단을 위한 합리적인 기준의 모색", 특허소송연구 5집, 특허법원(2011), 110-111면 참조.

서도 구체적인 타당성을 갖춘 기준을 마련하는 것은 특허제도 및 특허소송에 있어서 가장 큰 관심사라고 할 수 있다. 그런데 우리 특허법에는 제29조 제2항에서 '특허출원 전에 그 발명이 속하는 기술분야에서 통상의 지식을 가진 자가 선행발명에 의하여 용이하게 발명할 수 있는 것일 때에는 특허를 받을 수 없는 것'[8]으로만 규정하고 있을 뿐이어서 법원의 판례를 통한 법 해석에 의해서 구체적인 기준을 제시하는 것은 매우 중요하다고 할 것이다.

과거 우리나라의 판례를 보면, 진보성 판단의 구체적인 기준에 대해서는 명확하게 언급하지 않은 채 대체로 특허발명(출원발명)[9]의 목적, 구성, 효과가 선행기술(비교대상발명)[10]에 다 나와 있는지 여

---

8) 현행 특허법(2014. 6. 11. 법률 제12753호로 개정된 것) 제29조 제2항은 '특허출원 전에 그 발명이 속하는 기술분야에서 통상의 지식을 가진 사람이 선행발명에 의하여 쉽게 발명할 수 있는 것일 때에는 특허를 받을 수 없는 것'으로 규정하고 있다. 즉, 통상의 지식을 가진 '자'를 통상의 지식을 가진 '사람'으로, '용이하게'를 '쉽게'로 각각 용어를 바꾸었다. 이러한 법 개정은 용어 순화 차원에서 이루어진 것으로 보이고, 특별히 개념의 변경을 의도한 것으로 보이지는 않는다. 국회 법률안 심사보고서에도 이를 현행과 의미가 달라지지 않는 범위에서 국민이 이해하기 쉽게 어려운 용어나 표현 등을 바꾸는 사항이라고 설명하고 있다.

9) 실무상 발명을 등록 전후로 나누어 등록된 발명을 '특허발명'(주로 등록무효심판 및 소송 사건이나 침해 사건에서 사용됨)으로, 등록 전 출원된 발명을 '출원발명'(주로 거절결정불복심판 및 그 소송 사건에서 사용됨)으로 각각 지칭하고 있다.

10) 실무상 '선행기술(발명)', '인용발명', '비교대상발명', '공지기술', '종래기술', '배경기술' 등의 용어가 사용된다. 우선 '공지기술'은 특허출원 전 '공개'된 기술을 의미한다(특허법 제29조 제1항 제1, 2호). '선행기술(발명)'은 미국의 'prior art', 일본의 '인용발명'에 대응되는 것으로서 공지기술 중 해당 특허출원의 특허성 유무 심사를 위해 인용된 기술(발명)을 의미한다. '비교대상발명'은 일본의 '인용발명'에 대응하여 우리나라 실무에서 사용하는 용어이다. 그밖에 '종래기술' 및 '배경기술'은 특허출원 전 공지 여부를 불문하고 존재하는 기술을 의미하는 것으로서 서로 동의어라고 볼 수 있다.

부만을 기계적으로 판단하여 선행기술에 특허발명의 구성요소가 포함되어 있고 발명의 목적 및 효과에 있어서 실질적인 차이가 없다고 인정될 경우 진보성을 부정하는 경향을 보여 왔다.

그런데 근래에 들어 대법원은 진보성 판단 기준을 명시적으로 밝히는 판결들을 계속하여 선고하고 있는데, 이러한 판결들에 나타난 진보성 판단 기준에 관하여 심도 있는 논의가 필요하다고 할 것이다.

한편, 그동안 우리나라가 진보성 판단과 관련하여 진보성의 기준을 높게 설정해 특허무효율이 다른 나라에 비해 지나치게 높은 것이 아닌가라는 비판이 대내외적으로 꾸준히 제기되어 왔다.

그러나 단순히 특허무효율이 높다는 이유만으로 진보성 판단에 문제가 있다고 단정하기는 어렵다고 생각한다. 우선 각 나라가 처한 법적·제도적 환경이 서로 다를 뿐만 아니라, 특히 발명의 진보성 판단은 각국의 산업정책적 고려에 따른 영향을 많이 받을 수밖에 없는 것이어서 결과적으로 나타나는 특허무효율이 미국 등 다른 나라에 비해 높게 나타난다고 하여 그 자체로 문제가 있다고 보기는 어렵다.[11] 또한, 발명의 진보성 판단은 발명자가 독점권을 누릴 수 있는 영역과 공중이 자유롭게 이용할 수 있는 공유의 영역(public domain) 사이의 경계를 획정하는 작업이라고 볼 수 있기 때문에 구체적인 특허분쟁에서 특허를 가급적 유효로 해석하는 것만이 반드시 특허법의 정신에 부합하는 결론이라고 단정할 수도 없다.[12]

---

11) 우리나라의 특허등록율이 미국, 유럽, 일본 등과 대비하여 10-20% 정도 높은 것으로 나타나는데, 이러한 사정도 특허무효율이 상대적으로 높게 나타나는 한 원인일 수 있다[정차호, 전게서(주 3), 612면 참조].

12) 참고로 한국과 일본의 특허무효율을 비교한 결과[인용건수/종결건수 기준) 과거에는 일본과 별 차이가 나지 않았지만, 최근 그 차이가 벌어졌다는 연구 결과가 있다. 이에 관한 자세한 내용은 정연덕, "한국, 미국, 일본의 특허 무효율 비교", 창작과 권리 70호, 세창출판사(2013), 2-41면 참조.

다만, 발명의 진보성 판단에서 객관성과 예측가능성이 상실되는
것을 방지하기 위한 구체적인 판단 내지 심리 방식의 개선이 필요하
다는 지적에는 경청할 만한 점이 있다고 생각한다.[13]

그동안의 특허심판원의 심판 실무나 법원의 재판 실무를 보면,
특허발명(출원발명)의 진보성 유무를 판단하면서 특허발명을 구성
요소별로 나누어 선행기술(비교대상발명)과의 공통점과 차이점을
분석한 후 그 차이점에도 불구하고 통상의 기술자가 선행기술로부
터 특허발명을 용이하게 도출할 수 있는지 여부를 곧바로 판단하는
방식으로 이루어져 왔는데, 그 과정에서 통상의 기술자의 기술수준
등 진보성 판단 자료에 대한 충분한 사실심리가 이루어져 왔다고 단
언하기는 어려운 것이 사실이다. 또한, 이러한 진보성 심리 경향은
결국 특허법상 엄격히 금지되는 사후적 고찰로 흐를 가능성이 높고,
진보성 판단의 객관성 및 예측가능성을 떨어뜨리는 주요한 원인이
되기도 한다.

따라서 이 논문에서는 이러한 문제의식으로부터 출발하여 발명
의 진보성 판단 기준 및 방법과 관련한 국내외의 그동안 축적된 논
의를 전반적으로 살펴보고, 우리나라의 진보성 판단 기준 및 방법에
서의 문제점 내지 부족한 점을 진단해 보고자 한다. 나아가 이를 바
탕으로 사후적 고찰의 방지라는 관점에서 혹은 진보성 판단의 객관
성과 예측가능성 제고라는 관점에서 진보성 판단·심리 방식의 개선
을 위해 필요한 사항들을 구체화하여 제시해 보고자 한다.

---

13) 한동수, "발명의 진보성 유무의 판단 방법", 사법 12호, 사법연구재단(2010),
238면.

제2절 연구의 방법과 범위

발명의 진보성 판단에 관하여 먼저 특허법에 관한 법리를 선도하고 있는 것으로 평가되는 미국, 유럽, 일본의 진보성 판단 법리를 비교법적 관점에서 검토해 보기로 한다. 후술하다시피 발명의 진보성 판단의 기본적인 방법론은 세계 어느 나라에서나 대동소이한데, ① 먼저 특허발명을 특정하고(청구항 해석), ② 그와 대비되는 선행기술을 특정하여 특허발명과의 차이를 도출한 다음, ③ 통상의 기술자의 기술수준에 비추어 ④ 그러한 차이점이 용이하게 도출될 수 있는지를 판단하는 단계로 이루어진다. 따라서 이 논문에서는 이러한 통상적인 진보성 판단 순서에 맞추어 각 단계별로 검토되어야 하는 사항을 정리하는 방식으로 연구를 진행하기로 한다. 또한, 우리나라에서 발명의 진보성 판단과 관련하여 다양한 시사점을 제공하는 의미 있는 판례가 다수 축적되어 있으므로, 우리나라의 판례를 중심으로 논의를 진행하기로 하되, 특허청의 심사 기준 역시 이러한 판례를 반영한 것으로서 진보성 판단의 실질적인 지침으로 작용하고 있어 필요한 범위 내에서 이에 대해서도 소개하는 방식으로 연구를 진행하기로 한다.

이러한 연구를 위해 우선 제2장에서는 미국, 유럽, 일본 등 다른 나라에서의 발명의 진보성 판단 기준을 살펴보기로 한다. 특허제도는 자국의 산업발전을 궁극적인 목적으로 한다는 점에서 특허요건에 관한 구체적인 판단 기준은 각 나라별로 상이할 수밖에 없으나, 동시에 여러 나라에서 사용될 수밖에 없는 발명의 특성상 특허법은 통일화 경향을 나타내고 있는데, 진보성의 판단 기준 역시 그러한 경향을 보이고 있다. 또한, 위와 같은 국제적인 조화라는 견지에서

뿐만 아니라 우리나라의 진보성 판단 기준의 올바른 정립을 위해서라도 다른 나라에서의 발명의 진보성 판단 기준과의 비교·검토가 필수적이라고 할 것이다.

다음으로 제3장에서는 진보성 판단의 대상이 되는 특허발명의 특정에 관한 논의를 진행하기로 한다. 올바른 진보성 판단을 위해서는 무엇보다 그 전제로 진보성 판단의 대상이 되는 해당 특허(출원)발명을 정확히 이해하고, 그 의미를 확정하는 작업이 선행되어야 한다. 이를 위해 청구항 해석의 기본 법리에 관하여 살펴본 후 이를 전제로 발명의 진보성 판단을 위해 해당 특허(출원)발명을 어떻게 해석해야 하는지를 검토하고, 그와 아울러 특수한 형식의 청구항(기능식 청구항, 제조방법이 기재된 물건발명 청구항 등)에 관한 해석 기준도 살펴본다.

그리고 제4장에서는 진보성 판단에 있어 특허발명과 대비되는 선행기술의 특정에 관한 논의를 진행하기로 한다. 신규성 판단에서와는 달리 진보성 판단에 있어서는 특허발명과 대비되는 선행기술이 단순한 공지기술이 아닌 특허발명과 동일 또는 유사한 기술이어야 한다는 제한이 따르는바, 제4장에서는 진보성 판단에 있어 특허발명과 대비되는 선행기술의 자격, 공지 시기, 명세서에 기재된 종래기술의 지위, 미완성발명을 선행기술로 삼을 수 있는지 여부 등에 관하여 검토한다.

또한, 제5장에서는 진보성 판단에 있어 판단의 기준이 되는 '통상의 기술자'에 관한 논의를 진행하기로 한다. '통상의 기술자'는 특허법 전반에 사용되는 중핵적 개념으로서, 발명의 진보성 판단에 있어서도 해당 발명이 선행기술로부터 용이하게 도출되는지 여부를 통상의 기술자의 관점에서 판단하도록 특허법이 요구하고 있으므로, '통상의 기술자'가 구체적으로 누구를 의미하는지 그리고 그 기술수준은 어떻게 심리·판단할 수 있는지 등의 논의는 발명의 진보성 판단에 있어서 매우 중요한 위치를 차지하고 있다. 그러므로 제5장에서는 통상의 기술자의 정의 및 그 기술수준 등에 관한 종래의 논의를 소개한 후 통상의 기술자의 기술수준 등을 어떻게 충실히 심리할 수 있는지 여부에 대해서도 검토한다.

나아가 제6장에서는 진보성 판단 작업에 있어 가장 핵심적인 부분이라고 할 수 있는 용이 도출 여부에 관한 논의를 진행하기로 한다. 앞서 언급한 바와 같이 전통적으로 우리나라의 특허 실무는 진보성 판단에 있어 해당 특허발명과 선행기술(비교대상발명)의 목적·구성·효과를 대비하여 용이 도출 여부를 판단하고 있는데, 이러한 판단방법에 관한 소개 및 평가를 시도해 본다. 또한, 최근 대법원 판결 등에서 사후적 고찰 금지, 발명의 전체적 대비, 사실심리의 필요성을 강조하는 방향으로 진보성 판단 기준과 관련한 보다 구체적인 기준이 제시되고 있는바, 그에 관한 검토도 진행한다.

이상의 논의를 바탕으로 하여 제7장에서는 구체적인 진보성 판단 방법의 개선 방안을 제안해 보고자 한다. 진보성 판단의 객관성 및 예측가능성을 담보하기 위해서 그리고 사후적 고찰을 방지 내지 감소하기 위한 방법론으로 여러 가지 사항들이 논의되고 있는데, 이에 관한 필자의 견해를 밝히고 구체적인 개선 방안을 제시해 보고자 한다.

마지막으로 제8장에서는 앞서의 논의를 전체적으로 요약·정리함으로써 본 논문을 마무리하였다.

제2장

외국의 진보성 판단 기준

제1절 도입

제2장에서는 특허법에 관한 법리를 선도하고 있는 것으로 평가되는 미국, 유럽, 일본의 법리를 차례로 검토하기로 한다. 발명의 진보성 요건은 각 국의 특허법에 모두 규정되어 있으나, 그 성질상 포괄적·추상적으로 규정될 수밖에 없고, 실질적인 판단 기준은 판례 및 이를 반영한 심사 기준 등을 통해 비로소 구체화된다. 따라서 이하에서는 발명의 진보성 판단과 관련하여 각국의 규정, 판례, 심사기준을 중심으로 논의를 진행하고자 한다.

제2절 미국

가. 미국 특허법 제103조

미국 특허법 제103조 (a)는 "비록 발명이 제102조에 규정된 것과 완전히 동일하지 않다고 하더라도, 그 발명을 전체로 고려할 때 선행기술과의 차이가 발명 당시 그 기술분야에서 통상의 기술을 가진 자(Person Having Ordinary Skill in the Art)에 의하여 자명한(obvious) 것이라면 특허를 받을 수 없다. 발명이 이루어진 방식에 의하여 특허성이 부정되지 않는다."라고 하여 비자명성(non-obviousness) 요건[1]에 관하여 규정하고 있다.

우선 위 규정은 출원된 발명이 신규성에 관한 미국 특허법 제102조에 규정된 선행기술(prior art)과 대비하여 동일하지 않다고 하더라도 곧바로 특허를 받을 수 있는 것이 아니라, 별도로 비자명성 요건을 갖추어야 한다고 규정하고 있다. 따라서 어떤 발명이 선행기술과 달라 신규성(novelty)을 갖추었다 하더라도 그것이 선행기술과 대비하여 자명할 경우에는 여전히 특허를 받을 수 없다.[2] 이러한 규정의

---

1) 대체로 미국, 영국 등 영미법계 국가에서는 '비자명성(non-obviousness)'이라는 용어를 사용하고, 우리나라, 일본 등 대륙법계 국가에서는 '진보성(inventive step)'이라는 용어를 사용하고 있는 것으로 보인다. Samson Vermont, "A New Way to Determine Obviousness; Applying the Pioneer Doctrine to 35 U.S.C. § 103(A)", 29 AIPLA Q.J. 375, 422(2001). 한·미FTA 협정문에서는 진보성이 비자명성과 동의어로 취급할 수 있다고 규정되어 있다. http://www.fta.go.kr/webmodule/_PSD_FTA/us/doc/kor/47-18IPR.pdf 한편, 양 요건의 관계에 관하여는 David J. Abraham, "Shinpo-Sei: Japanese Inventive Step Meets U.S. Non-Obviousness", 77 J. Pat. & Trademark Off. Soc'y 528(1995).

2) Martin J. Adelman, Randall R. Rader, Gordon P. Klancnik, Patent Law in a

결과 신규성이 없는 공지기술의 영역과 진보성(비자명성)이 인정되는 영역 사이에는 공지기술은 아니나 공지기술과 마찬가지로 독점권을 인정할 수 없는 영역이 존재하게 된다.

비자명성 요건은 신규성(novelty) 요건과 마찬가지로 특허법의 입법목적을 달성하기 위해 마련된 요건으로서, 공중에게 이미 알려진 것이거나 그로부터 즉시 인지될 수 있는 것에 대해서는 공중의 자유로운 이용을 보장하고, 유용한 기술의 발전을 가져올 수 있는 실질적인 기술의 개량에 대해서만 특허 독점을 허용하는 것이 미국 연방헌법 제1조 제8항에서 정한 특허법의 목적에 부합한다는 의회의 결단을 반영하고 있다.[3]

비자명성 요건을 처음으로 규정한 1952년 특허법의 입법취지 등을 소개하고 있는 의회의 입법보고서에 의하면, "발명과 동일한 것이 전에 존재하지 않았다는 점에서 그 발명이 새로운 것이라고 하더라도, 만일 그 새로운 것과 전에 알려져 있던 것의 차이가 특허를 부여받을 수 있을 정도로 충분히 크다고 보이지 않을 경우에는 여전히 특허받을 수 없다. 이것은 그동안 수많은 법원의 판결들에서 언급되어 온 것이다. 전체적으로 볼 때 특허를 받고자 하는 대상과 제102조에 기술된 선행기술의 차이가 그 기술분야에서 통상의 기술을 가진 자에게 자명한 정도라면, 그것은 특허를 받을 수 없다."라고 하였다.[4][5]

---

nutshell(2nd edition), West(2013), p.173.

3) Donald S. Chisum, Chisum on Patents, volume 2, LexisNexis(2014), pp.5-11~12.

4) 미국 특허법상 비자명성 요건의 변천 과정에 관한 보다 상세한 논의는 이해영, 미국특허법(제4판), 한빛지적소유권센터(2012), 441-445면 참조. 한편, 미국 특허법 제103조의 입법경위에 관한 자세한 내용은 최승재, 미국특허법, 법문사(2011), 144-146면 참조.

5) 위 규정은 개정 미국 특허법(AIA)에서 약간의 문구 변화가 있었으나, 이는 개정 미국 특허법이 선발명주의가 아닌 선출원주의를 채택함에 따라 판단기준 시점을 종전의 '발명 당시'(the time of the invention)에서 '출원 당

위와 같이 미국 특허법은 제103조에서 비자명성 요건을 규정하고 있지만, 비자명성에 관한 법리는 위 규정이 신설되기 훨씬 이전부터 판례를 통해 발전해 왔고, 위 규정도 그러한 판례에 의해 형성된 법리를 반영한 것임을 알 수 있다. 따라서 이하에서는 비자명성 요건과 관련한 미국 판례의 변천 과정에 대해 자세히 살펴보기로 한다.

나. 비자명성 요건과 관련한 미국 판례의 변천 과정

(1) 초기의 판례

(가) Hotchkiss v. Greenwood 사건

1790년 미국 특허법이 처음으로 제정될 당시에는 '충분히 유용하고 중요한'(sufficiently useful and important) 발명에 대해 특허가 부여되는 것으로 규정되어 있었으나, 1793년 개정 특허법에서는 신규성(novelty)과 유용성(utility)만을 특허 요건으로 인정하여 종래 없었던 새로운 기술에 대해 특허가 부여되는 것으로 규정하게 되었다.[6]

그 후 사소한 기술의 개발에까지 특허권을 부여하게 되면 오히려 기술의 발전을 저해할 수 있다는 인식이 점차 확산되었다. 이에 따라 연방대법원은 1851년 Hotchkiss v. Greenwood 사건에서 발명이 특허를 받을 수 있기 위해서는 통상적인 기술자의 성과와 차별화시킬 수 있는 일정한 수준의 기술과 독창성(skill and ingenuity)이 필요하다고 판시하였다.[7]

이 사건에서 문제된 발명은 도토(potters clay)로 문손잡이(door knob)를 제조하는 방법에 관한 것이었는데, 선행기술과의 차이점은

시'(effective filing date)로 변경한 것 이외에는 실질적인 변화는 없다.

6) Donald S. Chisum, op. cit., p.5-13.

7) 52 U.S. (11 How.) 248, 265 (1850).

문손잡이를 기존의 나무나 금속 대신에 주지의 물질인 도토로 대체하였다는 점이었다. 연방대법원은 문손잡이를 제조하기 위해서 사용되는 재질에 개선이 있음은 인정하였으나(도토로 된 문손잡이는 기존의 나무나 금속으로 만들어진 문손잡이에 비해 비용이 적게 들면서도 내구성이 향상된다는 점을 인정하였다), 그러한 개선은 숙련공의 일상적인 과업에 불과할 뿐, 발명가에게 요구되는 정도의 독창성에는 미치지 못한다고 하여 특허성을 부정하였다.[8]

이 사건에서 연방대법원은 숙련공의 일상적인 과업과 구별되는 발명자의 발명(invention) 개념을 채용하여 그러한 발명에 대해서만 특허 부여를 인정하였다. 즉, 특허를 받기 위해서는 통상적인 사고, 실험, 공지된 원리의 단순 적용을 뛰어넘는 독창성의 결과로서의 발명이 필요하다고 본 것이다.[9]

한편, 이 사건에서 Woodbury 대법관의 반대의견이 있었는데, 그는 "가치 있는 발명은 때때로 독창성의 발현이라기보다는 우연의 결과일 수 있다. 만일 발명이 새롭고 공중에게 유용한 결과를 가져온다면, 그것이 오랜 실험과 심층적인 조사의 결과인지 아니면 갑작스런 착상 내지 우연한 발견의 결과인지는 결코 중요하지 않다. 따라서 발명이 새롭고 선행기술에 비해 더 경제적이고 성능이 우수하다면, 그 발명은 특허를 받을 자격이 있다."라고 주장하였다.[10]

(나) Mast, Foos & Co. v. Stover Manufacturing Co. 사건

Hotchkiss 판결 이후 연방대법원은 발명에 독창성(ingenuity)이 있는지 여부를 기준으로 특허 보호 여부를 판단하게 되었는데, 이는 과

---

8) 신혜은, "진보성 판단을 위한 합리적인 기준의 모색", 특허소송연구 5집, 특허법원(2011), 112면 참조.

9) Donald S. Chisum, op. cit., p.5-16.

10) 52 U.S. at 266-267.

도한 사후적 고찰을 통해 거의 대부분의 발명이 특허 보호를 받지
못하게 되는 결과로 이어졌다.

1900년 Mast, Foos & Co. v. Stover Manufacturing Co. 사건에서 연방대
법원은 '공지된 요소들의 단순한 조합'(mere aggregations of old elements)
에 대해서는 특허를 받을 수 없다고 하였다. 이 사건에서 문제된 특
허발명은 회전 운동을 수직 왕복 운동으로 전환시키는 장치를 구비
한 풍차(windmill)에 관한 것이었다. 연방대법원은 회전 운동을 수직
왕복 운동으로 전환시키는 장치는 풍차가 아닌 다른 유형의 기계에
서 이미 존재하여 왔다고 하면서 해당 특허가 무효라고 판단하였
다.[11]

위 판결에서 주목할 점은 특정한 개량이 발명자의 발명에 해당하
는지 여부를 판단함에 있어서 해당 기술자는 그 이전의 관련된 선행
기술을 모두 알고 있는 것으로 가정해야 한다고 판시한 점이다. 즉,
연방대법원은 발명 이전의 관련된 선행기술을 모두 아는 사람은 현
실에서 존재하기 어렵지만, 특허를 받을 수 있는 발명에 해당하는지
여부를 판단하는 과정에서는 그 발명자가 발명 이전의 관련된 선행
기술을 모두 알고 있는 것을 전제로 판단하여야 한다고 판시하였
다.[12]

(다) Cuno Eng'g Corp. v. Automatic Devices Corp. 사건

Hotchkiss 판결에서 채용된 'invention' 내지 'ingenuity' 요건에 대한
심사는 엄격하게 이루어져 좀처럼 이러한 요건을 충족하는 것이 어
려워졌고, 1940년대 들어와 그러한 경향은 더욱 두드러지게 나타나
게 되었다.[13]

---

11) 177 U.S. 485 (1900).
12) Donald S. Chisum, op. cit., p.5-23.
13) 최승재, 전게서(주 4), 148면 참조.

이 시기에 선고된 대표적인 판결로는 1941년 Cuno Eng'g Corp. v. Automatic Devices Corp. 사건을 들 수 있다. 이 사건에서 문제된 특허발명은 열선의 온도에 반응하는 자동 온도 조절 장치를 구비한 담배 라이터에 관한 것이었다. 연방대법원은 유사한 자동 온도 조절 장치가 이미 전기 히터, 토스터, 다리미 등에 사용되어 오고 있었고, 그러한 자동 온도 조절 장치를 유사한 담배 라이터에 적용하는 것에는 그 기술분야의 숙련공에게 기대되는 범위를 뛰어넘는 독창성(ingenuity)의 발휘가 요구되지 않는다고 하면서 해당 특허가 무효라고 판단하였다.[14)]

위 판결에서 주목할 점은 발명이 특허를 받기 위해서는 해당 발명이 '창의적인 천재의 번뜩임'(a flash of creative genius)을 보여주어야 한다고 판시한 점이다. 연방대법원은 "어떠한 개량이 특허라는 특권적인 지위를 부여받기 위해서는 그 기술분야의 숙련공의 과업을 뛰어넘는 독창성(ingenuity)이 있어야만 한다. 따라서 그 새로운 장치는, 비록 그것이 유용할 수 있으나, 창의적인 천재의 번뜩임을 보여주었어야 했다."라고 판시하였다.[15)]

(라) Great A. & P. Tea Co. v. Supermarket Equipment Corp. 사건

1950년 Great A. & P. Tea Co. v. Supermarket Equipment Corp. 사건에서 연방대법원은 발명이 특허를 받기 위해서는 해당 발명의 개별 구성요소들의 결합에서 예상되는 범위를 넘어서는 '시너지 효과'(synergistic effect)가 나타나야 한다고 판시하기도 하였다.[16)17)] 이 사건에서 문제된 특허발명은 3면으로 된 받침대(rack) 등을 구비한 계산

14) 314 U.S. 84, 91 (1941).

15) Donald S. Chisum, op. cit., p.5-27.

16) 340 U.S. 147 (1950).

17) Martin J. Adelman, Randall R. Rader, Gordon P. Klancnik, op. cit., pp.180-181.

원(cashier)의 계산대(counter) 장치에 관한 것으로서, 받침대를 밀거나 당김으로써 계산 대상 식료품이 계산원 앞으로 이동되거나 정지되도록 한 것이었다.

이 사건에서 연방대법원은 공지된 구성요소로 이루어진 발명의 특허성과 관련하여 특허성이 인정되는 결합(combination)과 특허성이 부정되는 주합(aggregation)을 구별한 다음, 특허성이 인정되는 결합이 되기 위해서는 공지된 개별 구성요소들의 총합을 뛰어넘는 특별하고 놀라운 결과(unusual and surprising consequences)를 가져와야 한다고 판시하였다. 그러한 관점에서 볼 때 해당 특허발명은 소비자와 계산원의 시간을 단축시켜 주는 것이어서 좋은 아이디어이기는 하나, 특허를 받을 수는 없다고 판단하였다.[18]

한편, 위 판결에서 설시된 법리는 1976년 Sakraida v. Ag Pro Inc. 사건[19]에서도 적용되었는데, 이 사건에서 문제된 특허발명은 축사 바닥을 물로 세척하여 소의 배설물을 제거하는 시스템에 관한 것이었다. 연방대법원은 위 특허발명과 같이 오래된 요소들을 조합하여 탱크나 풀에서 세척하는 물이 호스나 파이프를 거치지 않고 축사 바닥으로 바로 떨어지게 하여 물의 압력을 높이는 것은 각각 떨어져 있는 요소들을 합친 것에 불과하여 특허를 받을 수 없다고 판시하였다.[20]

(2) Graham Trilogy

(가) 비자명성 요건의 신설

위와 같이 법원이 특허 보호에 지나치게 소극적인 입장을 보이자,

---

18) Donald S. Chisum, op. cit., p.5-32.
19) 425 U.S. 273 (1976).
20) 최승재, 전게서(주 4), 152-153면 참조.

의회가 개입하여 1952년 특허법 개정을 통해 앞서 본 비자명성 요건을 신설하기에 이르렀다. 그런데 위 특허법 규정이 종전의 판례 기준을 변경하고자 한 것인가에 관한 논의가 있었는데, 의회의 입법보고서는 법원에 의해 발전되어 온 비자명성 법리의 중대한 변경을 의도하는 것은 아니라고 하였다.[21] 그러나 Learned Hand 판사 등은 의회가 위 특허법 규정을 신설한 것은 특허 보호에 매우 인색하였던 1930년대 이후의 연방대법원의 기준을 폐기하고, 최초 Hotchkiss 판결에서 채택된 기준으로 되돌아갈 것을 의도한 것이라는 견해를 피력하였다.[22]

다만, 제103조 (a)는 그 말미에 "발명이 이루어진 방식에 의해 특허성이 부정되지 않는다."라고 규정하고 있는데, 위 규정은 앞서 본 Cuno Eng'g Corp. v. Automatic Devices Corp. 사건에서 채택되었던 '창의적인 천재의 번뜩임'(a flash of creative genius) 기준을 폐기하고자 한 것이라는 점에는 의견이 대체로 일치하였다. 의회의 입법보고서 역시 이 부분에 대해 소개하면서 "발명이 이루어진 방식 즉, 발명이 오랜 노력과 실험의 결과인지 아니면 창의적인 천재의 번뜩임의 결과인지는 중요하지 않다."라고 하였다.[23]

(나) Graham v. John Deere Co. 사건의 개요
1952년 특허법에 비자명성 요건이 신설된 이후로도 그 해석과 적용 범위를 놓고 하급심 사이에 적지 않은 혼란이 있어 왔는데, 이후 미국 연방대법원은 1966년 그 유명한 Graham v. John Deere Co. 사건을 통하여 비자명성 판단의 기본 틀인 Graham framework을 제시하였다.[24] 위 Graham v. John Deere Co. 사건은 같은 날 선고된 연방대법원

---

21) Donald S. Chisum, op. cit., p.5-33.
22) ibid., p.5-34~35.
23) ibid., p.5-33~34.

의 Calmar v. Cook Chemical Co. 사건[25], United States v. Adams 사건[26]과 함께 이른바 'Graham Trilogy'라고 불린다.

Graham v. John Deere Co. 사건은 스프링 클램프를 구비한 쟁기(plow)에 관한 특허권자인 Graham이 특허권 침해를 주장하면서 John Deere Co.를 상대로 소송을 제기한 사건이었다.

해당 특허발명(미국 특허 제2,627,798호)이 해결하고자 하는 기본적인 과제는 쟁기가 암석 등이 있는 지면에 사용될 때 딱딱한 장애물에 부딪혀 손상되는 것을 방지하고자 하는 것이었다. 이러한 과제를 해결하기 위해 Graham은 자신의 종전 발명(미국 특허 제2,493,811호, 이 사건에서도 인용문헌으로 제시되었다)을 개량하였는데, 그 차이는 힌지 플레이트(hinge plate)와 자루(shank)의 상대적인 위치를 변경하는 것이었다. 즉, 종전 발명은 자루가 힌지 플레이트의 위에 있었음에 비하여 해당 특허발명은 자루가 힌지 플레이트의 아래에 있었다. 그러한 변경으로 인해 쟁기가 딱딱한 암석에 부딪힐 때 발생하는 충격이 고정된 상부 힌지 플레이트에 전달되지 않아 위와 같은 문제점이 해소될 뿐만 아니라, 부품의 교체도 보다 용이해지는 효과가 있었다.

연방지방법원은 특허가 유효하고 John Deere Co.가 이를 침해하였다고 판단하였다.[27] 반면 항소심을 담당한 제8연방항소법원은, 특허발명과 선행기술의 유일한 차이점은 힌지 플레이트(hinge plate)가 자루(shank)에 부착된 위치를 변경한 것이었는데, 그러한 차이는 실질적으로 새롭거나 다른 결과를 야기하지 않는다는 이유로 위 특허가 무효라고 판단하였다.[28]

---

24) 383 U.S. 1 (1966).
25) 380 U.S. 949 (1965).
26) 383 U.S. 39 (1966).
27) Graham v. John Deere Co., 216 F. Supp. 272, 137 USPQ 864 (W.D. Mo. 1963).
28) Graham v. John Deere Co., 333 F.2d 529, 142 USPQ 243 (8th Cir. 1964).

이와 관련하여 연방대법원은 항소심 법원이 정확한 법적 테스트를 하지 않았음을 지적하였다. 즉, 특허는 통상의 기술자에게 자명한지라는 관점에서 검토되어야 하지, 그 발명에 의해 달성된 '결과'의 관점에서 검토되어서는 안 된다고 판시하였다. 다만, 사실관계에 대한 분석 후 연방대법원은 그러한 위치 변경은 통상의 기술자에게 자명한 사항이라고 하면서 위 Graham의 특허가 무효라고 판단하였다.[29]

(다) Graham 판결의 내용

1) 비자명성 요건의 헌법적 근거

연방대법원은 Graham 판결의 첫 머리에서 비자명성 요건의 헌법적 근거에 관하여 설시하였다. 미국 연방 헌법 제1조 제8항은 유용한 기술의 진보를 장려하기 위해 발명자에게 그의 발견에 대한 제한된 기간 동안의 독점권을 부여할 권한을 의회에게 부여하고 있는데, 의회는 그러한 자신의 권한 내에서 비자명성 요건에 관한 특허법 제103조를 신설하였다고 보았다. 즉, 이미 공중이 이용 가능하게 된 공지의 기술에 대해 특허를 부여함으로써 공중의 자유로운 접근을 제한하는 것은 의회의 권한을 넘어서는 것이고, 유용한 기술의 진보를 장려하기 위한 혁신 내지 개량에 대해서만 특허를 부여하는 것이 의회에게 부여된 헌법적 요청이라 할 것인데, 연방대법원은 특허법 제103조가 그러한 조건에 부합한다고 판단하였다.[30]

2) 기존 판례 법리에 관한 검토

다음으로 연방대법원은 1851년 Hotchkiss v. Greenwood 사건 이후로 형성되어 온 기존의 판례 법리를 검토하였다. 연방대법원은, 위

---

29) Martin J. Adelman, Randall R. Rader, Gordon P. Klancnik, op. cit., pp.190-191.
30) 383 U.S. at 5-6.

Hotchkiss 판결 이래 법원은 'invention'에 관한 다양한 법리를 발전시켜 왔는데, 위 Hotchkiss 판결의 핵심은 결국 '특허성 판단에 관한 기능적인 접근'으로서, 특허발명과 선행기술 사이의 대비가 필요하다는 점에 있다고 보았다.[31]

3) 미국 특허법 제103조의 영향

나아가 연방대법원은 비자명성에 관한 미국 특허법 제103조가 판례에 의해 형성되어 온 기존 법리에 어떠한 영향을 미치는지에 관하여도 검토하였다. 이 점에 관하여 연방대법원은, "비록 제103조의 문언이 자명성(obviousness)에 관한 심사를 강조하고는 있으나, 특허성을 지지받기 위해 필요한 진보의 일반적인 수준은 종전과 다름이 없다."라고 하여 제103조로 인해 기존 판례에서 요구되던 특허성의 기준이 낮아지는 것은 아니라는 점을 분명히 하였다.

다만, 제103조 (a)는 그 말미에 "발명이 이루어진 방식에 의해 특허성이 부정되지 않는다."라고 규정하고 있는데, 연방대법원은 위 규정이 앞서 본 Cuno Eng'g Corp. v. Automatic Devices Corp. 사건에서 채택되었던 '창의적인 천재의 번뜩임'(a flash of creative genius) 기준을 폐기하고자 한 것이라고 판단하였다.[32]

4) Graham framework

마지막으로 연방대법원은 이 사건에서 비자명성 판단의 기본 틀인 Graham framework을 제시하였다. Graham framework는 ① 선행기술의 범위 및 내용의 확정, ② 특허 청구된 발명과 선행기술의 차이 확정, ③ 통상의 기술자의 기술수준의 확정, ④ 비자명성에 대한 객관적 근거(소위 2차적 고려사항이라고 하는 상업적 성공, 오랫동안 해

---

31) 383 U.S. at 12.
32) 383 U.S. at 17.

결되지 못했고 특허 청구된 발명에 의하여 비로소 해결된 기술적 과제, 경쟁자들의 실패 등)의 검토에 의하여 비자명성을 판단하는 것이다.[33]

연방대법원은 Graham 판결에서 법원이 특허의 유효성을 결정하는 데 있어서 비자명성의 요건을 어떻게 적용해야 하는지에 관해서 다음과 같이 설명하였다.

"특허의 유효성에 관하여 종국적인 문제는 법률문제의 하나이고, 특허의 유효성에 관한 3가지 요건 중 단지 하나인 제103조는, 몇 가지의 기본적인 사실관계의 검토를 필요로 한다. 제103조에서는 선행기술의 범위와 내용이 결정되어야 하고, 그 선행기술과 문제가 되고 있는 특허청구항 간의 차이가 확정되어야 하며, 그 관련되는 기술에 있어서의 통상의 기술자의 수준이 결정되어야 한다. 이러한 사실관계에 비추어, 특허대상 발명의 자명성 또는 비자명성이 결정된다. 상업적 성공, 오랫동안 요망되어 왔으나 해결되지 않았던 과제 또는 타인의 실패 등과 같은 2차적인 고려사항도 특허를 받고자 하는 발명의 기원을 둘러싸는 상황을 파악하기 위하여 활용될 수도 있다. 자명성 또는 비자명성을 나타내는 지표로서, 이러한 조사는 서로 관련성을 갖는다. 하지만, 이것은 비자명성 기준을 적용하는 데에 어려움이 없다는 것이 아니다. 무엇이 자명한지는 각각의 주어진 사실관계에서 사고의 통일이 있을 법한 그러한 문제가 아니다. 그러나 그러한 어려움은 과실이나 고의와 같은 판단기준에서 법원이 매일 부딪치는 그런 것들과 동등한 것이고, 사안에 따라 발전해야 할 것이다. 우리는 여기서 규정된 요건들을 엄격하게 준수하는 것이 1952년 특허법에서 의회가 요구했던 그러한 통일성과 명확성을 가져오리라 믿는다."[34]

---

33) 한동수, "발명의 진보성 유무의 판단 방법", 사법 12호, 사법연구재단(2010), 262-263면 참조.

이러한 판시 내용에 비추어 볼 때 선행기술의 범위 및 내용, 특허 청구된 발명과 선행기술의 차이, 통상의 기술자의 기술수준 등을 결정하는 것은 모두 사실인정의 문제라고 할 수 있다.[35]

(라) Calmar v. Cook Chemical Co. 사건

Calmar v. Cook Chemical Co. 사건에서 문제가 되었던 특허발명은 주로 살충액과 같은 액체를 담아 두는 용기나 병에 사용되는 'hold-down'(꺾쇠)[36] 뚜껑을 구비한 분무기(sprayer)에 관한 것이었다. 위 특허발명과 관련된 기본적인 과제는 분무기 용기 내부의 살충액이 운반이나 보관 중에 파손되거나 누설되지 않도록 뚜껑(overcap)을 구성하는 것이었는데, 특허권자는 'hold-down'(꺾쇠) 형태의 뚜껑을 도입하여 분무기 헤드(head)가 수축된 위치에 머물도록 하고, 그 뚜껑 내부의 체결 어깨(mating shoulder)와 용기 상단의 봉인 리브[37](sealing rib) 사이를 밀봉함으로써 이러한 문제를 해결하였다.

이 사건에서 3개의 선행기술이 제시되었다. 우선 Lohse 특허는 위 특허발명의 분무기와 같은 기능을 하는 분무기에 관한 것으로서 뚜껑이 구비되어 있었으나, 봉인은 위 특허발명과 달리 와셔(washer)[38]에 의해 달성되고, 그로 인해 뚜껑과 용기 상단과의 사이의 접촉부에서 효과적인 밀봉이 이루어지지 않아 종래 기술의 문제점을 그대로 가지고 있었다. 다음으로 Mellon 특허는 위 특허발명의 분무기와 같은 기능을 하는 분무기에 관한 것으로서 뚜껑이 용기에 직접적으로 스크루 결합되어 있는 점과 밀봉이 리브(rib)가 아닌 개스킷(gaske

---

34) 383 U.S. at 17-19.
35) 한동수, 전게논문(주 33), 263면 참조.
36) 양쪽 끝을 꺾어 꼬부려서 주로 'ㄷ' 자 모양으로 만든 쇠토막을 말한다.
37) 판상(板狀) 또는 두께가 얇은 부분을 보강하기 위하여 덧붙이는 뼈대(助材)를 말한다.
38) 작은 나사, 볼트, 너트 등의 자리와 체결부와의 사이에 넣는 부품을 말한다.

t)[39]에 의해 이루어지는 점에서 위 특허발명과 차이가 있었다. 또한, Livingstone 특허는 분무기가 아닌 주전자 등의 주둥이를 덮어 보호하는 덮개에 관한 것으로서 와셔나 개스킷을 사용함이 없이 밀봉이 이루어진다는 점에서 덮개의 구조는 위 특허발명과 유사하였다.[40]

연방지방법원은 특허가 유효하고 특허가 침해되었다고 판단하였다.[41] 항소심을 담당한 제8연방항소법원도, 위 특허발명이 점도가 낮은 액체를 효과적이고 경제적인 용기에 담는다는 측면에서 새롭고 유용한 결과를 만들어 내었을 뿐만 아니라, 운반이나 보관 중에 파손되거나 누설되는 문제를 제거하는 효과를 가진다는 이유로 위 특허가 유효라고 판단하였다.[42]

우선 특허발명의 범위와 관련하여 당사자 사이에 다툼이 있었는데, 연방대법원은 출원 심사 과정에서 Lohse 특허 및 Mellon 특허에 근거한 거절결정을 회피하기 위해 특허권자가 와셔나 개스킷을 사용하지 않고 리브를 사용한 것만을 청구하는 것으로 주장하였다는 점을 들어 위 특허발명은 리브를 사용한 것만을 대상으로 한다고 판단하였다.[43]

다음으로 연방대법원은 위 특허발명의 기술적 특징은 뚜껑과 용기 상단 사이의 공간을 형성한 점, 밀봉을 위해 와셔나 개스킷이 아닌 리브를 사용한 점에 있다고 보았는데, 첫 번째 특징과 관련하여서는 Mellon 특허 및 Livingstone 특허에 개시되어 있고, 두 번째 특징과 관련하여서는 Livingstone 특허에 개시되어 있다고 보았다. 한편, Livingstone 특허는 살충제 분무기에 관한 기술이 아니어서 선행기술

---

39) 부재의 접합부에 끼워 물이나 가스가 누설하는 것을 방지하는 패킹을 말한다.
40) Donald S. Chisum, op. cit., p.5-45~46.
41) Calmar v. Cook Chemical Co., 220 F. Supp. 414, 138 USPQ 432 (W.D. Mo. 1963).
42) Calmar v. Cook Chemical Co., 336 F.2d 110, 142 USPQ 412 (8th Cir. 1964).
43) 383 U.S. at 32-34.

이 될 수 없다는 Cook Chemical Co.의 주장에 대해서는, 위 특허발명
의 발명자가 당면하고 있는 문제는 살충제에 관한 것이 아니라, 기
계적인 잠금(mechanical closure)에 관한 것인바, 액체가 담긴 용기의
주둥이를 덮는 것에 관한 Livingstone 특허는 위 특허발명과 밀접하게
관련되어 있는 기술로서 적절한 선행기술이 될 수 있다고 판단하였
다.[44]

또한 이 사건에서 특허권자(Cook Chemical Co.)는, 자신의 특허제품
이 상업적으로 큰 성공을 거두었고, 동종 업체인 Calmar 역시 특허제
품과 같은 제품을 만들기 위해 수년 동안 노력해 왔었으나 이를 하지
못하였던바, 위와 같은 2차적 고려요소는 위 특허발명이 통상의 기술
자에게 자명하지 않았음을 뒷받침하는 객관적 지표라는 취지로 주장
하였다. 이와 관련하여 연방대법원은, 상업적 성공(commercial success)
등과 같은 2차적 고려요소는 비자명성 판단과 관련하여 검토될 수
있는 것이기는 하나, 위 특허발명은 기존의 공지된 장치에 비해 매
우 사소한 차이만이 존재할 뿐이고, 그러한 차이마저 Livingstone 특허
에 의해 자명하게 된 이상, 특허권자의 주장과 같은 2차적 고려요소
는 비자명성의 판단의 결론에 영향을 미치지 않는다고 판단하였
다.[45]

(마) United States v. Adams 사건
United States v. Adams 사건에서 문제가 되었던 특허발명은 비충전
식 전기 배터리에 관한 것이었다. 위 특허발명의 배터리는 마그네슘
(magnesium)으로 된 양극 전극 및 염화 제일구리(cuprous chloride)로 된
음극 전극을 구비하고, 전해질로 물 또는 소금물을 사용하는 것이었
다. 위 배터리는 산(acid)이 아닌 물 또는 소금물로도 활성화되고, 유

44) 383 U.S. at 35.
45) 383 U.S. at 36.

체 공급 후 30분 이내에 활성화되며, 높은 전압과 안정적인 전류를 제공하고, 매우 춥거나 더운 환경에서도 잘 작동하는 등 많은 장점을 갖는 것이었다.[46]

이 사건에서 다양한 선행기술이 제시되었다. 선행기술의 내용을 종합하여 보면, 우선 아연(zinc)과 염화은(silver chloride)로 된 전극을 구비한 배터리가 공지되어 있었고(Niaudet, Hayes), 높은 전압을 달성하기 위해 아연을 마그네슘으로 대체할 수 있음이 알려져 있었으며(Wood, Codd), 안정적인 전류를 제공하기 위해 염화은을 염화 제일구리로 대체할 수 있음도 알려져 있었다(Wensky).[47]

특허권자인 Adams가 국가(United States)를 상대로 제기한 침해소송에서 연방청구법원(Court of Claims)[48]은, 위 특허발명이 비록 공지된 구성요소의 결합이기는 하나, 실용적이고, 물로 활성화되며, 안정적인 전류를 제공하고, 낮은 온도에서도 동작할 수 있는 장점을 갖는다는 이유로 그 특허가 유효하다고 판단하였다.[49]

이 사건에서 연방대법원은, 위 특허발명의 각 구성요소가 선행기술에 개별적으로 개시되어 있었으나, 그러한 결합으로 인한 예측할 수 없는 효과를 얻기 위해서는 선행기술의 교시를 무시했어야만 했다고 판단하였다. 즉, 위 특허발명과 같은 결합을 하기 위해서는 통상의 기술자가 개방 회로에서도 계속하여 작동하는 배터리 및 통상적인 사용에서 가열되는 배터리는 실용적이지 않다는 점, 물로 활성화되는 배터리는 마그네슘 전극의 사용에 방해가 되는 전해질을 사용할 때만이 정상적으로 동작할 수 있다는 점과 같은 선행기술의 교

---

46) Donald S. Chisum, op. cit., p.5-49.

47) ibid., p.5-50.

48) 미국 연방정부를 상대로 한 소송을 담당한 연방법원으로서 1982년 폐지되었고, 그 기능은 신설된 United State Claims Court로 이관되었다.

49) Adams v. United States, 330 F.2d 622 (Ct. Cl. 1964).

시 내용을 무시했어야만 했고, 이러한 사정은 위 특허발명이 자명하지 않았다는 근거가 된다고 판단하였다.[50]

또한 연방대법원은, 위 특허발명이 알려졌을 때 그 분야의 전문가들이 처음에 회의적인 태도를 보였다가 나중에 그 발명의 중요성을 인정하였다는 사정도 비자명성을 뒷받침하는 근거가 된다고 판단하였다. 결국 연방대법원은 이러한 사정을 들어 위 특허가 유효하다고 판단하였다.[51]

(3) CAFC의 TSM 테스트

(가) CAFC의 설립

의회는 1982년 특허법과 관련된 사건의 통일적 처리를 위해 연방순회항소법원(Court of Appeals for the Federal Circuit, 이하 'CAFC'라 한다)[52]을 설립하였다. 다른 연방순회항소법원이 지역관할을 가지는 것과 달리 CAFC는 미국 전 지역을 관할하고, 연방지방법원과 특허상표청(PTO)으로부터 제기된 모든 특허 관련 항소심 사건의 배타적 관할권을 갖는다.

비자명성 요건이 특허성 여부를 판단함에 있어 가장 중요하기 때문에 CAFC의 판결들은 비자명성 요건의 판단 기준을 형성하고 구체화하는 데에 중요한 역할을 수행하여 왔다. 예컨대, 2차적 고려요소의 취급[53], 결합발명의 비자명성 판단 기준[54], 유효성 추정의 원칙[55],

---

50) 383 U.S. at 51-52.
51) Donald S. Chisum, op. cit., p.5-51.
52) CAFC의 현황 등에 관한 자세한 소개는 강경태, "미국 연방순회항소법원 연수기", 특허소송연구 5집, 특허법원(2011), 451-461면; 이규홍, "CAFC의 현황에 대한 소고", 재판자료 113집, 법원도서관(2007), 255-286면 참조.
53) Cable Electric Products, Inc. v. Genmark, Inc., 770 F.2d 1015, 226 USPQ 881 (Fed. Cir. 1985).

자명성 여부가 법률문제(question of law)인지 여부[56] 등 비자명성 요건을 둘러싼 다양한 쟁점에 관하여 설시를 해 왔다.[57]

(나) TSM 테스트

CAFC는 사후적 고찰을 방지하기 위한 방법으로서 2 이상의 선행기술을 결합하여 특허 청구된 발명에 도달하게 되는 경우, 그러한 결합을 교시, 시사, 동기를 부여하는 사항이 있어야 한다는 TSM(Teaching, Suggestion, Motivation) 테스트를 사용하였다. 구체적으로, 2 이상의 선행기술을 결합하고자 하는 동기 등은 ① 선행 문헌 자체, ② 특정의 문헌들이 해당 업계에서 특별한 관심을 받고 있거나 특별히 중요하다고 하는 통상의 기술자의 지식, ③ 해결하고자 하는 과제의 성격(이것이 통상의 기술자들로 하여금 해결하고자 하는 과제에 대한 해결책과 관련되는 문헌들을 참작하도록 유도하게 된다)으로부터 발견될 수 있다.[58]

사실 TSM 테스트는 CAFC에 의해 처음으로 제시된 것은 아니고, CAFC의 전신인 연방관세특허법원(Court of Customs and Patent Appeals, 이하 'CCPA'라 한다)의 In re Bergel 사건에서 처음으로 제시된 것인데, 이 사건에서 CCPA는 "공지된 구성요소들의 결합이 자명하다는 점을 보여주기 위해 제시되는 결합의 교시, 시사, 동기는 유용한 통찰을 제공한다."라고 판시하였다.[59]

---

54) Medtronic, Inc. v. Cardiac Pacemakers, Inc., 721 F.2d 1563, 220 USPQ 97 (Fed. Cir. 1983).

55) EWP Corp. v. Reliance Universial, Inc., 755 F.2d 898, 225 USPQ 20 (Fed. Cir. 1985).

56) In re McCarthy, 763 F.2d 411, 226 USPQ 99 (Fed. Cir. 1985).

57) Donald S. Chisum, op. cit., pp.5-61~62.

58) 황영주, "특허의 진보성 판단에 관한 각국 기준의 개괄적 비교", 특허법원 개원 10주년 기념논문집, 특허법원(2008), 122-123면 참조.

59) 292 F.2d 955, 956-57 (CCPA 1961).

CAFC가 TSM 테스트를 사용한 이유는 이것이 사후적 고찰을 방지하기 위한 핵심적인 보호장치라는 인식 때문이다. 이와 관련하여 CAFC는 "TSM 증거의 제시 없이 선행문헌들을 결합하는 것은 발명자의 개시 내용을 청사진 내지 설계도로 하여 그 발명의 특허성을 부정하기 위하여 선행문헌들을 꿰맞추는 것이다."라고 하면서 "사후적 고찰을 예방하기 위해 법원은 심사관으로 하여금 자명성을 유발하는 인용문헌들을 결합하게 하는 동기를 나타낼 것을 요구하고 있다. 환언하면, 심사관은 발명자가 당면한 문제와 동일한 문제에 당면하고 청구된 발명에 대한 지식이 없는 통상의 기술자가 특허청구된 방식으로 결합하기 위하여 선행문헌들로부터 요소들을 선택할 것이라는 근거를 제시하여야 한다."라고 판시하였다.[60]

CAFC는 사후적 고찰의 우려 때문에 TSM 테스트를 엄격히 적용하였는데, CAFC의 TSM 테스트는 진보성 판단기준을 객관화하여 예측가능성을 높여주었다는 점에서 높이 평가될 수 있다. 그러나 그로 인해 진보성이 없는 기술이지만 특허청이 그 결합에 대한 TSM을 찾지 못하였다는 이유만으로 특허가 부여되고 그로 인해 소송이 남발되는 등의 문제점이 대두됨에 따라 연방대법원은 오랜 침묵을 깨고 후술하는 KSR 판결을 통해 비자명성 판단에 관한 새로운 기준을 제시하게 되었다.[61]

(4) KSR International Co. v. Teleflex 사건

(가) 사건의 개요

CAFC에 의해 주도되어 온 친특허 경향에 대해 20년 이상 침묵하

---

60) In re Dembiczak, 175 F.3d 994, 995 (Fed. Cir. 1999); In re Rouffet, 149 F.3d 1350, 1357 (Fed. Cir. 1999).
61) 신혜은, 전게논문(주 8), 113면 참조.

여 오던 연방대법원은 KSR International Co. v. Teleflex 사건을 통해 비자명성 판단에 관한 기준을 제시하였다.[62]

해당 특허발명은 자동차에 사용되는 '조절 가능한 페달'(adjustable pedal)에 관한 기술 및 '페달의 위치를 전자적으로 검출하는 센서'에 관한 기술을 결합한 것이었다. '조정 가능한 페달'은 운전자의 신장에 따라서 페달의 위치를 앞으로 또는 뒤로 조정할 수 있는 것이고, '페달의 위치를 전자적으로 검출하는 센서'는 페달을 밟을 때 그것이 눌려지는 각도를 전자적으로 검출하여 엔진을 제어하는 것이다. 종래에는 액셀러레이터 페달과 엔진에 연료를 주입하는 장치가 기계적으로 연결되어 있었는데, 자동차 분야에서 전자 제어가 일반화됨에 따라 전자적 검출 장치가 도입된 것이었다.[63] 구체적으로 해당 특허발명은 '고정된 피봇 포인트를 가진 조절 가능한 페달에 있어서 위 피봇 포인트에 배치된 센서를 통해 페달의 위치를 전자적으로 검출하게 하는 것'을 그 기술적 특징으로 하고 있었다.

이 사건에서 여러 가지의 선행기술이 제시되었는데, 우선 '조절 가능한 페달'과 관련하여 Redding 특허에는 페달 및 피봇 포인트(pivot point)가 둘 다 조절 가능한 것이 개시되어 있었고, Asano 특허[64]에는 페달은 조절 가능하나 피봇 포인트는 고정되어 있는 것이 개시되어 있었다.

다음으로 '페달의 위치를 전자적으로 검출하는 센서'와 관련하여 '936 특허에는 센서를 엔진이 아닌 페달에 배치시켜야 한다는 내용이 교시되어 있었고, Smith 특허에는 센서와의 연결선이 닳아 없어지는 것을 방지하기 위해서 움직이는 발판(footpad)이 아닌 움직이지 않는 지점에 센서를 배치시켜야 한다는 내용이 교시되어 있었으며, '068 특

---

62) 550 U.S. 398 (2007).

63) 황영주, 전게논문(주 58), 126면 참조.

64) U.S. Patent No. 5,010,782.

허[65] 등에는 페달에 부착될 수 있는 센서 모듈이 개시되어 있었다.

또한 '조절 가능한 페달' 및 '페달의 위치를 전자적으로 검출하는 센서'를 결합한 것과 관련하여 Rixon 특허에는 조절 가능한 페달의 움직이는 발판(footpad) 위에 센서를 배치한 것이 개시되어 있었다.[66]

(나) 산업계 및 학계의 반응

KSR International Co. v. Teleflex 사건은 미국의 산업계 및 학계에 큰 관심을 불러일으켜서 Cisco Systems Inc., IBM Corp., Ford Motor Company, Intel Corp., Time Warner, Inc. 등의 회사들 및 여러 법대 교수들이 의견서(Amicus Curiae Brief)를 제출하였다.

이들 중에 특허권자 측을 지지하는 쪽은 선행 기술문헌을 조합하여 진보성을 부정할 수 있는지 여부가 문제되는 사안에서 TSM의 엄격한 적용을 요구함으로써 비자명성 판단 시 주관성을 배제하고 예측가능성을 높일 수 있다는 점 등을 논거로 제시하였다.

이에 대하여 상고인 측을 지지하는 쪽은 CAFC가 지난 20여 년 동안 점차적으로 TSM 테스트를 발전시켜 왔는데, 이것은 기존의 미국 연방대법원 판례와 특허법 제103조 및 특허법의 목적에 반하는 것이므로 폐기되어야 한다고 주장하면서 그 근거로 ① 미국의 비자명성 판단의 기준을 제시한 Graham 판결에서 TSM 테스트에 대하여 한마디 언급도 없었던 점, ② TSM 테스트는 비자명성을 부정하기 위해서 거의 서증에만 의존하도록 하므로 통상의 기술자 수준에서 종래 기술의 자명한 조합에 불과한 것에 대해서도 특허를 부여할 수밖에 없는 점, ③ 연구자들이 논문을 발표할 때 그들 기술의 새로운 적용사례를 발표할 동기는 있으나, 통상의 적용사례를 발표할 동기는 없으므로, 만약 2 이상의 선행문헌들을 조합하는 것이 자명하다면 그러

65) U.S. Patent No. 5,385,068.
66) Donald S. Chisum, op. cit., pp.5-67~68.

한 내용의 논문을 발표할 리가 없고, 따라서 통상적인 기술에 해당하는 부분은 좀처럼 문서화되지 않는다는 점 등을 제시하였다.[67]

(다) 연방지방법원 판결의 요지

연방지방법원은 Graham 판결에서 제시된 기준에 따라 선행기술의 범위 및 내용과 통상의 기술자의 기술수준을 확정한 다음 해당 특허발명은 선행기술의 내용과 거의 차이가 없다고 판단하였다. 즉, 선행기술 중 Asano 특허에는 센서를 제외한 나머지 특허발명의 구성요소들이 개시되어 있고, 센서는 '068 특허 등에 개시되어 있다고 보았다.[68]

나아가 선행기술을 결합할 동기와 관련하여 자동차 관련 업계의 관심이 '조절 가능한 페달' 및 '페달의 위치를 전자적으로 검출하는 센서'를 상호 결합하는 방향으로 이동하는 중이었고, 다른 인용문헌(Smith 특허)에도 Asano 특허의 기술과 센서 기술의 결합에 대한 교시가 있었다는 점 등을 이유로 선행기술을 결합할 동기가 있다고 보았다.[69]

또한 Graham 판결에서 제시된 2차적 고려사항과 관련하여 원고가 상업적 성공을 주장하였으나, 특허 청구된 발명과 상업적 성공 사이의 관련성을 입증하지 못하였으므로, 해당 특허는 진보성 흠결을 면할 수 없다는 결론에 도달하였다.[70]

(라) CAFC 판결의 요지

CAFC에서는 TSM 테스트의 엄격한 적용이 필요하다고 지적하면서

---

67) 황영주, 전게논문(주 58), 125면 참조.
68) Donald S. Chisum, op. cit., p.5-68.
69) ibid.
70) 황영주, 전게논문(주 58), 126면 참조.

연방지방법원 판결을 취소하였다. CAFC는 '해결하고자 하는 과제의 성격'(이것이 통상의 기술자들로 하여금 해결하고자 하는 과제에 대한 해결책과 관련되는 문헌들을 참작하도록 유도하게 된다)이 선행기술을 결합할 동기를 제공할 수는 있으나, 이에 해당하기 위해서는 해당 선행기술에서 '특허권자가 해결하고자 하는 과제'를 다루고 있어야 한다고 보았다. 그런데 이 사건에서 '특허권자가 해결하고자 하는 과제'는 보다 단순하고 소형이며 저렴한 조절 가능 페달을 제공하고자 하는 것이었는데, 선행기술들에는 그러한 과제가 제시되어 있지 않았다. 이러한 이유에서 CAFC는 연방지방법원이 TSM 테스트를 정확하게 적용하지 않았다고 판단하였다.[71]

또한, 피고 회사의 부사장이 통상의 기술자라면 특허 청구된 발명의 구성을 시도할 수 있었을 것이라는 취지의 진술서를 제출하였으나, 'obvious to try'(시도해보는 것이 자명한 경우)는 진보성 흠결의 근거가 될 수 없다고 설시하였다.[72]

(마) 연방대법원 판결의 요지
1) TSM 테스트에 대한 평가
연방대법원은, CAFC가 비자명성 판단의 통일성과 일관성을 위하여 TSM 테스트를 사용해 왔는데, TSM 테스트가 유용한(helpful) 통찰 방법이기는 하나, TSM 테스트의 엄격한 적용은 옳지 않다고 판단하였다.

연방대법원은 "이 법원의 선례는 CAFC가 TSM 테스트를 적용하는 방식과 달리 폭넓고 유연한 접근 방식을 취해 왔다. 확실히 Graham 판결은 통일성과 명확성의 필요성을 인식하고 있었지만, 동시에 Hotchkiss 판결의 '기능적인 접근'도 아울러 승인하였다."라고 판시하

---

71) Donald S. Chisum, op. cit., p.5-68.
72) 신혜은, 전게논문(주 8), 114면 참조.

여 TSM 테스트의 엄격한 적용은 연방대법원의 기존 판례에 배치된
다고 보았다.[73]

나아가 연방대법원은 ① 자명성 테스트가 Teaching, Suggestion,
Motivation의 형식적 개념 또는 문헌 증거의 명시적인 내용에 대한 과
도한 강조에 의하여 제한되어서는 안 된다는 점, ② 자명한 기술들
또는 그들의 조합에 대해서 문헌에서 논의되는 일은 거의 없다는
점, ③ 과학문헌보다는 시장의 요구나 압력이 설계경향을 지배하는
경향이 있다는 점 등을 들어 TSM 테스트의 엄격한 적용은 옳지 않다
고 판단하였다.[74]

다만, 연방대법원은 TSM 테스트가 결합발명의 자명성을 판단함에
있어 유용한 통찰을 제공할 수 있음은 인정하고, CAFC도 대부분의 판
결에서 이를 유연하게 적용해 왔으며, TSM 테스트에 내재된 기본 사
상과 Graham 법리 사이에는 불일치하는 면이 없다고 설시하였다.[75]

2) 연방대법원이 지적한 CAFC 판결의 오류

구체적으로 연방대법원은 CAFC가 다음과 같은 4가지의 오류를 범
하였다고 지적하였다.

첫째, CAFC는 비자명성 요건 판단 시 법원이나 심사관이 '특허권
자가 해결하고자 했던 과제'만을 검토하여야 한다고 함으로써 오류
를 범하였다. 중요한 것은 특정한 결합이 '특허권자'에게 자명한지
여부가 아니라 '통상의 기술자'에게 자명한지 여부이다. 따라서 특허
권자가 해결하고자 했던 과제뿐만 아니라, 발명 당시 해당 업계에
공지된 요구나 과제도 특허 청구된 방식으로 구성요소들을 결합하
기 위한 이유를 제공할 수 있다.[76]

---

73) 550 U.S. at 415.
74) 550 U.S. at 419.
75) 550 U.S. at 419.

둘째, CAFC 판결은 통상의 기술자가 어떠한 과제를 해결하고자 할 때 그와 동일한 과제를 해결하기 위해 설계된 선행문헌의 요소들만을 참고할 것이라고 하는 가정을 함으로써 오류를 범하였다. 이 사건에서 선행기술로 제시된 Asano 특허는 특허발명과 마찬가지로 고정된 피봇 포인트(fixed pivot point)를 가지고 있었는데, Asano 특허에서는 그 목적을 페달의 위치와 무관하게 페달을 미는 힘이 일정하게 유지되도록 하기 위함이라고 명시하고 있었다. CAFC는 이를 이유로 조절 가능한 페달 위에 센서를 배치하는 방법을 찾으려는 발명자라면 Asano 특허를 참고하지 않을 것이라고 판단하였다. 그러나 연방대법원은 선행문헌의 명시된 목적이 특허발명의 목적과 상이하더라도 선행문헌의 기타 자명한 목적이 고려될 수 있고, 통상의 기술자로서는 선행문헌들의 내용을 퍼즐 맞추기처럼 조합할 수 있다고 보았다. 이 사건에서 Asano 특허에 기재된 목적과 무관하게 위 선행문헌은 '고정된 피봇 지점'을 갖는 조절 가능한 페달의 구조를 명확히 보여주고, '고정된 피봇 지점'이 센서의 이상적인 탑재 위치임을 다른 선행문헌들이 교시하고 있는 이상, 통상의 기술자라면 충분히 특허발명과 같은 결합에 이를 수 있다고 보았다. 이와 관련하여 연방대법원은 "통상의 기술자는 단순한 로봇기계(automation)가 아니라 통상의 창작능력(creativity)을 갖는 사람이다."라고 판시하였다.[77]

셋째, CAFC 판결은 구성요소들의 결합이 'obvious to try'(시도해보는 것이 자명한 경우)하다는 것만으로는 비자명성 불인정의 근거가 될 수 없다고 함으로써 오류를 범하였다. 연방대법원은 ① 문제를 해결하기 위한 설계의 필요성 또는 시장의 압력이 존재하고, ② 특정되고 예측 가능한 유한한 수의 해결책이 존재하는 경우, 각각의 경우에 대하여 시도하여 최상의 해결책을 제시하는 것이 가능하다면 비

---

76) 550 U.S. at 420.
77) 550 U.S. at 420-421.

자명성을 부정하는 자료가 될 수 있는 것이라고 판단하였다.[78]

넷째, CAFC 판결은 심사관 및 법원이 사후적 고찰의 편견에 빠질 위험을 과도하게 강조함으로써 상식(common sense)을 고려하는 것도 막음으로써 오류를 범하였다. 연방대법원은 사후적 고찰에 대하여 주의하여야 하는 것은 맞지만, 그렇다고 하여 통상의 기술자가 상식에 의지하는 것까지 막는다면 이것은 선례에 비추어 필요하지도 않고 그에 부합하는 것도 아니라고 판단하였다.[79]

3) 사안에 대한 검토

연방대법원은, 선행기술의 범위 및 내용, 통상의 기술자의 기술수준, 특허발명과 선행기술의 차이에 관한 연방지방법원의 판단이 정당하고, 그러한 전제 하에서 선행기술들을 특허발명과 같은 방식으로 결합하는 것은 통상의 기술자에게 자명하다는 이유로 해당 특허발명이 무효라고 판단하였다.

특히 결합의 동기 등과 관련하여 연방대법원은, 해당 업계에서 기계식 페달을 전자 제어식 페달로 전환하려는 강한 유인이 있었고, 다수의 선행기술들은 이러한 전환의 방법을 제시하고 있었다고 보았다. 연방대법원은 "다른 분야에서와 마찬가지로 자동차 분야에서는 수많은 부품의 상호작용이 문제되기 때문에 한 가지 부품이 변화하면 그에 맞게 다른 부품도 수정하는 것이 일반적이다. 기술의 발전에 따라 컴퓨터로 제어되는 연료공급 밸브(throttle valve)가 자동차 분야에서 표준이 되고 있다. 그 결과 설계자들은 새로운 형태의 페달을 개발할 수 있을 뿐만 아니라, 기존에 존재하던 페달을 새로운 엔진에 맞게 변형할 수도 있다."라고 판시하였다.[80]

---

78) 550 U.S. at 421.
79) 550 U.S. at 421.
80) 550 U.S. at 424.

나아가 구체적인 결합 방식과 관련하여 연방대법원은 다음과 같은 2가지 방식이 모두 자명하다고 보았다. 우선 Asono 특허(앞서 본 바와 같이 고정된 피봇 포인트를 가진 조절 가능한 페달을 개시하고 있다)를 기초로 개발을 할 경우 센서를 어디에 배치할 것인지가 문제되는데, '936 특허에는 센서를 엔진이 아닌 페달에 배치시켜야 한다는 내용이 교시되어 있고, Smith 특허에는 센서와의 연결선이 닳아 없어지는 것을 방지하기 위해서 움직이는 발판(footpad)이 아닌 움직이지 않는 지점에 센서를 배치시켜야 한다는 내용이 교시되어 있으며, Rixon 특허의 경우 조절 가능한 페달의 움직이는 발판(footpad) 위에 센서가 배치됨으로 인해 센서와의 연결선이 닳아 없어지는 문제를 갖고 있으므로, 이러한 상황에서 통상의 기술자에게 가장 자명한 센서의 위치는 특허발명과 마찬가지로 고정된 피봇 포인트라고 판단하였다.

또한, 연방대법원은 선행기술 중 Rixon 특허를 변형하여 특허발명에 이를 수 있다고도 보았다. 즉, 앞서 본 것처럼 Rixon 특허는 조절 가능한 페달의 움직이는 발판(footpad) 위에 센서를 배치한 것이 개시되어 있었고, 그 경우 움직이는 발판(footpad) 위에 센서가 배치됨으로 인해 센서와의 연결선이 닳아 없어지는 문제를 갖고 있었는데, 앞서 본 Smith 특허의 교시 내용에 따라 통상의 기술자라면 Rixon 특허에 그 센서 위치만을 변경하는 것이 통상의 기술자에게 자명하다고 판단하였다.[81]

4) 결론

결론적으로 연방대법원은 해당 특허발명의 구성요소는 선행문헌에 모두 개시되어 있고, 이들을 조합할 동기도 존재하므로, 진보성

---

81) 550 U.S. at 424-425.

흠결이라고 판단한 연방지방법원의 판단을 채택하여 CAFC 판결을 파기·환송하였다. 연방대법원의 KSR 판결은 TSM 테스트를 폐기한 것이 아니라, TSM 테스트의 획일적이고 엄격한 적용을 경계한 것이므로, 위 판결은 'TSM + α'로 이해하는 것이 타당할 것이다.

(5) KSR 판결 이후

(가) 미국 특허상표청 심사기준의 개정

미국 특허상표청(USPTO)은 연방대법원의 KSR 판결을 받아들여 2007. 9. 심사기준(MPEP)을 개정하고, 2007. 10. 비자명성에 관한 가이드라인을 공표했다. 위 가이드라인은 심사관이 KSR 판결의 관점에 비추어 적절한 비자명성 판단을 할 수 있도록 작성된 것으로서 법적 구속력은 없으나, 특허상표청의 실질적인 심사지침서이고, 법원의 진보성 판단에도 유력한 방향을 제시하는 등 매우 중요한 역할을 담당한다.[82]

(나) 자명성 거절의 논리적 근거

위 가이드라인은 자명성 판단방법으로 종래 사용해 오던 Graham 테스트 및 TSM 테스트가 여전히 유효한 것임을 확인하면서 자명하다는 이유로 특허를 거절하는 경우 반드시 그에 대한 타당한 논리(rationales)가 있어야 함을 강조하고 있다.

우선 심사관이 자명성을 판단하는 때에는 심사관은 Graham 테스트를 한 후 청구된 발명이 통상의 기술자에게 자명한지 여부를 결정해야 한다고 하고 있다. Graham 테스트에서는 기술수준을 구성하는 선행기술은 인용례만으로 한정하지 않고 통상의 기술자의 이해도

---

82) 박일희, "특허 요건 중 진보성에 대한 비교법적 고찰", Law & Technology 7권 5호, 서울대학교 기술과법센터(2011), 100면 참조.

포함하는 것으로 하고 있다. 또한, 모든 청구항의 한정에 있어서 교시나 시사가 필요한 것은 아니라고 명시하고 있다. 다만, 심사관이 선행기술과 해당 발명의 차이가 통상의 기술자에게 자명하다는 이유로 특허를 거절하는 경우에는 반드시 그에 대한 타당한 논리를 설명하지 않으면 안 된다고 하여 단순한 추론에 의한 거절은 인정하지 않는다.83)

(다) 7가지 사례에 대한 검토

위 가이드라인에서는 자명하다고 볼 수 있는 7가지 사례를 제시하고 있다.84)

첫째, 공지된 방법에 따라 선행기술의 구성요소들을 조합하여 예측가능한 결과를 얻은 경우이다. 이 경우에 해당하여 진보성을 부정하기 위해서는 복수의 선행문헌에 발명의 구성요소들이 개시되어 있고, 위 선행문헌과 해당 발명의 차이가 위 구성요소들을 하나의 발명으로 조합하였다는 것 외에는 없으며, 통상의 기술자가 위 구성요소들을 알려진 방법에 따라 조합할 수 있고, 그 구성요소들이 분리되었을 때와 같은 기능을 수행하며, 통상의 기술자가 그 조합의 결과를 예상할 수 있어야 한다.85)

둘째, 공지된 하나의 구성요소를 단순히 다른 것으로 치환하여 예측가능한 결과를 얻은 경우이다. 이 경우에 해당하여 진보성을 부정하기 위해서는 선행문헌과 해당 발명의 차이가 일부 구성요소를 다른 것으로 대체한 것 외에는 없고, 대체된 요소와 그 기능이 통상

---

83) 신혜은, 전게논문(주 8), 116면 참조.
84) 위 가이드라인은 심사지침서(MPEP) 2141, 2143에 기재되어 있다. 위 가이드라인에 관한 자세한 내용은 박시영, "미국과 한국의 진보성 판단에 관한 비교법적 고찰", 발명특허 36권 6호, 한국발명진흥회(2011), 39-40면 참조.
85) 최승재, "결합발명의 진보성 심리 및 판단 방법에 개선을 위한 연구", 특별법연구 제12권, 사법발전재단(2015), 377면 참조.

의 기술자에게 알려져 있었어야 하며, 통상의 기술자가 대체할 수 있었고, 그 결과도 예측할 수 있었어야 한다.[86]

셋째, 공지된 기술을 사용하여 유사한 장치(방법 또는 물건)를 같은 방법으로 개량하는 경우이다. 이 경우에 해당하여 진보성을 부정하기 위해서는 선행문헌이 해당 발명의 기본발명에 해당하여야 하고, 위 기본발명과 별도의 선행문헌에 같은 방법으로 개량된 발명이 있어야 하며, 통상의 기술자가 위 개량된 방법을 위 기본발명에도 적용할 수 있어야 한다.[87]

넷째, 공지된 기술을 공지된 장치(방법 또는 물건)에 적용하여 예측가능한 결과를 얻은 경우이다. 이 경우에 해당하여 진보성을 부정하기 위해서는 선행문헌이 해당 발명의 기본발명에 해당하여야 하고, 위 기본발명에 적용할 기술이 공지되어 있어야 하며, 통상의 기술자가 위 공지 기술을 위 기본발명에 적용하면 예상되는 결과를 발휘함을 예측할 수 있어야 한다.[88]

다섯째, '시도해보는 것이 자명한 경우'(Obvious to try) 즉, 확인되고 예측가능한 한정된 수의 해결책으로부터 합리적인 성공에 대한 기대를 가지고 선택하는 경우이다. 이 경우에 해당하여 진보성을 부정하기 위해서는 발명 당시 해결하여야 할 문제가 있었고, 위 문제에 대해 확인되고 예측가능한 한정된 수의 해결책이 존재하고 있었으며, 통상의 기술자가 위 해결책을 선택함에 있어서 성공에 대한 합리적인 기대를 가지고 있었어야 한다.[89]

여섯째, 설계에 대한 인센티브나 시장의 요구에 의하여 특정 분야의 공지된 기술이 동일한 분야 또는 상이한 분야에서 변형되어 사

---

86) 상계논문, 377-378면 참조.
87) 상계논문, 378면 참조.
88) 상계논문, 378면 참조.
89) 상계논문, 379면 참조.

용되고, 그러한 변형 및 사용이 통상의 기술자에게 예측가능한 경우이다. 이 경우에 해당하여 진보성을 부정하기 위해서는 동일한 분야 또는 상이한 분야의 발명이 개시되어 있어야 하고, 이러한 알려진 발명이 변형되어 사용되도록 하는 설계에 대한 인센티브나 시장의 요구가 있어야 하며, 이러한 변형 및 사용이 통상의 기술자에게 예측 가능하여야 한다.[90] 이는 앞서 본 KSR 판결에서 설시한 내용을 반영한 것으로 보인다.

일곱째, 선행기술에 통상의 기술자로 하여금 해당 발명에 이르도록 선행기술을 변형시키거나 그 내용을 결합하도록 유도할만한 교시, 시사, 동기가 존재하는 경우이다. 이것은 종래의 TSM 테스트와 관련된 것이다.

앞서 본 바와 같이 위 가이드라인에서 제시한 사례들 중에는 TSM 테스트에 근거한 것도 포함되고, KSR 판결에서 강조한 부분을 반영한 것도 포함되어 있으나, 위 가이드라인은 이들 7가지 사례가 한정적 예시는 아니라고 설명하고 있다. 또한, 위 가이드라인에 따르면 선행기술은 제시된 인용문헌에 한정되는 것이 아니라, 통상의 기술자의 이해(understanding)도 포함된다. TSM 테스트를 적용하는 경우에는 반드시 명시적인 시사는 필요 없고, 암시적이어도 좋다. 그리고 암시적인 동기부여로는 선행기술 전체로부터 파악되는 시사뿐만 아니라 바람직한 개량(강하게 하고, 값싸게 하고, 빠르게 하는 등)에 관한 것도 좋다고 하고, TSM 테스트는 유연하게 적용되어야 한다는 점을 명확하게 하고 있다. 이처럼 위 가이드라인에 따르면 TSM 테스트를 적용하는 것은 필수적인 것이 아니고, 조합 등의 개량이 예상되는 결과를 초래하는 것인지의 관점을 고려한 후 자명성을 판단하도록 심사관에게 요청하고 있다.[91]

---

90) 상계논문, 379면 참조.
91) 신혜은, 전게논문(주 8), 116-117면 참조.

(라) 판례의 동향

1) KSR 가이드라인 업데이트

KSR 가이드라인은 2010. 9. 업데이트되었는데, 2007년의 KSR 가이드라인이 심사관으로 하여금 언제 해당 발명이 자명하지 않은지를 결정하게 하고, 자명성을 이유로 한 거절의 적절한 이유를 제시하는데에 도움을 주는 것이었다면, 2010년의 KSR 가이드라인 업데이트는 이제 심사관이나 실무자로 하여금 자명성과 비자명성의 경계를 안내할 정도로 판례의 이용이 가능해진 상황이 되었으므로, 자명하지 않다고 결정된 사례와 자명하다고 밝혀진 사례를 대비할 수 있도록 안내하게 되었다.[92]

2010년의 KSR 가이드라인은 KSR 판결 이후에 나온 CAFC의 자명성 관련 판단 사례들을 소개하고 있는데, 이하에서는 그 중 중요한 사례들에 대해 살펴보기로 한다.

2) In re Omeprazole Patent Litigation 사건

이 사건에서 문제된 특허발명은 위산 분비를 저해하는 약물인 오메프라졸(omeprazole)에 장용성(腸溶性) 코팅을 적용하여 위 약물이 의도된 작용처에 도달하기 전에 분해되지 않도록 한 것이었다. 선행발명('495 유럽 출원)에도 오메프라졸에 장용성 코팅을 적용한 제제가 개시되어 있었으나, 그 경우 오메프라졸과 장용성 코팅과의 화학반응으로 인해 저장 안정성이 좋지 않았다. 특허발명은 이러한 문제를 해결하기 위해 불활성 서브코팅의 구성을 추가하여 저장 안정성을 향상시킨 것이었다. 그런데 이러한 서브코팅은 다른 제재에서도 종종 사용되었고, 그에 관한 선행문헌도 제출되었다.[93]

연방지방법원은, 특허의 무효를 주장하는 피고(Apotex)는 통상의

---

92) 박시영, 전게논문(주 84), 41면 참조.
93) 536 F.3d 1361 (Fed. Cir. 2008).

기술자가 선행발명('495 유럽 출원)에 불활성 서브코팅을 포함할 필
요성을 인지하였음을 명확하고 확신을 주는 증거에 의해 증명하였
어야 하는데, 그러한 증명책임을 다하지 못하였기 때문에 특허발명
의 진보성이 부정되지 않는다고 판단하였다.

　　CAFC도 위와 같은 연방지방법원의 판단을 지지하였다. 비록 장용
성 제제 및 서브코팅에 관한 기술이 공지되어 있었고, 과도한 기술
적 장애나 합리적인 성공가능성의 부족에 관한 증거가 없다고 하더
라도, 그 변형(modification)을 유발한 선행기술의 결함 내지 문제(오메
프라졸과 장용성 코팅과의 화학 반응으로 인해 저장 안정성이 좋지
않았다는 점)가 인식되지 않았기 때문에 이를 변형할 만한 근거가
없었고, 설령 이를 인식하였다고 하더라도 통상의 기술자가 다른 변
형을 시도할 수도 있었으므로, 특허발명은 자명하지 않다고 판단하
였다. 나아가 CAFC는 KSR 판결에 따른 자명성의 판단 기준은 단순히
각 구성요소가 선행기술에 개시되어 있어 통상의 기술자가 이를 조
합하는 것이 가능하였는지(could) 여부가 아니라, 각 구성요소를 결
합할 만한 어떤 합리적인 이유가 있어 이를 하려고 하였을 것인지
(would) 여부를 반드시 고려하여야 한다고 보았다.[94]

　　이 사건에서 서브코팅을 추가하는 변형은 추가적인 연구 및 더
많은 비용을 필요로 하는 것이어서 명확한 이유나 근거 없이 쉽게
시도하기 어려운 작업이었다. 통상의 기술자의 관점에서 이러한 서
브코팅을 추가하는 것은 최종 제품에 특별한 바람직한 속성을 부여
하는 것으로 기대되지 않았고, 오히려 그러한 변형에 따라 얻어진
최종 제품은 선행기술과 동일한 기능적 속성을 가질 것으로 기대되
는 상황이었다. 그러한 점에서 볼 때 이 사건은 공지된 구성요소를
단순 결합하여 그 각 구성요소가 최종 제품에서 자신의 공지된 속성

---

94) MPEP 2143 1. A. Example 3.

만을 나타낼 것으로 예상되는 경우와는 같지 않다.

또한, 이 사건은 종래에 알려지지 않았던 문제점을 특허권자가 발견하였다는 관점에서도 분석할 수 있다. 만일 활성 성분(오메프라졸)과 장용성 코팅 간의 불리한 상호작용이 기존에 공지되어 있었다면, 서브코팅을 추가하는 것이 자명하였다고 볼 여지가 있었다. 그러나 그러한 문제점이 종래에 알려져 있지 않기 때문에 서브코팅을 추가하는 것이 기술적으로 가능하다 하더라도 이를 추가하기 위해 부가적인 연구와 비용을 초래할 아무런 이유는 없었을 것이다.[95]

3) Crocs, Inc. v. U.S. International Trade Commission 사건

이 사건에서 문제된 특허발명은 신발 위와 바닥을 한 조각으로 몰딩된 발포 고무(foam)로 형성하는 신발에 관한 것으로서, 발포 고무로 된 발뒤꿈치 띠(foam heel strap)가 신발 위 개구부에 부착되고, 그 띠가 발의 아킬레스 부분을 지지할 수 있도록 하며, 베이스(base) 부와 접촉하여 상대적인 피봇 운동을 할 수 있도록 연결부를 통해 베이스 부에 부착된 것을 특징으로 한다.[96]

미국 국제무역위원회(U.S. International Trade Commission, 이하 'ITC'라 한다)[97]는 선행발명 1(Aqua Clog)에는 발뒤꿈치 띠를 제외한 특허발명의 나머지 구성요소들이 포함된 신발이 개시되어 있고, 선행발명 2(Agurre 특허)에는 탄성력이 있는 재질로 된 발뒤꿈치 띠가 개시되어 있으므로, 이들 선행발명들의 조합으로 특허발명이 자명하다고 판단하였다.

이에 대하여 CAFC는, 선행발명들은 발뒤꿈치 띠가 베이스 부에

95) 이해영, 전게서(주 4), 478면 참조.
96) 598 F.3d 1294 (Fed. Cir. 2010).
97) ITC에 관한 자세한 내용은 설민수, "특허침해 구제기관으로서 ITC의 대두와 한국에서의 시사점", 선진상사법률연구 58호, 법무부(2012), 70-102면 참조.

항상 접촉하여야 함을 교시하였거나, 신발의 발뒤꿈치 띠의 재질로서 발포 고무를 사용하는 것에 대하여 부정적 시사(teach away)를 하였다고 판단하였다. 또한 CAFC는, 특허발명의 발뒤꿈치 띠는 착용자의 발과 항상 접촉 상태에 있는 종래의 신발과는 달리 띠를 발의 아킬레스 뒤 부분에 배치시켜 띠와 베이스 부 간의 마찰을 통해 신발에서 발을 위치시킬 필요가 있을 때에만 착용자의 발과 접촉할 수 있게 함으로써 계속적으로 접촉함으로 인한 착용자의 불편을 해소할 수 있고, 이는 선행발명들로부터 예측할 수 없는 결과라고 보았다. 더욱이 선행발명 2는 띠와 베이스 부 간의 마찰은 장점보다 단점이 더 많다면서 마찰을 줄이도록 나일론 와셔(nylon washer)의 사용을 제시하기도 하였다.[98]

결국 CAFC는 종래기술에 공지된 요소를 조합한 발명에 있어서 그 종래기술이 해당 발명과 다르게 가르치거나 그 조합으로 예측 가능한 이상의 결과를 낳는다면 자명하지 않을 수 있다고 보았다.[99]

4) In re ICON Health & Fitness 사건

이 사건에서 문제된 출원발명은 폴딩 발판(folding base)을 구비한 러닝머신(treadmill)에 관한 것이었는데, 심사관은 선행발명 1(Damark advertisement, 러닝머신에 관한 것으로서 가스 스프링을 제외하고는 출원발명의 구성을 모두 구비하고 있다) 및 선행발명 2(Teague's Patent, 폴딩 베드(folding bed)에 관한 것으로서 출원발명과 유사한 가스 스프링의 구성이 개시되어 있다)의 결합에 의해 진보성이 부정된다고 하여 거절결정을 하였다.[100]

CAFC는 선행발명 2의 폴딩 베드에 개시된 가스 스프링의 메커니

---

98) MPEP 2143 1. A. Example 4.
99) 이해영, 전게서(주 4), 479면 참조.
100) 496 F.3d 1374 (Fed. Cir. 2007).

즘은 출원발명의 러닝머신에 채용된 가스 스프링의 그것과 유사하고, 비록 폴딩 베드에 관한 선행발명 2는 러닝머신에 관한 기술과 구별되는 것이기는 하나, 출원발명과 다른 문제(different problem)를 다루고 있는 것은 아니며, 출원발명에서 채용된 폴딩 메커니즘은 러닝머신에만 국한된 것이 아니라, 일반적인 하중 지지 문제와 관련된 것이고, 그 메커니즘 자체도 매우 유사한바, 이러한 해결하고자 하는 문제 및 그 해결책의 유사성은 선행발명들의 결합에 충분한 동기를 제공한다고 판시하였다.

이 사건에서 항소인은, 선행발명 2는 단일 동작(single-action) 스프링 대신에 이중 동작(dual-action) 스프링을 사용하여 접을 수 있도록 한 침대에 관한 것으로서, 이러한 이중 동작(dual-action) 스프링은 단일 동작(single-action) 스프링에 비하여 닫힌 위치에서 침대를 펴는 데에 필요한 힘을 줄여 줌과 동시에 열린 위치에서 침대를 들어 올리는 데에 필요한 힘을 줄여준다고 개시하고 있으므로, 이러한 선행발명 2는 통상의 기술자로 하여금 단일 동작(single-action) 스프링을 사용하지 않도록 교시하고, 이중 동작(dual-action) 스프링은 출원발명과 같은 결합을 동작불능(inoperable)하도록 하는 것이어서 선행발명 1과 결합할 수 없다는 취지로 주장하였다.

이에 대하여 CAFC는, 선행발명 2는 통상의 기술자로 하여금 침대를 펴는 데에 필요한 힘을 줄일 목적으로 단일 동작(single-action) 스프링을 사용하는 것을 단념하게 하는 것일 뿐이고, 오히려 선행발명 2는 발명자가 원하는 결과 즉, 중력에 의해 제공된 여는 힘을 증가시키기 위해 단일 동작(single-action) 스프링을 사용하는 것은 교시하고 있다고 판단하였다. 그리고 동작불능 주장과 관련하여서도, CAFC는 출원발명의 청구항은 발판을 견고하게 유지하는 데에 도움을 주는 어떠한 것도 포괄할 수 있도록 넓게 작성되어 있고, 통상의 기술자라면 선행기술로부터 차용한 장치로 그 변형을 만들 수 있다는 점을

간과하여서는 안 된다고 설시하였다.[101]

이 사례는 유사한 기술의 범위와 관련하여 유용한 시사점을 제공하는데, 어떠한 선행기술이 다른 노력 분야의 특허(출원)발명과 대비될 수 있는지 여부를 판단함에 있어서 그 해결하고자 하는 과제를 고려하는 것이 필요하다는 점을 밝히고 있다. 또한, 이 사례는 해결하고자 하는 과제 및 조합할 만한 이유 사이의 관계에 대해서도 시사하고 있는데, 선행발명이 해당 발명과 유사한 문제 및 유사한 해결책을 제공한다는 점은 결정적인 것은 아니라고 하더라도, 선행발명을 조합할 만한 이유를 설명하는 데에 도움을 줄 수 있다는 점을 보여준다.[102]

5) Aventis Pharma Deutschland v. Lupin Ltd. 사건

이 사건에서 문제된 특허발명은 '입체화학적으로 정제된 형태의 고혈압 치료제 라미프릴(ramipril)의 5(S) 입체이성질체(stereoisomer) 및 5(S) 라미프릴을 필요로 하는 화합물 및 그 방법'에 관한 것으로서, 위 5(S) 입체이성질체는 라미프릴 분자에 있는 5개의 중심 원소(stereocenter)가 R 배열(configuration)이 아닌 S 배열을 갖는 것을 말한다.[103] 그런데 5(S) 라미프릴을 포함하는 다양한 입체이성질체의 혼합물(mixture)이 선행기술로 알려져 있었다. 이 사건의 쟁점은 특허 청구된 것과 같은 분리·정제된 특정한 입체이성질체가 위와 같이 공지된 입체이성

---

101) MPEP 2143 1. B. Example 5.

102) 이해영, 전게서(주 4), 484면 참조.

103) 분자식은 같으나 성질이 다른 화합물을 이성질체(isomer)라고 하고, 이성질체에는 구조 이성질체, 기하 이성질체, 광학 이성질체 등이 있다. 그 중 광학 이성질체는 물리화학적 성질은 같으나, 여기에 빛을 비추면 물질을 통과한 뒤 나오는 빛의 방향이 반대가 된다. 광학이성질체 발명의 특허요건과 관련하여 자세한 내용은 유영선, "의학발명의 유형별 특허요건의 비교·분석", 특허소송연구 6집, 특허법원(2013), 152-155면 참조.

질체의 혼합물에 비하여 자명한지 여부이었다.[104]

　종래부터 라미프릴과 유사한 약품에서 다중 S 입체이성질체의 존재가 향상된 치료 효과와 관련되어 있다고 알려져 있었다. 예컨대, 고혈압 치료에 사용되는 에날라프릴(enalapril)의 모든 중심 원소가 S 배열을 갖는 경우(SSS enalapril)가 2개의 중심 원소만이 S 배열을 갖는 경우(SSR enalapril)에 비하여 700배의 치료 효과를 갖는다는 점이 알려져 있었다. 또한, 다양한 라미프릴의 입체이성질체를 분리하는 데에 종래의 방법이 사용될 수 있음을 나타내는 증거도 제출되었다.

　연방지방법원은 선행기술로부터 5(S) 라미프릴을 분리할 만한 명확한 동기(clear motivation)가 없다고 판단하였으나, CAFC는 그와 같은 명확한 동기를 요구하는 것은 KSR 판결에서 금지하고 있는 TSM 테스트의 엄격한 적용이라고 판단하였다. 그리고 CAFC는 화학 사건에서 구조적 유사성이 선행기술의 교시를 변형하는 데에 필요한 이유를 제공할 수 있다는 점을 분명히 하였고, 아울러 그 화합물이 특정의 유용성을 가질 것이라는 명확한 교시(explicit teaching)가 없다 하더라도 선행기술의 관점에서 유사한 속성에 관한 예측성(expectation)으로 충분할 수 있다고 하면서 해당 특허발명이 자명하다고 판단하였다.

　CAFC는 "특허 청구된 화합물(chemical compound)과 그 화합물 또는 다른 화합물을 포함하는 혼합물(mixture)의 관계에서, 혼합물의 바람직한 속성이 특허 청구된 화합물로부터 전체적으로나 부분적으로 유래되고, 특허 청구된 화합물을 혼합물로부터 분리하는 것이 그 분야에서 일상적인(routine) 경우라면, 특허 청구된 화합물은 그 혼합물에 비하여 자명할 것이다."라고 판시하였다.[105]

---

104) 499 F.3d 1293 (Fed. Cir. 2007).
105) MPEP 2143 1. B. Example 8.

6) Altana Pharma AG v. Teva Pharmaceuticals USA, Inc. 사건

이 사건에서 문제된 특허발명은 위산 분비를 억제하여 위궤양 등을 치료하는 데에 사용되는 활성 성분인 판토프라졸(pantoprazole)에 관한 것이다. 제시된 선행발명은 18가지의 화합물을 개시하고 있었는데, 그 중 '화합물 12'라고 기재된 화합물이 판토프라졸과 구조적으로 유사하였다.[106]

이 사건에서 CAFC는 "선행기술 화합물과의 구조적 유사성의 관점에서 화합물의 자명성은, 통상의 기술자로 하여금 특허발명 화합물을 생산하는 특정한 방식으로 선행기술의 출발 화합물을 선택하여 변형할 수 있도록 이끌 수 있을 만한 논거를 확인함으로써 입증될 수 있다. 그러한 논거는 선행기술에 명확히 기재될 필요는 없고, 그 선행기술이 단일의 출발 화합물만을 개시하고 있을 필요는 없다."라고 판시하였다.

위와 같은 전제 하에 CAFC는 통상의 기술자라면 변형을 위한 출발 화합물로 '화합물 12'를 선택할 수 있다고 판단하였다. 즉, 선행발명의 명세서에는 '화합물 12'를 포함하는 그 화합물들이 종래 기술을 개선한 것으로서 '화합물 12'가 그 화합물들 중에서도 유력한 것임을 개시하였고, 심사관은 심사 과정에서 선행발명의 화합물들이 특허발명과 관련이 있는 것으로 고려하였으며, 통상의 기술자라면 위산 분비 억제제로서의 효능을 시험해 보기 위해 위 화합물들을 선택할 수 있었을 것이라는 전문가 증언도 있었는데, CAFC는 이러한 사정들을 종합하여 통상의 기술자가 출발 화합물로서 '화합물 12'를 선택할 수 있다고 본 것이다.[107]

---

106) 566 F.3d 999 (Fed. Cir. 2009).
107) MPEP 2143 1. B. Example 11.

7) In re Kubin 사건

이 사건에서 문제된 출원발명은 분리된 핵산(nucleic acid)[108] 분자에 관한 것인데, 그 핵산은 특정한 폴리펩티드를 코딩하고,[109] 그 코딩된 폴리펩티드는 부분적으로 특정된 서열(sequence) 및 특정 단백질과 결합하는 능력으로 청구항에 특정되었다. 선행발명(Valiante)은 청구항 기재의 핵산에 의해 코딩된 폴리펩티드를 교시하였으나, 폴리펩티드의 서열이나 분리된 핵산 분자에 대해서는 개시하지 않았다. 다만, 위 선행발명은 Sambrook의 실험 매뉴얼에 기재된 것과 같은 통상적인 방법을 사용하여 폴리펩티드의 서열이 결정되고 핵산 분자가 분리된 것이라는 점은 개시하였다.[110]

출원인은, CAFC의 In re Deuel 판결[111]에 근거로 유사한 핵산 분자를 교시하거나 시사하는 자료를 인용하지 않은 채 선행발명의 폴리펩티드를 Sambrook의 실험 매뉴얼에 기재된 방법과 함께 사용하여 해당 청구항의 출원을 거절하는 것은 부적절하다고 주장하였다.

이에 대하여 BPAI는, KSR 판결을 인용하면서 "문제를 해결할 만한

---

108) 모든 생물의 세포 속에 들어 있는 고분자 유기물로서, 수많은 아미노산의 연결체이다. 천연 아미노산에는 20종이 있는데, 위 아미노산들이 펩티드 결합이라고 하는 화학결합으로 서로 연결되어 길게 측쇄형으로 된 것을 폴리펩티드(polypeptide)라고 한다. 단백질(protein)과 폴리펩티드는 같은 말이지만, 보통 분자량이 비교적 작으면 폴리펩티드라 하고, 분자량이 매우 크면 단백질이라고 한다. 그러나 이러한 구별은 엄격한 것이 아니어서 두 가지를 혼용하여 쓴다. 단백질을 구성하는 아미노산에는 20종이 있으므로 위 20종의 아미노산이 몇 개 그리고 어떤 순서로 연결되느냐에 따라 단백질의 종류가 정해진다. 이에 관한 자세한 내용은 정상조·박성수 공편, 특허법 주해 I, 박영사(2010), 394-398면 참조.

109) 핵산에 있어서 염기배열의 순서를 결정하는 유전정보를 genetic code라고 부르고, coding은 특정 단백질을 지정하는 유전자 암호를 붙이는 것을 말한다. 상게서, 394면 참조.

110) 561 F.3d 1351, 90 USPQ2d 1417 (Fed. Cir. 2009).

111) 51 F.3d 1552, 34 USPQ2d 1210 (Fed. Cir. 1995).

동기가 있고 유한한 수의 확인되고 예측가능한 해결책이 있는 경우 통상의 기술자라면 자신의 기술적 이해 내에서 공지의 선택 사항을 추구할 상당한 이유가 있다."라고 판시하였다. 이 사건에서 BPAI는 해당 기술분야에서 당면한 과제는 특정의 핵산을 분리하는 것이고, 그렇게 하도록 이용할 수 있는 한정된 수의 방법이 공지되어 있었으며, 통상의 기술자라면 성공할 것이라고 합리적으로 예상되는 이런 방법들을 시도할 만한 이유를 가졌으므로, 특허 청구된 분리된 특정의 핵산 분자는 혁신적인 것이 아니라, 보통의 기술과 상식에 해당하는 제품이라고 판단하였다.[112]

　　CAFC도 BPAI의 논리를 대부분 채용하였고, 다만 "KSR 판결에서 연방대법원은, In re Deuel 판결이 청구항의 구성요소들의 조합이 'obvious to try'하다는 것을 자명성 판단에서 고려할 수 없다는 것을 의미하는 한, 위 판결은 잘못이라고 판단하였다."라고 설시하였다. 대신에 CAFC는 In re O'Farrell 사건[113]에서 채택한 기준을 부활시켰는데, 이 사건에서는 'obvious to try'가 부적절하게 자명성 판단에 적용되는 상황을 다음과 같은 두 가지 경우로 설명하였다. 즉, ① 'obvious to try'가 성공적인 결과에 도달할 때까지 모든 파라미터를 변화시키거나 수많은 선택사항을 시도해야 하는 것에 해당할 때, 선행기술에서 어떤 파라미터가 중요한 것인지에 관한 지시(indication)가 없거나, 수많은 선택사항 중에서 어느 것이 성공할 것 같은지에 대한 방향(direction)이 없는 경우, ② 'obvious to try'가 새로운 기술 또는 가능성 있는 실험 분야인 것처럼 보이는 일반적인 접근에 해당할 때, 선행기술이 특허 청구된 발명의 특정 형태 및 그 도달 방법에 관한 단지 추상적인 가이드라인만을 제시하는 경우 등에 있어서는 그 발명이 자명하다고 보기 어렵다.[114]

---

112) Ex parte Kubin, 83 USPQ2d 1410 (Bd. Pat. App. & Int. 2007).
113) 853 F.2d 894, 903, 7 USPQ2d 1673, 1681 (Fed. Cir. 1988).

연방대법원의 KSR 판결이 'obvious to try' 기준을 승인한 것과 관련하여, 일부 학자들은, 발명적 활동은 진공상태가 아니라 항상 이전에 있었던 것과의 관계에서 수행되기 때문에 'obvious to try' 기준에 따라 엄밀하게 조사하면 거의 모든 발명이 살아남을 수 없을 것이라는 우려를 표명하였다. 그러나 이후 CAFC는 통상의 기술자의 '예측가능성과 합리적인 성공에 대한 기대'라는 요소를 특별히 강조하는 방식을 통해 '확인되고 예측가능한 한정된 수의 해결책'이라는 요건을 해석함으로써 'obvious to try' 기준이 지나치게 확대 적용되는 것을 방지해 왔다.[115)]

8) Perfect Web Technologies, Inc. v. InfoUSA, Inc. 사건

이 사건에서 문제된 특허발명은 대량 이메일 전송(bulk e-mail distribution) 방법에 관한 것으로서, 청구항 1은 다음과 같은 4단계를 포함하는 것으로 기재되어 있다. (A) 목표 수신자들을 대상으로 하여 수신자 목록을 생성하는 단계, (B) 위 수신자 목록에 따라 위 목표 수신자들에게 대량 이메일을 전송하는 단계, (C) 위 목표 수신자들이 성공적으로 수신한 이메일의 수를 측정하는 단계, (D) 만일 성공적으로 수신된 이메일의 수가 소정의 기준을 초과하지 않으면, 소정의 기준을 초과할 때까지 (A)-(C)의 단계를 반복하는 단계.

연방지방법원은, 청구항 1의 (A), (B), (C)단계는 선행발명에 개시되어 있고, (D) 단계는 'try, try again'이라는 금언을 적용한 단순한 상식(common sense)의 결과일 뿐이라면서 청구항 1은 선행발명에 비추어 자명하다고 판단하였다. 이에 대하여 특허권자인 Perfect Web은 항소이유에서 (A), (B), (C)단계가 선행발명에 개시되어 있다는 점은 다투지 않으나, 상식이 (D) 단계를 교시하고 있다고 볼 수 없을 뿐만

---

114) MPEP 2143 1. E. Example 3.
115) 이해영, 전게서(주 4), 492면 참조.

아니라, 'obvious to try' 기준이 위 사안에는 적용되지 않는다는 취지로 주장하였다.116)

우선 CAFC는 자명성 판단에서의 상식의 역할과 관련하여, "통상의 기술자는 단순한 로봇기계(automation)가 아니라 통상의 창작능력(creativity)을 갖는 사람이다."117)라고 판시한 연방대법원의 KSR 판결을 인용한 다음 특허발명의 (D) 단계는 'try, try again'이라는 금언을 적용한 단순한 상식(common sense)의 결과일 뿐이라는 연방지방법원의 판단을 지지하였다. 그리고 상식이 충분한 근거로 설명된다면 자명성 판단에 도움을 주는 것으로 오랫동안 인식되어 왔고, KSR 판결 이전에도 자명성 판단에 상식이 사용되어 왔음을 보여주는 여러 선례들을 소개하였다.118)

다음으로 CAFC는 비록 상식이 적용되지 않는다고 하더라도, 해당 특허발명은 'obvious to try'에 해당하는 것이어서 자명하다고 판단하였다. CAFC는 해당 특허발명이 '소정의 마케팅 목표치에 비해 너무 적거나 너무 많은 이메일을 보내게 되는 문제'를 해결하고자 한 것으로 파악하면서, 전문가들은 이에 대한 해결책으로서 ① 최초 수신자 목록의 크기를 증가시키는 방법, ② 최초 전송 시 이메일을 받지 못한 수신자들에게만 다시 이메일을 전송하는 방법, ③ 새로운 수신자 목록을 생성하여 그들에게 이메일을 전송하는 방법을 인식하고 있었는데, 그 중 ③ 방법이 청구항 1의 (D) 단계에 대응된다고 보았다. CAFC는, 특허발명과 같이 새로운 수신자 목록을 생성하여 그들에게 이메일을 전송하는 방법이 이미 실패된 주소로 다시 이메일을 전송하는 방법보다 더 시도해 볼만한 하였을 것이고, 새로운 수신자

---

116) MPEP 2143 1. E. Example 9.

117) 550 U.S. at 420-421.

118) In re Bozek, 416 F.2d 1385, 1390, 163 USPQ 545, 549 (CCPA 1969); In re Zurko, 258 F.3d 1379, 1383, 1385, 59 USPQ2d 1693 at 1695, 1697 (Fed. Cir. 2001).

목록의 선택과 관련하여 예견하지 못하였던 결과가 발생하였다거나 그 방법이 합리적인 성공가능성이 없었다는 것과 관련된 증거가 없었으므로, 해당 특허발명은 'obvious to try'에 해당하여 자명하다고 판단하였다.[119]

9) PharmaStem Therapeutics, Inc. v. Viacell, Inc. 사건

이 사건에서 문제된 특허발명은 탯줄(umbilical cord)이나 태반 혈액(placental blood)[120]으로부터 수득한 조혈 줄기세포(hematopoietic stem cells)를 포함하는 조성물 및 그 조성물을 혈액 및 면역 계통 질병의 치료에 사용하는 방법에 관한 것이었다. 특허권자인 PharmaStem Therapeutics, Inc.가 Viacell, Inc. 등을 상대로 특허침해소송을 제기하였는데, 연방지방법원은 해당 특허가 유효하고 침해되었다고 판단하였다.[121]

CAFC는, 특허권자가 전적으로 새로운 조성물이나 방법을 발명한 것이 아니라고 하면서, 특허권자 자신의 명세서에도 탯줄이나 태반 혈액에 조혈 줄기세포가 포함되어 있을 뿐만 아니라, 그와 같은 조혈 줄기세포가 조혈 재구성(hematopoietic reconstitution)의 목적으로 유용하다는 점이 종래에 알려져 있었다고 기재되어 있다는 점을 지적하였다. 그리고 특허권자가 한 기여는 탯줄과 태반 혈액이 쥐에서 조혈 재구성을 가져오는 데에 사용될 수 있음을 보여주는 실험 결과를 제공한 것이었다. CAFC는 통상의 기술자라면 위와 같은 조혈 재구성 방법이 인간에게도 적용될 수 있음을 예견할 수 있었다고 보았다.[122]

---

119) MPEP 2143 1. E. Example 9.
120) 탯줄이나 태반에 있는 혈액을 제대혈(cord blood)이라고 한다.
121) 491 F.3d 1342, 83 USPQ2d 1289 (Fed. Cir. 2007).
122) MPEP 2145. Example 1.

또한 CAFC는, 특허권자의 실험을 통해 밝혀지기 이전까지 조혈 줄기세포가 제대혈(cord blood)에 존재한다는 사실이 입증되지 않았다는 취지의 전문가 증언을 받아들이지 않았다. 그 이유에 관하여 CAFC는, 위 증언 내용은 명세서에 기재된 발명자의 자인(admission)과 상충될 뿐만 아니라, 선행기술에서 제대혈 내의 줄기세포의 존재를 교시하는 것과도 배치된다고 설명하였다.[123]

특허권자가 제대혈로부터 유래된 조혈 줄기세포를 이용하여 조혈 재구성하는 방법에 관한 유용한 실험적 결과를 제시하였음에도 불구하고, CAFC는 선행기술에 이미 특허발명에 대한 광범위한 시사가 있었다고 하면서 특허발명이 자명하다고 판단하였다. 즉, "발명자들이 종래 강하게 의문시되어 온 사항을 결정적으로 입증하였으므로, 그 연구는 제대혈에 조혈 줄기세포가 존재한다는 종래의 의문을 제거함으로써 조혈 이식에 관한 과학기술의 진보를 가져온 것일지 모른다. 그러나 쥐 실험과 그에 의해 얻어진 결론은 본질적으로 창작력이 있는 발명이라고 할 수 없다. 오히려 통상의 조사방법을 사용함으로써 종래 그럴 것으로 믿고 있던 것을 발명자가 증명한 것에 지나지 않는다. 이러한 과학적 증명도 가치 있는 공헌이기는 하나, 그 자체가 특허성 있는 발명이라고는 할 수 없다."라고 판시하였다.[124]

또한, CAFC는 특허발명의 효과가 선행발명으로부터 예측가능한 정도에 불과하다고 하면서, 자명성을 인정하기 위해서 반드시 절대적인 예측가능성이 있어야 하는 것은 아니고, 통상의 기술자가 합리적으로 알 수 있었던 정도로도 충분하다고 판시하였다.[125]

---

123) MPEP 2145. Example 1.
124) 신혜은, 전게논문(주 4), 118면 참조.
125) MPEP 2145. Example 1.

다. 자명성 요건에 관한 검토

(1) Graham framework

앞서 본 바와 같이 연방대법원은 Graham 판결을 통해 비자명성 판단의 기본 틀인 Graham framework을 제시하였다. Graham framework 는 ① 선행기술의 범위 및 내용의 확정, ② 특허 청구된 발명과 선행 기술의 차이 확정, ③ 통상의 기술자의 기술수준의 확정, ④ 비자명성 에 대한 객관적 근거(소위 2차적 고려사항이라고 하는 상업적 성공, 오랫동안 해결되지 못했고 특허 청구된 발명에 의하여 비로소 해결 된 기술적 과제, 경쟁자들의 실패 등)의 검토에 의하여 비자명성을 판 단하는 것인데, 이하에서는 이들 요소에 대해 살펴보기로 한다.

(2) 선행기술의 범위 및 내용

(가) 선행기술의 범위

1) 도입

미국 특허법 제103조는 발명의 비자명성 판단의 전제로서 해당 발명과 대비되는 선행기술을 특정할 것을 요구하고 있다. 미국 특허 법상 발명의 비자명성 판단은 해당 발명이 속한 기술분야에서 통상 의 기술을 가진 자를 기준으로 판단되어야 하므로, 해당 발명과 대 비될 수 있는 선행기술은 그 발명이 속한 기술분야에서 통상의 기술 을 가진 자가 발명 시 검토하거나 참작할 수 있는 것이어야 한다.[126] 이러한 점에서 비자명성 판단은 기술의 유사성 여부를 검토할 필요 가 없는 신규성 판단과 구별된다.[127]

---

126) Donald S. Chisum, op. cit., p.5-84.
127) In re Schreiber, 128 F.3d 1473, 1478, 44 USPQ2d 1429, 1432 (Fed. Cir. 1997).

In re Oetiker 사건에서 CAFC는 "발명자가 직면한 문제의 해결책을 찾기 위해 통상의 기술자가 참조할 수 있을 것으로 합리적으로 기대되는 기술분야를 결정하는 것은 발명 당시의 실제 상황을 이해하는 데에 필수적인 요소이다. 유사하지 않는 기술분야에 개시된 구성요소를 결합하는 것은 사후적 고찰에 기하여 출원인의 발명을 재구성하는 것이어서 자명성의 근거가 되기에 불충분하다."라고 판시하였다.[128]

앞서 본 바와 같이 미국 특허법상 비자명성 판단은 해당 발명이 속한 기술분야에서 통상의 기술을 가진 자에 의해 판단되어야 하는 바, 여기서 '해당 발명이 속한 기술분야'의 의미와 관련하여 다음과 같은 두 가지 접근 방식(approach)이 있다.

그 중 하나는 'Product-Function(제품-기능)' 접근 방식인데, 이는 발명이 개발·이용되는 산업(industry)의 측면에서 해당 발명이 속한 기술분야를 정의하려는 접근 방식이다. 다른 하나는 'Problem-Solving(문제-해결)' 접근 방식인데, 이는 발명이 해결하고자 하는 문제를 취급하는 기술의 측면에서 해당 발명이 속한 기술분야를 정의하려는 접근 방식이다.[129] 예컨대, 앞서 본 Calmar 판결에서는 살충액을 담고 있는 용기에 관한 특허발명이 문제되었는데, 'Product-Function(제품-기능)' 접근 방식에 의하면, 살충제 분야가 그 기술분야가 되지만, 'Problem-Solving(문제-해결)' 접근 방식에 의하면, 액체를 담고 있는 용기를 제조하는 분야가 그 기술분야가 된다.[130]

2) 2단계 테스트
가) In re Deminski 사건
In re Deminski 사건에서 CAFC는 특정한 인용문헌이 적절한 선행기

---

128) 977 F.2d 1443, 24 USPQ2d 1443 (Fed. Cir. 1992).

129) Donald S. Chisum, op. cit., p.5-118~119.

130) 임호, 특허법, 법문사(2003), 264면 참조.

술의 범위 내에 있는지 여부를 판단하는 기준으로 2단계 테스트를 제시하였는데, 위 테스트는 먼저 그 인용문헌이 '발명자의 노력 분야 내'(within the field of the inventor's endeavor)에 속하는지 여부를 검토하고, 다음으로 그 인용문헌이 발명자의 노력 분야 내에 속하지 않을 경우 발명자가 해결하고자 하는 특정한 과제와 합리적으로 관련이 있는지 여부를 검토하여야 한다는 것이다. 이 사건에서 USPTO는 고압가스 압축기(compressor)에 관한 출원인의 발명이 펌프(pump)에 관한 인용문헌과 대비하여 그 진보성을 부정하였는데, CAFC는 펌프와 고압가스 압축기는 동일한 기능과 구조를 가지고 있어 발명자의 노력 분야가 공통된다는 이유로 그 인용문헌이 적절한 선행기술의 범위 내에 있다고 판단하였다.[131]

나) In re Clay 사건

In re Clay 사건에서 CAFC는 앞서 본 2단계 테스트를 적용하였는데, 이 사건에서 문제된 출원발명은 정제된 액화 탄화수소 제품을 저장 탱크에 저장함에 있어 탱크 하부와 출구 사이의 쓸 수 없는 공간(dead volume)에 오염되지 않은 겔화물(gelation solution)을 채우는 방법에 관한 것이었다. 이 사건에서 USPTO는 원유를 생산함에 있어서 원유를 포함하고 있는 암석층에 출원발명과 유사한 겔(gel)을 투입하는 것을 개시하고 있는 인용문헌 등을 내세워 진보성 결여를 이유로 거절결정을 하였고, 특허심판원(BPAI)[132]도 위 결정을 유지하였다.

그러나 CAFC는 앞서 본 2단계 테스트를 적용한 다음 인용문헌은

---

131) 796 F.2d 436, 230 USPQ 313 (Fed. Cir. 1986).
132) BPAI는 우리나라의 특허심판원과 유사한 기관으로서 거절결정에 대한 출원인의 Appeal을 재심사하거나 저촉(Interference) 절차에서 발명의 우선순위 등을 판단하는 등의 역할을 담당하였다. 한편 개정 미국 특허법(AIA)에 따라 BPAI는 2012. 12. 16. PTAB(Patent Trial Appeal Board)으로 확대 개편되었다. 자세한 내용은 이해영, 전게서(주 4), 12-15면 참조.

적절한 선행기술이라고 할 수 없어 출원발명과 대비될 수 없다고 판
단하였다. 우선 출원발명과 인용문헌은 단지 석유 산업과 관련되어
있다는 이유만으로 발명자의 노력 분야에 속한다고 할 수 없고, 출
원발명은 정제된 석유 제품의 저장에 관한 것임에 비하여 인용문헌
은 원유의 추출에 관한 것이므로, 인용문헌은 발명자의 노력 분야에
속한다고 할 수 없다고 보았다. 다음으로 발명이 해결하고자 하는
특정한 과제와 합리적으로 관련이 있는지 여부와 관련하여, 인용문
헌은 불규칙한 지질구조를 채워 원유를 효율적으로 추출하고자 하
는 것임에 비하여 출원발명은 저장탱크를 오염시키지 않으면서 저
장탱크 안의 불사용 공간(dead volume)을 없애고자 하는 것이어서 해
결하고자 하는 과제 상호간에도 관련성이 없다고 보았다.[133)]

다) In re Bigio 사건

In re Bigio 사건에서 문제된 출원발명은 독특한 솔(bristle) 모양을
가진 헤어브러시(hair brush)에 관한 것이었는데, USPTO는 칫솔(tooth
brush)에 관하여 개시하고 있는 3가지의 인용문헌을 근거로 그 출원
을 거절하였고, BPAI도 위 거절결정을 유지하였다.

이 사건에서 출원인은 인용문헌들이 유사한 기술에 해당하지 않
는다고 다투었다. 이와 관련하여 CAFC는, 우선 해당 출원발명의 'hair
brush'는 얼굴의 털(facial hair)을 비롯하여 모든 신체의 털(bodily hair)
에 사용될 수 있는 브러시를 포함한다는 BPAI의 해석을 지지하였다.
다음으로 위와 같은 해석을 전제로 인용문헌들에 개시된 칫솔이 헤
어브러시와 유사한 기술인지를 검토하였는데, 칫솔과 헤어브러시는
구조적으로 유사할 뿐만 아니라, 기능적으로 볼 때 칫솔은 얼굴의
털 등에도 사용될 수 있기 때문에 인용문헌들은 특허청구된 발명과

---

133) 966 F.2d 656, 23 USPQ2d 1058 (Fed. Cir. 1992).

동일한 노력 분야에 속하는 것이라고 판시하였다.[134]

라) In re ICON Health & Fitness 사건

In re ICON Health & Fitness 사건에서 문제된 출원발명은 폴딩 베이스(folding base)를 구비한 러닝머신(treadmill)에 관한 것이었는데, USPTO는 인용문헌 1(러닝머신에 관한 것으로서 가스 스프링을 제외하고는 출원발명의 구성을 모두 구비하고 있다) 및 인용문헌 2(폴딩 베드(folding bed)에 관한 것으로서 출원발명과 유사한 가스 스프링의 구성이 개시되어 있다)의 결합에 의해 진보성이 부정된다고 하여 거절결정을 하였다.

CAFC는 인용문헌 2의 폴딩 베드에 개시된 가스 스프링의 메커니즘은 출원발명의 러닝머신에 채용된 가스 스프링의 그것과 유사하고, 비록 폴딩 베드에 관한 인용문헌 2는 러닝머신에 관한 기술과 구별되는 것이기는 하나, 출원발명과 다른 문제(different problem)를 다루고 있는 것은 아니며, 출원발명에서 채용된 폴딩 메커니즘은 러닝머신에만 국한된 것이 아니라 일반적인 하중 지지 문제와 관련된 것이고, 그 메커니즘 자체도 매우 유사한바, 이러한 해결하고자 하는 문제 및 그 해결책의 유사성은 인용문헌들의 결합에 충분한 동기를 제공한다고 판시하였다.[135]

3) USPTO의 기술분류

USPTO는 선행기술의 검색에 참고하기 위해서 기술분류(classification) 시스템을 마련하고 있다. 이러한 USPTO의 기술분류는 기술의 유사성 여부에 관한 하나의 참고 자료가 될 수는 있으나, 절대적인 기준은 될 수 없다.[136]

---

134) 381 F.3d 1320, 72 USPQ2d 1209 (Fed. Cir. 2004).
135) 496 F.3d 1374 (Fed. Cir. 2007).

일찍이 CCPA는, USPTO의 기술분류보다는 발명들 상호간의 구조
및 기능 측면에서의 유사점과 차이점이 훨씬 더 중요한 의미를 갖는
다고 판시하였다.[137]

4) 기술의 난이도

한편 기술의 난이도에 따라 기술분야의 폭의 광협이 달라질 수
있는데, 간단한 기계장치 분야에서는 그 폭이 비교적 넓게 인정될
수 있는 반면, 복잡한 기술분야에서는 그 폭이 상대적으로 좁게 인
정될 수 있다. Stevenson v. International Trade Comm. 사건에서 CCPA는
"간단한 기계장치 발명에서 선행기술은 넓은 범위로 탐색되어야 하
고, 비슷한 문제가 존재하는 것으로 통상의 기술자가 인식하고 있는
다른 분야에까지 탐구를 확대하는 것이 합리적이다."라고 판시하였
다.[138]

(나) 선행기술의 내용

1) 시간적 기준

미국 특허법 제103조에 의하면, 발명의 자명성은 '발명 당시'(the
time of the invention)를 기준으로 판단하여야 하므로, 그와 대비되는 선
행기술도 당해 특허(출원)발명의 발명 이전에 공개된 것이어야 한다.

발명이 이루어진 시점을 입증하는 문제는 신규성 판단에서의 논
의가 그대로 적용된다. 발명일은 발명을 착상하고 이를 구체적으로
현실화한 날(conception and reduction to practice)을 의미하는데, 실제로
출원서에는 발명일을 기재하지 않기 때문에 일단 심사관은 출원일
을 발명일로 추정하게 되고, 출원인이 발명일을 증명하는 진술서를

---

136) Donald S. Chisum, op. cit., p.5-114.
137) In re Ellis, 476 F.2d 1370, 1372, 177 USPQ 526, 527 (CCPA 1973).
138) 612 F.2d 546, 550, 204 USPQ 276, 280 (CCPA 1979).

제출하여 반증하면, 그 발명일로 소급하여 특허성이 판단될 수 있다.[139]

한편 앞서 본 것처럼 개정 미국 특허법(AIA)에서는 자명성 판단의 기준 시점을 '출원 당시'(effective filing date)로 변경하였다. 따라서 개정 미국 특허법이 적용되는 사건의 경우[140]에는 당해 발명의 출원 이전에 공개된 자료가 선행기술로서의 자격을 갖추게 된다.

2) 사후적 고찰의 배제

미국 특허법 제103조는 비자명성의 판단을 해당 발명의 발명(출원) 당시를 기준으로 판단할 것으로 요구하고 있다. 이 역시 발명을 전체적으로 고려할 것이라는 요건과 마찬가지로 비자명성 판단에 있어서 매우 본질적이면서도 어려운 부분이라고 할 수 있다. 이러한 요건은 결국 판단자의 사후적 고찰(hindsight)을 배제할 것을 요구하는데, 여기서 사후적 고찰이란 발명자 자신의 발명 내용을 해당 발명의 유효성을 부정하기 위한 선행기술을 찾는 청사진(blueprint) 혹은 도로지도(roadmap)로서 사용하는 것을 의미한다.[141]

대부분의 발명은 기존의 공지된 구성요소들을 새롭고 생산적인 방식으로 결합하는 과정에서 나타나게 되는데, 발명을 이미 알고 있음을 전제로 사후적으로 그 발명의 진보성을 판단하게 된다면 많은 경우 그 발명은 자명한 것으로 판단하게 될 가능성이 높고, 이러한 판단방법은 결과적으로 기존에 존재하고 있던 여러 가지 기술적 구성을 새로운 방법으로 적용하여 새로운 결과를 가져오는 결합의 가치를 저하시키는 것에 해당하므로 피해야 한다.[142]

---

139) Donald S. Chisum, op. cit., p.5-132.
140) 2013. 3. 16. 이후 출원된 발명에 대해서 적용된다.
141) Donald S. Chisum, op. cit., p.5-140.
142) Martin J. Adelman, Randall R. Rader, Gordon P. Klancnik, op. cit., pp.176-177.

일찍이 CAFC는 "발명은 발명 당시 존재하였던 기술의 관점에서 검토되어야 하지, 발명자에 의해 제시된 청사진(blueprint)을 가지고 검토되어서는 안 된다."라고 판시한 바 있고,143) "특허 청구된 발명이 자명하도록 선행기술에 나타난 교시들을 결합하기 위한 안내서 혹은 교안으로서 해당 발명을 사용하는 것은 허용될 수 없다. …(중략)… 특허 청구된 발명의 가치를 저하시키기 위해 선행기술에 독립적으로 존재하는 요소들을 선택하는 사후적 재구성은 사용할 수 없다."라고 판시함으로써144) 발명의 자명성 판단에서 사후적 고찰이 배제되어야 함을 분명히 하였다.

한편, 앞서 본 KSR International Co. v. Teleflex 사건에서 CAFC는, 자명성 판단에 있어서 TSM 테스트를 요구하고, 비자명성에 관한 객관적 증거(2차적 고려요소)를 참작하며, 선행기술의 범위에 관하여 2단계 테스트를 요구하는 것은 모두 사후적 고찰을 배제하기 위한 수단임을 강조하였다. 이에 대하여 연방대법원은, 법원과 심사관이 '사후적 고찰의 편견' 내지 '사후적 추론'을 경계하여야 하는 것은 맞지만, 해당 CAFC 판결은 그러한 위험성을 과도하게 강조하여 상식(common sense)을 고려하는 것까지 막음으로써 오류를 범하였다고 하면서, 통상의 기술자가 상식에 의지하는 것까지 막는다면 이것은 선례에 비추어 필요하지도 않고 그에 부합하는 것도 아니라고 판단하였다.145) 위 판결 이후로도 CAFC는 엄격한 TSM 테스트의 적용은 경계하여야 하지만, 사후적 고찰을 배제하기 위해 유연한 TSM 테스트의 적용은 여전히 중요하다고 판단하였다.146)

---

143) International Planning Corp. v. Feil, 774 F.2d 1132, 227 USPQ 543 (Fed. Cir. 1985).
144) In re Fritch, 972 F.2d 1260, 23 USPQ2d 1780 (Fed. Cir. 1992).
145) KSR International Co. v. Teleflex, 550 U.S. at 421.
146) Ortho-McNeil Pharmaceutical, Inc. v. Mylan Laboratories, Inc., 520 F.3d 1358 (Fed. Cir. 2008).

3) 선행기술의 출처
가) 도입

미국 특허법 제103조에서는 자명성 판단과 관련하여 특허발명과 대비될 수 있는 선행기술의 출처(source)에 관하여 명시적으로 규정하고 있지 않으나, '발명이 제102조에 규정된 것과 완전히 동일하지 않다고 하더라도'라는 문언에 비추어 볼 때 위 규정은 신규성에 관한 제102조에 규정된 것들이 자명성 판단의 자료로도 사용될 수 있음을 암시하고 있다.[147]

나) 공지·공용된 발명 및 간행물 기재 발명

우선 자명성 판단의 자료로 가장 많이 사용되는 것은 제102조 (a)에 규정된 것들인데, 이는 해당 발명의 출원 이전에 특허되었거나, 간행물에 기재되었거나, 공용되었거나, 판매 중이거나, 공중에 이용 가능하게 된 발명(patented, described in a printed publication, or in public use, on sale, or otherwise available to the public)을 의미한다. 제102조 (a)에 규정된 자료들이 신규성 판단과 자명성 판단에 공통적으로 사용되는 것이기는 하나, 그 자료들이 사용되는 목적은 서로 다르다. 즉, 이러한 자료들이 신규성 판단에서는 '어떤 단일한 선행문헌이 발명 전체의 구성요소를 개시하고 있는지'의 관점에서 검토되는 것임에 비하여, 자명성 판단에서는 '그러한 선행문헌이 관련 분야의 통상의 기술자에게 무엇을 가르치는지'의 관점에서 검토되는 것이다.[148]

다) 복수의 선행문헌들이 서로 충돌하는 교시를 할 경우

한편, 복수의 선행기술 문헌들이 서로 충돌하는 교시를 할 경우 자명성 판단을 어떻게 할 것인지가 문제되는데, In re Young 사건은

---

147) Donald S. Chisum, op. cit., p.5-146.
148) Donald S. Chisum, op. cit., p.5-151.

이러한 쟁점을 다루고 있다.[149] 이 사건에서 문제된 발명은 해저 지진 탐사(offshore seismic exploration)를 위한 수중 음향 펄스를 발생시키는 방법에 관한 것이었다. 수중 음향 펄스를 발생시키기 위한 방법으로서 종래 충격파를 야기하는 압축된 에어 버블을 빠르게 분사하는 에어건(air gun)이 사용되어 왔는데, 이러한 종래기술의 문제점은 에어 버블의 팽창과 붕괴로 인해 발생하는 2차 충격파(secondary shock wave)가 탄성파 단면의 해상도를 나쁘게 한다는 점이었다. 이러한 문제점을 해결하기 위해 출원인은 3개의 에어건이 에어 버블이 교차하는 결정적인 지점에 배치되도록 하여 2차 충격파로 인한 영향을 줄이고자 하였다. USPTO는 출원인의 발명과 실질적으로 동일한 기술사상을 개시하고 있는 선행문헌 1(Carlisle)을 근거로 거절결정을 하였다. 이에 대하여 출원인은 그보다 나중에 공개된 선행문헌 2(Knudsen article)를 제시하면서 위 거절결정을 다투었는데, 선행문헌 2에는 선행문헌 1을 포함한 종래기술을 평가하면서 특히 선행문헌 1에 대해서는 개량된 부분이 없다고 기재되어 있었다.[150]

이 사건에서 CAFC는, 자명성 판단은 선행기술들에서 교시된 내용의 결합이 통상의 기술자에게 무엇을 제안하는지에 관한 것이고, 비록 선행문헌 2가 선행문헌 1을 불신하였다고 하더라도 그로 인해 선행문헌 1이 선행기술(prior art)로부터 완전히 제거되는 것은 아니라고 하면서, 위와 같이 복수의 선행기술 문헌들이 서로 충돌하는 교시를 하고 있을 때에 특허심판원(BPAI)으로서는 각각의 문헌들이 어느 정도로 통상의 기술자에게 해결책을 제안할 수 있는지를 평가하여야 하고, 이를 평가함에 있어서는 하나의 선행문헌이 다른 선행문헌을 얼마나 정확하게 불신하고 있는지를 따져보아야 한다고 판시하였다. CAFC는 선행문헌 2가 선행문헌 1의 실험 조건을 그대로 재현하지 않

---

149) 927 F.2d 588, 18 USPQ2d 1089 (Fed. Cir. 1991).
150) Donald S. Chisum, op. cit., p.5-156.

고 단순히 시뮬레이션 결과만을 가지고 선행문헌 1을 평가하였다는 점 등을 지적하면서 통상의 기술자라면 선행문헌 2의 기재만을 근거로 선행문헌 1을 배제하지 않았을 것이라고 판단하였다.[151]

라) 부정적 시사(Teaching Away)

연방대법원은 United States v. Adams 사건[152]에서 특허발명의 각 구성요소가 선행기술에 개별적으로 개시되어 있었으나, 그러한 결합으로 인한 예측할 수 없는 효과를 얻기 위해서는 선행기술의 교시를 무시했어야만 했다면, 그러한 사정은 그 특허발명이 자명하지 않았음을 보여주는 유력한 근거가 된다고 판단하였는데, 위 판결은 하나 또는 그 이상의 선행기술이 특허발명에 대한 부정적 시사를 하고 있는 경우 자명성이 부정될 수 있음을 보여주는 대표적인 사례라고 할 수 있다. 위 판결 이후 미국의 많은 판결들에서 부정적 시사에 관한 쟁점을 다루고 있다.

부정적 시사에 관한 쟁점을 다룬 대표적인 사례로는 In re Gurley 사건을 들 수 있다.[153] 이 사건에서 문제된 출원발명은 '구부릴 수 있고, 형상이 유지되는 에폭시 인쇄 회로 재료(bendable, shape-retaining epoxy-based printed circuit material)'[154]에 관한 것이었는데, USPTO는 출원발명과 유사한 인쇄 회로 재료를 개시하고 있는 선행문헌(Yamaguchi)을 근거로 거절결정을 하였다. 출원발명과 선행문헌의 유일한 차이

---

151) ibid., p.5-157.
152) 383 U.S, 39 (1966).
153) 27 F.3d 551, 31 USPQ2d 1130 (Fed. Cir. 1994).
154) 각종 전자 기기 제작의 배선 공정을 2차원 조작에 의해 하는 방식을 인쇄 배선 또는 프린트 배선이라고 하는데 이 방식으로 제작된 회로를 인쇄 회로라고 한다. 현재 널리 행하여지고 있는 것은 금속 접착 적층판법(積層板法)이라고 하며 페놀 수지판 위에 구리박을 접착한 것에 배선 도면을 내산성 잉크로 인쇄하고 그 다음에 염화철(III) 등의 부식액 중에 담그는 것에 의해 배선 부분만 구리박을 남기는 방법이다.

점은, 선행문헌은 폴리에스터이미드(polyesterimide) 수지를 사용한 것임에 비하여, 출원발명은 에폭시(epoxy) 수지를 사용한 것이라는 점이었다. 그리고 선행문헌에는 에폭시 회로 기판이 '상대적으로 용인할 만한 정도의 치수 안정성(relatively acceptable dimensional stability)' 및 '약간의 유연성(some degree of flexibility)'를 가지고 있기는 하나, 선행문헌에 사용된 폴리에스터이미드 회로 기판에 비하여는 열등하다고 기재되어 있었다.

출원인은 선행문헌이 에폭시 수지를 사용하는 것에 대해 부정적 시사를 하고 있기 때문에 선행문헌을 근거로 출원발명이 자명하다고 할 수 없다는 취지로 주장하였다. 이에 대하여 CAFC는, "어떠한 인용문헌이 특허 청구된 발명에 대한 부정적 시사를 하고 있다고 볼 수 있기 위해서는, 그 인용문헌이 이를 읽은 통상의 기술자로 하여금 그 인용문헌에서 제시된 길을 따라가게 하는 것을 단념하게 한다거나, 출원인에 의해 채택된 길로부터 벗어나도록 인도하게 하여야 한다."라고 판시한 다음 당해 사안과 관련하여 "회로 기판의 유연성을 개선하고자 하는 통상의 기술자라면 에폭시 수지가 폴리에스터이미드 수지에 비해 열등하다는 선행문헌의 기재로부터 에폭시 수지 이외의 자료를 찾아야 함을 배울 수 있다. 그러나 선행문헌은 또한 에폭시 수지가 출원인의 목적에 부합되게 사용되어 왔고 사용될 수 있음도 아울러 교시하고 있다."라고 판시하면서 출원인의 부정적 시사에 관한 주장은 특허성을 입증하기에는 불충분하다고 보았다.[155]

마) 선행기술에 대한 자인(Admissions as to Prior Art)
출원인이나 특허권자가 관련 선행기술에 대하여 한 자인은 자명성 판단의 자료로 이용될 수 있을 뿐만 아니라, 선행기술의 범위를 정하

---

155) Donald S. Chisum, op. cit., p.5-169.

는 데 있어서도 출원인이나 특허권자 스스로를 구속할 수 있다.156)

선행기술에 대한 자인이 자명성 판단의 자료로 이용될 수 있는지 여부가 문제되었던 In re Nomiya 사건에서, CCPA는 이를 긍정하였다. 이 사건에서 문제된 출원발명은 개량된 트랜지스터에 관한 것이었다. 일본 국적의 출원인은 그 출원서의 '선행기술에 대한 소개' 항목에서 특정한 결합 형태를 보여주는 도면을 개시하였다. USPTO는 해당 출원발명이 위와 같이 개시된 결합 형태에 의해 자명하다고 판단하였다. 출원인은 특허법 제102조에 따르면 특허를 받거나 간행물에 기재된 것이 아닌 이상 미국 내에서 공지 또는 공용될 것이 요구되는데, 개시된 도면은 외국에서 공지된 것이어서 선행기술로 인정될 수 없다는 취지로 주장하였다. 이에 대하여 CCPA는 출원인의 위 주장을 배척하면서 선행기술로 자인한 것은 그것이 성문법적 요건을 갖춘 것인지 여부와 관계없이 선행기술로 취급되어야 한다고 판단하였다.157)

또한, PharmaStem Therapeutics, Inc. v. ViaCell, Inc. 사건은 선행기술에 대한 자인이 어떻게 취급되는지를 잘 보여주는 사례이다. 이 사건에서 문제된 특허발명은 탯줄(umbilical cord)이나 태반 혈액(placental blood)158)으로부터 수득한 조혈 줄기세포(hematopoietic stem cells)를 포함하는 조성물 및 그 조성물을 혈액 및 면역 계통 질병의 치료에 사용하는 방법에 관한 것이었는데, 해당 특허발명의 명세서에는 제대혈(cord blood)에 조혈 줄기세포가 존재한다는 점이 공지되어 있었다고 기재되어 있었다. 특허권자인 PharmaStem Therapeutics, Inc.가 Viacell, Inc. 등을 상대로 특허침해소송을 제기하였는데,159) 위 소송

---

156) ibid., pp.5-226~228.
157) 509 F.2d 566, 184 USPQ 607 (CCPA 1975).
158) 탯줄이나 태반에 있는 혈액을 제대혈(cord blood)이라고 한다.
159) 491 F.3d 1342, 83 USPQ2d 1289 (Fed. Cir. 2007).

절차에서 특허권자의 실험을 통해 밝혀지기 이전까지 조혈 줄기세포가 제대혈(cord blood)에 존재한다는 사실이 입증되지 않았다는 취지의 전문가 증언이 있었고, 이를 근거로 해당 특허가 무효가 아니라는 평결이 내려졌으며, 연방지방법원도 위 평결이 실질적인 증거에 의해 뒷받침된다고 판단하였다.

그러나 CAFC는, 출원인이 명세서에 선행기술과 관련하여 기재한 내용은 추후 자명성 판단에서 자신을 구속하는 것이라고 하면서 해당 특허발명의 명세서에 제대혈(cord blood)에 조혈 줄기세포가 존재한다는 점이 공지되어 있었다고 기재되어 있음을 이유로, 특허권자의 실험을 통해 밝혀지기 이전까지 조혈 줄기세포가 제대혈(cord blood)에 존재한다는 사실이 입증되지 않았다는 취지의 전문가 증언을 받아들이지 않았다. 특허권자는 명세서에 '조혈 줄기세포'라고 기재한 것은 '전구세포(progenitor cells)'를 잘못 기재한 것이라고 주장하였으나, CAFC는 여러 사정에 비추어 볼 때 명세서에 '조혈 줄기세포'라고 기재한 것이 '전구세포(progenitor cells)'를 잘못 기재한 것이라고 볼 만한 근거가 없다고 판단하였다.[160)]

(3) 특허 청구된 발명과 선행기술의 차이

(가) 청구항 해석

Graham 판결은 발명의 비자명성 요건을 판단하기 위해 선행기술을 특정한 후 해당 발명과 선행기술과의 차이를 사실문제로서 심사할 것을 요구하고 있다. 이러한 차이의 정도를 평가하여 독점권을 부여할 만한 대상이 되는지를 판단하는 것은 매우 어려운 작업이다. 어떤 발명들은 겉으로는 선행기술과 미세한 차이만이 있는 것으로 보일지라도 실질적으로는 상당한 기술적 진보가 될 수 있는 반면에,

---

160) Donald S. Chisum, op. cit., pp.5-232~233.

다른 발명들은 겉으로는 선행기술에 비해 큰 차이가 있는 것처럼 보일지라도 통상의 기술자의 관점에서 볼 때 충분히 예측가능한 발명일 수도 있기 때문이다.[161)]

위와 같이 특허발명과 선행기술 사이의 차이를 도출 및 평가하기 위해서는 먼저 청구항을 해석하는 작업이 선행되어야 한다. 다른 특허요건을 판단하거나 침해 여부를 판단하는 과정에서와 마찬가지로 자명성을 판단하는 과정에서도 청구항 해석은 중요한 문제로 부각된다. 그런데 특허심사 절차에서 특허청이 청구항을 해석하는 기준과 침해소송 절차에서 법원이 청구항을 해석하는 기준 사이에는 일정한 차이가 존재한다는 점을 유의하여야 한다.[162)] 즉, 특허청은 특허심사 절차에서 최광의의 합리적인 해석(the broadest reasonable construction) 기준을 적용하여 청구항을 해석하게 된다.[163)] 반면에 법원은 침해소송 절차에서 명세서 및 출원경과의 관점에서 청구항을 보다 제한적으로 해석할 수 있다.[164)]

(나) 구조의 차이와 작용효과의 차이

법원의 판결들은 자명성 판단과 관련하여 다음과 같은 2가지 종류의 '차이'를 강조하고 있다.

그 중 하나는 구조 내지 방법의 측면에서 특허발명과 선행기술의 차이를 확정하는 것이다. 즉, 물건의 발명에 있어서는 특허청구된 물건과 선행기술의 물건이 물리적 구조 측면에서 어떻게 다른지 여부이고, 방법의 발명에 있어서는 특허청구된 방법과 선행기술의 방

---

161) Martin J. Adelman, Randall R. Rader, Gordon P. Klancnik, op. cit., p.174.

162) In re Trans Texas Holdings Corp., 498 F.3d 1290 (Fed. Cir. 2007).

163) In re ICON Health & Fitness, 496 F.3d 1374 (Fed. Cir. 2007). 이에 관하여는 Joel Miller, Claim Construction at the PTO-The "Broadest Reasonable Interpretation", 88 J. Pat. & Trademark Off. Soc'y 279 (2006).

164) Phillips v. AWH Corp., 415 F.3d 1303 (Fed. Cir. 2005).

법이 동작 단계 측면에서 어떻게 다른지 여부라고 할 수 있다. 다른 하나는 기능 내지 효과의 측면에서 특허발명과 선행기술의 차이를 확정하는 것이다. 이것은 특허청구된 물건 또는 방법이 선행기술의 물건 또는 방법에서 찾을 수 없는 어떠한 기능, 효과, 결과를 가지는지에 관한 것이다.[165)]

법원은 이러한 2가지의 차이를 절차적으로 다르게 취급하고 있다. 즉, 법원은 구조 내지 방법 측면에서의 차이는 해당 특허발명이 일응의 자명성(prima facie obviousness)을 충족하는지 여부를 판단하는 과정에서 고려하고, 기능 내지 효과 측면에서의 차이는 일응의 자명성이 번복될 수 있는지 여부를 판단하는 과정에서 고려하는 경향이 있다. 따라서 법원은 '예상할 수 없었던 결과'에 관한 증거를 일응의 자명성을 극복할 수 있는지 여부와 관련하여 고려한다.[166)]

(다) 명세서에 기재되지 않은 효과의 고려

그런데 '작용효과의 차이'와 관련하여 오래 지속되어 온 문제는, 과연 특허권자 혹은 출원인이 문제된 특허명세서 혹은 출원서에 개시되지 아니한 특징 또는 효과를 주장할 수 있는지 여부이다. 특허 명세서에는 발명이 어떻게 만들어지고 사용되는지에 관하여 적절히 개시되어야 하고, 선행기술과 차별화될 수 있게 기재되어야 하며, 나아가 그 발명의 유용성 내지 효과도 개시되어야 한다. 그러나 다른 한편으로는, 출원인에게는 출원 단계에서 자신의 발명이 왜 유용한지 그리고 어떠한 효과를 갖는지를 모두 이해할 것이 요구되지는 않으므로, 특허 독점권은 사후에 발견된 유용성 내지 효과를 포함할 수 있다. 이러한 측면에서 비자명성의 증거로 명세서나 출원서에 개시되어 있지 않았던 효과를 고려할 수 있는지가 문제된다.[167)] 이러

---

165) Donald S. Chisum, op. cit., pp.5-307~308.
166) ibid., p.5-309.

한 문제와 관련하여 법원의 판결은 두 갈래로 나누어져 있다.

우선 명세서에 개시되어 있지 않았던 효과를 고려할 수 있다는 입장에 서 있는 대표적인 사례로는 연방대법원의 Diamond Rubber Co. v. Consolidated Rubber Tire Co. 사건을 들 수 있다.[168] 이 사건에서 연방대법원은 "만일 발명자가 인류에 새롭고 가치 있는 기여를 하였다면, 그는 발명자로서의 보호를 받아야 마땅하다. 그가 단지 자신의 발명이 어떻게 동작하는지를 알지 못하였다고 하여 그에게 이러한 혜택을 주지 않는 것은 부당하다. 발명자에게 자신의 발명에 내재해 있는 과학적 원리를 모두 이해하고 진술할 것을 요구할 수는 없다." 라고 하면서 당초 명세서에 기재되지 않았던 효과에 관한 증거도 참작할 수 있다고 판단하였다.[169]

이와 반대로 명세서에 개시되어 있지 않았던 효과를 고려해서는 안 된다는 입장에 서 있는 대표적인 사례로는 연방대법원의 Lincoln Engineering Co. v. Stewart Warner Corp. 사건을 들 수 있다.[170] 이 사건에서 연방대법원은 특허권자의 주장은 명세서에 전혀 암시되어 있지 않은 사항에 근거한 것이어서 허용될 수 없다고 하면서 만일 특허권자가 주장하는 '니플'의 기능이 특허 장치의 작동에 있어 그렇게 중요하다면 이를 명세서에 전혀 기재하지 않은 것은 이상한 것이라고 판단하였다.[171]

한편, Knoll Pharmaceutical Co. v. Teva Pharmaceuticals USA, Inc. 사건에서는 출원 이후에 획득된 효과와 관련된 증거가 자명성 판단에서 고려될 수 있는지 여부가 다루어졌는데, 이 사건에서 문제된 특허발명은 '하이드로코돈(hydrocodone)과 이부프로펜(ibuprofen)의 화합물'에

167) ibid., pp.5-311~312.
168) 220 U.S. 428 (1911).
169) Donald S. Chisum, op. cit., pp.5-313~314.
170) 303 U.S. 545, 37 USPQ 1 (1938).
171) Donald S. Chisum, op. cit., p.5-316.

관한 것이었다. 이 사건에서 CAFC는 명세서에 이미 '실험적 모델'에 근거한 '놀라운 효과'에 대한 언급이 있었다고 판단하고, 나아가 특허권자가 특허 등록 이후에 시행한 효능 실험에 관한 증거와 관련하여, "특허 부여 이후의 증거가 고려 대상에서 당연히 배제된다고 할 수 없는데, 이는 발명의 온전한 이해가 항상 특허가 출원된 시점에 완성되는 것이 아니기 때문이다. 소송 절차 내에서 특허의 유효성에 대한 공격에 대응하기 위해, 특허의 유효성을 뒷받침하는 증거를 획득하는 것이 부적절한 것은 아니다. 특허 출원인으로 하여금 특허 출원 시점에 자신의 발명의 특성 및 효과를 완벽히 알 것을 요구하는 것은 필요하지 않다. 특허의 유효성을 뒷받침하기 위해 추가적인 실험을 실시하고 사후에 획득한 데이터를 제공하는 것은 부적절한 것이 아니다."라고 판시하여 출원 이후에 획득된 효과와 관련된 증거도 자명성 판단에서 고려될 수 있다고 보았다.172)

(4) 통상의 기술자의 기술수준

(가) 도입

특허법 제103조는 자명성 판단이 '통상의 기술자'를 기준으로 이루어져야 함을 명시하고 있는데, 통상의 기술자란 해당 특허발명이 속한 기술분야의 통상적인 기술을 보유하고 있는 특허법상의 가상적인(hypothetical) 인물이다. 따라서 발명자 자신은 물론이고 해당 기술분야에서 매우 특별한 기술지식을 갖고 있는 천재나 그 반대로 매우 적은 지식만을 갖고 있는 초보자도 모두 통상의 기술자에는 해당하지 않는다고 할 것이다. 통상의 기술자 관점에서 자명성을 판단한다는 것은 판단자 자신의 주관적인 지식 및 기술에 따라 판단하여서

---

172) 367 F.3d 1381, 70 USPQ2d 1957 (Fed. Cir. 2004).

는 안 된다는 것을 의미한다.[173)

　이러한 통상의 기술자의 기술수준은 객관적 증거에 의하여 인정되어야 하는데, 이를 천명한 대표적 사건은 CAFC의 Envtl. Designs, Ltd. v. Union Oil Co. 사건이다.[174) 이 사건에서 CAFC는 통상의 기술자의 기술수준을 심사관이나 심판관이 임의로 결정할 수 없음을 분명히 하는 한편 통상의 기술자의 기술수준을 평가하는 기준으로 ① 발명자의 교육수준, ② 당해 기술분야에서 마주치게 되는 기술상의 문제점들, ③ 그와 같은 문제점들을 해결하기 위한 선행기술의 해결책, ④ 당해 기술분야에서 기술혁신이 이루어지고 있는 속도, ⑤ 당해 기술분야의 기술의 복잡성, ⑥ 당해 기술분야에서 활동하는 기술자가 가지는 학력의 정도를 각 고려하여야 한다고 판시하였고, 그 후 미국의 법원들은 특허소송에서 기술내용과 분쟁의 종류에 따라 위 6가지 요소 전부 또는 일부를 통상의 기술자의 기술수준을 평가하는 지침으로 삼고 있다.[175)

(나) 연방대법원의 태도

　특허법 제103조는 특허 청구된 발명이 '해당 기술분야에서 통상의 기술을 가진 자'(person having ordinary skill in the art)에 의하여 자명한 (obvious) 것인지 여부를 판단할 것을 요구하고 있고, 앞서 본 바와 같이 Graham 판결은 이러한 통상의 기술자의 기술수준(level of ordinary skill)을 사실문제로서 심사해야 함을 천명한 바 있다.[176)

　그러나 이러한 원칙을 천명한 Graham 판결뿐만 아니라 그 이후에 자명성 쟁점을 다루었던 다른 연방대법원 판결들에서도 '통상의 기

173) Martin J. Adelman, Randall R. Rader, Gordon P. Klancnik, op. cit., pp.176-178.
174) 713 F.2d 693, 697, 218 USPQ 865 (Fed. Cir. 1983).
175) 조영선, 특허소송에 있어서 발명의 진보성 판단의 국제기준에 관한 비교분석, 고려대학교 산학협력단(2010), 38-39면 참조.
176) 383 U.S. 1, 17, 148 USPQ 459 (1966).

술자의 기술수준'에 관한 명시적인 판단은 발견되지 않았다. 나아가 Graham 판결에서 제출된 증거들 중에는 통상의 기술자의 기술수준과 관련된 것이 있었으나, 법원은 이를 '오래된 필요 그러나 해결되지 않았던 과제'(long-felt but unsolved need) 또는 '타인의 실패'(failure of others)와 같은 소위 2차적 고려요소에 관한 증거로 취급하였다. 하지만 만일 통상의 기술자의 기술수준에 대한 명시적인 판단이 모든 사건에서 중요하다고 한다면, 이러한 증거들은 2차적 고려요소가 아닌 직접적이고 일차적인 것으로서 평가되었어야 한다.177)

앞서 본 바와 같이 KSR 판결에서 연방대법원은 "통상의 기술자는 단순한 로봇기계(automation)가 아니라 통상의 창작능력(creativity)을 갖는 사람이다."라고 하면서, 통상의 기술자라면 선행문헌의 교시 내용을 퍼즐 맞추기처럼 조합할 수 있는 능력을 가진 것으로 보아야 한다고 판시하였다.178) 그리고 연방대법원은 이 사건에서 연방지방법원이 '통상의 기술자'에 관하여 판단한 부분이 정당하다고 하였는데, 연방지방법원에서 원고의 전문가 및 피고의 전문가의 각 증언내용 등을 토대로 '통상의 기술자'를 '학부에서 기계공학을 전공하거나 그와 동등한 정도의 실무 경험을 갖고 자동차 페달 컨트롤 장치에 익숙한 가공의 인물'이라고 판단하였다.

(나) 기술수준에 대한 명시적인 판단의 필요성

통상의 기술자의 기술수준에 대한 명시적인 판단이 모든 사건에서 요구되는지에 관한 논의가 있는데, 이러한 쟁점을 다루고 있는 사건으로는 Kloster Speedsteel AB v. Crucible Inc. 사건이 있다. 이 사건에서 항소인은, 연방지방법원이 "해당 분야의 발명자 중 어느 누구라도 해당 특허발명이 이론적으로 가능할 것이라고 여기지 않았다."

---

177) Donald S. Chisum, op. cit., p.5-262.
178) 550 U.S. at 420-421.

라고 판시하면서 해당 기술분야의 기술수준에 대한 구체적인 판단을 하지 않았던 부분은 잘못이라고 주장하였다. 이러한 주장에 대해 CAFC는, "기술수준에 대한 판단을 요구하는 기본적인 목적은, 자명성 여부를 판단하는 자로 하여금 자신에게 현재 시점에서 자명한지가 아니라, 발명이 이루어진 시점에 해당 기술분야의 통상의 기술자에게 자명한지로 판단해야 함을 강조하기 위한 것이다."라고 설시한 다음, 통상의 기술자는 해당 기술분야의 평균적인 기술수준을 갖는 자임을 전제로 초보자와 같이 가장 낮은 기술수준을 갖는 자에게도 자명한 발명이라거나, 해당 분야의 다른 발명자들과 같이 매우 비범한 기술수준을 갖는 자에게도 비자명한 발명이라고 판단하였다면, 그러한 판단은 자명성 판단의 최종 결론에 잘못된 영향을 미친 것은 아니라고 하면서 항소인의 위 주장을 받아들이지 않았다.[179]

그리고 Ruiz v. A.B. Chance Co. 사건도 같은 쟁점을 다루고 있다. 이 사건에서 문제된 특허발명은 스크루 앵커(screw anchor)[180]에 관한 것이었는데, 스크루 앵커는 종래 빌딩의 토대를 지지하는 용도로 사용되어 오고 있었고, 특허발명에서 스크루 앵커는 브래킷(bracket)과 결합된 것이었다. 연방지방법원에 출석한 증인은 특허발명이 발명된 지 몇 달이 지난 후에 특허발명과 유사한 브래킷-스크루 앵커를 처음으로 사용하였으나, 자신은 30년 이상의 해당 기술분야에 종사해 왔기 때문에 '통상의 수준보다 더 높은' 기술수준을 보유하고 있고, 자신에게 특허발명은 자명한 것이라는 취지로 증언하였다.[181]

이에 대하여 CAFC는, 위와 같은 증언이 자명성 결론을 뒷받침하는지 여부를 적절하게 판단하기 위해서는 연방지방법원으로서는 해

---

179) 793 F.2d 1565, 230 USPQ 81, 230 USPQ 160 (Fed. Cir. 1986).
180) 땅 속에 매설하는 부분이 스크루 모양으로 되어 있는 지선용의 쇠붙이로서, 돌려 박기가 쉽지만 장력에 대해서는 큰 저항력을 지니고 있다.
181) 234 F.3d 654, 57 USPQ2d 1161 (Fed. Cir. 2000).

당 기술분야의 기술수준에 관하여 '보다 구체적인 판단'을 하였어야 했다고 판단하면서 원심 판결을 파기하였다. 즉, CAFC는 "기술수준에 대한 부정확한 판단이 제103조의 자명성 판단의 최종 결론에 영향을 미쳤다고 보이는 경우에는 원심판결을 파기하는 사유가 된다."라고 판시하였다.182)

한편, Innovention Toys, LLC v. MGA Entertainment, Inc. 사건에서 CAFC는 기술수준에 대한 판단의 잘못이 파기 사유를 구성하지 않는 경우는 연방지방법원이 '가장 낮은 수준의 기술자(초보자)를 기준으로 자명하다고 판단하는 경우' 및 '가장 높은 수준의 기술자를 기준으로 비자명하다고 판단하는 경우'인데, 해당 사안에서의 연방지방법원은 제반 증거에 의해 인정되는 통상의 기술수준보다 더 낮은 수준의 기술자를 기준으로 하여 비자명하다고 판단하였으므로 파기 사유를 구성한다고 보았다.183)

(5) 발명의 자명성 판단184)

(가) 통상의 기술자

특허발명의 자명성 판단의 핵심은 결국 해당 특허발명이 속한 분야에서 통상의 지식과 기술을 가진 가상의 인물이 해당 특허발명과 같은 과제에 직면하였을 때 해당 특허발명에서 채택된 해결책으로

---

182) Donald S. Chisum, op. cit., p.5-268.
183) 637 F.3d 1314 (Fed. Cir. 2011).
184) 자명성 판단이 법률문제(question of law)인지 아니면 사실문제(question of fact)인지 여부는 미국에서 많은 논쟁의 대상이 되어 왔다. 만일 자명성 판단이 법률문제라고 본다면, 그 판단은 배심원이 아닌 판사가 하는 것이고, 사실심 법원의 판단은 항소심 법원에서 제한 없이 검토될 수 있다. 반면 자명성 판단이 사실문제라고 본다면, 그 판단은 배심원에게 적절하게 제출되어야 하는 것이고, 사실심 법원의 판단은 연방민사소송규칙 제52조 (a)에 따라 명백한 오류가 없는 한 항소심 법원에서 검토될 수 없다.

자연스럽게 인도되거나 적어도 그러한 해결책을 이용 가능한 대안
의 하나로 검토할 것인지의 여부라고 할 것이다.[185]

Amazon.com, Inc. v. Barnesandnoble.com, Inc. 사건에서, 전문가 증인
이 개인적으로 선행기술을 결합하거나 변형하여 특허발명에 이를
것을 전혀 생각해 보지 않았다는 취지로 증언하였는데, 이에 대해
CAFC는 "자명성 판단은 전문가가 개인적으로 그의 실제적인 지식에
근거하여 이를 생각하였는지 여부와 무관하다. 오히려 가상적인 통
상의 기술자가 인용된 문헌들로부터 특허발명에 이를 것인지를 탐
구하여야 한다."라고 판시하였다.[186]

특허법상 '통상의 기술자' 개념과 관련하여, 통상의 기술자가 관
련된 기술분야의 모든 지식을 인식하는 것으로 가정될 수 있는지가
문제된다. 일반적으로 자명성 판단의 기준이 되는 기술자는 그 기술
분야에서 통상적인(ordinary) 기술수준을 갖고 있으나, 관련된 기술분
야의 모든 지식을 갖고 있는 것으로 가정된다고 받아들여진다. 그러
나 현실에서는 대부분의 분야에서 대부분의 기술자는 그와 같은 완
벽한 지식을 갖고 있지 못하다. 이러한 가정의 기원은 연방대법원의
Mast, Foos, & Co. v. Stover Mfg. Co. 사건으로 거슬러 올라간다.

이 사건에서 연방대법원은 '공지된 요소들의 단순한 조합'(mere
aggregations of old elements)에 대해서는 특허를 받을 수 없다고 하였
다. 이 사건에서 문제된 특허발명은 회전 운동을 수직 왕복 운동으
로 전환시키는 장치를 구비한 풍차(windmill)에 관한 것이었다. 연방
대법원은 회전 운동을 수직 왕복 운동으로 전환시키는 장치는 풍차
가 아닌 다른 유형의 기계에서 이미 존재하여 왔다고 하면서 해당
특허가 무효라고 판단하였다.[187] 위 판결에서 주목할 점은 특정한

---

185) Donald S. Chisum, op. cit., p.5-331.
186) 239 F.3d 1343 (Fed. Cir. 2001).
187) 177 U.S. 485 (1900).

개량이 발명자의 발명에 해당하는지 여부를 판단함에 있어서 해당 기술자는 그 이전의 관련된 선행기술을 모두 알고 있는 것으로 가정해야 한다고 판시한 점이다. 즉, 연방대법원은 발명 이전의 관련된 선행기술을 모두 아는 사람은 현실에서 존재하기 어렵지만, 특허를 받을 수 있는 발명에 해당하는지 여부를 판단하는 과정에서는 그 발명자가 발명 이전의 관련된 선행기술을 모두 알고 있는 것을 전제로 판단하여야 한다고 판시하였다.[188] 이러한 연방대법원의 입장과 관련하여, Learned Hand 판사는 특허권자가 '모든 것을 아는 가공의 기술자'(mythically omniscient worker)를 상대해야만 하는 곤경에 처해졌다고 하면서 이를 비판하였다.[189]

통상의 기술자가 관련 기술분야의 지식을 모두 알고 있다는 가정을 요구하는 이론적 배경은, 특허로서 보호할 가치가 없는 정도의 기술에 특허 보호를 주지 않기 위해서, 특허법은 해당 기술적 과제에 대한 해결책과 관련하여 선행기술 전체를 조사해야 하는 절대적인 의무를 부과한 것으로 이해할 수 있다. 그러나 이러한 가정은 자명성 판단의 국면에서 어려운 문제를 제기한다. 예컨대, 특허발명과 결정적으로 대비되는 선행기술 문헌이 오랫동안 간과되어 왔을 때, 선행의 실패와 같은 2차적 고려요소는 참작될 여지가 거의 없게 되고, 또한 선행기술의 일부를 알지 못하는 것으로 밝혀진 전문가 증언의 신빙성을 어떻게 취급해야 할지도 문제된다.[190]

(나) 발명을 전체적으로 고려할 것

특허법 제103조는 특허발명에 대해 비자명성 판단을 함에 있어 그 발명을 '전체적으로'(as a whole) 고려할 것을 요구하고 있다. 이는

---

188) Donald S. Chisum, op. cit., p.5-23.

189) ibid., p.5-337.

190) ibid., p.5-338.

기존에 알려져 있던 구성요소들을 새로운 방식으로 결합하는 형태
의 발명을 판단함에 있어 이를 개별 구성요소별로 분해하여 선행기
술과 대비하는 방식으로 비자명성을 판단해서는 안 된다는 점을 분
명히 한 것이다. 예컨대, 구성요소 A, B, C의 결합으로 이루어진 출원
발명의 비자명성을 판단할 때 단순히 구성요소 A, B, C를 각각 개별
적으로 개시하는 선행문헌이 존재한다는 이유만으로 비자명성을 곧
바로 부정하여서는 안 된다. 사실 많은 혁신적인 발명들은 기존의
구성요소들을 새로운 방식으로 결합하는 과정에서 탄생할 수 있기
때문에 만일 위와 같은 제한이 없다면 독점권을 부여받기 충분한 발
명도 손쉽게 비자명성이 부정될 염려가 있다고 할 것이다.[191]

그리고 특허 청구된 발명과 선행기술의 차이를 확정함에 있어 특
허 청구된 발명과 선행기술은 그 구성을 전체로서 비교하여야 한다.
위와 같이 발명과 선행기술을 전체로서 비교하여야 한다는 것은 발
명을 몇 개의 구성 부분(A+B+C)으로 나눈 다음 구성 A를 포함하고 있
는 선행기술, 구성 B를 포함하고 있는 선행기술, 구성 C를 포함하고
있는 선행기술을 찾고, 그 발견만을 기초로 발명이 자명하다고 판단
하는 것을 허용하지 않는다는 것을 의미한다. 이러한 형태의 논리구
성은 발명을 선행기술의 구성 부분을 찾기 위한 도로지도(roadmap)
로 이용하는 것이고, 결과적으로 기존에 존재하고 있던 여러 가지
기술적 구성을 새로운 방법으로 적용하여 새로운 결과를 가져오는
결합의 가치를 저하시키는 것에 해당하므로 피해야 한다.[192]

(다) 선행기술의 교시, 시사, 동기

앞서 본 바와 같이 CAFC는 사후적 고찰을 방지하기 위한 방법으

---

191) Martin J. Adelman, Randall R. Rader, Gordon P. Klancnik, op. cit., p.175.
192) 우라옥, "특허법상 진보성 판단과 사후적 판단", 기업법·지식재산법의 새
    로운 지평, 법문사(2011), 595면 참조.

로서 2 이상의 선행기술을 결합하여 특허 청구된 발명에 도달하게 되는 경우, 그러한 결합을 교시, 시사, 동기를 부여하는 사항이 있어야 한다는 TSM(Teaching, Suggestion, Motivation) 테스트를 사용하였다.[193]

그런데 연방대법원은 KSR 판결에서, CAFC가 비자명성 판단의 통일성과 일관성을 위하여 TSM 테스트를 사용해 왔는데, TSM 테스트가 유용한 통찰 방법이기는 하나, TSM 테스트의 엄격한 적용은 옳지 않다고 판단하였다. 위 판결 이후로 CAFC는 연방대법원이 금지한 TSM 테스트의 엄격한 적용을 경계하면서도, 사후적 고찰을 방지하기 위한 수단으로서 TSM 테스트의 유연한 적용은 여전히 필요하다고 보고 있다.[194]

예를 들어 CAFC는 Dippin' Dots, Inc. v. Mosey 사건에서 "이러한 테스트는 통상의 기술자의 지식 또는 해결하고자 하는 과제의 성격에서 결합의 동기를 발견한 유연한 것이다."라고 판시하였고,[195] Innogenetics, N.V. v. Abbott Laboratories 사건에서 "우리는 연방대법원이 분명히 한 바와 같이 결합에 대한 교시, 시사, 동기를 발견하는 것이 자명성 조사를 제한하는 엄격한 룰이 되어서는 안 된다는 점을 충분히 인지하고 있다. …(중략)… 우리는 특허 청구된 발명을 도출하기 위해 인용문헌들이 어떻게 또는 왜 결합될 수 있는지에 관한 구체적인 설명 없이 특허 청구된 발명에 이르도록 인용문헌들을 사후적으로 재조합하는 것이 허용되지 않도록 여전히 주의할 필요가 있다."라고 판시하였으며,[196] Fresenius USA, Inc. v. Baxter International, Inc. 사건에서 "알려진 구성요소를 특허 청구된 발명과 같은 방식으로 결합

---

193) 황영주, 전게논문(주 58), 122-123면 참조.
194) Donald S. Chisum, op. cit., pp.5-402~408.
195) 476 F.3d 1337, 1343-44 (Fed. Cir. 2007).
196) 512 F.3d 1363, 1374 (Fed. Cir. 2008).

하는 명확한 이유가 있는지를 검토하는 것은 KSR 판결 이후의 법원이 여전히 취할 수 있는 자명성 판단 방법이다. …(중략)… KSR 판결하에서, 만일 어떤 기술이 어떤 장치를 개량하기 위해 사용되어 왔고, 통상의 기술자라면 그러한 기술이 유사한 다른 장치를 개량하기 위해 적용될 수 있음을 인식할 수 있다면, 그 적용이 그의 기술 범위 내를 벗어나지 않는 한, 그러한 적용은 자명할 것이다."라고 판시하였다.[197)]

다만, KSR 판결에서 연방대법원은 결합의 동기 등을 판단함에 있어 상식(common sense)이 고려될 수 있다고 하였는데, 위 판결 이후 CAFC에서도 결합의 동기와 관련하여 상식을 검토하는 사례가 증가하기 시작하였다. Wyers v. Master Lock Co. 사건, Perfect Web Technologies, Inc. v. InfoUSA, Inc. 사건 등에서는, 상식도 그것이 충분한 논거로 설명되는 한 자명성에 관한 법적 결론을 뒷받침하는 데에 사용될 수 있음을 분명히 하였고, Eli Lilly & Co. v. Teva Pharms. USA, Inc. 사건에서는 통상의 기술자가 선행발명으로부터 특허발명에 도달할 수 있는 교시, 시사, 동기, 상식적인 이유(common sense reason)를 제시하는 증거가 없어 해당 특허발명이 자명하지 않다고 판단하였다.[198)]

(6) 2차적 고려사항

(가) 도입

연방대법원은 Smith v. Goodyear Dental Vulcanite 사건에서 '오래된 필요 그러나 해결되지 않았던 과제'(long-felt but unsolved need) 및 '전문가에 의한 중요성의 인정'(recognition of significance by experts)을 자명성 판단에서 고려한 바 있었다.[199)] 이후 앞서 본 바와 같이 Graham

---

197) 582 F.3d 1288, 1300-01 (Fed. Cir. 2009).
198) 619 F.3d 1329 (Fed. Cir. 2010).

판결에서 연방대법원이 진보성 판단 시 2차적 고려사항(secondary consideration)을 고려할 수 있다고 판시한 이후로 이러한 2차적 고려사항만으로 진보성을 인정할 수 있을 것인가에 논의의 초점이 맞추어지고 있는데, 연방대법원은 2차적 고려사항의 위치 및 비중에 관하여는 명시적인 언급을 하지 않고 있다.

2차적 고려사항의 위치 및 비중과 관련하여 다음과 같은 3가지 입장이 존재한다. 첫째, 2차적 고려사항은 진정하게 '2차적으로' 검토하는 것 즉, 자명성 여부가 의심스러운 때(in doubt)에만 이를 고려해야 한다는 입장이다. Exer-Genie, Inc. v. McDonald 사건에서 제9연방항소법원은 "발명의 특허성이 명백히 결여되었을 때에 2차적 고려사항은 고려할 여지가 없다."라고 판시한 바 있고200), Kaiser Indus. Corp. v. McLouth Steel Corp. 사건에서 제6연방항소법원은 "이러한 고려사항들은 진정으로 2차적인 것이고, 자명성에 관한 보다 직접적인 증거의 대체물이 될 수 없다."라고 판시하였다.201)

둘째, 2차적 고려사항은 자명성 결론을 보강하는 자료로서만 사용될 뿐, 그 자체가 자명성 판단에 영향을 미칠 수 없다는 입장이다. 이는 Diamond Rubber Co. v. Consolidated Rubber Tire Co. 사건202), Carnegie Steel Co. v. Cambria Iron Co. 사건203) 등과 같은 초기 연방대법원 판결에서 취한 입장이다.

셋째, 2차적 고려사항은 자명성 문제와 관련하여 항상 관련이 있고, 제출된 증거의 실질적인 증거가치를 상당한 주의를 가지고 반드시 검토하여야 한다는 입장이다. Sarkisian v. Winn-Proof Corp. 사건에서 제9연방항소법원은, 2차적 고려사항은 모든 사건에서 검토될 수

---

199) 93 U.S. (3 Otto) 486 (1876).
200) 453 F.2d 132, 136, 171 USPQ 277, 280 (9th Cir. 1971).
201) 400 F.2d 36, 41, 158 USPQ 565 (6th Cir. 1968).
202) 220 U.S. 428 (1911).
203) 185 U.S. 403 (1902).

있으나, 특히 기술적으로 복잡하지 않는 사건들에서 중요하게 취급
되어야 하는데, 그러한 사건의 경우 특허발명의 동작원리나 그에 관
한 선행기술이 통상의 일반인에게도 쉽게 이해될 수 있기 때문에 쉽
사리 그 발명이 자명하다고 판단될 우려가 있기 때문이라고 판단하
였다.[204] 이러한 입장은 CAFC의 현재 주류적 태도라고 할 수 있는데,
CAFC는 In re Sernaker 사건에서 2차적 고려사항은 항상 검토되어야
하는 것이고, 침해 사건뿐만 아니라 특허심사 단계에서도 그것이 제
출되는 한 반드시 검토되어야 한다고 판시한 바 있고,[205] Truswal
Systems Corp. v. Hydro-Air Engineering Inc. 사건에서는 "적어도 Graham
판결 이후로 상업적 성공과 같은 2차적 고려사항은 명백히 중요해졌
다. 그러한 증거는 시간적으로 '2차적인' 것을 의미할 뿐, 그 중요성
측면에서 '2차적인' 것을 의미하지는 않는다."라고 판시하였다.[206]

(나) **오래된 필요 및 타인의 실패**(long-felt need and failure of others)
발명을 이끄는 원동력은 종래기술을 개량할 필요성에 있고, 기존
제품이나 방법에서 나타나는 결함은 자연스럽게 사업가로 하여금
그에 대한 해결책을 강구하게 만든다. 따라서 해당 기술분야에서 오
랫동안 개량의 필요성이 있었음에도 이를 해결하지 못했다는 점은
그 발명의 비자명성을 추론하는 표지가 될 수 있다.[207]

많은 판결들에서 오래된 필요 및 타인의 실패(long-felt need and
failure of others)는 비자명성을 뒷받침하는 요소로 사용되었다. 예컨
대, Advanced Display Systems, Inc. v. Kent State University 사건에서 CAFC
는 타인의 실패에 관한 증거는 자명성 판단에서 결정적인 요소일 수

---

204) 697 F.2d 1313, 217 USPQ 702 (9th Cir. 1983).
205) 702 F.2d 989, 217 USPQ 1 (Fed. Cir. 1983).
206) 813 F.2d 1207, 1212, 2 USPQ2d 1034, 1038 (Fed. Cir. 1987).
207) Donald S. Chisum, op. cit., p.5-897.

있다고 판단하면서, "해당 분야에서 다른 사람들이 문제를 해결하는 데에 실패하여 왔음을 뒷받침하는 증거가 기록상 나타났을 때, 그러한 객관적 표지는 선행기술의 관점에서 자명한 것처럼 보이는 발명도 자명하지 않게 할 수 있다. 또한, 침해자로 지목된 자가 특허발명과 같은 제품을 생산할 수 없었다는 사정은 비자명성을 지시하는 것으로 볼 수 있다."라고 판시하였다.208)

그런데 오래된 필요 및 타인의 실패에 관한 증거가 비자명성을 추론하는 데에 사용될 수 있기 위해서는 다음과 같은 전제가 성립되어야 한다. 우선, 선행기술의 문제 내지 결함이 실제적으로 인식되고 지속되어 왔어야 한다. 예컨대, In re Kahn 사건에서 CAFC는, "출원인은 주장과 아울러 오래된 필요에 관한 실제적인 증거를 제출하여야 한다는 것이 우리의 선례이다. 이것은 오래된 필요 또는 타인의 실패를 보여주는 실질적인 증거의 제출 없이 단순히 특허가 오랫동안 존재하지 않았다는 점만으로 비자명성을 뒷받침할 수 없기 때문이다."라고 판시하였다.209)

다음으로 필요가 인식된 기간 및 타인의 실패의 기간은 해당 기술분야의 상태와 관련하여 파악되어야 한다. 앞서 본 바와 같이 Calmar 판결에서 연방대법원은, 오래된 필요가 있었다는 특허권자의 주장을 배척하면서, 해당 기술분야에서 중요한 선행문헌인 Livingstone 특허의 등록일로부터 불과 3년이 지난 후에 해당 특허발명이 완성되었기 때문에 위 Livingstone 특허 이전의 다른 사람들의 실패의 증거는 고려될 수 없다고 판단하였다. 반면, Texas Instruments Inc. v. U.S. Int'l Trade Comm'n 사건에서 U.S. Int'l Trade Comm'n은, 오래된 필요는 가장 관련성 있는 선행기술 문헌만을 기준으로 판단되어야 함을 전제로 가장 관련성 있는 선행기술 문헌이 공개된 날로부터 특허발명

---

208) 212 F.3d 1272, 54 USPQ2d 1673 (Fed. Cir. 2000).
209) 441 F.3d 977 (Fed. Cir. 2006).

이 이루어진 날까지의 기간이 매우 짧기 때문에 오래된 필요라고 할 수 없다는 취지로 주장하였는데, 이에 대하여 CAFC는, "오래된 필요는 특정된 문제의 기간 및 그 문제를 해결하고자 하는 노력의 증거의 관점에서 종합적으로 검토되어야 한다."라고 하면서 단순히 가장 관련성 있는 선행기술 문헌만을 기준으로 판단되어야 한다는 위 주장을 받아들이지 않았다.[210)

또한, 오래된 필요는 해당 특허 청구된 발명과의 관련성이 인정되어야 한다. 예컨대, Ormco Corp. v. Align Technology, Inc. 사건에서 CAFC는, 특허권자가 특허 청구된 발명에서 채택된 새로운 특징이 오랫동안 해결되지 않았던 필요를 충족하였다는 점을 뒷받침하는 증거를 제출하지 않았으므로, 해당 특허발명은 자명하다고 판단하였다.[211)

끝으로, 발명자의 해결책이 오래된 필요를 충족하여 선행기술의 해결책보다 더 나은 결과를 가져와야 한다. 이러한 점 때문에 많은 사건들에서 오래된 필요에 관한 주장은 곧 상업적 성공에 관한 주장과도 결부된다. 예컨대, Media Technologies Licensing, LLC v. Upper Deck Co. 사건에서 CAFC는 특허권자의 오래된 '필요'에 관한 정의가 지나치게 넓을 뿐만 아니라, 그렇게 넓게 정의된 '필요' 중 특허발명을 통해 해결된 부분이 매우 좁다는 이유로, 오래된 필요에 관한 특허권자의 주장을 배척하였다.[212)

(다) 상업적 성공(commercial success)

비자명성 판단에서 상업적 성공을 어떻게 취급할지에 대해서는 많은 논란이 있다. 기존에 존재하였던 문제에 대한 해결책을 제시하

---

210) 988 F.2d 1165, 26 USPQ2d 1018 (Fed. Cir. 1993).
211) 463 F.3d 1299 (Fed. Cir. 2006).
212) 596 F.3d 1334 (Fed. Cir. 2010).

여 상업적 성공을 거둘 수 있으리라는 가능성은 발명자로 하여금 그러한 해결책을 시도하게끔 한다. 만일 어떠한 제품이 상당한 정도의 상업적 성공을 거두었다면, 그러한 문제를 해결하려는 시도들이 종래부터 있었고 그것이 실패하여 왔음을 추론할 수 있는 근거가 될 수 있다. 이러한 점에서 상업적 성공을 비자명성의 객관적 표지로 인정하는 근거는 '오래된 필요'의 그것과 유사하다.

일찍이 Smith v. Goodyear Dental Vulcanite 사건에서 연방대법원은 특허 장치가 일반적으로 사용되기 시작하였고, 기존에 유사한 목적에 사용되었던 다른 제품을 대체하였다는 사정은 비록 그것이 결정적인 요소까지는 아니더라도 마땅히 고려되어야 한다고 판시한 이래, 상업적 판단은 2차적 고려요소의 하나로 오랫동안 인식되어 왔다.[213] 앞서 본 바와 같이 연방대법원은 Graham 판결에서 "상업적 성공, 오랫동안 요망되어 왔으나 해결되지 않았던 과제 또는 타인의 실패 등과 같은 2차적인 고려사항도 특허를 받고자 하는 발명의 기원을 둘러싸는 상황을 파악하기 위하여 활용될 수도 있다. 자명성 또는 비자명성을 나타내는 지표로서, 이러한 조사는 서로 관련성을 갖는다."[214]라고 판시함으로써 사후적 고찰에 대한 보호 장치로서 상업적 성공 등과 같은 2차적 고려사항을 참작할 것을 천명하였다.

하급심 판결들 중에는 상업적 성공의 가치를 높게 평가한 사례와 그렇지 않은 사례가 각각 다수 존재한다. 예컨대, Eli Lilly & Co. v. Generix Drug Sales, Inc. 사건에서 제5연방항소법원은 특허 청구된 약품(Darvon)이 미국 소매 약국에서 가장 많이 판매된 약품들 중 하나로 분류되어 있을 뿐만 아니라, 연간 매출액이 6,500만 달러를 상회한다는 점을 비자명성의 근거로 인정하였고[215], Symbol Technologies,

---

213) 93 U.S. (3 Otto) 486 (1876).
214) 383 U.S. at 17-19.
215) 460 F.2d 1096, 1099, 174 USPQ 65 (5th Cir. 1972).

Inc. v. Opticon, Inc. 사건에서 CAFC는 특허권자의 장치가 제소 당시까지 약 20만 개가 판매되어 그 매출액이 15억 달러를 상회함으로써 엄청난 상업적 성공을 거두었다고 판단하였다.[216]

반면, Merck & Co., Inc. v. Biocraft Laboratories, Inc. 사건에서 CAFC는 "상업적 성공은 특허성 판단에 있어서 고려되어야 하는 비자명성의 지표 중 하나이다. 그러나 이 사건의 경우 그러한 상업적 성공에 관한 지표는 특허 청구된 발명을 비자명한 것으로 돌리기에 불충분하다."라고 판시하였고[217], Ryko Manufacturing Co. v. Nu-Star, Inc. 사건에서 CAFC는 "2차적 고려사항은 1차적 고려사항에 근거한 자명성 결론을 바꿀 수 있을 만큼의 충분한 중요성을 갖지 못한다."라고 판시한 바도 있다.[218]

상업적 성공이 비자명성을 뒷받침하는 표지로 참작될 수 있기 위해서는 상업적 성공과 특허 청구된 발명 사이에 연관관계(nexus)가 입증되어야 한다. 예컨대, Cable Electric Products, Inc. v. Genmark, Inc. 사건에서 CAFC는 "특허 청구된 발명을 구현한 제품의 상업적 성공이 비자명성 판단과 관련되기 위해서는, 그 성공이 특허 청구된 발명의 성질에 기인하였음이 입증되어야 하고, 그 제품의 기술적인 특징이 아닌 다른 경제적·상업적 요소에서 기인된 것이어서는 안 된다. 따라서 상업적 성공에 관한 증거가 자명성 판단에 있어 실질적인 가치를 갖기 위해서는 특허 청구된 발명의 특성과 상업적 성공에 관한 증거 사이에 연관관계가 있어야만 한다."라고 판시하였다.[219]

이러한 연관관계의 입증책임을 누가 부담하는지와 관련하여, Demaco Corp. v. F. Von Langsdroff Licensing Ltd. 사건에서 CAFC는, 특허

---

216) 935 F.2d 1569, 19 USPQ2d 1241 (Fed. Cir. 1991).
217) 874 F.2d 804, 10 USPQ2d 1843 (Fed. Cir. 1989).
218) 950 F.2d 714, 21 USPQ2d 1053 (Fed. Cir. 1991).
219) 770 F.2d 1015, 226 USPQ 881 (Fed. Cir. 1985).

권자가 상업적 성공과 특허 청구된 발명 사이의 연관관계에 대한 입
증책임을 지되, 그는 어떤 제품이 상업적으로 성공하였고 그 제품이
특허 청구된 발명에 해당한다는 사실을 밝힘으로써 연관관계를 입
증할 수 있고, 그에 대해 상대방은 그러한 성공이 광고 등과 같은 다
른 요소에 기인한다는 점을 밝힘으로써 반증할 수 있다고 판단하였
다.[220] 위와 같이 상업적 성공은 특허 청구된 발명 사이의 연관관계
에 관한 추가적인 입증이 필요함에도 매출액 등과 같은 객관적 자료
에 의해 증거 수집이 용이하기 때문에 실무상으로 상업적 성공에 관
한 주장이 많이 이루어지고 있다고 한다.[221]

한편, 특허권자가 아닌 다른 사람의 상업적 성공과 관련하여
Hybritech Inc. v. Monoclonal Antibodies, Inc. 사건에서 CAFC는, 상업적 성
공인지는 평가함에 있어서는 특허권자나 그 실시권자에 의한 판매
뿐만 아니라 침해자에 의한 판매도 포함하여 전체적으로 평가해야
한다고 판단하였다.[222]

(라) 경쟁업자의 승복(commercial acquiescence) 및 라이선싱(licensing)
시장의 다른 경쟁자들 중 상당수가 특허권자로부터 해당 특허에
대한 실시허락을 받고자 하는 등으로 특허의 유효성을 인정하는 행
위를 할 때 그것은 특허발명의 비자명성을 뒷받침하는 증거가 될 수
있다. 경쟁업자들이 특허의 유효성을 인정하지 않았다면 그와 같이
그들의 경제적 이해에 반하는 행위를 하지 않았을 것이라는 사고가
경쟁업자의 승복을 2차적 고려사항의 하나로 인정하게 된 이론적 근
거이다.[223]

---

220) 851 F.2d 1387, 1392, 7 USPQ2d 1222, 1226 (Fed. Cir. 1988).
221) Martin J. Adelman, Randall R. Rader, Gordon P. Klancnik, op. cit., p.207.
222) 802 F.2d 1367 (Fed. Cir. 1986).
223) Donald S. Chisum, op. cit., p.5-971.

예컨대, Minnesota Mining & Manufacturing Co. v. Johnson & Johnson Orthopaedics, Inc. 사건에서 CAFC는, 특허권자 및 상대방의 주요 경쟁자들이 특허권자로부터 해당 특허에 대한 실시허락을 받았다는 사정을 들면서, "그러한 현실적인 고려요소는 해당 기술분야의 상황 및 그 분야의 사람들에게 알려진 내용에 대한 보다 입체적인 판단을 가능하게 하고, 비자명성을 뒷받침하는 견고한 토대를 형성할 수 있다."라고 판시하였다.[224]

그러나 특허권자로부터 실시허락을 받고자 한 주요한 동기가 특허의 유효성에 대한 믿음이 아닌 다른 요소에서 기인한 경우라면, 비자명성 판단에 중요하게 평가될 수 없다. 예컨대, EWP Corp. v. Reliance universal Inc. 사건에서 CAFC는, "경쟁업자들은 단순히 특허가 유효하기 때문에 실시허락을 받을 수도 있지만, 때로는 라이선싱을 통해 얻을 수 있는 상호 혜택적인 효과를 기대하거나, 침해소송에 대응하는 것보다 실시료를 감수하는 것이 더 경제적이라는 판단 등과 같이 특허발명의 유효성과 관련 없는 다른 이유에 근거하여 실시허락을 받을 수 있다."라고 판단하였다.[225]

(마) 전문가의 승인(professional approval)

발명이 등장하였을 때에 그 분야의 전문가들이 보인 반응이 특허성 결정에 중요하게 고려될 수 있다. 전문가들이 보인 반응이 비자명성에 실질적인 증거가 될 수 있는 경우는 발명을 접한 해당 분야 전문가들이 처음에는 회의(skepticism)나 놀라움을 표명하다가 그 발명을 이해한 후 그 가치를 높게 평가하는 경우이다.[226] 이러한 전문가의 회의는 그 증거가 발명 당시에 존재한다는 점에서 매우 설득력

---

224) 976 F.2d 1559, 24 USPQ2d 1321 (Fed. Cir. 1992).
225) 755 F.2d 898, 907-08, 225 USPQ 20, 26 (Fed. Cir. 1985).
226) Donald S. Chisum, op. cit., pp.5-979~980.

있는 고려요소이기는 하나, 실제 사례는 드물다고 한다.[227]

예컨대, United States v. Adams 사건에서 연방대법원은, 배터리에 관한 특허가 유효하다는 근거의 하나로 전문가들의 반응을 들면서, "Adams가 그 발명을 완성하였을 때 전문가들은 그것에 대하여 불신을 나타냈다. 그러나 그들 중 일부는 나중에 Adams 발명의 중요성을 인정했다."라고 판시하였다.[228] 또한 Environmental Designs, Ltd. v. Union Oil Co. of Calif. 사건에서 CAFC는, "전문가들이 불신을 표시하였다는 것은 비자명성을 뒷받침하는 유력한 증거가 된다."라고 판시하였다.[229]

그러나 전문가들의 회의(skepticism) 내지 칭찬(praise)이 비자명성을 뒷받침하기 위해서는 그러한 회의 내지 칭찬이 특허 청구된 발명의 기술적 특징과 관련되어 있어야 한다. 예컨대, Muniauction, Inc. v. Thomson Corp. 사건에서 특허권자는 전문가들이 특허발명에 대해 회의를 표명하다가, 나중에는 '미국 정부 혁신상'(Innovations in American Government Award)을 수상하고 피츠버그 시도 그 특허발명 시스템을 채용하는 등 발명의 가치를 인정받았다는 취지로 주장하였는데, CAFC는 그러한 회의 내지 칭찬은 특허 청구된 발명의 기술적 특징에 기인한 것이 아니어서 특허 청구된 발명과의 연관관계(nexus)가 결여되었으므로, 그러한 '시장 지배력'에 관한 증거는 확립된 일응의 자명성을 극복하지 못한다고 판단하였다.[230]

(바) 타인에 의한 복제(copying by others)

특허침해소송의 피고가 특허권자의 장치를 의도적으로 복제하였

---

227) Martin J. Adelman, Randall R. Rader, Gordon P. Klancnik, op. cit., pp.204-205.
228) 383 U.S. 39. 148 USPQ 479 (1966).
229) 713 F.2d 693, 218 USPQ 865 (Fed. Cir. 1983).
230) 532 F.3d 1318 (Fed. Cir. 2008).

다는 사정은 많은 판결들에서 비자명성을 뒷받침하는 증거로서 취급되어 왔다.231)

예컨대, Diamond Rubber Co. v. Consolidated Rubber Tire Co. 사건에서 연방대법원은, 선택할 수 있었던 해당 분야의 수많은 선행기술 중 유독 특허 청구된 타이어 제품을 사용하였다는 사정은 그 자체로 특허 청구된 제품의 우수성을 입증해 준다는 취지로 판단하였다.232) 또한, Advanced Display Systems, Inc. v. Kent State University 사건에서 CAFC는, 침해자로 지목된 자가 특허 청구된 발명을 만들기 위해 노력하였으나 계속 실패하였다가 특허 청구된 발명을 그대로 복제하였다는 사정은 비자명성을 뒷받침하는 강력한 증거가 된다고 판단하였다.233)

또한, 특허침해소송의 피고가 해당 특허발명과 유사한 제품을 생산하고 이를 광고하면서 그 제품의 우수성을 강조한 경우 그러한 사정이 비자명성을 뒷받침하는 증거로 인정된 판결들도 있다. 예컨대, Power-One, Inc. v. Artesyn Technologies, Inc. 사건에서 침해자로 지목된 자는 특허발명과 유사한 제품을 생산하고 이를 광고하면서 그 제품이 과거에 가능하지 않았던 기능을 구현하는 새로운 제품이라고 광고하였는데, CAFC는 피고가 특허권자의 발명이 자명하다고 주장하는 것은 침해 제품이 그 분야에서 기술적인 진보를 이루었다는 주장과 서로 모순되는 것이어서 받아들일 수 없다고 판단하였다.234)

그러나 타인에 의한 복제가 비자명성을 뒷받침하는 증거로 사용되기 위해서는 특허권자의 제품에 접근하여 분석하는 등 특허권자의 제품을 의도적으로 복제하였다는 사정이 분명히 드러나야 한다.

---

231) Donald S. Chisum, op. cit., p.5-987.
232) 220 U.S. 428 (1911).
233) 212 F.3d 1272, 54 USPQ2d 1673 (Fed. Cir. 2000).
234) 599 F.3d 1343 (Fed. Cir. 2010).

예컨대, Wyers v. Master Lock Co. 사건에서 CAFC는 "특허의 범주 내에
들어오는 모든 경쟁자의 제품이 복제의 증거에 해당하는 것은 아니
다. 그렇지 않다면, 모든 침해소송에서 자동적으로 해당 특허발명의
비자명성이 승인되는 결과가 된다."라고 전제한 다음, "우리의 선례
는 복제(copying)에 대해 특정 제품을 복사하고자 하는 노력의 증거
를 요구한다. 즉, 회사 내부 자료를 통해서나, 특허 제품을 분해하는
것, 그 특징을 촬영하는 것, 그 촬영된 사진을 복제를 위한 청사진으
로 사용하는 것과 같은 보다 직접적인 증거를 통해서 특허 제품과
실질적으로 유사한 제품에 접근하여 이를 분석하였다는 점이 입증
되어야 한다."라고 판시하였다.235)

라. 요약 및 시사점

이상으로 미국에서의 발명의 진보성 판단 기준에 대해 살펴보았
다. 미국 연방대법원은 1851년 Hotchkiss v. Greenwood 사건에서 발명
이 특허를 받을 수 있기 위해서는 통상적인 기술자의 성과와 차별화
시킬 수 있는 일정한 수준의 기술과 독창성이 필요하다고 하여 처음
으로 비자명성 요건에 대해 판시하였다. 이후 비자명성 요건은 1952
년 특허법 개정을 통해 특허법에 명문으로 규정되었다. 연방대법원
은 1966년 Graham v. John Deere Co. 사건을 통해 비자명성 판단의 기
본 틀인 Graham framework을 제시하였는데, Graham framework는 ① 선
행기술의 범위 및 내용의 확정, ② 특허 청구된 발명과 선행기술의
차이 확정, ③ 통상의 기술자의 기술수준의 확정, ④ 비자명성에 대
한 객관적 근거(소위 2차적 고려사항이라고 하는 상업적 성공, 오랫
동안 해결되지 못했고 특허 청구된 발명에 의하여 비로소 해결된 기

---

235) 616 F.3d 1231 (Fed. cir. 2010).

술적 과제, 경쟁자들의 실패 등)의 검토에 의하여 비자명성을 판단하는 것이다. 1982년 설립된 CAFC는 사후적 고찰을 방지하기 위해 2 이상의 선행기술을 결합하여 특허 청구된 발명에 도달하게 되는 경우, 그러한 결합을 교시, 시사, 동기를 부여하는 사항이 있어야 한다는 TSM 테스트를 사용하였다. 연방대법원은 2007년 KSR International Co. v. Teleflex 사건을 통해 TSM 테스트가 유용한 통찰 방법이기는 하나, TSM 테스트의 엄격한 적용은 옳지 않다고 판단하였고, 이후 하급심 판례는 KSR 판결의 기준에 따라 결합의 동기와 관련하여 기술상식을 고려하는 등 좀 더 유연한 접근 방식을 취하고 있다.

　미국은 특허법에 관한 법리를 선도하고 있는 나라로서 진보성 판단과 관련한 판례도 많이 축적되어 있고, 우리나라에도 비교적 많이 소개되어 있는 것으로 보인다. 특히 진보성 판단의 기본 틀을 제시한 Graham 판결, 발명의 객관성 및 예측가능성을 제고하고 사후적 고찰을 방지하기 위해 채택된 TSM 테스트, TSM 테스트의 엄격하고 경직된 적용을 경계하고 보다 유연한 접근 방식을 취한 KSR 판결 등이 나오게 된 배경과 그 흐름을 주의 깊게 따라가다 보면, 올바른 진보성 판단 기준을 확립해 나가고자 하는 일련의 과정 내지 시도로 평가할 수 있을 뿐만 아니라, 비슷한 고민을 하고 있는 우리나라의 특허 실무에도 유익한 시사점을 제공한다고 할 것이다.

제3절 유럽

가. 유럽특허제도의 개요

유럽의 특허제도는 1973. 10. 5. 뮌헨에서 체결된 유럽특허협약(European Patent Convention, 이하 'EPC'라 한다)[1]을 근간으로 하고 있다. EPC 제4조는 자치적인 행정 및 재정기구로서 유럽특허기구(European Patent Organisation)를 설치하고, 그 산하에 유럽특허청(European Patent Office, 이하 'EPO'라고 한다) 및 행정이사회(Administrative Council)를 두며, EPO는 행정이사회의 감독 하에 유럽특허의 부여에 관한 사항을 담당한다고 규정하고 있다.

유럽특허는 유럽특허협약 하에서 부여된 특허를 말하고, 유럽특허가 부여된 각 회원국에서 달리 규정하고 있지 않는 한, 회원국에서 부여된 국가특허(national patent)와 동일한 효력을 가진다.[2] 유럽특허출원은 지정국을 정하여 하는 출원의 다발(bundle)이지 협약의 체약국 모두를 대상으로 하는 단일의 출원이 아니기 때문에, 유럽특허의 부여는 하나 또는 그 이상의 회원국에 대해 요청될 수 있다.[3] 유럽특허의 존속기간은 출원일로부터 20년이고, 유럽특허에 의한 권리는 유럽특허공보에 특허부여가 공고된 날로부터 효력이 발생한다.[4]

유럽특허의 심사와 심판은 모두 EPO에서 이루어지는데, 유럽특허출원의 실체심사에 대해서는 심사부(Examining Division)가 담당하고[5],

---

1) 현재는 EPC 15판으로서 2013. 10. 개정되었다.
2) EPC 제2조.
3) 김승곤, "소송단계의 진보성판단에 있어서 유럽특허청의 과제해결접근법이 던지는 몇 가지 시사점", 특허소송연구 6집, 특허법원(2013), 46면 참조.
4) EPC 제63조, 제64조.

이의신청에 대해서는 이의부(Opposition Division)가 담당하면서[6] 진보성 여부에 대한 1차 판단을 하게 된다. 심사부나 이의부의 결정에 대한 불복은 항고심판부(Board of Appeal)가 담당하고[7], 항고심판부의 심결에 대한 불복은 확대심판부(Enlarged Board of Appeal)가 담당하면서[8] 진보성 여부에 대한 판단을 하게 된다.

유럽특허제도는 위와 같이 EPC를 근간으로 운영되는데, 각 회원국 법원의 판례는 EPC를 해석하는 근거로 사용될 수 있다. 또한 EPO의 심사기준(Guidelines for Examination)[9]은 심사관이 특허 부여 판단 등과 관련한 실질적인 지침서 역할을 한다.[10] EPO의 심사기준 중 진보성에 관한 부분[11]은 심사 단계에서 심사관들이 진보성 판단을 하기 위한 것이어서 심판부가 이에 기속된다고 할 수는 없으나, 심사기준의 상당 부분은 주로 공식 간행물(official journal)에 실린 심결 예들의 판단 기준을 종합하여 반영한 것들이고, 심판부도 심결 예들을 따르고 있으므로, 심판부의 판단 기준과 어긋나는 경우는 예외적이라고 하겠다.[12]

나. EPC 제56조

(1) 도입

EPC 제56조는 "발명은 그 기술수준(state of the art)과 관련하여 해당

---

5) EPC 제18조.
6) EPC 제19조.
7) EPC 제20조.
8) EPC 제22조.
9) http://www.epo.org/law-practice/legal-texts/guidelines.html
10) 박동식, 유럽특허법, 세창출판사(2009), 1-9면 참조.
11) Part G, Chapter Ⅶ. 한편 현재의 심사기준은 2014. 11. 개정되었다.
12) 김승곤, 전게논문(주 3), 47면 참조.

기술분야의 기술자에게 자명하지 않으면 진보성(inventive step)이 있는 것으로 본다. 기술수준이 제54조 제3항13)에서 말하는 문헌들을 포함하는 경우, 그러한 문헌들은 진보성 여부를 판단함에 있어 고려되지 아니한다."라고 규정하고 있다. 위 규정은 진보성 요건에 관한 것으로서 유럽에서도 진보성 요건은 EPC 제54조에 규정된 신규성 요건과 구별되는 특허요건의 하나로 분류된다.

(2) 기술수준

진보성 판단과 관련하여 고려되는 '기술수준'(state of the art)은 EPC 제54조 제2항에 규정되어 있는데, 위 규정은 유럽특허출원의 출원일(date of filing) 전에 서면개시, 구두개시, 사용 그 밖의 다른 방식에 의해 공중이 접근 가능하게 된 모든 것이 '기술수준'을 구성한다고 하고 있다.

만일 어떤 출원이 EPC 제87조에 따른 우선권주장을 수반하는 경우라면, 진보성 판단의 기준이 되는 것도 실제 출원일이 아니라, 위 규정에 의해 출원일로 간주되는 우선일(date of priority) 이전의 것이다.14)

선행기술은 관련성 있는 기술상식(common general knowledge)도 포함하고, 그러한 기술상식은 출원인에 의해 반박되지 않는 한, 반드시 서면으로 기재되어 있을 필요는 없다.15)

---

13) 위 조항은 우리나라 특허법 제29조 제3항의 확대된 선출원에 해당하는 규정으로서, 유럽특허출원의 출원일 전에 출원되고, 동 출원일 이후에 공개된 출원의 내용도 선행기술을 구성하는 것으로 규정하고 있다.

14) EPO Guidelines for Examination, Part G Chapter Ⅶ. 2.

15) T 939/92. 1995. 12. 9. 결정된 사건이다. 참고로 EPO의 사건번호는 이와 같이 'T 일련번호/접수년도' 방식으로 표기한다.

(3) 통상의 기술자

(가) 통상의 기술자의 개념

EPC 제56조는 진보성 판단을 위해 '해당 기술분야의 기술자'(person skilled in the art)에게 자명한지 여부를 검토해야 한다고 규정하고 있는데, 여기서의 '해당 기술분야의 기술자'는 우리 소송실무에서 사용하는 '통상의 기술자'와 별다른 차이가 없다. 심결 예는 '해당 기술분야의 기술자'에 대해 발명이 속하는 기술분야에서 평균적인(average) 지식과 능력을 보유하고, 출원일(우선일) 당시의 기술상식(common general knowledge)도 알고 있는 실무자(practitioner)로 가정해야 한다고 보고 있다.[16] 통상의 기술자는 조사보고서에 언급된 선행문헌을 포함하여 출원일 당시의 '기술수준'에 속하는 모든 것들에 접근할 수 있고, 해당 기술분야에서의 통상적인 작업 및 실험을 수행할 수 있는 능력과 수단을 갖추고 있다.[17]

통상의 기술자는 해당 기술분야뿐만 아니라, 그와 인접한 기술분야에서도 해결책을 찾을 수 있고, 심지어 만일 특정한 과제가 다른 기술분야에서 그 해결책을 찾도록 유도하는 경우라면, 그 해결책을 인접하지 않은 다른 기술분야에서도 찾을 수 있는 자이다.[18] 따라서 특정한 과제가 통상의 기술자로 하여금 다른 기술분야에서 그 해결책을 찾도록 유도하는 경우라면, 그 다른 기술분야의 전문가(specialist)가 그 과제를 해결할 자격이 있기 때문에 그 전문가의 지식과 능력을 기준으로 진보성 판단이 이루어져야 한다.[19]

때에 따라서는 통상의 기술자가 단일한 사람이 아니라 연구팀 또는 생산팀과 같이 복수의 사람으로 구성된 팀으로 상정하는 것이 더

---

16) T 4/98, T 143/94, T 426/88.
17) T 774/89, T 817/95.
18) T 176/84, T 195/84, T 560/89.
19) T 26/98, T 32/81, T 147/87.

적절할 수 있다.[20] 특히 고도의 기술을 요하는 분야에서 '통상의 기술자'는 각각의 관련 분야의 전문가들로 구성된 팀으로 상정하는 것이 적절하다.[21] 예컨대, 현실에서도 반도체 분야 전문가는 플라즈마 이온 발생 장치의 개선에 관한 과제에 직면할 때에 플라즈마 분야 전문가에게 도움을 요청할 수 있고, 그러한 경우 통상의 기술자는 둘 이상의 관련 분야 전문가로 구성된 팀을 의미할 수 있다.[22]

(나) 인접한 기술분야

발명의 진보성을 판단함에 있어, 통상의 기술자는 해당 발명이 속한 기술분야뿐만 아니라, 그와 인접한 기술분야 또는 보다 일반적인 기술분야에서도 그 해결책을 찾을 것이 기대되는데, 이러한 상황은 동일 또는 유사한 과제가 그러한 인접한 또는 일반적인 기술분야에서도 제기되고, 통상의 기술자가 그러한 기술분야에 대해 인식하고 있을 것이 기대됨을 전제로 한다. 또한, 해당 특허발명에서 다루고 있는 과제가 어느 특정 기술분야에서만 존재하는 것이 아니라, 여러 기술분야에서 공통적으로 존재하는 것이라면, 그러한 일반적인 기술적 과제의 해결책은 통상의 기술자가 참조할 수 있는 일반적인 기술적 지식의 한 부분을 구성할 수 있다.[23]

예컨대, 기체크로마토그래피(gas chromatography) 장치[24]에 관한 기술분야의 통상의 기술자라면 그의 통상적인 직업 활동을 수행하는

---

20) T 164/92, T 986/96.
21) T 147/87, T 99/89.
22) T 424/90.
23) T 176/84, T 195/84.
24) 칼럼(column)이라고 부르는 나선 모양의 관에 분석하고자 하는 시료를 흡착시킨 다음, 수소·헬륨 등의 캐리어(carrier) 기체를 통과시켜서 시료를 분리하고, 칼럼의 다른 끝에서 시료의 성분기체가 흡착성이 작은 성분부터 차례로 분리되어 나오면 검출기로 분석하는 장치이다.

과정에서 인접한 기술분야인 흡수스펙트럼 분석(absorption spectral analysis) 장치[25]의 개선 상황을 살펴볼 수 있고,[26] 콘택트렌즈에 관한 기술분야의 통상의 기술자는 렌즈의 표면에 형성된 코팅으로 인한 점착 및 마찰을 줄이고자 하는 기술적 과제에 직면하였을 때에 보다 일반적인 기술분야인 코팅된 플라스틱 시트 분야에서 점착 및 마찰과 관련한 과제를 어떻게 해결하였는지를 참작할 수 있다.[27]

(다) 통상의 기술자의 기술수준

통상의 기술자는 진보성 판단의 국면에서와 명세서의 용이 실시 여부 판단의 국면에서 서로 동일한 정도의 기술수준을 가진 것으로 평가되어야 한다.[28] 다만, 진보성 판단의 국면에서 통상의 기술자는 오직 선행기술을 아는 것으로 전제되고, 명세서의 용이 실시 여부 판단의 국면에서 통상의 기술자는 선행기술 및 개시된 발명을 아는 것으로 전제된다.[29]

통상의 기술자는 출원일 또는 우선일 당시의 기술상식을 알고 있는 것으로 전제되는데, 여기서의 기술상식은 반드시 간행물의 형태로 존재할 것을 요하지 않는다. 그러나 기술상식인지 여부에 관해서로 다툼이 있을 경우에는 교과서 등과 같은 문헌 증거로서 기술상식에 해당함이 뒷받침되어야 한다.[30]

일반적으로 단 하나의 간행물에만 기재되어 있는 내용은 기술상

---

25) 연속스펙트럼을 가지는 광선을 분석하고자 하는 원소의 희석용액이나 증기 속을 통과시킨 후 분광기로 분광시킬 때 얻어지는 스펙트럼을 흡수스펙트럼이라고 하고, 이를 분석하는 장치를 흡수스펙트럼 분석 장치라고 한다.

26) T 457/87.

27) T 891/91.

28) T 60/89, T 694/92, T 373/94.

29) T 694/92.

30) EPO Guidelines for Examination, Part G Chapter Ⅶ. 3.1.

식으로 인정받기 어렵다.[31] 다만, 어떤 발명이 매우 새로운 분야에 속하는 것이어서 관련된 기술 지식이 아직 교과서의 형태로 존재하지 않는 경우라면, 특정한 특허명세서 내지 과학 간행물에 포함된 내용도 기술상식으로 인정받을 여지가 있다.[32]

교과서에 기재되어 있는 내용은 통상 기술상식으로 고려될 수 있다.[33] 만일 교과서에서 특정 문제와 관련된 다른 문헌을 직접적으로 언급하고 있다면, 그 문헌에 기재된 내용 역시 기술상식으로 고려될 수 있다.[34] 주의할 점은 교과서에 기재됨으로써 그에 포함된 정보가 기술상식이 되는 것이 아니라, 그 정보가 이미 기술상식이 되었기 때문에 교과서에 기재되었다고 보는 것이 합리적이다. 따라서 교과서에 기재된 정보는 그 교과서의 간행 시점보다 어느 정도 앞선 시점에 기술상식의 일부로 되었다고 봄이 상당하다.[35]

특허 서류에 사용된 언어는 통상의 기술자가 그 서류의 내용을 고려할 것인지 여부의 판단과 관련이 없다. 만일 이와 달리 본다면, 사용하는 언어에 따라 통상의 기술자들 사이에 차이가 발생하는 것이 되고, 이것은 진보성 요건의 객관적 평가에 반하는 결과가 되기 때문이다.[36] 예컨대, 영국에서 출원된 발명과 관련하여 독일어로 기재된 선행기술 문헌이 제시되었는데, 출원인은 이러한 문헌은 영국의 관련 분야 전문가에게 참조될 성질의 것이 아니라는 취지로 다투었으나, 항고심판부는 선행문헌이 사용되는 언어나 통상의 기술자의 활동 지역은 진보성 판단에 고려될 수 없다고 판단하였다.[37]

---

31) T 475/88.
32) T 51/87.
33) T 171/84.
34) T 206/83.
35) T 766/91.
36) T 1688/08, T 426/88.
37) T 426/88.

통상의 기술자의 기술수준을 결정함에 있어서 해당 기술분야의 특성이 고려되어야 하는데, 생명공학 분야 발명에 관한 다수의 심결 예들에서, 통상의 기술자의 기술수준은 보다 보수적인 것으로 평가되어 왔다. 즉, 생명공학 분야의 통상의 기술자는 확립된 편견에서 좀처럼 벗어나지 않고, 예측할 수 없는 영역에 들어가기를 시도하지 않으며, 계산할 수 없는 위험을 회피하려는 경향이 있는 것으로 취급되어 왔다. 따라서 생명공학 분야의 발명에서 통상의 기술자가 인접 분야의 기술을 자신의 관심 분야에 적용할 수 있기 위해서는 그러한 적용이 통상적인 실험 과정을 통해 이루어진 경우에만 가능하다고 본다.[38] 예컨대, 1978년 당시의 유전공학 분야의 통상의 기술자는, 비록 실제 그 무렵 그 분야에 종사하는 과학자의 상당수가 노벨상을 수상하였음에도 불구하고, 노벨상 수상자의 수준으로 정의되지 않았고, 오히려 실험실에서 근무하는 교수 내지 연구자 수준으로 정의된 바 있다.[39] 생명분야 분야 발명의 진보성을 평가함에 있어서, 통상의 기술자는 기존에 존재하고 있는 지식을 활용하여 통상적인 수단(routine means)을 통해 실험을 수행하는 것을 전제로 하여야 하고, 창작적인 사고(creative thinking)와 같은 그 이상의 것을 기대할 수는 없다.[40][41]

(4) 자명성

EPC 제56조는 진보성 판단을 위해 통상의 기술자 입장에서 해당

---

38) T 455/91, T 500/91, T 387/94.

39) T 60/89.

40) T 886/91, T 223/92, T 791/96.

41) 이는 미국의 KSR 판결에서 통상의 기술자를 '단순한 로봇기계(automation)'이 아닌 '통상의 창작능력(creativity)을 갖는 사람'으로 상정한 것과는 확실히 차이가 있다. 다만, 이는 유추가능성이 제한적인 생명공학 분야의 특수성을 강하게 고려한 결과라고 생각된다.

발명이 자명한지(obvious) 여부를 검토할 것을 요구하고 있다. 여기서
'자명'이라는 용어는 기술의 통상적인 진보를 넘어서지 못한 채 선행
기술로부터 단순히 또는 논리적으로 나오는 것에 불과한 것 즉, 통
상의 기술자에게 당연히 기대되는 수준을 넘어서는 기술 또는 능력
의 발휘가 결여되어 있는 것을 의미한다. 진보성을 판단함에 있어서
는 어떤 공지 문헌이든지 당해 발명의 출원일 또는 우선일 이전까지
의 지식의 관점에서 해석하고 그때까지 통상의 기술자가 일반적으
로 활용할 수 있는 모든 지식을 고려하는 것이 합리적이다.[42]

다. 과제 해결 접근법

(1) 도입

진보성 판단의 객관성과 예측가능성을 담보하기 위해 EPO는 이
른바 '과제 해결 접근법'(problem-and-solution approach)을 채택하여 운
영해 오고 있다.[43] EPO 심사기준에서는 과제 해결 접근법이 진보성
심사와 관련하여 일반적으로 적용해야 한다고 하면서, 다음과 같이
3단계로 과제 해결 접근법을 기술하고 있다.

과제 해결 접근법은 ① '가장 근접한 선행기술'(the closest prior art)
을 결정하는 단계, ② 해결되어야 할 '객관적인 기술적 과제'(objective
technical problem)를 설정하는 단계, ③ 당해 발명이, '가장 근접한 선
행기술'과 '객관적인 기술적 과제'를 출발점으로 놓고 볼 때, 기술자
에게 자명했을 것인지 여부를 고려하는 단계로 이루어진다.

---

42) EPO Guidelines for Examination, Part G Chapter VII. 4.
43) EPO의 과제 해결 접근법은 독일의 제도와 실무의 영향을 많이 받은 것으
로 알려져 있으나, EPC 발효 이전 영국에서도 동일한 접근법이 사용된 사
례가 있어 단순히 독일의 영향이라고만 할 수 없다. 김승곤, 전게논문(주
3), 47면 참조.

과제 해결 접근법은, 발명의 상세한 설명은 기술적 과제(technical problem)와 그 해결 수단(solution)이 이해될 수 있도록 발명을 개시하여야 한다고 규정한 EPC 시행규칙 제42조 제1항 (c)호[44]에 그 입법적 근거를 두고 있다.[45]

이러한 과제 해결 접근법은 다수의 심결 예에서 지속적으로 발전되어 왔다. 예컨대, T 20/81 사건에서는 "진보성의 판단은 객관적 기준에 근거한 기술적 과제의 판단이 선행되어야 한다. 그러한 기술적 과제의 판단에는 기술적 성공을 가장 근접한 선행기술과 비교하여 평가하는 것이 필요하다. …(중략)… 진보성은 기술적 과제로부터 그 해결 수단까지의 과정으로 볼 수 있다. 따라서 만약 EPC 시행규칙 제42조 제1항 (c)호의 요건이 최초 발명의 상세한 설명 또는 보정서에 의해 충족되지 않으면, EPC 제52조[46]에 해당하는 발명은 존재하지 않는 것이 된다. 반면에 만약 진보성이 있는 것으로 판단되면, 해당 출원으로부터 기술적 과제를 추론하는 것이 항상 가능한 것임에 틀림없다."라고 판단하였고, T 24/81 사건에서는 "객관적 관점에서 해당 발명이 다루고 있는 과제가 결정된다는 점에 비추어 볼 때 진보성 판단의 객관성은 객관적으로 유력한 즉, 가장 근접한 '어떤 시점의 기술수준'에서 출발함으로써 이루어지게 된다. 통상의 기술자의 시각에서 바라보아 위 과제에 대해 개시된 해결 수단의 자명성에 관한 쟁점에 대해 검토하여야 한다."라고 판단한 바 있으며,[47] 967/97 사건에서는 "과제 해결 접근법은 본질적으로 기술적 과제 및 이를 기술적으로 해결하는 수단과 관련하여, 통상의 기술자가 해당 특허 출원

---

44) 우리나라 특허법 제42조 제3항 제1호의 명세서 기재 요건에 대응된다.

45) EPO Case Law of the EPO Boards of Appeal(7th edition, 2013. 7.), p. 166.

46) 특허 대상성(Patentable Invention)에 관한 규정이다.

47) Gerald Pateson(박종효 등 역), 최신 유럽특허, 한국특허정보원(2009), 672-673면 참조.

을 인식함이 없이, 우선일 당시에 객관적으로 보유하고 있을 것으로 기대되는 실제적인 지식에 근거하여 진보성을 평가하는 방법이다." 라고 판단하였다.[48]

　이러한 과제 해결 접근법에 대하여는, EPC 제56조가 특정한 방식에 국한하지 않고 있으므로, 위 조항에 기하여 진보성 판단의 특정한 방법을 요구하는 것은 법적 근거가 없고, 위 접근법을 촉발시킨 EPC 시행규칙 제42조 제1항 (c)호 역시 명세서 기재 요건과 관련된 것으로서 EPC 제56조에 기한 진보성 판단과는 관련이 없다는 비판이 있다.[49]

　EPC 제56조가 진보성의 판단 방법을 명시적으로 규정하고 있지 않다는 점에서 이러한 비판은 일리 있는 측면이 있으나, 여러 나라에서 온 심사관, 심판관들로 이루어진 EPO에서 진보성 판단을 함에 있어 실무상 통일적인 기준을 마련하는 것은 매우 필요했을 것이다. 이는 위 접근법이 강제되지 않음에도 대부분의 심결 예들이 이를 따르고 있는 이유이기도 하다. 다수의 심결 예도 과제 해결 접근법이 진보성 판단의 유일한 기준이 아님을 인정하면서도, 과제 해결 접근법이 진보성에 대한 객관적인 평가를 보다 용이하게 하고, 과제 해결 접근법의 정확한 적용은 사후적 고찰의 위험을 줄여 주는 장점을 가지고 있다고 판단해 왔다.[50]

(2) 제1단계 : 가장 근접한 선행기술의 결정

　'가장 근접한 선행기술'(the closest prior art)이란 발명에 이르는 과정에서 가장 유력한 출발점을 구성하는 기술적 특징들의 조합을 단

---

48) EPO Case Law of the EPO Boards of Appeal(7th edition, 2013. 7.), p. 166.
49) 김승곤, 전게논문(주 3), 48면 참조.
50) T 564/89, T 645/92, T 795/93, T 631/00.

일한 문헌에 개시한 것을 말한다. 즉, '가장 근접한 선행기술'은 통상
의 기술자로 하여금 해당 특허발명에 도달하게 할 수 있는 가장 유
력한 도약판(most promising springboard)이다.[51] 예컨대, T 824/05 사건
에서는, 진보성 평가에 동등한 정도로 적합한 2개의 선행문헌이 있
었는데, 그 중 하나(D2)는 해당 발명을 자명한 것으로 이끌 수 있는
것이었고, 다른 하나(D1)는 그렇지 못한 것이었다. 항고심판부는 이
러한 경우 D1은 해당 발명을 향한 가장 유력한 도약판이 아니기 때
문에 가장 근접한 선행기술이 될 수 없다고 하였다.[52]

　가장 근접한 선행기술을 선택함에 있어서, 가장 먼저 고려되어야
할 사항은 그러한 선행기술이 해당 발명과 유사한 목적이나 효과를
가진 것이거나, 적어도 해당 발명과 동일하거나 밀접하게 관련 있는
기술분야에 속하는 것이어야 한다는 점이다.[53] 실무상으로 가장 근
접한 선행기술은 일반적으로 해당 발명과 유사한 용도를 가지고, 해
당 발명에 도달하기 위하여 구조와 기능의 변경이 최소한에 그치는
기술을 의미한다.[54]

　특정 선행기술이 청구된 발명과 공통되는 기술적 특징을 가장 많
이 가지고 있어 신규성에 관한 가장 근접한 선행기술이라고 하더라
도 반드시 그 선행기술이 진보성 판단에서 가장 근접한 선행기술이
라고 단정하기 어렵다. 만일 해당 선행기술이 청구된 발명과 유사한
기술적 과제에 관한 것이 아니고, 기술분야 역시 관련되어 있지 않
다면, 그러한 공통되는 특징은 오히려 부수적인 속성일 수 있다.[55]

　T 273/92에 따르면, 가장 근접한 선행기술은 단지 물건의 구조 내
지 구성이 유사한 것만으로는 부족하고, 해당 발명의 바람직한 용도

---

51) T 282/90, T 656/90, T 824/05.
52) EPO Case Law of the EPO Boards of Appeal(7th edition, 2013. 7.) p. 170.
53) EPO Guidelines for Examination, Part G Chapter Ⅶ. 5.1.
54) T 574/88, T 606/89, T 686/91.
55) T 267/88.

에 적합한 것이어야 하며, 해당 발명의 목적에 적합한 것이어야 한다. 또한 T 439/92에 따르면, 가장 근접한 선행기술로 선택될 수 있는 유력한 기준은 그 선행기술이 특허발명에서 언급된 기술적 문제를 다루고 있는지의 여부이다.

어떠한 사건들에서는 진보성 판단의 출발점으로서 동등한 가치를 갖는 선행기술이 여러 개 있을 수 있다. 그러한 사건들에서 만일 특허가 부여되기 위해서는 각각의 출발점에 대해 차례로 과제 해결 접근법을 적용하는 것이 필요하다. 반면 그 특허출원을 거절하기 위해서는 그러한 선행기술들 중 적어도 어느 하나에 의해 해당 출원발명이 진보성을 결여하고 있음을 입증하면 되기 때문에, 어느 것이 '가장 가까운' 선행기술인지에 대한 논의는 불필요하다.56)

주의할 점은 가장 근접한 선행기술은 출원일 또는 우선일 이전의 통상의 기술자의 관점에서 객관적으로 검토되어야 한다는 점이다.57) 물론 출원인이 명세서에서 선행기술로 명시한 것이 있다면, 그것은 가장 근접한 선행기술의 후보자로 당연히 고려되어야 한다.58)

오래된 선행기술을 가장 근접한 선행기술로 삼을 수 있는지와 관련하여, 원칙적으로 모든 선행기술은 EPC 제54조 제2항의 요건(공지 요건에 관한 규정이다)을 충족하는 한 '가장 근접한 선행기술'의 후보자로서의 자격은 동등하므로, 선행문헌이 공개된 지가 오래되었다고 하여 자동적으로 '가장 근접한 선행기술'의 후보자의 지위에서 탈락하는 것은 아니라고 할 것이다.59) 그러나 공개된 지 오래된 선행문헌은 이미 낡은 기술에 해당하게 되었거나, 그 단점이 공지되어 통상의 기술자가 개량을 시도하는 과정에서 더 이상 고려하지 않을

---

56) T 967/97, T 558/00, T 21/08, T 308/09, T 1289/09.
57) T 24/81.
58) EPO Guidelines for Examination, Part G Chapter VII. 5.1.
59) T 1408/04.

가능성이 높기 때문에, 다른 특별한 사정이 없는 한, '가장 근접한 선행기술'이 될 수 없다고 본 심결 예들이 다수 있다.[60] 예컨대, T 334/92 사건에서는 해당 선행문헌이 관련 업계에서 20년 이상 이를 근거로 한 추가 개량이 시도되지 않았던 점 등을 이유로 '가장 근접한 선행기술'이 될 수 없다고 보았고, T 1000/92 사건에서는 해당 선행문헌이 해당 발명의 우선일보다 30년 이전에 공개되었고, 그에 기재된 방법의 문제점이 명백하고 잘 알려져 있었다는 점 등을 이유로 '가장 근접한 선행기술'이 될 수 없다고 보았다.[61]

(3) 제2단계 : 객관적인 기술적 과제의 설정

가장 근접한 선행기술이 결정되면, 그 다음으로 해결되어야 할 기술적 과제를 객관적으로 설정한다. 이를 위해서 구조적 또는 기능적인 특징(features)과 관련하여 해당 발명과 가장 근접한 선행기술 및 그들 상호간의 차이점(해당 발명의 두드러진 특징)을 살펴보고, 그 차이점으로부터 야기되는 기술적 효과를 정립한 다음, 기술적 과제를 설정한다.[62]

기술적 과제를 설정함에 있어서는 출원일 혹은 우선일 이후에 얻어진 지식을 활용하는 것은 허용되지 않는다. 따라서 선행기술의 장치가 효과가 없다는 사실이 우선일 이후에 비로소 밝혀진 경우, 그러한 사정은 기술적 과제의 설정에 고려되어서는 안 된다.[63]

발명의 기술적 특성(technical character)에 아무런 영향을 미칠 수 없을 것으로 보이는 특징들은, 독자적으로건 또는 다른 특징들과 결

---

60) T 334/92, T 1000/92.
61) EPO Case Law of the EPO Boards of Appeal(7th edition, 2013. 7.) p. 173.
62) EPO Guidelines for Examination, Part G Chapter Ⅶ. 5.2.
63) T 268/89.

합하여서건, 진보성 판단에 고려될 수 없다.[64] 그러한 상황은 기술적 특징이 오로지 비용절감과 같은 비기술적 문제의 해결에만 기여하는 경우 등에서 발생하게 된다.[65]

과제 해결 접근법의 맥락에서 기술적 과제는, 해당 발명이 가장 근접한 선행기술을 넘는 기술적 효과를 제공하기 위하여 가장 근접한 선행기술을 수정하고 변경하는 목표와 작업을 의미한다. 따라서 기술적 과제는 종종 '객관적인 기술적 과제'라고 정의된다.[66]

기술적 과제는 객관적으로 설정되어야 하므로, 출원인이 그 출원 당시 문제로 제시한 것이 아닐 수 있다. 객관적인 기술적 과제는 객관적으로 정립된 사실에 근거하는 것이므로, 출원인이 출원 당시에 실제로 인식하고 있던 것과는 다를 수 있고, 그러한 경우 출원인이 제시한 과제는 재설정(reformulation)이 필요할 수 있다.[67] 따라서 과제 해결 접근법을 적용함에 있어서, 당초 출원인이 명세서에서 언급한 기술적 과제는 심사 과정에서 새롭게 제출된 가장 근접한 선행기술을 고려하여 보다 제한적으로 수정되어야 한다.[68] 특히 선행기술 보고서(search report)에 언급된 선행기술로 인하여 해당 발명의 기술적 과제는 새로운 관점에서 검토될 수 있다. 다만, 위와 같은 기술적 과제의 재설정은 최초 명세서의 범위 내에서 이루어져야 한다.[69]

객관적인 기술적 과제는 재설정을 통해 당초 출원인이 의도했던 것보다 더 한정될 수 있다. 예컨대, 출원 당시 원래 제시되었던 기술적 과제는 '보다 개량된 물건이나 방법을 제공하는 것'이었는데, 해당 발명이 심사 과정에서 밝혀진 가장 근접한 선행기술과의 관계에

---

64) T 641/00.
65) T 931/95.
66) EPO Guidelines for Examination, Part G Chapter VII. 5.2.
67) T 87/08.
68) T 33/93.
69) T 13/84.

서 더 나은 효과를 제공한다는 증거가 없고, 그 선행기술이 보다 직접적으로 관련성 있는 기술이라는 증거만이 있을 경우, 해당 발명의 기술적 과제는 '대체 가능한 물건 또는 방법을 제공하는 것'으로 재설정되어야 한다.[70]

기술적 과제의 재설정이 어느 범위에서 가능한지는 각 사안별로 판단되어야 한다. 원칙적으로 발명이 제공하는 효과는, 그것이 해당 발명으로부터 기인하는 것인 한, 기술적 과제를 재설정하는 기초가 될 수 있다.[71] 또한, 절차 진행 중 출원인에 의해 추가로 제시된 기술적 효과는, 통상의 기술자가 그 효과를 초기에 제시된 기술적 과제에 암시되어 있거나 그와 관련성 있는 것으로 인식할 수 있는 것이라면, 그 역시 기술적 과제를 재설정하는 기초가 될 수 있다.[72]

예컨대, T 440/91 사건에서는, 추가로 제시된 기술적 효과에 관한 증거가 최초 출원 당시 언급된 기술분야와 관련성이 있는 한, 진보성을 뒷받침하기 위해 제출될 수 있고, 그러한 효과로 인해 발명의 본질이 바뀌지 않는다고 하면서, 일정한 요건 하에 추가로 제시된 기술적 효과에 관한 증거도 기술적 과제를 재설정하는 데에 사용될 수 있다고 판단하였다. 이와 반대로 T 386/89 사건에서는, 출원명세서로부터 도출되는 기술적 과제에 대한 해결책은 절차 진행 중 추가로 제시된 기술적 효과와 관련이 없기 때문에 그러한 추가적인 기술적 효과는 고려되어서는 안 된다고 판단하였고, T 344/89 사건에서는, 추가로 제시된 기술적 효과가 그로 인해 발명의 본질이 바뀌는 결과가 된다면 이를 고려할 수 없다고 판단하였다.

과제에 대한 언급 속에 해당 발명이 제안한 기술적 해결책의 일부를 포함하는 것은, 그 과제와 관련하여 기술수준이 평가될 때, 필

---

70) T 87/08.
71) T 386/89.
72) T 184/82, T 344/89, T 2233/08.

연적으로 발명의 작용에 대한 사후적 판단(ex post facto)을 초래하기 때문에, 기술적 해결에 대한 지시(pointers)를 포함하는 방식으로 객관적인 기술적 과제가 설정되어서는 안 된다.[73] 이러한 점을 강조하는 다수의 심결 예가 있는데, 예컨대 T 99/85 사건에서는 "진보성을 판단하기 위해서는, 해당 과제가 부분적으로 해당 발명의 해결책을 예상하지 않도록 객관적으로 설정되어야 한다."라고 판단하였고, T 1019/99 사건에서는 "기술적 과제를 설정하는 정확한 절차는 청구된 발명과 선행기술 사이에 기술적 효과의 차이를 정확히 구별하는 것에 바탕을 두는 것으로서 가능한 한 해결책에 관한 지시(pointers)를 포함하여서는 안 된다."라고 판단하였다.

'기술적 과제'라는 표현은 넓게 해석되어야 하고, 반드시 기술적 해결이 선행기술에 비하여 기술적으로 향상되는 것만을 의미하지는 않는다.[74] 따라서 기술적 과제는 공지된 장치나 공정에 비하여 동일 또는 유사한 효과를 갖거나 비용을 절감하는 대체수단을 모색하는 것일 수도 있다.[75] T 92/82 사건에서는, 해결되어야 할 과제가 그 자체로 새로운 것일 필요는 없고, 종래 공지된 과제에 대한 대안적인 해결책(alternative solution)을 제시하는 것도 기술적 과제가 될 수 있으므로, 특허가 다루고 있는 과제가 선행기술에 의해 이미 해결된 것이라고 할지라도, 반드시 진보성 판단을 위한 기술적 과제의 재설정이 필요한 것은 아니라고 판단하였다.

'객관적인 기술적 과제'를 설정함에 있어 그 기술적 과제는 해당 발명에 의해 해결되는 것이어야 한다. 특허 청구된 실질적으로 모든 실시 예에서 기술적 효과를 달성하는 것으로 보일 경우에만 기술적 과제가 해결된 것으로 인정할 수 있다.[76] 또한 특허 청구된 발명의

---

73) T 229/85.
74) T 588/93.
75) T 780/94, T 1074/93.

해결책이 기술적 과제를 해결하였는지 여부는 원칙적으로 당초 출원서의 데이터에 근거하여 판단되어야 하고, 특허 청구된 발명의 해결책이 기술적 과제를 해결하였음을 뒷받침하기 위해 사후에 제출된 증거는 당초 출원서의 개시 내용의 신뢰성을 보강하는 용도로만 사용될 수 있을 뿐, 그 자체가 독립적으로 과제가 해결되었음을 입증하기 위해 사용될 수 없다.[77]

해당 발명에 의해 기술적 효과가 달성되었는지 여부를 뒷받침하기 위해 제출되는 증거는 반드시 '절대적인 증거'(absolute proof)일 필요는 없고, 그러한 효과가 달성되는 것으로 '수긍할 만한'(plausible) 것이면 충분하다.[78] 그리고 특허 청구된 발명이 객관적인 기술적 과제를 해결하였음을 입증하기 위해서, 최초 출원서이든 사후 제출 증거이든 간에, 반드시 실험에 기한 증거를 제출할 필요까지는 없다.[79]

경우에 따라서는 객관적인 기술적 과제가 복수의 '부분 과제'(partial problems)의 집합으로 간주되어야 할 경우가 있다. 모든 기술적 특징들의 조합에 의해서는 아무런 기술적 효과를 발휘하지 못하지만, 복수의 부분 과제가 기술적 특징들의 서로 다른 요소들에 의하여 각각 해결되는 경우가 이에 해당한다.[80]

(4) 제3단계 : 자명성 판단(could-would 접근법)

3단계에서는 객관적인 기술적 과제에 직면한 통상의 기술자로 하여금 가장 근접한 선행기술을 수정 또는 변경하여 해당 발명의 조건에 부합함으로써 그 발명이 이루고자 하는 것을 성취하도록 하는 어

---

76) EPO Guidelines for Examination, Part G Chapter VII. 5.2.
77) T 1329/04, T 415/11.
78) T 716/08.
79) T 578/06.
80) T 389/86.

면 교시(teaching)가 선행기술 전체(the prior art as a whole)에 존재하는
지 여부를 판단하게 된다.[81] 즉, 진보성의 평가는 가장 근접한 선행
기술 및 객관적인 기술적 과제의 관점에서, 통상의 기술자가 다른
선행기술을 제시하고, 그 교시(teaching)를 가장 근접한 선행기술의
방법 내지 물건에 적용하려는 동기에 관한 충분한 이유를 확립할 수
있는지와 관련되어 있다.[82]

달리 말하면, 핵심은 통상의 기술자가 가장 근접한 선행기술을
수정 또는 변경하여 해당 발명에 도달할 수 있었는지(could have
arrived) 여부가 아니라, 그가 객관적인 기술적 과제를 해결하려는 기
대 아래 그 선행기술을 수정 또는 변경을 하였을 것인지(would have
done) 여부이다.[83] 암시적인 자극이나 암시적으로 알 수 있는 동기만
으로도 통상의 기술자가 선행기술의 구성요소들을 결합하려고 했을
것으로 보기에 충분하다.[84] 따라서 could-would 접근법은 동기에 대
한 고려를 그 핵심으로 하고 있다.

통상의 기술자가 가장 근접한 선행기술을 수정 또는 변경하였을
것인지 여부를 판단하기 위해서는, 통상의 기술자로 하여금 그와 같
은 수정 또는 변경으로 나아가게끔 하는 요인을 구체적인 증거에 기
초하여 탐구하는 것이 필요하다.[85] 일단 발명이 존재하면, 통상의 기
술자가 선행기술에 개별적으로 개시된 요소들을 결합함으로써 해당
발명에 도달할 수 있다(could have arrived)는 점을 증명하는 것은 어렵
지 않으나, 그러한 주장은 사후적 고찰에 기초한 것일 수 있으므로
경계해야 한다.[86]

---

81) EPO Guidelines for Examination, Part G Chapter VII. 5.3.
82) T 1126/09.
83) T 2/83.
84) T 257/98, T 35/04.
85) T 1014/07.
86) T 564/89.

기술적인 실행이 가능하고 기술적 장애가 없다는 것은 진보성 부정의 필요조건일 뿐, 충분조건은 될 수 없다.[87] 다시 말해, 어떤 기술적 수단의 내재적 속성이 통상의 기술자에게 공지되어 있고, 그가 그러한 기술적 수단을 종래의 장치에 적용할 수 있다는 것을 알고 있다는 사정은, 단지 그가 그러한 기술적 수단을 그러한 방식으로 사용할 수 있다는 가능성(could)만이 입증된 것이다. 그러나 만일 그러한 가능성이 통상의 기술자가 그러한 수단을 사용하였을 것임이 자명할 것이라는 개연성(would)으로 전환되었다고 볼 수 있으려면, 그러한 공지된 수단을 종래의 장치와 결합하여 의도된 기술적 목표를 달성하기 위한 인식 가능한 지시(recognizable pointer)가 선행기술에 존재한다는 점이 증명되어야 한다.[88]

could-would 접근법에 대해 구체적으로 분석해 보면, 다음과 같다. 우선 논의의 편의상, 첫 번째 선행문헌인 D1을 객관적인 기술적 과제가 설정될 수 있는 가장 근접한 선행기술이라고 하고, 두 번째 선행문헌인 D2가 해당 발명의 두드러진 기술적 특징을 개시하고 있다고 가정한다. 그렇다면 D1과 D2의 결합은 해당 발명의 모든 특징들을 개시하고 있어 진보성을 부정하기 위하여 사용될 수 있다(could).

통상의 기술자가 D1과 D2를 결합하여 객관적 기술과제를 단순히 해결할 수 있었는지 또는 실제로 해결했을 것인지 여부를 판단함에 있어서, 두 가지 극단적인 접근법을 상정해 볼 수 있다.

첫 번째는 가장 근접한 선행기술의 문헌인 D1이 D2를 직접 참조하고 있는 경우에만 could가 would로 전환될 수 있다는 접근법이고, 두 번째는 선행기술들이 청구항의 특징을 모두 개시하기만 하면 could가 would로 전환된다는 접근법이다. 첫 번째 접근법은 발명의 진보성을 부정하기 어려워 진보성을 쉽게 인정할 수 있는 경우이고,

---

87) T 61/90.
88) T 203/93, T 280/95.

두 번째 접근법은 이와 반대이다. 따라서 실무상 could/would 접근법은 위 두 극단의 중간 어딘가에 놓여야 한다.

could/would 접근법에 관하여, 통상의 기술자에게 발명이 자명한지 여부를 판단함에 있어 도움이 될 만한 질문의 순서는 다음과 같다.

① 통상의 기술자가 가장 근접한 선행기술(D1)을 출발점으로 삼을 때 과연 D2를 고려할 것인가? 이 질문은 통상의 기술자가 가장 근접한 선행기술로부터 객관적 기술과제에 직면했을 때 어떤 정보원을 참조할 것인가에 관한 것이다. 이 질문에 답하기 위해서는 아래의 몇 가지 쟁점이 고려되어야 한다.

㉮ 무엇이 기술상식(common general knowledge)을 구성하는가?[89]

㉯ D2는 가장 근접한 선행기술(D1)의 기술분야에 속하는가?[90]

㉰ D2가 다른 기술분야에 속하는 경우 통상의 기술자가 D2에 유도될 수 있는 어떤 동기가 있는가?[91]

② 통상의 기술자가 D2에서 해결책을 찾을 것인가? 이 단계에서 논의될 사항은 통상의 기술자의 D2에 대한 이해도(understanding)이다. 통상의 기술자가 추구하는 기술적 효과가 D2에 개시된 점을 인식할 것인지 여부와 어떤 기술적 특징이 그 기술적 효과를 낳는지 이해할 것인지 여부가 문제된다.

③ 통상의 기술자가 D2에서 찾은 해결책을 가장 근접한 선행기술(D1)에 적용할 수 있을 것인가? 일단 통상의 기술자가 D2를 고려할 수 있고, D2가 객관적인 기술적 과제에 대한 해결책을 개시한다고 인식한다고 하면, 그가 실제로 D2에서 발견된 교시를 가장 근접한 선행기술인 D1에 적용할 상황에 있는지 여부를 판단할 필요가 있다. 이와 관련하여 전형적으로 고려될 수 있는 쟁점은 아래와 같다.

---

89) T 426/88, T 537/90, T 766/91, T 939/92.

90) T 176/84, T 195/84.

91) T 560/89, T 955/90, T 454/87.

㉮ 통상의 기술자가 D2의 교시를 D1에 전이하는 것을 방해하는 기술적 장애(technical hurdle)가 있는가?[92]

㉯ D2에서 D1로 필요한 기술적 특징을 전이하는 것에 그 기술자가 할 수 있는 일상적인(routine) 실험과 표준적인 절차 이상이 요구되는가?[93]

위 ①, ②, ③ 질문에 대하여 모두 긍정의 답이 나오면, 통상의 기술자는 D2의 교시를 D1에 결합하여 해당 발명에서 특정한 해결책에 도달하려고 할 것이고, 그 결과 진보성은 부정된다. 그러나 위 세 가지 질문 중 하나라도 부정의 답이 나오면, could에서 would로의 전환은 증명되지 않았으므로, 해당 발명은 선행기술인 D1, D2에 비하여 진보성이 있는 것으로 평가된다.[94]

(5) 선행기술의 결합

과제 해결 접근법을 적용함에 있어 가장 근접한 선행기술에 하나 이상의 다른 선행기술(선행문헌, 공용, 기술상식을 모두 포함한다)을 결합하는 것은 허용된다. 물론 발명을 구성하는 개별적 요소가 공지되었다는 사정만으로 곧바로 결합의 자명성이 긍정되는 것은 아니다. 즉, 통상의 기술자가 선행기술에 접근하여 해당 발명과 같은 결합을 할 수 있었는지(could) 여부가 문제되는 것이 아니라, 개선에 관한 기대를 가지고 그와 같이 결합할 것인지(would) 여부가 문제된다.[95]

---

92) T 324/93, T 869/03.
93) T 1449/06, T 841/93, T 506/06, T 556/07.
94) Thomas M. Leber, "The could/would-problem in the problem-solution approach: a proposal to solve this issue in a systematic manner", European Intellectual Property Review(2010), 32(5), 191-193의 내용을 정리한 것으로 김승곤, 전게논문(주 3), 52-53면에서 재인용하였다.
95) T 2/83.

청구된 발명에 도달하기 위해 둘 이상의 선행기술이 가장 근접한 선행기술에 결합되어야 한다는 사실은, 해당 발명이 기술적 특징의 단순 주합(aggregation)이 아닌 이상, 진보성의 존재에 관한 표지가 될 수 있다.96)

선행기술의 결합에 진보성이 있는지 여부를 검토함에 있어서, 과제를 해결하는 데에 기여하지 않는 요소는 진보성 판단에 고려될 수 없다. 따라서 추가된 요소가 놀라운 효과를 낳거나 과제의 해결에 어떠한 기여를 하지 않았다면, 그러한 요소는 결합발명의 진보성 판단과 관련이 없다.97)

2 이상의 선행기술의 개시 내용을 결합하는 것이 자명한지 여부를 판단함에 있어서는 다음과 같은 사항이 고려되어야 한다.

첫째, 각각의 개시 내용에 비추어 해당 발명이 다루고 있는 기술적 과제에 직면한 통상의 기술자가 과연 그 개시 내용들을 서로 결합할 수 있을지가 고려되어야 한다. 예컨대, 발명의 핵심적인 특징이 내재적으로 호환이 불가능한 것이어서 실제로 2개의 개시 내용이 서로 결합할 수 없는 경우라면, 그러한 결합은 자명한 것으로 취급되어서는 안 된다.98) 선행기술은 전체적으로 고려되어야 하고, 선행기술의 일부 요소를 그 전체의 교시 내용으로부터 분리하여 임의적으로 추출하는 것은 정당화될 수 없다.99) 따라서 특허 청구된 발명에 도달하기 위해 선행기술에 개시된 기술적 내용을 선행기술 전체 맥락과 달리 왜곡되게 해석하는 것은 사후적 고찰에 해당하는 것으로서 피해야만 한다.100)

둘째, 해당 개시 내용이 서로 동일 내지 인접한 기술분야에 속하

---

96) EPO Guidelines for Examination, Part G Chapter VII. 5.6.

97) T 294/89.

98) EPO Guidelines for Examination, Part G Chapter VII. 5.6.

99) T 56/87, T 768/90.

100) T 95/90.

는 것인지 아니면 비유사한 기술분야에 속하는 것인지가 검토되어
야 한다.101) 다만, 결합하고자 하는 선행문헌이 서로 동일한 국제특
허분류(IPC) 내에 속하는지는 결정적인 요소는 아니다. 따라서 동일
한 IPC 내에 속한다고 하더라도 그러한 사정만으로 결합이 용이하다
고 할 수 없고,102) 서로 다른 IPC에 속한 것이라고 하더라도 그러한
사정만으로 결합이 불가능하다고 할 수 없다.103)

셋째, 하나의 개시에 포함된 두 개 이상의 부분을 결합하는 것은,
통상의 기술자가 그 부분을 서로 연관시킬 합리적인 근거가 있는
한, 자명할 것이다. 또한 하나의 선행기술에 잘 알려진 교과서나 사
전을 결합하는 것은 일반적으로 자명할 것이고, 하나 또는 그 이상
의 선행문헌의 교시에 기술상식을 결합하는 것도 자명할 것이다. 통
상적으로, 하나의 선행기술이 다른 선행기술을 명시적으로 인용하고
있는 경우, 그 두 선행기술을 결합하는 것은 자명할 것이다. 이러한
경우, 그 다른 선행기술은 처음 선행기술과 일체화되어 한 부분으로
간주될 것이다.104)

(6) 결합(combination) 대 주합(juxtaposition)

발명은 전체로서 간주되어야 한다. 따라서 어떤 발명이 개별적
특징들(features)의 결합으로 구성되어 있는 경우, 각각의 특징들이 개
별적으로 공지되거나 자명하다고 하여 곧바로 그 발명 전체가 자명
하다고 할 수는 없다. 그러나 발명이 단순한 개별적 특징들의 주합
(aggregation) 또는 병렬(juxtaposition)에 불과하고 이들이 유기적으로

---

101) EPO Guidelines for Examination, Part G Chapter Ⅶ. 5.6.
102) T 745/92.
103) T 745/92.
104) EPO Guidelines for Examination, Part G Chapter Ⅶ. 5.6.

결합되어 있지 않는 경우에는, 그 주합이 진보성이 없음을 보여주기 위해 각각의 특징들이 자명하다는 것을 증명하는 것만으로 충분하다. 일련의 기술적 특징들이 그 기능적 상호작용(functional reciprocity)을 통해 각각의 특징의 기술적 효과의 합계를 뛰어넘는 기술적 효과를 낳는 경우 이는 특징들의 결합(combination of features)으로 간주된다. 다시 말해 각각의 특징들의 상호작용이 시너지 효과(synergistic effect)를 만들어야 한다. 시너지 효과가 없다면, 특징들의 단순한 집합에 불과하다.105)

어떤 발명이 복수의 상호 독립적인 '부분 과제'(partial problems)에 대한 해결책에 해당하는 경우, 각각의 부분 과제에 대하여, 과제를 해결하는 특징들의 결합이 명백하게 선행기술로부터 도출되는지 여부를 개별적으로 평가하는 것이 필요하다. 따라서 각각의 부분 과제에 대하여 각각의 가장 근접한 선행기술에 서로 다른 문헌들이 결합될 수 있다.106) 그러나 각각의 결합들 중 어느 하나에라도 진보성이 있다면, 발명 전체의 진보성이 인정될 수 있다.

(7) 사후적 고찰(ex post facto analysis)

일견 자명해 보이는 발명도 진보성을 구비한 것일 수 있다. 새로운 아이디어를 알고 난 이후에 공지된 것으로부터 출발하여 손쉬워 보이는 단계를 거쳐 해당 발명에 도달하는 방법을 보여 주는 것은 어렵지 않다. 그러나 심사관은 이러한 사후적 고찰을 경계해야만 한다. 과제 해결 접근법의 올바른 적용은 발명에서 얻은 지식을 진보성 판단에 가져오는 이러한 사후적 고찰의 가능성을 배제한다.107)

---

105) T 389/86, T 204/06.
106) T 389/86.
107) T 24/81, T 564/89, T 645/92.

따라서 해당 발명으로부터 얻은 사후적 지식에 비추어 선행기술의 개시 내용을 해석하여서는 안 된다.[108]

선행기술보고서(search report)에 언급된 선행문헌들을 결합함에 있어서, 심사관은 해당 발명이 어떻게 구성되는지를 이미 이해한 다음 선행문헌들이 선택되었음을 주의하여야 한다. 심사관은 출원일 또는 우선일 당시 통상의 기술자가 직면하고 있던 선행기술의 전체적 상황을 구체화하고, 이러한 '실제' 상황을 평가하도록 노력하여야 한다. 심사관은 발명의 배경과 관련된 알려진 모든 상황을 고려하여야 하고, 출원인에 의해 제출된 관련 주장 또는 증거에 합당한 의미를 두어야 한다.

만일 어떤 발명이 새롭고 놀라운 효과를 달성하고, 그 효과가 청구항에 기재된 구성과 관련되어 있다면, 그것이 '일방통행로'(one-way street) 상황에서 얻게 된 단순한 보너스 효과가 아닌 한, 심사관은 그 발명에 대해서 진보성이 결여되었다고 판단해서는 안 된다.[109]

(8) 성공에 대한 기대(expectation of success)

어떠한 개량 혹은 진보에 관한 기대를 가지고 통상의 기술자가 시도를 반복하여 발명에 도달하였을 때에, 그 발명은 진보성이 결여한 것으로 평가될 수 있다. 즉, 자명성은 단지 그 결과가 예측 가능한 것일 뿐만 아니라, 성공에 대한 합리적인 기대(reasonable expectation of success)가 있었던 상황에서 인정된다. 따라서 통상의 기술자가 합리적인 성공에 대한 기대 하에 선행기술의 교시를 따랐다면 그러한 해결책은 자명한 것으로 평가된다.[110]

---

108) T 970/00.
109) EPO Guidelines for Examination, Part G Chapter Ⅶ. 5.8.
110) T 249/88, T 1053/93, T 318/02.

'성공에 대한 기대'라는 요소는 특히 생명공학(biotechnology) 분야 발명에서 문제되어 왔다. 다른 사람 혹은 팀이 동일한 연구 프로젝트를 동시다발적으로 수행하고 있었다는 사정은 그러한 프로젝트가 '시도하기에 자명한 경우'(obvious to try)이거나 연구하기에 흥미로운 주제임을 나타낼 뿐, '합리적인 성공에 대한 기대'가 있었던 상황이었다고 단정하기 어렵다. '합리적인 성공에 대한 기대'는 단순한 '성공에 대한 희망'(hope to succeed)과는 구별되어야 한다. 통상의 기술자 입장에서 그 프로젝트가 시작되기 이전의 지식에 기초하여 수용 가능한 시간 범위 내에 그 프로젝트가 성공적인 결론에 이를 것임을 합리적으로 예견할 수 있었던 경우에 한해 '합리적인 성공에 대한 기대'가 있었던 것으로 판단될 수 있다. 따라서 해당 기술분야에서 조사되지 않는 영역이 많을수록, 성공적인 결론을 예측하기는 더욱 어려워지고, 그에 따라 성공의 대한 기대도 낮아지게 된다.[111]

통상의 기술자가 실험을 시도해 볼 수 있을 것으로 보인다고 하더라도, 곧바로 그가 합리적인 성공에 대한 기대를 갖고 실험을 시작하였다고 단정하여서는 안 된다.[112] 비록 특정한 기술적 과제를 해결하기 위한 수단이 이론적으로 인식된다고 하더라도, 통상의 기술자가 그렇게 인식된 수단을 실무에 적용하는 데에는 예상할 수 없었던 많은 난관에 부딪힐 수 있다. 따라서 성공에 대한 막연한 희망을 갖고 있을지라도, 그러한 프로젝트를 시작하고자 하는 통상의 기술자라면 단순히 실험을 그 절차에 따라 정확히 수행할 수 있다는 기술적 능력 외에도 실험 수행 과정에서 부딪히게 될 난관에 대해 올바른 결정을 내릴 수 있는 능력을 어느 정도 가지고 있어야만 하고, 그러한 상황 하에서만 '합리적인 성공에 대한 기대'가 있었다고 판단할 수 있다.[113]

---

111) T 296/93, T 694/92.
112) T 187/93.

예컨대, T 386/94 사건에서는 유전자 공학 분야의 통상의 기술자라면 우선일 당시 유전자의 클로닝(cloning)을 매우 단순한 방식으로 수행하는 것이 기대되고, 비록 클로닝이 많은 반복 작업을 필요로 하는 것이기는 하나, 이로 인해 성공에 대한 합리적인 기대가 없었던 상황이라고 할 수 없으므로, 해당 발명의 진보성을 인정할 수 없다고 하였다. 한편, T 207/94 사건에서는 특정한 클로닝된 DNA의 발현(expression)을 청구한 발명의 진보성과 관련하여 합리적인 성공에 대한 기대가 있었는지의 여부는 발명에 사용된 방법을 수행할 때 나타나는 실제적인 기술적 어려움을 고려하여 판단하여야 한다고 하였다.

통상의 기술자 입장에서 'try and see' 상황(시도하여 그 결과를 확인할 수 있는 상황)에 있었다는 점을 이유로 발명의 진보성을 부정한 심결 예들이 다수 있다. 일반적으로 이러한 'try and see' 상황은, 통상의 기술자가 선행기술에 나타난 교시 내용에 따라 특정 화합물(들)의 존재를 이미 예상한 다음 공지의 통상적인 실험을 통해 그러한 특정 화합물(들)이 바람직한 효과를 가지고 있음을 밝혀낸 경우에 발생한다.[114] 그러나 인간을 대상으로 한 실험은 공지의 통상적인 실험이라고 보기 어렵기 때문에, 통상의 기술자가 'try and see' 상황에 있었다고 할 수 없다.[115]

(9) 2차적 지표(secondary indicators)

(가) 도입

다수의 심결 예에서 2차적 지표는 그 자체로 진보성 판단을 대체

---

113) T 816/90, T 923/92.

114) T 889/02, T 542/03, T 1241/03.

115) T 293/07, T 847/07.

할 수 없고, 하나의 고려요소에 불과한 것으로 취급되어 왔다. 즉, 그러한 2차적 지표는 진보성 존재 여부가 의심스러운 사건 즉, 선행기술의 교시에 대한 객관적인 평가가 명확하지 못한 사건에서만 중요한 의미를 갖는다. 따라서 2차적 지표는 진보성 판단의 부차적인 고려요소이다.116)

(나) 기술적 편견(technical prejudice)

때때로 발명의 진보성은 종래 널리 알려졌으나 사실은 정확하지 않은 기술적 사실에 대한 통념을 극복하는 데에서 발견될 수 있다.117) 특허권자 혹은 출원인은 그러한 기술적 편견(technical prejudice)이 존재한다는 사실에 대한 입증책임을 부담하고, 그러한 기술적 편견의 존재를 뒷받침하는 기술 문헌들을 제시하는 등의 방법으로 이를 입증할 수 있다.118) 기술적 편견은 출원일 또는 우선일 당시 존재하여야 되고, 주로 그 이전에 발행된 과학 문헌 내지 백과사전 등이 증거자료로 제출된다.119)

일반적으로 볼 때 단 하나의 특허 명세서 내지 과학 논문에 기재된 진술은 편견의 존재 사실을 입증하기 어려운데, 이는 그러한 특허 명세서 내지 과학 논문은 저자의 주관적인 견해에 근거한 것이기 때문이다. 그러나 특정 분야의 전문가들의 공통적인 지식을 기술하고 있는 교과서나 기술사전에 기재된 내용이라면, 비록 단 한 권에 기재된 것이라 하더라도, 편견의 존재 사실을 입증할 수 있다.120)

하나의 교과서에 회의적인 견해가 기재되어 있더라도, 복수의 다른 선행문헌들에 그와 반대되는 취지가 기재되어 있다면, 기술적 편

---

116) T 645/94, T 284/96, T 1072/92.
117) T 119/82, T 48/86.
118) T 60/82, T 631/89, T 1989/08.
119) T 341/94.
120) T 19/81.

견이 존재하였던 것으로 보기 어렵다.[121]

　다수의 심결 예는 기술적 편견의 존재에 대해 엄격한 태도를 유지해 오고 있다. 어떤 발명이 기술적 편견을 극복하였다는 주장을 받아들이기 위해서는, 그러한 편견이 일부 전문가의 견해가 아니라, 해당 분야의 전문가들의 지배적인 견해에 해당하여야 하고, 해당 발명의 해결책이 그러한 기술적 편견을 극복하는 것과 관련된 것이어야 한다.[122] 또한, 불이익을 감수하였다거나, 편견을 단순히 무시하였다는 사실만으로 편견을 극복하였다고 볼 수는 없다.[123]

　기술적 편견의 존재를 뒷받침하는 증거의 기준은 거의 해당 분야의 기술상식(common general knowledge)으로 받아들여질 정도로 높은 수준을 요한다.[124] 예컨대, 한정된 숫자의 개인의 견해 혹은 특정 집단 내의 다수 견해라는 사정만으로 기술적 편견이 존재한다고 보기 어렵고, 기술적 편견의 존재에 관하여 제출된 증거가 10개 이하의 전문 잡지 및 특허 명세서라면 그러한 소수의 간행물은 특정 독자를 위한 것으로서 그 자체로는 기술적 편견의 존재를 주장하기에 미약한 근거이다.[125]

　T 1212/01 사건에서 문제된 특허발명은 발기부전 치료제로 사용되는 '피라졸로피리미디논'(pyrazolopyrimidinone)[126]에 관한 것이었다. 특허권자는 혈압을 낮추는 약이 발기부전의 원인이 된다는 기술적 편견이 존재하여 왔음을 입증하기 위해 30여 개의 과학 논문을 제시하

---

121) T 134/93.

122) T 62/82, T 410/87, T 500/88.

123) T 69/83.

124) T 1989/08.

125) T 25/09.

126) Viagra라는 상품명으로 출시되었다. 한편, 우리나라에서도 '임포텐스 치료용 피라졸로피리미디논'이라는 명칭의 특허발명에 관한 등록무효심판이 청구되었는데, 명세서 기재 요건을 갖추지 못하여 무효라는 판단이 내려졌다(대법원 2015. 4. 23. 선고 2013후730 판결 참조).

였다. 그러나 항고심판부는, 기술적 편견이 존재한다고 하기 위해서는 해당 발명의 우선일 이전에 관련 분야의 통상의 기술자들 사이에서 기술적 해결책과 관련하여 널리 퍼진 오류 혹은 오해가 존재해왔다는 점이 입증되어야 하는데, 이 사안은 그에 해당하지 않는다고 하였다.

관련 분야에서 오랫동안 특허발명과 다른 방향으로 기술이 개발되어 왔다는 사정은 '기술적 편견'이 존재하여 왔음을 나타내는 지표가 될 수 있다. 예컨대, 특허발명의 기술적 특징을 이끄는 교시가 오랫동안 선행기술의 일부를 형성하고 있었음에도 불구하고, 관련 분야의 전문가들 모두가 그러한 지식에 눈을 감고 있었다면, 이는 기술적 편견이 존재하여 왔음을 의미하는 것일 수 있다.[127] 또한, 가장 근접한 선행기술과 해당 발명 사이에 오랜 시간적 간격(해당 사안에서는 16년 이상)이 있었고, 그 기간 동안 관련 분야에서 추구해 온 해결책은 해당 발명의 해결책과 전혀 다른 방향이었으며, 해당 발명이 나온 이후에 비로소 관련 분야 전문가들이 그 발명의 해결책을 인정한 사안에서는, 기술적 편견의 존재가 입증되었다고 보았다.[128]

(다) 오래된 필요의 충족(satisfaction of a long-felt need)
해당 분야의 기술자들이 어떤 기술적 과제를 해결하기 위해 오랫동안 시도하였고, 해당 발명에 의해서 그러한 과제가 해결된 경우라면, 이러한 사정은 진보성을 긍정하는 지표가 될 수 있다.[129]

단 한 명의 기술자만이 '오래된 필요'를 발견한 경우라면, 이는 진보성을 긍정하는 지표가 될 수 없고, 관련된 문제점을 해결하고자 하는 다양하고 반복적인 시도가 있었음이 인정되어야 한다.[130]

---

127) T 883/03.
128) T 779/02.
129) EPO Guidelines for Examination, Part G Chapter Ⅶ. 10.3.

관련된 선행문헌이 공중에 공개되어 이용 가능하게 된 지 약 35년이라는 오랜 기간이 경과되었다고 하더라도, 그 자체만으로는 '오래된 필요'가 있었다는 점을 뒷받침하기에 부족하고, 관련 업계에서 과제의 해결을 원하여 왔다는 다른 증거가 결합될 필요가 있다.[131]

어떤 공정이 그 경제적인 단점을 가지고 있음이 인식되었음에도 20년 이상 상업적 규모로 실시되어 왔던 상황에서, 특허 청구된 발명이 비로소 그러한 경제적인 단점을 해결할 수 있는 방법을 제공하였다면, 이것은 진보성을 긍정하는 지표가 될 수 있다.[132]

(라) 상업적 성공(commercial success)

상업적 성공은 그 자체로는 진보성의 2차적 지표로 고려되지 않는다. 그러나 그러한 상업적 성공이 오래된 필요를 충족한 것이고, 그 성공이 판매기술이나 마케팅 능력과 같은 요소가 아니라 발명의 기술적 특징으로부터 기인하였다는 점을 뒷받침하는 증거가 제출되는 경우라면, 상업적 성공도 진보성의 2차적 지표로 고려될 수 있다.[133]

상업적 성공은 많은 경우 발명의 기술적 특징보다는 제조 공정의 간소화, 시장 독점, 광고 활동, 효과적인 판매전략 등과 같은 비기술적인 요인으로부터 기인할 수 있고, 그러한 경우 상업적 성공은 진보성을 긍정하는 지표로 고려될 수 없으므로, 상업적 성공이 진보성 긍정의 지표로 활용되기 위해서는 청구항 발명과의 연관관계(nexus)가 입증되어야 한다.[134]

T 1212/01 사건에서 문제된 특허발명은 발기부전 치료제로 사용되

---

130) T 605/91.

131) T 1014/92.

132) T 271/84.

133) EPO Guidelines for Examination, Part G Chapter Ⅶ. 10.3.

134) T 478/91, T 270/84, T 257/91.

는 '피라졸로피리미디논'(pyrazolopyrimidinone)[135]에 관한 것이었다. 이 사건에서 항고심판부는 상업적 성공이 진보성을 긍정하는 지표로 고려되기 위해서는, 우선 상업적으로 성공했다는 점을 뒷받침하는 증거가 제출되어야 하고, 그 다음으로 그러한 상업적 성공이 다른 요소가 아닌 특허 청구된 발명으로부터 유래한다는 점을 뒷받침하는 증거가 제출되어야 한다고 판단하였다. 해당 사안에서 문제된 '비아그라'(Viagra) 제품은 다양한 학술지로부터 많은 찬사를 받은 것은 사실이나, 그러한 찬사가 발명자의 광범위한 연구 활동이나 높은 수준의 판매량 등에 대한 것이지, 특허 청구된 발명의 기술적 특징으로부터 유래한 것이 아니므로, 진보성을 긍정하는 지표가 될 수 없다고 보았다.

상업적 성공을 진보성의 지표로 고려할지 여부를 판단함에 있어서, 출원일 또는 우선일 이후에 해당 발명이 관련 분야에 미친 실질적인 파급 효과를 무시하여서는 안 된다. 예컨대, 우선일 이후에 간행된 교과서의 여러 군데에서 특허 청구된 발명이 다양한 장점을 가지고 있어 해당 과학 분야에서 신기원(new era)을 이룩했다고 언급하고 있다면, 해당 발명은 단순한 통상적인 작업의 결과물이 아니라, 진보성 있는 발명이라고 추인할 수 있다.[136]

(마) 시장 경쟁자들의 행위

시장 경쟁자들이 발명을 공동으로 이용할 수 있는 권리(rights of joint use)를 얻고자 노력한다는 점은 상업적 성공과 밀접하게 연관된 것으로서, 진보성을 긍정하는 지표로 사용될 수 있다.

특허권자의 경쟁자들이 해당 특허의 교시를 그대로 사용하고 그와 관련된 특허 출원을 하였다는 사정은 진보성의 존재를 추인할 수

---

135) Viagra라는 상품명으로 출시되었다.
136) T 677/91.

있고,137) 특허권자의 경쟁자 중 하나가 해당 특허에 따른 기술적 해결책을 그대로 포함한 장치를 고객에게 제공하였다는 사정도 진보성의 존재를 추인할 수 있는 근거가 될 수 있다.138)

그러나 이러한 지표는 부차적인 고려요소에 불과하고, 과제 해결 접근법을 적용한 결과 진보성의 결여가 분명하다고 판단되는 경우라면 위와 같은 사정에도 불구하고 여전히 발명의 진보성은 부정된다.139)

(바) 예측되지 않던 기술적 효과

예측되지 않던 기술적 효과는 진보성을 긍정하는 지표가 될 수 있다. 그러한 기술적 효과는 청구된 발명(청구항)으로부터 기인하는 것이어야 하고, 오직 명세서에만 기재된 부가적인 특징들로부터 기인하는 것이어서는 안 된다.140)

선행문헌들에 나타난 교시의 결합으로부터 유리한 기술적 효과가 예측 가능하기 때문에 통상의 기술자가 발명에 도달하는 것이 이미 자명한 경우라면, 추가적인 효과의 발생과 무관하게 발명의 진보성은 부정된다.141) 즉, 선행기술이 통상의 기술자로 하여금 특정한 해결책을 채택하도록 유도함으로써 기술적 과제의 본질적인 부분이 선행기술에 의해 자명해진 경우라면, 해당 발명의 진보성은 부정되고, 그 외의 예상하지 못한 보너스 효과만으로는 진보성이 인정될 수는 없다.142)

만일 객관적인 기술적 과제가 설정되고, 그러한 과제에 대한 특

---

137) T 252/06.
138) T 812/92.
139) T 351/93.
140) EPO Guidelines for Examination, Part G Chapter Ⅶ. 10.1.
141) T 365/86, T 350/87, T 226/88.
142) T 69/83, T 231/97, T 170/06.

정한 해결책이 선행기술의 관점에서 통상의 기술자에게 자명한 경
우라면, 그 해결책은 진보성을 결여한 것으로 평가되고, 이러한 결론
은 해당 발명이 추가적인 과제를 해결하였다는 사실에 의해 바뀌지
않는다. 그러한 상황 하에서 특허 청구된 발명의 놀라운 효과는 진
보성의 존재를 긍정하는 지표로 사용될 수 없다.143)

특히 통상의 기술자가 선행기술로부터 출발하여 해당 발명에 이
르는 데에 다른 대체로(alternatives)가 없어서 '일방통행로'(one-way
street) 상황에 해당하는 경우라면, 이때 발생하는 효과는 단순히 보너
스 효과에 불과하므로, 진보성 인정에 도움을 줄 수 없다.144)

예측되지 않던 기술적 효과가 과연 실질적인 효과인지, 아니면
단순히 추가적인 효과(보너스 효과)인지를 판단하기 위해서는, 개별
적인 사안마다 그러한 효과가 기술적으로 그리고 실제적으로 어떤
중요성을 갖는지가 고려되어야만 한다.145)

예컨대, T 240/93 사건에서 문제된 출원발명은 열 보호 수단이 구
비된 가온요법(hyperthermia)146)에 사용되는 장치에 관한 것이었다. 심
사부는, 치료시간을 한 시간으로 단축한 효과와 냉각수단의 사용으
로 인한 유리한 효과는 단순히 추가적인 효과(보너스 효과)라고 판
단하여 위 출원을 거절하였다. 그러나 항고심판부는, 해당 발명의
객관적인 기술적 과제가 전립성비대증(benign prostate hyperplasia)을
짧은 시간 내에 효과적으로 치료하는 가온요법 장치를 제공하는 것
이라고 본 다음, 치료시간을 불과 한 시간으로 단축한 효과는 그 실

---

143) T 936/96.

144) T 192/82.

145) T 227/89, T 732/89, T 729/90.

146) 전신 혹은 국소에 열을 가하여 치료하는 방법이다. 온전이나 전자파를 이
용한 리하비리테이션과 바이러스병에 대한 치료가 있으나 최근에는 암의
치료법으로서 주목받고 있다. 이것은 정상 세포와 암세포의 열감수성의
차이를 이용하는 것으로, 42~45℃로 가온하면 현저한 효과를 나타낸다.

제적인 이익을 고려할 때 단순한 보너스 효과라고 보기 어렵고, 진보성을 인정할 수 있는 결정적인 효과라고 판단하였다.[147]

물론 개량(improvement)은 진보성의 전제 조건이 아니므로, 놀라운 효과가 발생한다는 사실이 진보성의 인정에 반드시 필요한 것은 아니다.[148] 발명의 진보성 인정에 필요한 것은, 통상의 기술자가 해당 발명의 각각의 요소를 선행기술로부터 도출할 수 없음을 밝히는 것이다.[149]

발명이 가장 근접한 선행기술로부터 예측 가능한 단점을 가지고 변형되었고, 통상의 기술자가 이를 명확히 인식하고 정확히 평가할 수 있었으며, 그 예측 가능한 단점이 예측하기 어려운 기술적 효과를 수반하지 않는 경우, 그 발명은 진보성을 갖지 못한다.[150] 다시 말해, 단순히 선행기술을 예측 가능하게 개악(改惡)하는 것은 진보성을 결여한 것이다. 그러나 그 개악이 예측하기 어려운 기술적 효과를 수반하는 경우라면 진보성을 인정할 수 있다.[151]

(10) 출원인에 의해 제출된 주장 및 증거의 취급

진보성 판단을 위해 심사관은 최초 출원 단계에서 제출된 것뿐만 아니라, 후속되는 심사 절차에서 출원인에 의해 제출되는 주장 및 증거도 함께 고려하여야 한다. 그러나 진보성을 뒷받침하는 새로운 효과로 제출되는 주장 및 증거에 대해서는 주의를 기울여야 하는데, 그러한 새로운 효과는 최초 명세서에 암시되어 있거나, 적어도 최초 명세서에서 제안된 기술적 과제와 연관되는 경우에만 고려되어야

---

147) T 240/93.
148) T 154/87.
149) T 426/92, T 164/94.
150) T 119/82, T 155/85.
151) T 72/95, T 939/92.

한다.152)

예컨대, 출원발명이 특정 활성을 갖는 제약 조성물과 관련되어
있는데, 처음에는 선행기술과 관련하여 출원발명은 진보성이 결여된
것으로 판단될 수 있다. 그러나 나중에 출원인이 그 제약 조성물이
낮은 독성을 보이는 것과 같은 예측할 수 없던 기술적 효과를 나타
낸다는 증거를 제출하였다. 그러한 사례에서, 기술적 과제는 독성의
측면에서 재설정(reformulate)될 수 있는데, 그 이유는 제약 분야의 기
술자들은 제약 조성물과 관련하여 항상 활성과 독성을 함께 고려하
기 때문에 그 독성에 관한 추가 증거도 진보성 판단에 고려될 수 있
다.153)

확립된 심결 예에 따르면, 비교 실험(comparative test)을 통해 증명
된 놀라운 효과(surprising effect)는 진보성을 긍정할 수 있는 지표가
된다. 그 경우 청구된 발명이 놀라운 효과를 갖는다고 주장하는 자
는 그러한 효과가 가장 근접한 선행기술과 비교하여 청구된 발명의
특징적인 요소(distinguishing features)로부터 나온다는 사실을 입증해
야 한다.154)

따라서 비교 실험이 놀라운 효과를 입증하기 위해 제출되는 경우,
그러한 비교 실험은 그러한 효과가 청구된 발명의 특징적인 요소
(distinguishing features)로부터 나오는지 여부를 확인하기 위해 변수가
적절히 통제될 필요가 있다.155) 즉, 비록 선행기술에 명시적으로 포
함되어 있지 않은 사항이라고 하더라도, 가장 근접한 선행기술과 비
교하여 청구된 발명의 특징적인 요소에 해당하는 부분만을 달리 하
고 나머지 부분에 관한 변수는 동일하도록 비교 예를 설계함으로써,

---

152) T 386/89, T 184/82.
153) EPO Guidelines for Examination, Part G Chapter Ⅶ. 11.
154) T 197/86, T 234/03, T 378/03.
155) T 197/86.

놀라운 효과라고 주장하는 것이 청구된 발명의 특징적인 요소로부 터 기인하는지 여부를 확인할 필요가 있다.[156]

이러한 놀라운 기술적 효과는 특허 청구된 실질적으로 모든 화합 물에서 나타나야 하는데, 이것이 의심스러울 경우 그에 관한 입증책 임은 특허가 유효임을 주장하는 특허권자 또는 출원인이 부담하게 된다.[157]

비교 실험에 관한 증거를 제출하는 것이 모든 사건에서 필수적인 것은 아니다. 따라서 발명이 선행기술과 구조적으로 매우 흡사하여 진보성이 명백히 부정되는 상황이라면 비교 실험에 관한 증거를 제 출하는 것은 불필요하다.[158]

비교 실험은 엄격한 조건 하에서 실시되어야 한다. 예컨대, 화장 품에 관한 발명이 문제된 사건에서 출원인은 그의 발명이 선행기술 보다 개선된 느낌(feel)을 준다고 주장함에 대하여, 상대방은 그러한 개선된 느낌이 없다고 주장하였다. 이러한 경우 일방 혹은 쌍방 당 사자는 여러 사람을 대상으로 한 비교 실험에 관한 증거를 제출하려 고 할 것인데, 그 경우 비교 실험은 '블라인드 테스트' 등과 같이 최 대한 객관성을 확보할 수 있는 조건 하에서 실시되어야 한다.[159]

비교 실험은 통상의 기술자가 그것을 신뢰성 있고 유효하게 반복 재연할 수 있을 정도로 명확하고 정확한 정보에 기초하여 실시되어 야 한다. 따라서 불명확하고 부정확한 실험 조건에 대한 설명은 그 비교 실험을 부적절한 것으로서 진보성 판단에 고려할 수 없게 만든 다.[160]

---

156) T 292/92, T 412/94, T 819/96.
157) T 415/11, T 939/92.
158) T 390/88, T 656/91.
159) T 702/99.
160) T 234/03, T 494/99.

라. 진보성 판단의 구체적인 기준

(1) 도입

EPO의 심사기준은 발명의 진보성 판단과 관련하여 실무상 많이 다루어지는 사항들을 관련 사례와 함께 정리하여 소개하고 있다. 이러한 사례들은 대부분 EPO의 심결 예들에서 다루어진 것들로서, ① 공지된 요소를 적용하는 경우, ② 공지된 요소들을 결합하는 경우, ③ 공지된 요소들 중에서 선택하는 경우, ④ 기술적 편견을 극복하는 경우 등으로 나누어 볼 수 있다. 이하에서 차례로 살펴본다.[161]

(2) 공지된 요소를 적용하는 경우

(가) 진보성이 부정되는 경우

1) 공지된 요소를 아래와 같이 자명한 방식으로 적용하는 것은 원칙적으로 진보성이 부정된다.[162]

2) 선행기술의 교시가 불완전하고, 그러한 불완전함을 채울 수 있는 여러 개의 수단 중 하나가 통상의 기술자에게 자연스럽고 즉각적으로 도출되며, 그 수단이 해당 발명으로 이끄는 경우이다. 예컨대, 해당 발명은 알루미늄으로 만들어진 건물에 관한 것인데, 선행문헌에서 해당 발명과 동일한 구조의 건물 및 경량(light-weight)의 자재에 대해 개시하고 있고, 단지 알루미늄의 사용에 관한 언급이 없었을 뿐이라면, 진보성이 부정된다.

3) 해당 발명과 선행기술의 차이가 단지 주지의 균등물의 사용에서만 차이가 있는 경우이다. 예컨대, 해당 발명의 펌프가 선행기술

---

161) EPO Guidelines for Examination, Part G Chapter Ⅶ. 14.
162) EPO Guidelines for Examination, Part G Chapter Ⅶ. Annex 1.1.

의 펌프와 그 구동원에 있어서 전기 모터 대신에 유압 모터를 사용한 차이만이 있었고, 전기 모터나 유압 모터가 이미 알려진 균등물에 해당한다면, 진보성이 부정된다.

4) 해당 발명이 단지 주지의 재료를 그 재료의 공지된 특성에 따라 새로운 용도로 사용한 경우이다. 예컨대, 어떤 주지의 화합물이 물의 표면장력을 낮추는 특성이 있음이 알려져 있었고, 이러한 특성은 세제에 필수적인 것으로 알려져 있었던 경우라면, 이러한 화합물을 포함한 세정제에 관한 발명은 진보성이 부정된다.

5) 해당 발명이 공지의 장치 내에서 기존의 재료를 새로 개발된 재료로 대체하는 것으로서 그 대체한 재료의 특성이 그 사용에 명백히 적합한 경우 즉, '유사한 대체'(analogous substitution)에 해당하는 경우이다. 예컨대, 전기선은 일반적으로 금속차폐(metallic shield)와 폴리에틸렌 피복이 접착제에 의해 서로 결합되어 구성되는데, 해당 특허발명은 그 중 접착제를 폴리에틸렌과 금속의 결합에 적합하도록 새로 개발된 접착제로 대체한 경우라면, 진보성이 부정된다.

6) 해당 발명이 공지된 기술을 매우 유사한 상황에 단순히 사용하는 경우 즉, '유사한 사용'(analogous use)에 해당하는 경우이다. 예컨대, 해당 발명은 지게차와 같은 산업용 트럭을 구동시키는 전기 모터에 진동을 조절하는 기술을 적용하는 것이었는데, 이러한 전기 모터의 진동을 조절하는 기술이 자동차 분야에 이미 공지되어 있는 경우라면, 이를 지게차 등에 단순히 사용한 것만으로 진보성을 인정할수 없다.

(나) 진보성이 부정되지 않는 경우

1) 공지된 요소를 아래와 같이 자명하지 않은 방식으로 적용하는 것은 원칙적으로 진보성이 부정되지 않는다.[163]

2) 공지된 방법 내지 수단을 다른 목적으로 사용하여 새롭고 놀라

운 효과를 발생시킨 경우이다. 예컨대, 고주파 전류가 유도 용접
(inductive welding)164)에 사용될 수 있다는 것은 공지되어 있었으므로,
고주파 전류가 저항 용접(conductive welding)에도 동일한 효과를 기대
하고 사용될 수 있음은 자명할 것이다. 그러나 스케일(scale)165)을 제
거하지 않고도 코일형 스트립(coiled strip)으로 저항 용접을 지속적으
로 실시할 경우, 고주파 전류가 그 스케일을 통해 유전체(dielectric)를
형성하기 때문에, 스케일 제거가 불필요하다는 효과는 예측하기 어
려웠던 추가적인 효과이었다. 즉, 일반적으로 고주파 저항 용접의
경우 용접면과 스트립 사이에 방전이 일어나는 것을 피하기 위해 스
케일의 제거가 통상적으로 필요한 것으로 인식되어 왔다. 따라서 이
러한 사건에서 진보성은 부정되지 않는다.

　3) 공지된 장치 또는 재료를 새롭게 사용하는 것으로서, 통상적인
기술로 해결할 수 없었던 기술적 난점을 극복한 경우이다. 예컨대,
해당 발명은 가스탱크(gas holder)의 승·하강을 조절하면서 지지하는
장치인데, 그와 유사한 장치가 부양식 독(floating dock)이나 수상 플랫
폼(pontoon)을 지지하는 용도로 공지되어 있었는데, 이러한 장치는
가스탱크에 적용하기에 기술적 난점이 있었으나 해당 발명에서 이
러한 기술적 난점을 극복하였던 경우이다. 이러한 사건에서 진보성
은 부정되지 않는다.

---

163) EPO Guidelines for Examination, Part G Chapter Ⅶ. Annex 1.2.
164) 고주파 유도 용접은 용접부 주위에 감아 놓은 유도코일에 고주파 전류를
　　흐르게 하여 용접 물체에 2차적으로 유기되는 유도전류의 가열을 이용해
　　서 하는 용접 방법이고, 고주파 저항 용접은 고주파 전류를 직접 용접물
　　체에 흐르게 하여 고주파 전류 자체의 근접효과에 의해서 용접부를 집중
　　적으로 가열하여 용접하는 방법이다.
165) 금속면에 부착된 피막상의 불순물(금속산화물)을 의미한다.

(3) 공지된 요소들을 결합하는 경우

(가) 진보성이 부정되는 경우

해당 발명이 공지된 장치 내지 방법의 요소들을 통상적인 방법으로 단순히 나열한 것에 불과하고, 그 요소들의 상호 작용을 통한 새로운 효과를 낳지 않는 경우에는 진보성이 부정된다.[166]

예컨대, 소시지를 생산하는 장치에 관한 발명이 공지된 '고기를 잘게 다지는 장치' 및 공지된 '다진 고기를 채우는 장치'를 나란히 배치한 것이고, 이로 인해 새로운 효과를 낳지 않는다면, 그 발명은 진보성이 부정된다.

(나) 진보성이 부정되지 않는 경우

결합된 요소들이 상호 작용을 통해 각각의 효과의 합계를 뛰어넘는 새로운 기술적 효과를 달성한 경우에는 진보성이 부정되지 않고, 이는 개개의 요소들이 개별적으로 공지되었는지 여부와는 무관하다.[167]

예컨대, 해당 발명은 진통제(analgesic)와 진정제(sedative)를 결합한 것이었다. 진정제는 본래 진통 효과는 없는 것으로 보였는데, 진정제를 진통제와 결합하였을 때 진통제의 진통 효과가 활성 물질의 공지된 특성으로부터 예측할 수 없을 정도로 강화되는 것으로 나타났다. 그 경우 해당 발명은 진보성이 부정되지 않는다.

(4) 공지된 요소들 중에서 선택하는 경우

(가) 진보성이 부정되는 경우

1) 공지된 다수의 가능성 중에서 어느 하나를 아래와 같이 선택할

---

166) EPO Guidelines for Examination, Part G Chapter Ⅶ. Annex 2.1.

167) EPO Guidelines for Examination, Part G Chapter Ⅶ. Annex 2.2.

경우 그 진보성은 부정된다.[168]

2) 해당 발명이 동등하게 가능성 있는 대안들 중에서 단순히 하나를 선택하는 경우이다. 예컨대, 해당 발명은 반응 혼합물에 열을 '전기적으로' 공급하는 것으로 알려진 공지된 화학 공정에 관한 것이었다. 열을 공급하는 여러 방법들은 이미 주지되어 있었고, 해당 발명은 단순히 그러한 대안들 중 하나를 선택하는 것이었다. 그 경우 진보성이 부정된다.

3) 해당 발명이 제한된 범위의 가능성으로부터 특정한 온도 범위와 같은 파라미터를 한정하는 것이고, 그러한 파라미터는 통상적인 실험 절차에 따라 시행착오를 반복함으로써 도달할 수 있는 경우이다. 예컨대, 해당 발명은 공지된 반응을 수행하는 것으로서 불활성 가스의 '이동률'을 한정하는 것이었는데, 그 이동률 수치는 통상의 기술자라면 실험을 통해 충분히 도달할 수 있었던 수치였다면, 진보성이 부정된다.

4) 해당 발명이 공지된 기술로부터 어렵지 않게 단순 추정함으로써 도달할 수 있는 경우이다. 예컨대, 해당 발명은 열적 안정성을 개선하고자 X 물질의 '최소 사용량'을 특정하는 것에 그 기술적 특징이 있는데, 그러한 최소 사용량은 공지된 기술 즉, X 물질의 사용량과 열적 안정성 간의 상관관계를 도시하는 그래프로부터 단순 추정할 수 있는 경우라면, 진보성이 부정된다.

5) 해당 발명이 넓은 범위의 화합물 내지 조성물(합금 포함)로부터 특정 화합물 내지 조성물을 단순 선택하는 경우이다. 예컨대, 선행기술은 'R' 치환기 그룹을 포함하는 특정 구조에 의해 한정되는 화합물을 개시하고 있었다. 이러한 'R' 치환기 그룹은 알킬기 또는 아릴기(alkyl or aryl radical)가 할로겐(halogen) 및/또는 히드록시(hydroxy)

---

168) EPO Guidelines for Examination, Part G Chapter Ⅶ. Annex 3.1.

에 의해 치환되거나 치환되지 않는 것을 모두 포괄하는 것으로 매우 넓게 정의되어 있었으나, 선행기술에는 그에 해당하는 실제 예가 매우 적은 수로 제시되어 있었다. 해당 발명은 이러한 'R' 치환기 그룹 내에 속하는 특정한 화합물을 선택하였다. 그 선택된 화합물은 선행기술에 구체적으로 개시되어 있지 않았는데, 만일 구체적으로 개시된 경우라면 이는 진보성의 문제가 아니라 신규성 흠결의 문제가 될 것이다. 그런데 위와 같이 선택된 화합물이 ① 선행기술에 제시된 예들과 비교하여 더 유리한 속성을 가지고 있다고 기재되거나 그러한 속성을 가지고 있음이 밝혀지지 않았고, ② 설령 더 유리한 속성을 가지고 있다고 기재되어 있다고 하더라도, 그러한 속성이 통상의 기술자 관점에서 예측 가능하여 이를 선택할 수 있다고 판단될 경우에는, 해당 발명은 진보성이 부정된다.

(나) 진보성이 부정되지 않는 경우

1) 공지된 다수의 가능성 중에서 어느 하나를 아래와 같이 선택할 경우 그 진보성은 부정되지 않는다.[169]

2) 해당 발명이 공지된 범위 이내에서 특별한 작용 조건(온도, 압력 등)에 따라 '특별한 선택'(special selection)을 한 것으로서, 그러한 선택이 결과물의 속성 등에 '예상할 수 없던 효과'(unexpected effects)를 발생시키는 경우이다. 예컨대, 물질 A와 물질 B가 고온에서 물질 C로 변화하는 방법과 관련하여, 종래 50℃ 내지 130℃의 범위에서 온도의 증가에 따라 물질 C의 산출량이 증가하는 것으로 알려져 있었는데, 해당 발명은 63℃ 내지 65℃의 범위에서 물질 C의 산출량이 예측된 것보다 훨씬 더 증가한다는 것을 밝혔다면, 그 발명의 진보성은 부정되지 않는다.

---

169) EPO Guidelines for Examination, Part G Chapter Ⅶ. Annex 3.2.

3) 해당 발명이 넓은 범위의 화합물 내지 조성물(합금 포함)로부터 특정 화합물 내지 조성물을 선택하였는데, 그 특정 화합물 내지 조성물이 예상할 수 없던 유리한 효과를 나타내는 경우이다. 예컨대, 선행기술은 'R' 치환기 그룹을 포함하는 특정 구조에 의해 한정되는 화합물을 개시하고 있었다. 이러한 'R' 치환기 그룹은 알킬기 또는 아릴기(alkyl or aryl radical)가 할로겐(halogen) 및 / 또는 히드록시(hydroxy)에 의해 치환되거나 치환되지 않는 것을 모두 포괄하는 것으로 매우 넓게 정의되어 있었으나, 선행기술에는 그에 해당하는 실제 예가 매우 적은 수로 제시되어 있었다. 해당 발명은 이러한 'R' 치환기 그룹 내에 속하는 특정한 화합물을 선택하였다. 그런데 위와 같이 선택된 화합물이 선행기술에 제시된 예들과 비교하여 더 유리한 속성을 가지고 있음이 밝혀지고, 통상의 기술자가 그러한 유리한 속성을 얻기 위해 그러한 화합물을 선택할 만한 어떠한 동기가 없을 경우에는, 해당 발명은 진보성이 부정되지 않는다.

(5) 기술적 편견을 극복하는 경우

선행기술이 통상의 기술자로 하여금 발명에서 제시된 방향으로부터 멀어지도록 유도한다면, 해당 발명은 진보성이 있다는 것이 일반적인 원칙이다. 이러한 원칙은 특히 그러한 실제 혹은 가상의 기술적 장애(technical obstacle)가 통상의 기술자로 하여금 그러한 장애를 극복하기 위한 다른 대안이 있는지를 판단하기 위한 실험을 수행하는 것조차 고려하지 않게 만들 때에 적용된다.[170]

---

170) EPO Guidelines for Examination, Part G Chapter Ⅶ. Annex 4.

(6) 기타 진보성이 부정된 사례

(가) 예상할 수 있는 단점(foreseeable disadvantageous modification)

발명이 가장 근접한 선행기술로부터 단점을 가지고 변형되었을 경우, 통상의 기술자가 이러한 단점을 명확히 예상할 수 있었고, 그러한 단점이 예측할 수 없었던 기술적 장점에 의해 상쇄되지 않는다면, 진보성이 부정된다.[171]

(나) 공정의 반전(reversal of procedural steps)

구성 부품을 생산하는 공정을 단순히 거꾸로 하는 것만으로는 진보성을 인정받을 수 없다.[172]

(다) 자동화(automation)

자동화는 기술 분야의 보편적인 트렌드이기 때문에, 이미 수작업으로 이루어지고 있던 기능을 단순히 자동화하였다는 것만으로는 진보성을 인정받기 어렵다. 즉, 수작업을 자동화로 전환하는 것은 통상의 기술자의 통상적인 목표이다.[173]

(라) 증가된 효과(enhanced effect)

증가된 효과는 그것이 자명한 테스트를 거쳐 나온 것이라면 진보성을 인정받기 어렵다. 예컨대, 특허 청구된 발명이 선행기술에 비해 효과가 증가하였으나, 이러한 효과가 통상의 기술자가 기술상식을 넘어서는 특별한 지식을 부가함이 없이 통상적인 실험을 수행함으로써 얻어진 것이라면, 진보성이 없다.[174]

---

171) T 119/82, T 155/85.
172) T 1/81.
173) T 775/90, T 234/96.

(마) 복잡한 기술의 단순화(simplification of complicated technology)

어떤 해결책이 기술적 과제를 해결할 수는 있으나 복잡한 경우, 통상의 기술자라면 그보다 덜 복잡한 대안이 성능 면에서는 덜 완벽할 수는 있음을 인지할 수 있고, 복잡성이 감소하였다는 장점과 성능이 나빠졌다는 단점을 합리적으로 비교 평가할 수 있으며, 이러한 것은 통상의 기술자의 통상의 업무에 속한다고 할 것이므로, 단지 복잡한 기술을 단순화하였다는 점만으로는 진보성을 인정받을 수 없다.175)

(바) 자명한 해결책의 선택(choice of one of several solutions)

일련의 가능한 해결책 중 어느 하나를 임의로 선택하는 것은 원칙적으로 진보성이 부정된다. 통상의 기술자가 이용 가능한 여러 해결수단 중 어느 하나를 적용하는 것은 어떠한 특별한 기술을 요하는 것이 아니므로, 청구된 발명에서 선택된 해결책이 그 밖의 다른 해결책에 비해 공지되지 않았고 예상할 수 없었던 기술적 효과를 발생시키지 않는 한, 진보성이 부정된다.176)

(사) 여러 개의 자명한 공정들(several obvious steps)

통상의 기술자가 어떤 기술적 과제의 해결을 위해 특정한 해결책에 순차적으로 도달할 수 있다면, 그러한 해결책이 2개 이상의 공정을 필요로 하는 것이라 하더라도, 그 해결책은 통상의 기술자에게 자명할 수 있다.177)

---

174) T 296/87, T 308/99, T 455/91.
175) T 61/88, T 505/96.
176) T 939/92, T 107/02.
177) T 623/97, T 911/98.

(아) 자명한 대안들로부터의 선택(selection from obvious alternatives)

통상의 기술자에게 그 작용효과 등이 잘 알려진 여러 대안들 중 단순히 어느 하나를 선택하는 것은 진보성을 인정받기 어렵다.178)

마. 요약 및 시사점

이상으로 유럽에서의 발명의 진보성 판단 기준에 대해 살펴보았다. 진보성 판단의 객관성과 예측가능성을 담보하기 위해 EPO는 '과제 해결 접근법'(problem-and-solution approach)을 채택하여 운영해 오고 있다. 과제 해결 접근법은 3단계로 이루어지는데, ① 가장 근접한 선행기술(the closest prior art)을 결정하고, ② 해결되어야 할 '객관적인 기술적 과제'(objective technical problem)를 설정하며, ③ 당해 발명이, '가장 근접한 선행기술'과 '객관적인 기술적 과제'를 출발점으로 놓고 볼 때, 기술자에게 자명했을 것인지 여부를 고려한다. 그리고 자명성 여부 판단에 있어서의 핵심은 통상의 기술자가 가장 근접한 선행기술을 수정 또는 변경하여 해당 발명에 도달할 수 있었는지(could have arrived) 여부가 아니라, 그가 객관적인 기술적 과제를 해결하려는 기대 아래 그 선행기술을 수정 또는 변경을 하였을 것인지(would have done) 여부이다.

최근 유럽특허에 관한 관심이 점점 높아지고는 있지만, 아직까지는 우리나라에서 유럽의 진보성 판단 기준은 미국의 진보성 판단 기준에 비하여 덜 알려지고, 그에 관한 연구도 부족한 실정이다. 앞서 살펴본 '과제 해결 접근법', 그 중에서도 가장 근접한 선행기술을 결정하는 것이라든가 could-would 접근법에 따라 자명성 여부를 판단하

---

178) T 1207/07.

는 것 등은 진보성 판단의 객관성과 예측가능성을 높이기 위한 장치
로서 그 유용성이 있을 뿐만 아니라, 발명에 이르는 통상의 과정에
따라 진보성을 판단하는 방식이어서 우리나라 실무에도 흥미롭고
유익한 시사점을 제공한다고 할 것이다.

제4절 일본

가. 일본 특허법

일본 특허법 제29조 제1항은 "산업상 이용할 수 있는 발명을 한 자는 다음 각 호의 1에 규정한 발명을 제외하고는 그 발명에 대하여 특허를 받을 수 있다. (1) 특허출원 전에 일본국내 또는 외국에서 공연히 알려진 발명 (2) 특허출원 전에 일본국내 또는 외국에서 공연히 실시된 발명 (3) 특허출원 전에 일본국내 또는 외국에서 반포된 간행물에 기재된 발명 또는 전기통신회선을 통하여 공중에게 이용 가능하게 된 발명"라고 규정하고 있고, 같은 조 제2항은 "특허출원 전에 그 발명이 속한 기술의 분야에서 통상의 지식을 갖는 자가 전항 각 호에 기재된 발명에 의하여 용이하게 발명을 할 수 있는 때에는 그 발명에 대하여는 전항의 규정에도 불구하고 특허를 받을 수 없다."라고 규정하고 있다. 제29조 제1항은 신규성 요건을 규정한 것이고, 제2항은 진보성 요건을 규정한 것이다.[1]

일본 특허법 제29조 제2항에서 진보성 요건을 특허요건의 하나로 규정한 것은, 통상의 기술자가 선행발명으로부터 용이하게 발명할 수 있는 기술에 대해 독점권을 부여할 경우 기술의 발전에 도움이 되지 않고, 오히려 기술의 발전을 저해하고 제3자의 자유로운 경쟁을 방해하게 되기 때문이다.[2][3] 즉, 본래 특허법의 목적은 기술적 사

---

1) 우리나라 특허법 제29조 제1항(신규성), 제2항(진보성)과 규정 내용 및 형식이 매우 유사하다.

2) 일본 특허청 특허·실용신안심사기준(이하 '일본 특허 심사기준'이라 한다) 제2부 제2장 2.1.

상 중에서 고도의 것을 장려하는 일, 달리 말하면 기술의 비약적 진보를 자극함으로써 산업발전을 꾀하는 것이라고 할 수 있고, 이러한 특허법의 목적에 비추어 볼 때 신규성이 있을 뿐이고 통상의 전문가가 쉽게 생각할 수 있는 정도의 발명은 보호할 수 없다는 취지이다.[4]

일본 특허법 제29조 제2항에는 '그 발명이 속하는 기술의 분야'라고 규정되어 있는데, 이때 발명이 속한 기술분야의 범위를 정함에 있어서는 출원인이 명세서에 기재된 '발명의 명칭'에 구애됨이 없이 그 발명의 구성이나 효과 면에서 객관적으로 파악하는 것이 필요하다.[5] 따라서 발명의 명칭으로는 현저하게 달라 보이지만, 기술분야는 동일하다고 인정해야 할 것이 있는가 하면(예컨대, 사무용 감압 점착테이프와 의료용 반창고는 점착체층을 갖는다는 점에서 기술분야가 동일하다고 보아야 한다)[6], 발명의 명칭으로 보면 서로 유사하지만, 기술분야는 다르다고 인정해야 할 것도 있다(예컨대, 방전가공법과 전해가공법은 그 가공원리가 서로 다르다는 점에서 기술분야가 동일하다고 보기 어렵다)[7].

일본 특허 심사기준에 따르면, '통상의 기술자'(當業者)는 특허법상의 가상의 인물로서, ① 출원 전의 해당 기술분야의 기술상식을 보유하고, ② 연구와 개발을 위해 통상적인 기술적 수단을 사용할 수 있으며, ③ 재료를 선택하거나 설계를 변경함에 있어 통상적인 창작능력을 발휘할 수 있고, ④ 출원발명이 속한 기술분야의 '기술수준'에 있는 모든 기술적 사항을 이해할 수 있는 자로 상정된다. 여기서

---

3) 中山信弘, 特許法(第2版), 弘文堂(2012), 134면 참조.
4) 吉藤辛朔 著, YOU ME 特許法律事務所 譯, 特許法槪說(第13版), 대광서림(2000), 133면 참조.
5) 상게서, 134면 참조.
6) 東京高判 昭47. 4. 26.
7) 東京高判 昭42. 4. 25.

의 '기술수준'은 일본 특허법 제29조 제1항 각 호에 기재된 발명 이외에도 해당 발명이 속하는 기술분야의 기술상식 등을 포함하는 기술적 지식에 의하여 구성되는 기술의 수준을 말한다. 또한, 통상의 기술자는 출원발명의 기술적 과제와 관련되는 분야의 모든 기술적 사항을 이해할 수 있는 자이다. 나아가 어떤 발명들에서는 개별적인 사람이 아니라, 복수 기술분야의 '전문가 팀'으로 통상의 기술자를 고려하는 것이 적절할 수 있다.[8]

일본 특허법 제29조 제2항에 의하면, 통상의 기술자가 특허출원 전에 특허법 제29조 제1항 각 호에 기재된 발명(인용발명)으로부터 통상의 창작능력을 발휘하여 특허청구된 발명에 용이하게 도달할 수 있다면, 그 발명은 진보성이 결여되어 특허를 받을 수 없다.[9]

나. 진보성 판단의 기본 원칙

진보성 유무는 통상의 기술자가 인용발명으로부터 '청구항에 기재된 발명'에 용이하게 도달할 수 있는지 여부로 결정되어야 한다. 이를 위해 먼저 청구항에 기재된 발명과 하나 또는 그 이상의 인용발명을 특정한다. 다음으로, 논리 부여에 가장 적합한 하나의 인용발명(주인용발명)을 선택하고, 청구항에 기재된 발명과 주인용발명을 대비하여 일치점 및 차이점을 추출한다. 그런 다음 청구항에 기재된 발명의 진보성을 부정하기 위한 논리 부여가 가능한지를 인용발명(주지관용기술 포함) 및 기술상식에 근거하여 탐색한다.[10]

---

8) 일본 특허 심사기준 제2부 제2장 2.2. (2) 이와 달리 통상의 기술자는 '단수'이고 '자연인'만을 상정한 개념으로 보아야 한다는 견해도 있다[吉藤幸朔 著, 전게서(주 4), 136면].
9) 일본 특허 심사기준 제2부 제2장 2.2. (3)
10) 일본 특허 심사기준 제2부 제2장 2.4. (2)

위와 같은 논리 부여는 다양하고 폭넓게 수행되어야 한다. 예컨대, 청구항에 기재된 발명이 최적 재료의 선택에 불과한지, 설계변경 사항에 해당하는지, 단순한 주합에 불과한지를 검토해야 하고, 인용발명에 청구항 기재 발명에 대한 시사나 동기가 존재하는지 여부도 살펴보아야 한다. 또한 인용발명에 비해 청구항에 기재된 발명이 갖는 유리한 효과가 명세서에 명확히 기재되었다면, 그러한 효과는 진보성의 존재를 긍정하는 요소로 참작될 수 있다. 이러한 논리 부여가 정당한 것이라면, 청구항에 기재된 발명의 진보성은 부정되고, 논리 부여가 정당한 것이 아니라면, 청구항에 기재된 발명의 진보성은 부정되지 않는다.[11]

다. 구체적인 진보성 판단 기준

(1) 최적 재료 선택, 설계변경, 단순 주합

청구항에 기재된 발명이 공지의 재료 중에서 가장 적합한 재료의 선택, 균등물(均等物)에 의한 치환, 기술의 구체적 적용에 따른 단순한 설계변경에 해당하는 경우, 이는 통상의 기술자가 가지는 통상의 창작능력의 발휘에 해당한다. 따라서 청구항 기재 발명과 선행기술의 차이점이 오로지 위와 같은 선택, 치환[12], 설계변경에만 있고, 달

---

11) 일본 특허 심사기준 제2부 제2장 2.4. (2)
12) 치환(置換)과 유사한 것으로 전용(轉用)이 있다. 치환은 공지의 기술적 구성 중 특정의 요소를 다른 요소로 변경하는 것을 의미하고, 전용은 종래 어떤 분야에서 알려져 있던 기술적 구성을 다른 분야에 적용하는 것을 의미한다. 따라서 치환의 경우에는 작용효과의 차이가 크다면, 진보성이 인정된다고 판단될 가능성이 있으나, 전용의 경우에는 작용효과의 차이보다는 어떤 분야에서 다른 분야로 적용함에 어떤 곤란성이 있는지 내지 전용하면서 그 기술적 구성에 어떤 변경이 일어났는지를 주된 관점으로 진보

리 진보성의 존재를 긍정할 만한 근거가 제시되지 않는다면, 청구항 기재 발명은 원칙적으로 진보성이 부정된다.[13]

예컨대, 적외선 에너지의 파장 범위가 약 0.8 내지 1.0μm인 적외선파를 이용하여 신호를 송수신하는 것은 종래부터 잘 알려진 기술이고, 응급차의 운전 전달 장치에 이러한 기술을 적용하는 데에 방해가 되는 특별한 사정이 존재하지 않는다면, 이러한 주지의 기술을 인용발명에 개시된 운전 전달 장치에 적용하는 것은 통상의 기술자가 용이하게 생각해 낼 수 있는 범위 내라고 할 것이다.[14]

또한, 청구항 기재 발명을 구성하는 각각의 요소가 기능적으로 상호작용을 하지 않은 채 단순히 이를 수집해 놓은 것에 불과한 경우, 달리 진보성의 존재를 추인할 만한 근거가 제시되지 않는다면, 청구항 기재 발명은 원칙적으로 진보성이 부정된다.[15]

따라서 출원인이 출원발명의 현저한 작용효과로 주장하는 것이, 공지된 각각의 요소에 의해 당연히 예측되는 효과의 단순한 집합을 넘어서지 않는 경우, 그것을 출원발명 특유의 현저한 작용효과라고 볼 수 없다.[16]

(2) 발명에 이를 수 있는 동기가 있는 것

(가) 기술분야의 관련성

특허발명과 관련되는 기술분야의 공지기술 중에 특허발명의 기술적 과제 해결과 관계되는 기술적 수단이 존재하는 경우, 이를 적

성을 판단하여야 한다. 자세한 내용은 竹田和彦 著, 김관식 외 5인 역, 特許의 知識(제6판), 명현출판사(2002), 182면 참조.

13) 일본 특허 심사기준 제2부 제2장 2.5. (1) Ⅰ.
14) 東京高判 平10. 7. 16.[平成 9(行ケ)86].
15) 일본 특허 심사기준 제2부 제2장 2.5. (1) Ⅱ.
16) 東京高判 昭48. 6. 29.[昭和 44(行ケ)7].

용해 보는 것은 통상의 기술자가 통상의 창작능력을 발휘하는 것에 불과하다. 따라서 관련된 기술분야에 치환 가능 혹은 부가 가능한 기술적 수단이 있다면, 이는 통상의 기술자가 청구항 기재 발명에 이를 수 있는 유력한 근거가 된다.[17)

예컨대, 인용발명은 파친코 게임기의 멈춤 해제 장치에 관한 것이고, 청구항 발명은 이러한 장치를 슬롯머신에 적용한 것인 사안에서, 양 발명은 동일한 오락기기에 해당하고, 비록 계수하는 대상에서만 차이가 있을 뿐, 일정한 수를 계산하여 이를 멈추는 동작을 하는 장치라는 점에서 위와 같은 적용은 통상의 기술자가 용이하게 착상할 수 있는 것이다. 기술 전용의 용이성은 그 기술분야에 속한 통상의 기술자가 기술 개발을 함에 있어 유사한 기술분야에 속한 기술을 전용하여 용이하게 착상할 수 있는지 여부의 관점에서 검토되어야 하는데, 이러한 관점에서 파친코 게임기의 기술을 슬롯머신의 기술에 전용하는 것은 용이하게 착상할 수 있는 것으로 인정할 수 있다.[18)

(나) 과제의 공통성

인용발명과 청구항에 기재된 발명의 과제가 공통된 경우, 그것은 통상의 기술자가 인용발명에 의하여 청구항에 기재된 발명을 용이하게 발명할 수 있다는 유력한 근거가 된다.[19)

예컨대, 인용발명 1, 2는 둘 다 라벨이 용지 위의 소정 위치에 임시적으로 부착되도록 하는 장치에 있어서 그 용지를 고정시키고자 하는 것을 그 기술적 과제로 하므로, 그러한 기술적 과제의 공통성으로 인하여 인용발명 2의 라벨 이송 제어 수단을 인용발명 1에 적

---

17) 일본 특허 심사기준 제2부 제2장 2.5. (2) Ⅰ.
18) 東京高判 平9. 6. 24.[平成 8(行ケ)103].
19) 일본 특허 심사기준 제2부 제2장 2.5. (2) Ⅱ.

용하는 것은 통상의 기술자가 용이하게 도달할 수 있는 것이다.[20]

또한, 인용발명이 청구항에 기재된 발명과 그 기술적 과제가 공통되지 않은 경우에도, 청구항에 기재된 발명의 기술적 과제가 해당 기술분야에서 자명한 과제인지 또는 기술수준에 비추어 용이하게 생각할 수 있는 과제인지에 대해서 좀 더 면밀하게 검토하여야 한다.[21]

예컨대, 청구항 발명의 '비용과 공간을 줄이고자' 하는 과제는 비단 믹서기 분야에서만이 아니라, 모든 장치에 공통적으로 요구되는 것이므로, 자명한 과제라고 할 것이다. 따라서 통상의 기술자라면 믹서기가 차지하는 공간을 줄이기 위해 인용발명 4에 개시된 축상감속기(軸上減速機) 및 모터를 장착한 감속기(減速機)[22]를 인용발명 1에 개시된 믹서에 결합시키는 것을 쉽게 생각해 낼 수 있고, 달리 그러한 결합에 방해가 되는 요소는 찾을 수 없다.[23]

한편, 인용발명이 청구항에 기재된 발명과 그 기술적 과제가 서로 다른 경우에도, 통상의 기술자가 다른 접근 방식을 통해 청구항에 기재된 발명과 동일한 구성을 도출할 수 있었다는 사실이 자명한 경우라면 진보성이 부정된다.[24]

예컨대, 출원발명은 디스크의 표면에 물방울을 부착하는 것을 방지하기 위해 카본제 디스크브레이크[25]에 홈을 형성한 것이고, 인용발명 1은 카본제 디스크브레이크를 개시한 것이며, 인용발명 2는 표

---

20) 東京高判 平3. 6. 27.[平成 2(行ケ)182].
21) 일본 특허 심사기준 제2부 제2장 2.5. (2) Ⅱ.
22) 감속기는 모터의 회전수를 줄여 속도를 줄이는 장치를 말한다.
23) 東京高判 平8. 5. 29.[平成 4(行ケ)142].
24) 일본 특허 심사기준 제2부 제2장 2.5. (2) Ⅱ.
25) 디스크브레이크(disc brake)는 바퀴에 디스크가 부착되어 있고, 브레이크 패드가 디스크에 마찰을 가하면 바퀴의 회전 속도가 느려지는 제동장치를 말한다.

면에 부착하는 먼지를 제거할 목적으로 금속제 디스크브레이크에 홈을 형성하는 것을 개시하고 있다. 그 경우 비록 기술적 과제는 다르지만 인용발명 1의 카본제 디스크브레이크의 경우에도 표면에 먼지가 부착되면 제동에 방해가 된다는 것은 일반적인 기술상식이므로, 그와 같은 과제를 해결하기 위해 인용발명 2의 기술을 인용발명 1에 적용하여 홈을 형성하는 것은 통상의 기술자라면 용이하게 구성할 수 있는 정도의 개량에 불과하므로, 출원발명은 진보성이 부정된다. 다만, 이러한 경우에도 출원인이 인용발명 1, 2의 결합이 곤란한 사정에 대해 주장·입증할 경우 출원발명의 진보성이 부정되지 않는다. 예컨대, 카본제 디스크브레이크는 금속제 디스크브레이크와는 달리 표면에 먼지가 부착되는 문제가 거의 없어 먼지 제거를 위해 카본제 디스크브레이크에 홈을 형성하는 것이 불필요한 것으로 인식되어 왔다면, 출원발명의 진보성은 부정되지 않는다.[26)

(다) 기능·작용의 공통성

인용발명과 청구항에 기재된 발명의 기능 또는 작용이 공통되는 경우, 그것은 통상의 기술자가 인용발명에 의하여 청구항에 기재된 발명을 용이하게 발명할 수 있다는 유력한 근거가 된다.[27)

예컨대, 인용발명 1, 2는 인쇄기의 세정 실린더를 위한 압박용 천에 관한 것이라는 점에서 공통되고, 인용발명 1의 캠 장치와 인용발명 2의 팽창부재는 천이 실린더에 탈·부착되도록 위치되어 있다는 점에서 작용상 차이가 없다. 그렇다면, 인용발명 1의 캠 장치에 사용된 압박 수단을 인용발명 2의 팽창부재에 도입하여 청구항 기재 발명에 도달하는 것은 통상의 기술자에게 용이하다고 할 것이다.[28)

---

26) 201USPQ658.
27) 일본 특허 심사기준 제2부 제2장 2.5. (2) III.
28) 東京高判 平10. 10. 15.[平成 8(行ケ)262].

(라) 인용발명 내용 중의 시사(示唆)

인용발명의 내용 중에 청구항에 기재된 발명에 대한 시사가 있으면 통상의 기술자가 인용발명에 의하여 청구항에 기재된 발명을 용이하게 발명할 수 있다는 유력한 근거가 된다.[29]

예컨대, 청구항에 기재된 발명은 컬러 광택제(color brightener)[30]로서 3-클로로(chloro)[31] 그룹을 사용하는 것이고, 인용발명에는 컬러 광택제로 사용되는 2-클로로 그룹 및 4-클로로 그룹을 개시하고 있다. 그런데 청구항에 기재된 발명은 3-클로로 그룹과 2-클로로 그룹 및 4-클로로 그룹 사이에 화학식에서의 치환 위치의 차이에 대해 언급하지 않을 뿐만 아니라, 인용발명에서도 컬러 광택제로 사용될 때의 위치적인 한정을 하고 있지 않으므로, 인용발명은 3-클로로 그룹도 컬러 광택제로 사용될 수 있음을 시사하고 있다고 보아야 한다.[32]

(3) 더 나은 효과의 고려

명세서 등에 명시적으로 기재된 청구항 기재 발명의 유리한 효과가 발명의 진보성을 긍정하는 요소로 참작될 수 있다. 여기서 유리한 효과란 인용발명에 비해 청구항에 기재된 발명이 더 유리하다는 것을 의미하고, 그러한 효과는 청구항에 기재된 발명의 기술적 구성에 의해 도출되는 것이어야 한다.[33]

(가) 효과의 대비

청구항 기재 발명과 인용발명 사이의 효과의 대비는 통상의 기술

---

29) 일본 특허 심사기준 제2부 제2장 2.5. (2) Ⅳ.
30) 도금 피막에 광택을 부여하기 위해 도금욕에 가하는 첨가제를 의미한다.
31) 염소 이온의 리간드로서의 명칭을 말한다.
32) 東京高判 昭53. 3. 30.[昭和 51(行ケ)19].
33) 일본 특허 심사기준 제2부 제2장 2.5. (3)

자가 청구항 기재 발명에 용이하게 도달할 수 있을지 여부를 판단하는 과정에서 이루어져야 하는데, 통상의 기술자가 인용발명에 의하여 청구항 기재 발명에 용이하게 도달할 수 있다는 점이 충분하게 논증되는 경우라면 더 나은 효과의 유무와 관계없이 발명의 진보성은 부정된다.[34]

예컨대, 청구항 기재 발명에 의해 제조된 래미네이트[35] 물질이 강도나 기타 특성에서 종래의 물질보다 약간 더 유리한 효과를 갖는 사안에서, 그러한 효과가 종래의 폴리프로필렌 수지를 폴리에틸렌 수지로 변경한 데에서 기인한 것이고, 그러한 변경이 통상의 기술자가 쉽게 생각해 낼 수 있는 것이라면, 그러한 유리한 효과는 진보성의 결여에 영향을 미칠 수 없다.[36]

그러나 인용발명의 특정 사항과 청구항 기재 발명의 특정 사항이 서로 유사하고, 통상의 기술자가 복수의 인용발명을 결합하여 청구항 기재 발명을 용이하게 생각해 낼 수 있는 것으로 보이는 경우라 할지라도, 청구항 기재 발명이 인용발명에 비해 이질적인 효과를 갖거나 동질의 현저한 효과를 가지며, 이러한 효과가 해당 기술수준으로부터 통상의 기술자가 예측할 수 있는 범위를 넘어서는 경우라면 진보성이 긍정될 수 있다. 특히 화학분야의 발명 등과 같이 물건의 구성에 의해 효과의 예측이 쉽지 않은 기술분야에 있어서는 인용발명과 대비하여 더 나은 효과를 갖는다는 점이 진보성의 존재를 긍정하기 위한 보다 유력한 자료가 될 수 있다.[37]

예컨대, 인용발명에 기초하여 청구항 기재 발명의 모틸린(motilin)[38]

---

34) 일본 특허 심사기준 제2부 제2장 2.5. (3) I.
35) 래미네이트(laminate)는 박판(薄板), 적층(積層) 플라스틱을 의미한다.
36) 東京高判 昭44. 2. 25.[昭和 37(行ケ)199].
37) 일본 특허 심사기준 제2부 제2장 2.5. (3) I.
38) 소화관 내외분비세포에서 생산, 분비되는 소화관호르몬의 일종으로서, 22개 아미노산잔기로 구성하는 직쇄(直鎖)인 폴리펩티드이다.

유도체를 제조하는 것은 통상의 기술자에게 용이한 것처럼 보일 수 있다. 그러나 비록 청구항 기재 모틸린 유도체가 발휘하는 효과가 인용발명의 그것과 대비하여 동질의 효과라도 하더라도, 그 효과가 출원 당시의 기술수준에 비추어 예측을 뛰어넘는 현저한 것이라면 진보성은 긍정될 수 있다.[39]

마찬가지로 특허발명의 조성물을 구성하는 개개의 성분이 공지되었다고 하더라도, 그 결합의 결과 예측될 수 없었던 현저한 효과를 낳는 경우라면, 그 특허발명은 인용발명들로부터 용이하게 도달할 수 있는 것이라고 보기 어렵다.[40]

(나) 의견서 등을 통해 주장되는 효과의 참작 여부

명세서의 '발명의 설명'에 인용발명과 대비하여 더 나은 효과가 있다는 점이 기재되어 있거나, 그와 같은 명시적인 기재가 없을지라도 통상의 기술자가 '발명의 설명'이나 '도면'에 기재 및 도시된 내용으로부터 그러한 효과를 쉽게 인식할 수 있는 경우라면, 의견서 등을 통해 주장·입증되는 효과(예컨대, 실험 결과)도 진보성 판단에 참작될 수 있다. 그러나 이와 달리 '발명의 설명'에 더 나은 효과가 기재되어 있지 않고, 통상의 기술자가 '발명의 설명'이나 '도면'에 기재 및 도시된 내용으로부터 그러한 효과를 쉽게 인식할 수도 없는 경우라면, 의견서 등을 통해 주장되는 효과는 참작되어서는 안 된다.[41]

(다) 선택발명

선택발명은 물건의 구성에 의해 효과의 예측이 쉽지 않은 기술분야의 발명에 속한다. 인용발명은 사실적 혹은 형식적인 선택사항들

---

39) 東京高判 平10. 7. 28.[平成 8(行ケ)136].
40) 東京高判 昭52. 9. 7.[昭和 44(行ケ)107].
41) 東京高判 平10. 10. 27.[平成 9(行ケ)198].

을 포괄하는 상위개념으로 표현되어 있고, 청구항 기재 발명은 하위
개념으로 표현되어 있으면서 인용발명에 직접적으로 개시되어 있지
아니한 선택사항 중 일부를 발명의 구성요소로 하고 있는 경우, 그
러한 청구항 기재 발명을 선택발명이라고 한다.[42]

선택발명은 인용발명에 비하여 더 나은 효과를 가질 경우에 그
진보성이 긍정될 수 있다. 이때 더 나은 효과는 인용발명과 대비하
여 질적으로 다른 효과를 갖거나 질적으로 차이가 없더라도 통상의
기술자의 기술수준에 비추어 예측될 수 없는 현저한 효과를 가지는
경우를 의미한다.[43][44]

예컨대, 인용발명의 화합물이 살충력을 갖고 있다는 점은 공지되
어 있었고, 출원발명은 인용발명에 직접적으로 기재되어 있지 아니
한 하위개념 상의 화합물을 선택한 발명이었는데, 그러한 선택에 따
라 출원발명의 화합물은 살충력을 그대로 유지하면서도 인간에 대
한 독성은 현저히 감소된 것으로 나타났고, 그러한 효과를 통상의
기술자가 그 기술수준에 비추어 예측할 수 있었다고 볼 만한 근거가
없다면, 출원발명의 진보성은 긍정된다.[45]

다만, 출원발명이 인용발명에 비해 채도(彩度)에 있어 더 나은 효
과를 가지는 것은 사실이나, 그 효과의 차이가 단순히 인용발명의

---

42) 일본 특허 심사기준 제2부 제2장 2.5. (3) Ⅲ.
43) 東京高判 昭62. 9. 8.[昭和 60(行ケ)51] 등.
44) 이러한 선택발명의 진보성 판단 기준은 우리나라도 마찬가지인데, 대법원
    2012. 8. 23. 선고 2010후3424 판결은 "선행 또는 공지의 발명에 구성요소가
    상위개념으로 기재되어 있고 위 상위개념에 포함되는 하위개념만을 구성
    요소 중의 전부 또는 일부로 하는 이른바 선택발명의 진보성이 부정되지
    않기 위해서는 선택발명에 포함되는 하위개념들 모두가 선행발명이 갖는
    효과와 질적으로 다른 효과를 갖고 있거나, 질적인 차이가 없더라도 양적
    으로 현저한 차이가 있어야 한다."라고 판시한 바 있다.
45) 東京高判 昭38. 10. 31.[昭和 34(行ケ)13]. 위 판결에 대한 자세한 내용은 竹
    田和彦, 전게서(주 12), 192면 참조.

연장선상에 있고, 통상의 기술자가 예측할 수 있는 범위를 뛰어넘는
다고 보기 어렵다면, 출원발명의 진보성은 부정된다.[46]

(라) 수치한정발명

수치한정발명은 수치범위에 의해 청구항 기재 발명의 구성을 수
량적으로 한정한 발명을 의미한다. 공지기술로부터 실험을 통해 최
적(最適) 또는 호적(好適)의 수치범위를 선택하는 것은 일반적으로
통상의 기술자가 통상의 창작능력을 발휘하는 것에 불과하여 진보
성이 인정되지 않는다. 그러나 청구항 기재 발명이 한정된 수치범위
이내에서 인용발명에 개시되지 않거나 인용발명과는 질적으로 다른
효과를 발생하는 경우이거나, 인용발명과 동질의 효과라도 통상의
기술자가 인용발명으로부터 예측할 수 없는 현저한 효과를 발생하
는 경우라면, 진보성이 인정된다. 그런데 이러한 현저한 효과는 수
지한정범위 전체에서 나타나야 한다.[47]

예컨대, 출원발명이 그 구성요소로서 350℃ 내지 1,200℃의 반응
온도를 한정하고 있는데, 그 수치범위 중 350℃ 내지 500℃에서 현저
한 효과가 나타나지 않는다면, 출원발명의 진보성은 부정된다.[48]

한편, 수치한정발명의 경우에는 임계적 의의(臨界的 意義)가 요구
될 때가 있다. 즉, 청구항 기재 발명의 과제가 인용발명의 과제와 공
통되고, 그 효과가 동질의 경우에는 그 수치한정의 임계적 의의가
요구된다. 수치한정의 임계적 의의가 인정되기 위해서는 수치한정
사항을 경계로 하여 발명의 작용효과에 현저한 변화가 있어야 한
다.[49]

---

46) 東京高判 平6. 9. 22.[平成 4(行ケ)214].
47) 일본 특허 심사기준 제2부 제2장 2.5. (3) Ⅳ.
48) 東京高判 昭55. 12. 8.[昭和 54(行ケ)114].
49) 東京高判 平1. 10. 12.[昭和 63(行ケ)107].

다만, 청구항 기재 발명의 과제가 인용발명의 과제와 상이하고, 그 효과도 이질적인 경우라면, 수치한정을 제외한 양 발명의 구성이 동일하다고 하더라도, 수치한정의 임계적 의의를 요하지 않는다.[50][51]

(4) 진보성 판단 시 고려사항

(가) 부정적 교시

어떠한 간행물이 통상의 기술자로 하여금 청구항 기재 발명에 용이하게 도달하는 것을 방해하도록 하는 기재를 포함하고 있다면, 그러한 간행물은 인용발명으로 삼기에 부적절하다. 그러나 비록 해결하고자 하는 과제가 서로 다른 경우 등과 같이 어떠한 간행물이 통상의 기술자로 하여금 청구항 기재 발명에 용이하게 도달하는 것을 방해하도록 하는 기재를 포함하고 있는 것처럼 일견 보인다 하더라도, 기술분야가 공통되고 기능이나 작용이 공통되는 등과 같이 다른 관점으로 볼 때 청구항 기재 발명에 용이하게 도달할 수 있는 논리

---

50) 東京高判 昭62. 7. 21.[昭和 59(行ケ)180].

51) 이러한 수치한정발명의 진보성 판단 기준은 우리나라도 마찬가지인데, 대법원 2010. 8. 19. 선고 2008후4998 판결은 "특허등록된 발명이 그 출원 전에 공지된 발명이 가지는 구성요소의 범위를 수치로써 한정하여 표현한 경우에 있어, 그 특허발명의 과제 및 효과가 공지된 발명의 연장선상에 있고 수치한정의 유무에서만 차이가 있는 경우에는 그 한정된 수치범위 내외에서 현저한 효과의 차이가 생기지 않는다면 그 특허발명은 그 기술분야에서 통상의 기술자가 통상적이고 반복적인 실험을 통하여 적절히 선택할 수 있는 정도의 단순한 수치한정에 불과하여 진보성이 부정된다. 다만, 그 특허발명에 진보성을 인정할 수 있는 다른 구성요소가 부가되어 있어서 그 특허발명에서의 수치한정이 보충적인 사항에 불과하거나, 수치한정을 제외한 양 발명의 구성이 동일하더라도 그 수치한정이 공지된 발명과는 상이한 과제를 달성하기 위한 기술수단으로서의 의의를 가지고 그 효과도 이질적인 경우라면, 수치한정의 임계적 의의가 없다고 하여 특허발명의 진보성이 부정되지 아니한다."라고 판시한 바 있다.

부여가 가능한 경우라면, 그러한 간행물도 인용발명으로 삼을 수 있다.[52]

(나) 주지·관용기술

주지·관용기술은, 제출이 불필요할 정도로 현저히 알려져 있지 않는 한, 출원 당시의 기술수준을 구성하는 중요한 자료이기 때문에 청구항 기재 발명의 인용문헌으로 제출되어야 한다. 그것은 인용발명을 찾기 위한 근거일 뿐만 아니라, 출원 당시의 통상의 기술자의 지식을 확정하거나 통상의 기술자의 창작능력을 확정하는 데에 있어서도 중요한 근거를 제공할 수 있다.[53]

(다) 명세서에 기재된 종래기술

특허 청구된 발명의 명세서에 기재된 종래기술은 해당 발명의 진보성 여부를 판단하기 위한 기초로 사용될 수 있다. 명세서에 기재된 종래기술을 진보성 여부를 판단하기 위한 기초로 사용할 수 있기 위해서는, 출원인이 그 종래기술이 공지된 것임을 인정하고, 출원 당시의 기술수준을 구성하는 것으로서 그 종래기술을 인용할 때에 가능하다.[54]

일본의 경우 명세서에 배경기술을 적는 것은 심사기준상 단순한 권고사항으로 되어 있었는데, 2002. 4. 특허법 개정을 통해, 특허를 받고자 하는 자가 특허출원 시에 알고 있던 공지 발명을 그 출처(공지 발명이 게재된 간행물의 명칭 및 기타 그 공지 발명에 관한 정보의 소재)와 함께 기재하도록 의무화하였다.

이에 따라 일본의 심사지침서 및 심사 실무에 있어서도 명세서에

---

52) 일본 특허 심사기준 제2부 제2장 2.8. (1).
53) 일본 특허 심사기준 제2부 제2장 2.8. (2).
54) 일본 특허 심사기준 제2부 제2장 2.8. (3).

기재된 선행기술은 일본 특허법 제29조 제1항 제3호의 '반포된 간행물에 기재된 발명'에 해당하여 이를 이용하여 신규성 및 진보성을 판단할 수 있다고 보고 있다.[55]

(라) 구성요소가 선택적으로 기재된 경우

청구항에 기재된 발명의 구성요소가 선택적으로 기재된 경우[56], 그 선택적 요소 중 어느 하나를 선택하여 인용발명과 대비할 결과 진보성이 인정되지 않으면, 그 청구항에 대하여 진보성이 없는 것으로 인정할 수 있다.[57]

(마) 물건의 제조방법 및 용도에 관한 발명

물건에 관한 발명의 진보성이 인정되는 경우에는 그 물건의 제조방법에 관한 발명 및 그 물건의 용도에 관한 발명은 원칙적으로 진보성이 인정된다.[58]

(바) 상업적 성공

발명의 제품이 상업적으로 성공하였다는 사실은, 그러한 상업적 성공이 판매 기법이나 광고 등과 같은 다른 요인이 아니라, 청구항 기재 발명의 기술적 특징에서 기인하였다는 출원인의 주장 및 입증이 있는 경우에 한하여, 진보성을 긍정하는 요소로 참작될 수 있다.[59]

예컨대, 청구항 기재 발명은 정유 공장에 남아 있는 가스를 배기

---

55) 이상철, "명세서의 종래기술을 선행기술로 사용할 수 있는지 여부", 지식재산21 제96호, 특허청(2006), 80-81면 참조.
56) 이른바 마쿼시(Markush) 형식 청구항이 이에 해당할 것이다.
57) 일본 특허 심사기준 제2부 제2장 2.8. (4).
58) 일본 특허 심사기준 제2부 제2장 2.8. (5).
59) 일본 특허 심사기준 제2부 제2장 2.8. (6).

가스로 활용하는 기술에 관한 것이었는데, 이러한 발명은 큰 상업적 성공을 거두었다. 이는 원재료를 매우 싸게 공급받을 수 있으면서 잔류물을 효과적으로 활용하는 방법이었기 때문에 그 효과가 매우 현저한 것이었다. 이러한 점을 감안할 때 청구항 기재 발명은 통상의 기술자가 용이하게 도달할 수 있는 것이라고 보기 어렵다.[60]

다만, "본건 고안의 실시품이 시판 후 즉시 많은 수요를 불러일으켜 시장 수요의 태반을 차지하였다는 주장이 진실일지라도, 진보성이 없다고 인정되는 이상, 그와 같은 사정은 진보성의 판단을 좌우하기에 충분하지 않다."라고 하여 상업적 성공은 진보성 여부가 명확하지 않은 사안에서 부차적으로 고려되는 요소라고 본 판례도 있다.[61]

(사) 발명의 불실시

효과가 큰 것임에도 불구하고 오랫동안 그것을 실시한 자가 없었다는 사정 또는 요망되고 있으면서도 오랫동안 해결되지 않았던 과제였다는 사정 등도 진보성을 긍정하는 요소로 참작될 수 있다. 다만, 해결하려고 하면 쉽게 해결할 수 있는 과제이면서도 시장성 등이 없기 때문에 관련 업계에서 해결에 흥미를 보이지 않았던 경우에 불과하다면, 진보성을 긍정하는 요소로 참작하기 어렵다.[62]

판례 중에는 "본건 출원 전에 당업자들이 본건 방법보다 열악한 방법을 실시하고 있었다면, 특별한 사정이 없는 한 본건 방법을 쉽게 생각해 낼 수 있는 것이라고 볼 수 없다."라고 판시한 것이 있는가 하면,[63] "단순히 종래 실시된 사실이 없다고 하여 곧바로 진보성

---

60) 東京高判 平4. 12. 9.[平成元(行ケ)180].
61) 東京高判 昭62. 7. 21.
62) 吉藤辛朔 著, 전게서(주 4), 153면 참조.
63) 大審判 昭12. 3. 3.

이 있다고 단정할 수 없다. 생각건대, 특정한 방법이 어느 정도의 작용효과를 발생시킨다고 하더라도 그 반면에 실용상 방해가 되는 결점도 수반하기 때문에 당업자가 굳이 이것을 실시하지 않는 경우도 있기 때문이다."라고 판시한 것도 있다.[64]

라. 일본 법원의 주요 진보성 판단 사례

(1) 東京高裁 1985. 5. 7. 판결[昭和57(行ヶ)17]

(가) 사안의 개요

이 사건에서 문제된 출원발명은 '전기광학장치'에 관한 것으로, 출원발명과 인용발명 1은 2장의 판이 인접하는 액정분자에 배향효과[65]를 부여하는 표면 구조를 가지고 있고, 그 결과 전압 OFF 시에 액정분자가 판의 수직방향으로 나선상 구조를 가지고 있다는 점에 있어서만 차이가 있었다. 그런데 인용발명 2에는 직교방향으로 벽의 방향성을 가진 2장의 판 사이에 있는 액정분자가 전압 OFF 시에 벽의 방향성을 따라 나선상으로 늘어선다는 것이 기재되어 있었고, 인용발명 3에는 2장의 판에서 벽의 방향성을 변화시키는 것에 의하여 액정에 나선상 배열이 생겨나게 되었을 때, 편광면을 회전시키는 효과가 있다는 것이 기재되어 있었다.

위 출원에 대해 거절결정이 내려지자, 출원인은 이에 불복하여 심판을 청구하였는데, 특허청은 인용발명 1에 인용발명 2, 3의 위 기술들을 조합하면 출원발명에 용이하게 이를 수 있다고 하면서 그 청구를 기각하였고, 이에 출원인은 법원에 심결취소를 구하는 소를 제기하였다.[66]

---

64) 東京高判 昭43. 12. 10.
65) 방향성을 주는 효과를 의미한다.

(나) 판결의 요지

법원은 인용발명 1에 인용발명 2, 3을 결합하여 출원발명을 용이하게 도출할 수 있는지 여부와 관련하여, 법원은 출원발명과 인용발명 1은 액정의 전압 OFF 시와 전압 ON 시의 광학적 특성의 차이를 이용하여 광의 투과·불투과를 절환[67]하여 명암을 표시하는 것이므로, 액정의 전압 OFF 시와 전압 ON 시의 상태 내지 광학적 특성은 항상 함께 대응되는 것으로 검토되어야 하고, 이것을 분리하여 별도로 논의할 수 없으며, 이러한 종류의 액정을 이용하고 있는 전기광학장치에서 어느 액정을 다른 액정으로 치환하는 것이 용이한지 여부를 판단함에 있어서도 치환되는 액정의 전압 OFF 시와 전압 ON 시의 상태 내지 광학적 특성을 함께 대응하여 검토하여야 한다고 보았다.

그러한 견지에서 법원은 인용발명 2, 3의 개시 내용으로부터 액정의 전압 OFF 시와 전압 ON 시에 편광면의 회전 정도에 차이가 있다는 것까지는 용이하게 예측할 수 있다고 하더라도, 특허청의 주장과 같이 전압 ON 시에 편광면의 회전이 발생하지 않는다는 것까지 예측하는 것은 곤란하다고 보아야 한다고 판단하였다. 또한, 법원은 출원발명의 우선권주장일 당시 액정을 이용하여 입사 편광광의 투과·불투과를 절환하는 전기광학장치에서 액정의 전압 OFF 시와 전압 ON 시에 편광면의 회전 정도에 차이가 있는 것만으로도 충분하고, 이러한 차이를 이용하여 위와 같은 전기광학장치를 제조하는 것이 가능하였다고 볼 만한 사정이 없는 이상, 인용발명 1에 개시된 장치에 사용된 액정의 대체물로서 인용발명 2, 3에 개시된 액정을 이용하는 것은 용이하지 않은 것으로 보아야 한다고 설시하였다.

결론적으로 법원은 인용발명 1에 인용발명 2, 3을 결합하여 출원

---

66) 中山信弘·相澤英孝·大渕哲也 編, 比較特許判例研究會 譯, 特許判例百選[제3판], 박영사(2005), 107면 참조.

67) 제어하는 극의 신호에 따라 변환하여 작동하는 것을 의미한다.

발명을 용이하게 도출할 수 없다고 보고, 이와 달리 판단한 심결을 취소하였다.[68]

  (다) 검토

  일본의 경우에도 전통적으로 특허발명과 인용발명의 일치점 및 차이점을 파악하는 과정에서 양 발명을 구성요소별로 분설하여 그 일치점 및 차이점을 판단해 왔는데, 이러한 판단 방법은 판단자의 주관적·직감적인 판단을 배제하고, 객관적·분석적인 판단을 가능하게 하는 장점이 있었다.

  그러나 다른 측면에서 볼 때 위와 같이 발명을 구성요소별로 분해하여 판단하게 되면, 개별 구성요소가 복수의 선행문헌에 공지되어 있다는 이유만으로 곧바로 진보성이 부정될 우려가 있고, 특히 이 사건과 같이 각 구성요소의 유기적 결합에 발명의 특징이 있는 경우에는 그러한 결합의 가치를 소홀히 평가하고 적절하게 진보성 판단을 할 수 없게 되는 문제점을 낳게 된다.

  이 사건에서 문제된 출원발명은 액정의 전압 OFF 시와 전압 ON 시의 광학적 특성의 차이를 이용하여 광의 투과·불투과를 절환한다는 점에 기술적 특징이 있었으므로, 액정의 치환 용이성을 판단함에 있어서도 치환되는 액정의 전압 OFF 시와 전압 ON 시의 상태 내지 광학적 특성을 함께 대응하여 검토되어야 할 것이지, 이를 각각 나누어서 단순히 전압 OFF 시의 상태가 유사하다는 이유만으로 인용발명 2, 3의 결합이 쉽다고 단정해서는 안 된다는 점을 분명히 하였다.

  위 판결은 결합발명의 진보성 판단 기준과 관련하여 중요한 선례가 되었고, 복수의 인용발명에 출원발명의 구성요소 전부가 개시되어 있는 경우 진보성을 쉽게 부정하던 종전의 실무경향에 경종을 울

---

68) 中山信弘·相澤英孝·大渕哲也 編, 전게서(주 66), 108-109면 참조.

린 판결로 평가되었다.[69]

(2) 東京高裁 1988. 12. 13. 판결[昭和60(行ヶ)35]

(가) 사안의 개요

이 사건에서 문제된 출원발명은 '버퍼 회로'[70]에 관한 것으로서, 출원인이 거절결정에 불복하여 심판을 청구하였는데, 특허청은 출원발명과 인용발명 1의 차이점들은 통상의 기술자가 인용발명 2에 기재된 기술수준에 비추어 쉽게 생각해 낼 수 있는 것에 불과하고, 출원인이 주장하는 효과는 그것이 어떠한 것일지라도 구성의 곤란성이 없다는 판단에 영향을 줄 수 없다는 취지로 그 청구를 기각하였으며, 이에 출원인은 법원에 심결취소를 구하는 소를 제기하였다.[71]

(나) 판결의 요지

법원은 "어떤 기술에 관한 외관상 구성의 변경이 공지기술에서 용이한 것 같은 느낌이 있는 경우, 통상의 기술자는 그 구성변경에 의해 얻어지는 당해 기술의 작용효과는 공지기술 이상의 것을 나타내지 않는 것으로 인식하고, 그 구성의 변경을 감히 발명으로 특허출원을 하지 않는 것이 통상이라고 생각되지만, 만약 위와 같은 구성의 변경이 공지기술에서 예측되는 범위를 넘는 현저한 작용효과를 가져오는 것이라면, 그것은 산업의 발달에 기여하는 것이라고 할수 있기 때문에, 최초에 그러한 점을 깨닫고 작용효과의 현저성을

---

69) 상게서, 110-111면 참조.
70) 수동되는 쪽의 회로가 구동되는 회로의 특성에 의해서 영향을 받는 것을 방지하는 회로로서, 신호원에 의해서 구동되는 회로로부터 격리시키기 위한 회로를 말한다.
71) 中山信弘·相澤英孝·大渕哲也 編, 전게서(주 66), 112-113면 참조.

입증하여 위 변경에 관계되는 구성을 발명으로 하여 특허출원을 한 경우에는, 공지기술에서 추고가 용이하지 않은 발명으로서 진보성을 인정하여 그것에 특허를 부여하는 것이 상당하다고 할 수 있다."라고 판시하였다.

　이러한 점을 전제로 법원은 입상 전달지연시간의 개선이라는 출원발명의 효과는, 극히 짧은 시간을 기본 사이클로 하여 작동하고 회로작동의 고속화가 요구되는 있는 출원발명이 속한 기술분야에 있어서, 극히 현저한 작용효과라고 평가하는 것이 상당하고, 비록 구성상으로는 근소한 차이인 것처럼 보일지라도 위와 같은 입상 특성을 개선한 출원발명의 작용효과는 인용발명 1로부터 예상하기 어려운 현저한 것이라고 보아야 한다고 판시하였다.[72]

(다) 검토

　일본의 경우 진보성 판단에 있어서 효과의 현저성을 참작할지 여부와 관련하여, ① 발명의 진보성은 구성의 곤란성 판단에 귀착되는 것이므로 효과의 현저성은 참작될 수 없다는 비참작설, ② 효과의 현저성을 구성의 곤란성 여부를 추인하는 간접사실로 해석하는 간접사실설,[73] ③ 효과의 현저성을 구성의 곤란성과 독립한 진보성 판단의 요건으로 해석하는 독립요건설로 크게 견해가 나누어진다.

　이 사건의 심결에서는 "출원인이 주장하는 효과는 그것이 어떠한 것일지라도 구성의 곤란성이 없다는 판단에 영향을 줄 수 없다."라고 하여 적어도 표현상으로는 비참작설의 입장에 서 있는 것으로 이

---

72) 상게서, 113-114면 참조.
73) 효과의 현저성은 원칙적으로 참작할 필요가 있으나, 구성의 곤란성이 없다는 것이 명백한 경우에는 참작할 필요 없게 된다[吉藤幸朔, 전게서(주 4), 151면]. 竹田和彦, 전게서(주 12), 203면도 구성의 곤란성은 주요사실, 작용효과의 현저성은 간접사실이라고 하고 있다.

해된다.

그런데 위 판결에서는 "구성의 변경이 공지기술에서 예측되는 범위를 넘는 현저한 작용효과를 가져오는 것이라면, 그것은 산업의 발달에 기여하는 것이라고 할 수 있기 때문에, 최초에 그러한 점을 깨닫고 작용효과의 현저성을 입증하여 위 변경에 관계되는 구성을 발명으로 하여 특허출원을 한 경우에는, 공지기술에서 추고가 용이하지 않은 발명으로서 진보성을 인정하여 그것에 특허를 부여하는 것이 상당하다고 할 수 있다."라고 하여 위와 같은 심결의 판단이 잘못되었다고 설시하였다.

위와 같이 위 판결은 효과의 현저성도 진보성 판단에 고려되어야 함을 명시적으로 밝혔다는 점에서 의의가 있고, 위 판결을 시초로 일본의 법원은 진보성 판단함에 있어서 구성의 곤란성 외에 효과의 현저성도 함께 고려하는 경향을 보이게 되었다. 다만, 위 판결은 간접사실설과 독립요건설 중 어느 입장을 취하는지는 분명하게 밝히지 않았다.[74)]

(3) 知財高裁 2008. 12. 25. 판결[平成20(行ヶ)10130]

(가) 사안의 개요

이 사건에서 문제된 출원발명은 '레이더'에 관한 것으로서, 출원발명과 인용발명의 주된 차이점은, 출원발명이 탐지 화상의 표시 변경에 대하여 표시 화면 내에서의 이동체의 표시 위치를 표시 화면 내의 기준 위치로부터 이동체의 이동 방향에 대하여 후방으로 소정의 시프트량만큼 시프트시켜 탐지 화상을 표시하는 것임에 비하여, 인용발명에는 위와 같은 내용이 개시되어 있지 않다는 점이었다.

---

74) 中山信弘·相澤英孝·大渕哲也 編, 전게서(주 66), 115-117면 참조.

위 출원에 대해 거절결정이 내려지자, 출원인은 이에 불복하여 심판을 청구하였는데, 특허청은 인용발명에서 자 항공기의 속도가 증대함에 따라 경계 공역의 직경을 신장하는 것은 이동체의 감시 구역의 표시 범위를 넓히기 위한 것이고, 위와 같이 이동체의 감시 구역의 표시 범위를 넓히기 위한 목적으로 이동체의 표시 위치를 표시 화면의 중심 위치에서 후방에 어긋나게 해 표시하는 것은 주지기술이므로, 인용발명에 위 주지기술을 결합하면 출원발명에 용이하게 이를 수 있다는 취지로 그 청구를 기각하였으며, 이에 출원인은 법원에 심결취소를 구하는 소를 제기하였다.[75]

(나) 판결의 요지

법원은, 우선 출원발명의 기술적 과제를 '시프트량을 설정함에 있어 가능한 한 조작자의 손을 번거롭게 하지 않고, 최적의 시프트량이 되도록 한 레이더를 제공하고자 하는 것'이라고 보았고, 이러한 기술적 과제의 해결수단으로서 '이동체의 이동 속도를 검지하는 이동체 속도 검지 수단을 구비하고, 표시 화면 내에서의 이동체의 표시 위치를 표시 화면 내의 기준 위치로부터 이동체의 이동 방향에 대하여 후방으로 소정의 시프트량만큼 시프트시켜 탐지 화상을 표시하며, 이동체 속도 검지 수단에 의해 검지된 이동체의 이동 속도가 커질수록 시프트량을 크게 하는 탐지 화상 표시 제어 수단을 마련한 것'을 제시한 것이라고 보았다.

그런데 법원은 인용발명에 대해, CRT상에 항공기의 개략 위치를 나타내는 전체의 표시 화면을 확대하거나 축소하는 것 없이 일정한 범위 내에 위치하는 타 항공기 등의 모든 것을 표시하는 것을 전제

---

75) 飯村敏明, "일본의 특허진보성관련 판례동향 및 시사", 일본지적재산고등재판소장 초청 특별세미나 자료, 특허청(2013), 3면 참조. 한편, 판결 원문은 D1-Law.com 참조.

내지 상정한 발명으로 보았다. 구체적으로 인용발명은 전체의 표시 화면 내에 표시될 수 있는 다수의 타 항공기 가운데 항공기 조종자로 하여금 특히 충돌을 경계해야 하는 타 항공기를 식별시키고, 그러한 항공기에 대한 주의를 환기시키기 위해 '경계 공역'을 원으로 표시하고, 자 항공기의 속도에 따라 그 반경의 길이를 신축시키는 기술에 해당한다.

한편, 법원은 심결에서 주지기술로 인정된 '오프 센터 기능'은 탐지 화상의 표시 면적을 바꾸는 일 없이 이동체의 표시 위치를 표시 화면의 중심 위치에서 후방에 어긋나게 해 표시하는 기술인데, 이로 인해 변화시키기 전에 보이고 있지 않는 탐지 대상이 보이게 하고, 변화시키기 전에는 보여 있던 탐지 대상이 보이지 않게 된다.

따라서 법원은 위와 같은 인용발명의 기술적 사상을 감안해 볼 때 '경계 공역'의 표시 범위만을 효율적으로 표시할 목적으로 주지기술인 '오프 센터 기능'을 인용발명에 채용할 만한 동기 등은 존재하지 않는다고 보아야 하고, 이와 달리 인용발명과 위 주지기술의 결합에 의해 출원발명에 용이하게 도달할 수 있다고 본 심결은 위법하여 취소되어야 한다고 판단하였다.[76]

(다) 검토

위 판결은 출원발명과 인용발명의 기술적 과제 및 해결수단을 검토하여 양 발명의 기술적 과제 및 해결수단이 서로 상이하고, 인용발명에 주지기술을 채용하는 것은 인용발명의 기술적 사상에 비추어 볼 때 용이하지 않는다고 하여 출원발명의 진보성이 부정되지 않는다고 판단한 사례이다.

---

76) 飯村敏明, 전게서(주 75), 4면 참조.

(4) 知財高裁 2009. 1. 28. 판결[平成20(行ヶ)10096]

(가) 사안의 개요

이 사건에서 문제된 출원발명은 전자회로기판의 접합부를 연결하는 재료에 관한 것으로서, 비스페놀 F형 페녹시 수지, 비스페놀형 에폭시 수지, 잠재성 경화제를 필수적 성분으로 포함하고 있었다.

한편, 인용발명 역시 접착필름에 관한 것으로서, 비스페놀 A형 페녹시 수지, 비스페놀형 에폭시 수지, 잠재성 경화제를 필수적 성분으로 포함하고 있었고, 다른 인용발명에 비스페놀 F형 페녹시 수지가 열가소성 수지의 하나로 개시되어 있었다.

위 출원에 대해 거절결정이 내려지자, 출원인은 이에 불복하여 심판을 청구하였다. 이에 대해 특허청은 접착제의 필수적 성분으로 출원발명은 비스페놀 F형 페녹시 수지를 포함하고 있음에 비하여, 인용발명은 비스페놀 A형 페녹시 수지를 포함하고 있다는 점에서만 차이가 있을 뿐인데, 비스페놀 F형 페녹시 수지가 열가소성 수지로 이미 공지되어 있으므로, 출원발명의 진보성은 부정된다는 취지로 그 청구를 기각하였으며, 이에 출원인은 법원에 심결취소를 구하는 소를 제기하였다.[77]

(나) 판결의 요지

법원은, 우선 일반론으로 "특허법 제29조 제2항이 정하는 요건(진보성)의 충족 여부 즉, 통상의 기술자가 선행기술에 기초해 출원발명을 용이하게 상도할 수 있었는지 여부는 선행기술로부터 출발하여 출원발명의 특징점(출원발명과 선행기술의 차이점)에 도달하는 것이 용이한 것인지를 기준으로 판단한다. 그런데 출원발명의 특징점은 해당 발명이 목적으로 하는 과제를 해결하기 위한 것이기 때문

---

77) 상게서, 4-5면 참조. 한편, 판결 원문은 D1-Law.com 참조.

에, 용이상도성 여부를 객관적으로 판단하기 위해서는 해당 발명의 특징점을 정확하게 파악하는 것 즉, 해당 발명이 목적으로 하는 과제를 정확하게 파악하는 것이 필요불가결하다. 그리고 용이상도성 여부의 판단 과정에 있어서 사후 분석적 또는 비논리적 사고는 배제되어야 하나, 이를 위해서는 해당 발명이 목적으로 하는 '과제'를 파악함에 있어 무의식적으로 '해결 수단' 또는 '해결 결과'의 요소가 혼입되지 않도록 유의하는 것이 필요하다. 또한, 해당 발명이 용이상도하다고 판단하기 위해서는 단순히 해당 발명의 특징점에 도달할 수 있는 시도를 하였으리라는 추측만으로는 부족하고, 해당 발명의 특징점에 도달하기 위해 하였을 것이라는 점에 대한 시사 등이 존재하여야 한다."라고 판시하였다.

법원은 이 사건에서 출원발명의 진보성이 부정되지 않는다고 보았다. 구체적으로 출원발명이 비스페놀 F형 페녹시 수지를 채용한 이유는 비스페놀 A형 페녹시 수지를 사용하는 경우에 비하여 접속신뢰성을 향상시키는 과제를 해결하기 위한 것인데, 인용발명에는 비스페놀 A형 페녹시 수지가 접착성에 문제가 있다는 기재가 없고, 통상의 기술자가 접속부재용 재료를 선택할 때 고려요소로서 내열성, 절연성, 강성, 점도 등의 다른 요소들도 존재하므로, 접착성을 향상시킨다는 점에만 주목하여 비스페놀 F형 페녹시 수지를 사용할 만한 동기 내지 시사는 존재하지 않는다고 판단하였다.

또한 법원은, 비스페놀 F형 페녹시 수지의 결합을 저해하는 요소도 존재한다고 보았다. 즉, 다른 문헌의 기재에 의하면 비스페놀 F형 페녹시 수지는 내열성이 낮다는 점이 알려져 있었으므로, 내열성이 양호할 것이 요구되는 접속부재용 재료를 선택함에 있어서 별다른 문제가 지적되지 않던 비스페놀 A형 페녹시 수지 대신에 내열성이 낮은 비스페놀 F형 페녹시 수지를 사용하는 것은 통상의 기술자에게 용이하다고 볼 수 없다고 판단하였다.[78]

(다) 검토

위 판결은 진보성 판단에 있어 해당 특허발명의 기술적 과제를 정확하게 파악하는 것이 필요하다고 한 점, 진보성이 부정된다고 판단하기 위해서는 해당 특허발명의 기술적 특징에 도달할 수 있었을 것이라는 막연한 추측이나 가능성만으로는 부족하고, 기술적 과제를 해결하기 위해 해당 특허발명의 기술적 특징에 도달하기 위해 하였을 것이라는 점에 대한 시사 등이 존재하는 경우에만 특허발명의 진보성이 부정될 수 있다고 한 점 등에 의의가 있다.

(5) 知財高裁 2009. 3. 25. 판결[平成20(行ヶ)10153]

(가) 사안의 개요

이 사건에서 문제된 특허발명은 '에어 셀룰러 완충 시트'에 관한 것으로서, 피고가 특허권자인 원고를 상대로 등록무효심판을 청구하였는데, 특허청은 특허발명이 인용발명들로부터 용이하게 도출할 수 있어 진보성이 부정된다는 취지로 피고의 위 심판청구를 인용하였고, 이에 원고는 법원에 심결취소를 구하는 소를 제기하였다.[79]

(나) 판결의 요지

법원은, 우선 일반론으로 "특허발명의 진보성 여부는, 인용발명 가운데 특허발명의 구성과 그 골격을 공통으로 하는 것(주인용발명)으로부터 출발하여, 주인용발명 이외의 인용발명(부인용발명)과 기술상식 및 주지기술을 고려하는 것에 의하여 특허발명의 특징점(주인용발명과 상이한 구성)에 도달하는 것이 용이한 것인지 여부를 기준으로 판단되어야 한다. 그런데 특허발명의 특징점은 특허발명이

---

78) 飯村敏明, 전게서(주 75), 5면 참조.
79) 상게서, 6면 참조. 한편, 판결 원문은 D1-Law.com 참조.

목적으로 하는 과제를 해결하기 위한 것이기 때문에, 용이상도성 여부를 객관적으로 판단하기 위해서는 특허발명의 특징점을 정확하게 파악하는 것 즉, 특허발명이 목적으로 하는 과제를 정확하게 파악하는 것이 필요불가결하다. 그리고 용이상도성 여부의 판단 과정에 있어서 사후 분석적, 주관적, 비논리적 사고는 배제되어야 하나, 이를 위해서는 특허발명이 목적으로 하는 '과제'를 파악함에 있어 무의식적으로 '해결 수단' 또는 '해결 결과'의 요소가 혼입되지 않도록 유의하는 것이 필요하다. 또한, 특허발명이 용이상도하다고 판단하기 위해서는, 주인용발명, 부인용발명, 기술상식, 주지기술의 각 내용을 검토함에 있어 단순히 특허발명의 특징점에 도달할 수 있는 시도를 하였으리라는 추측만으로는 부족하고, 특허발명의 특징점에 도달하기 위해 하였을 것이라는 점에 대한 시사 등이 존재하여야 한다."라고 판시하였다.

　　법원은 특허발명의 명세서 기재 내용 등을 근거로 특허발명이 해결하고자 하는 기술적 과제를 아래와 같이 파악하였다. 즉, 종래의 에어 셀룰러 완충 시트에서는 폭 방향으로 찢으려고 할 경우 좌우 몇 개의 길이 방향으로 휘어져 끊어지는 경향이 강하기 때문에, 커터나 가위 등의 절단 도구를 사용하지 않으면 필요한 치수로 찢을 수 없어 불편하였고, 이를 해결하기 위해 베이스를 형성하고 있는 필름에 찢기 라인을 일정한 간격마다 마련하는 수단이 채용되기도 하였으나, 그 경우에도 찢기 라인을 따라 찢는 것이 모든 경우에 필요하게 되는 것은 아니고, 기밀성·수밀성이나 기계적 강도 면에서는 찢기 라인의 존재가 오히려 문제가 초래될 수도 있었다. 특허발명은 위와 같은 종래 기술의 문제점을 해결하기 위한 것으로서, '에어 셀룰러 완충 시트와 같은 적층 구조체에 있어서도 연신된 방향으로 찢어지는 특성이 있는 것'에 착안하여 블로우비가 4 이상이며 인플레이션 성형된 고밀도 폴리에틸렌 수지 필름을 적층하는 구성을 구비함으로써, 임의의 측연부 개소로부터 손 찢기 동작에 의해 간단하게 가로찢기를 할 수 있는 에어 셀룰러 완충 시트를 제공하는 것을 그 목적으로 한다.

한편, 법원은 인용발명 1(주인용발명)에 대하여, 인용발명 1은 그 해결 수단으로서 소정 간격으로 시트를 절단하는 것을 전제로 하여 기포 시트를 횡단하는 측연부 개소로부터 절단용 미싱눈금을 마련한 구성을 채용한 것이고, 인용발명의 다른 기재를 종합해 보더라도 특허발명과 같이 '에어 셀룰러 완충 시트와 같은 적층 구조체에 있어서도 연신된 방향으로 찢어지는 특성이 있는 것'에 착안하여 임의의 측연부 개소로부터 손 찢기 동작에 의해 간단하게 가로찢기를 할 수 있도록 한다는 발상에 대한 시사 등이 존재한다고 보기 어렵다고 보았다.

또한, 법원은 비록 인용발명 2, 3(부인용발명)에 가로·세로 방향의 연신배율을 조절함으로써 필름 자체로 인열 방향성을 가지게 할 수 있는 내용이 개시되어 있으나, 인용발명 2, 3은 완충 시트가 아닌 합성수지 필름에 관한 것으로서, 이러한 기술적 사상이 완충 시트에 대해서도 적용 가능하다고 통상의 기술자가 인식할 수 있는 기술수준에 있었다고 보기 어렵다고 보았다.

결론적으로 법원은 인용발명들로부터 특허발명에 도달하는 것이 용이하다고 볼 수 없다는 이유로 원고의 청구를 받아들여 심결을 취소하였다.[80)]

(다) 검토

위 판결은 주인용발명에서 출발하여 결합발명의 진보성을 판단하는 방법에 대해 구체적으로 설시한 점에 그 의의가 있다. 또한, 주

---

80) 飯村敏明, 전게서(주 75), 6-7면 참조.

인용발명의 구성이 특허발명과 유사하더라도 발상이 크게 다른 경우에는 주인용발명에서 출발하여 특허발명에 이르게 되는 동기가 부정된다고 보아야 하는데, 위 판결 역시 그러한 이유로 진보성이 부정되지 않는다고 판단하였다.

현재 일본 지적재산고등재판소(지재고재)의 경우 위 판결에서와 같이 주인용발명을 정하고, 부인용발명 등을 결합하는 일련의 과정을 거쳐 특허발명에 이를 수 있는지를 판단하는 것이 다수의 판결을 통해 정립된 실무로 보인다. 일본 지적재산고등재판소의 2010년 무효심판의 심결취소율에 관하여 보면, 유효심결을 취소한 비율이 2002년 대비 절반 정도로 줄어든 반면, 무효심결을 취소한 비율은 50% 가까이 늘어났다는 조사 결과가 있는데(이는 과거에 비해 진보성을 부정하는 비율이 현저히 줄어든 결과로 보인다), 이러한 변화의 기저에는 위와 같은 일본 지적재산고등재판소의 진보성 판단 방식의 변화가 상당 부분 작용한 것으로 보인다.[81]

(6) 知財高裁 2011. 1. 31. 판결[平成22(行ヶ)10075]

(가) 사안의 개요

이 사건에서 문제된 특허발명은 '환기팬 필터'에 관한 것으로서, 피고가 특허권자인 원고를 상대로 등록무효심판을 청구하였는데, 특허청은 특허발명이 인용발명으로부터 용이하게 도출할 수 있어 진보성이 부정된다는 취지로 피고의 위 심판청구를 인용하였고, 이에 원고는 법원에 심결취소를 구하는 소를 제기하였다.[82]

---

81) 최승재, "결합발명의 진보성 심리 및 판단 방법에 개선을 위한 연구", 특별법연구 제12권, 사법발전재단(2015), 367-369면 참조.
82) 飯村敏明, 전게서(주 75), 9-10면 참조. 한편, 판결 원문은 D1-Law.com 참조.

(나) 판결의 요지

이 사건 심결은, 특허발명과 인용발명의 차이점에 해당하는 구성은 '피막 형성성 중합체를 포함한 수성 에멀견계 접착제를 이용하여 접착되어 있는 것'인데, 이 사건 특허발명의 기술적 과제인 '환기팬 필터의 사용 후에 금속제 필터프레임과 부직포제 필터재를 분별하여 폐기하는 것을 용이하게 하는 것'은 주지의 기술적 과제이고, 선행문헌(갑 제2호증)에는 수용액으로 인해 용해 또는 팽윤되어 벗겨지는 접착제 성분이 개시되어 있으므로, 통상의 기술자라면 위와 같은 주지의 기술적 과제를 해결하기 위해 위 선행문헌을 참고하여 특허발명에 용이하게 도달할 수 있다고 판단하였다.

그런데 법원은, "이 사건 심결은 특허발명의 과제가 주지되었다고 하면서도, 구체적으로 특허발명과 인용발명의 차이점에 해당하는 구성이 어떻게 용이하게 도출될 수 있는 것인지에 관한 논리의 합리적인 이유를 제시하지 못하고 있다는 점에서 타당성을 결하고 있다." 라고 판시하였다. 또한, 제출된 증거들에서도 특허발명이 해결하고자 하는 기술적 과제가 시사되어 있지 않다고 보았다.

결론적으로 법원은, 이 사건 심결은 특허발명이 해결하고자 하는 과제를 잘못 설정하였고, 그에 따른 용이상도성 판단에도 잘못이 있으므로, 이 사건 심결은 위법하여 취소되어야 한다고 판단하였다.[83]

(다) 검토

위 판결은 발명의 진보성 판단에 있어 특허발명이 해결하고자 하는 기술적 과제를 정확히 설정하는 것이 중요하다고 한 점과 용이상도성에 대한 합리적인 이유 설시가 없는 그 자체가 심결의 위법성의 기초가 된다고 판시한 점에서 의의가 있다.

---

83) 飯村敏明, 전게서(주 75), 10면 참조.

마. 요약 및 시사점

이상으로 일본에서의 발명의 진보성 판단 기준에 대해 살펴보았다. 일본의 경우, 진보성 유무는 통상의 기술자가 인용발명으로부터 청구항에 기재된 발명에 용이하게 도달할 수 있는지 여부로 결정된다. 이를 위해 먼저 청구항에 기재된 발명과 하나 또는 그 이상의 인용발명을 특정한다. 다음으로, 논리 부여에 가장 적합한 하나의 인용발명(주인용발명)을 선택하고, 청구항에 기재된 발명과 주인용발명을 대비하여 일치점 및 차이점을 추출한다. 그런 다음 차이점과 관련하여, 청구항에 기재된 발명의 진보성을 부정하기 위한 논리 부여가 가능한지를 인용발명(주지관용기술 포함) 및 기술상식에 근거하여 탐색한다. 구체적인 논리 부여에 있어서는, 차이점에 따른 구성이 다른 인용발명 등을 이용하여 조합 내지 치환이 용이한지 여부를 검토하되, 구체적으로 기술분야의 관련성이 있는지, 과제의 공통성이 있는지, 기능이나 작용에 공통성이 있는지, 인용발명의 내용 중에 시사가 있는지, 단순한 설계변경 사항인지, 공지된 재료 중 최적의 재료를 선택한 것인지 등을 종합적으로 고려한다. 또한, 조합이나 치환의 저해 요인이 있거나 예상을 뛰어넘는 효과가 있을 경우에는 이를 진보성 판단에 긍정적으로 참작한다. 위와 같은 절차를 걸쳐 통상의 기술자가 인용발명으로부터 청구항에 기재된 발명에 용이하게 도달할 수 있다는 논리 부여에 성공하면, 진보성을 부정하고, 반대의 경우에는 진보성을 부정하지 않는다.

이러한 일본의 진보성 판단 기준은 비교법적으로 볼 때 우리나라와 가장 닮아 있고, 다른 법 분야와 마찬가지로 특허법 분야에서도 우리나라가 일본으로부터 가장 많은 영향을 받았음을 부인할 수 없다. 최근에 들어서 다소 나아지기는 하였으나, 우리나라의 심사기준을 일본의 그것과 비교하여 매우 유사한 것을 보더라도 이를 넉넉히 알 수 있다. 다만, 일본에서도 특허가 무효로 되는 비율이 지나치게 높고, 그 원인으로서 진보성을 부정하기 위한 논리가 한정되지 않으면서 그 중 어느 하나만 있어도 진보성을 부정하게 되는 점이 지적되는 등 진보성 판단 기준 및 방법에 관하여 많은 비판이 제기되어 왔고, 이러한 문제점을 의식하여서인지 2005년 지적재산고등재판소가 창설된 이후로 일본의 진보성 판단 기준 및 방법에 있어 유의미한 변화가 감지되고 있다. 일본의 진보성 판단 기준과 그에 대한 비판은 우리나라에도 상당 부분 적용되는데, 그러한 점에서 일본 법원의 진보성 판단 방식의 변화는 우리나라의 실무에도 많은 참고가 될 수 있다.

제3장

청구항 해석

제1절 도입

가. 청구항 해석의 의의 및 필요성

발명의 진보성 판단을 위해서는 그 전제로서 진보성 판단의 대상이 되는 해당 특허발명(출원발명)의 내용을 확정하는 작업이 필요하다. 미국, 유럽, 일본 등 다른 나라의 경우를 보더라도 진보성 판단의 대상이 되는 해당 발명의 내용을 확정하는 것은 진보성 판단의 기초 작업에 해당함에 의문의 여지가 없다.

특허법은 청구범위 제도를 마련해 두고 있다. 특허를 받으려는 자는 특허출원서를 특허청장에게 제출하여야 하고, 특허출원서에는 명세서를 첨부하여야 하며, 명세서에는 발명의 설명과 청구범위를 적어야 한다(특허법 제42조 제1, 2항).[1] 청구범위에는 보호받으려는 사항을 적은 항(이하 '청구항'이라 한다)이 하나 이상 있어야 하는데, 청구항은 발명의 설명에 의하여 뒷받침되어야 하고, 발명이 명확하고 간결하게 적혀 있어야 한다(특허법 제42조 제4항). 또한, 청구범위에는 보호받으려는 사항을 명확히 할 수 있도록 발명을 특정하는 데 필요하다고 인정되는 구조·방법·기능·물질 또는 이들의 결합관계 등을 적어야 한다(특허법 제42조 제6항). 나아가 특허발명의 보호범위는 청구범위에 적혀 있는 사항에 의하여 정하여진다(특허법 제97조).

이상과 같은 특허법의 규정을 종합하여 볼 때 진보성 판단의 대상이 되는 것은 결국 청구범위(청구항)에 적혀 있는 사항이라고 할 것이고, 발명의 진보성 요건을 갖추고 있는지를 판단하기 위해서는

---

1) 2014. 6. 11. 특허법 개정으로 '특허청구범위'는 '청구범위'로, '발명의 상세한 설명'은 '발명의 설명'으로 각각 명칭이 변경되었다.

그 전제로서 청구범위(청구항)에 적혀 있는 사항이 확정(특정)될 필요가 있다고 할 것이다.

나. 청구항 해석의 두 가지 국면

청구범위의 해석은 다양한 국면에서 이루어진다. 우선 청구범위에 사용된 용어의 의미나 기술적 범위가 불명확한 경우에는 이를 해석하는 작업이 필요하다. 그리고 심사 단계 및 무효심판 단계에서 출원발명 또는 특허발명의 특허요건(신규성, 진보성 등)의 충족 여부를 판단하는 과정에서도 청구범위 해석이 필요하다. 나아가 권리범위확인심판 및 침해소송 단계에서는 균등관계, 이용관계, 출원경과금반언 등 명세서 이외의 사정을 참작하여 청구범위 해석에 의한 기술적 범위보다 넓거나 좁은 보호범위(권리범위)를 확정하기도 하고, 특허발명 자체가 신규성, 기재불비 등 무효사유를 가지거나 확인대상발명이나 침해품이 자유실시기술에 해당함을 이유로 특허발명의 보호범위(권리범위)를 부정하기도 한다.[2]

이처럼 청구범위 해석은 다양한 국면에서 이루어지나, 크게 보아 특허성(특허요건) 판단을 위하여 발명의 내용을 파악하는 것을 '발명의 내용(발명의 요지[3], 발명의 기술적 구성)을 확정하는 것'으로, 권리범위확인 또는 침해 판단을 위하여 특허권의 효력이 미치는 객관적인 범위를 확정하는 것을 '발명의 보호범위(권리범위)를 확정하는 것'으로 분류할 수 있다.[4]

---

2) 강경태, "이원적 청구범위해석방법에 관한 검토", 특허판례연구(개정판), 박영사(2012), 473-474면 참조.
3) 주로 일본에서 사용되는 표현이다. 竹田 稔 監修, 特許審査·審判の法理と課題, 發明協會(2002), 185면 참조.
4) 강경태, 전게논문(주 2), 474면 참조.

'발명의 내용 확정'과 '발명의 보호범위 확정'은 모두 청구범위에 기재된 사항에 의하여 이루어진다는 점에서 양자는 동일한 기초에서 출발하는 것이고 기본적으로 일치한다고 할 수 있다. 즉, 특허발명의 내용을 확정하는 단계와 특허발명의 보호범위를 확정하는 단계에서 청구범위에 기재된 문언의 의미를 달리 해석하게 된다면, 양 단계에서 발명의 실체를 다르게 파악하게 되는 결과가 되어 바람직하지 않다.

다만, 특허발명의 보호범위에는 청구범위에 기재된 문언을 해석하는 이외에 특허발명의 보호범위를 확장하거나 제한하는 여러 이론이 적용되는데, 이를 통하여 특허발명의 내용과 특허발명의 보호범위는 서로 차이가 발생할 수 있다.[5)]

즉, 특허법 제97조는 등록된 특허발명의 보호범위를 정하는 것이므로, 청구범위에 기재된 사항이라는 사정만으로 보호할 가치가 없는 사항이나 진실로 발명하지 아니한 부분까지 그 보호범위를 인정하는 것은 곤란하고 그 보호범위를 정당한 범위 내로 제한함이 타당하다. 따라서 청구범위가 공지기술을 포함하는 경우에는 공지기술을 참작하여 그 보호범위를 제한하거나 또는 출원경과 금반언에 의하여 청구범위에 기재된 문언에 수정을 가하여 특허발명의 보호범위를 제한하여야 한다. 이와 반대로 때로는 균등침해이론과 같이 공평의 견지에서 청구범위에 기재된 문언의 기재를 넘어서 특허발명의 보호범위가 확장되기도 한다.

그러나 특허요건 판단 단계에서는 청구범위에 공지기술을 포함하고 있거나 명세서에 기재요건 위반이 있다고 하더라도 공지기술을 제외하거나 기재요건 위반이 되지 않는 범위 내에서 발명의 내용 또는 발명의 요지를 확정하는 것은 허용될 수 없다. 청구범위의 기

---

5) 박성수, "특허청구범위의 해석에 관한 소고", 사법논집 39집, 법원도서관 (2004), 655면 참조.

재는 넓은 범위를 포함하는 것임에도 발명의 설명에는 좁은 범위밖에 발명의 개시가 없는 경우에 발명의 내용 또는 발명의 요지는 넓은 범위로 해석된다. 만일 이와 달리 발명의 내용 또는 발명의 요지를 확정하게 되면, 이는 출원인이 표시한 의사를 심사하는 측에서 임의로 변경하는 것을 허용하는 결과가 되고, 명세서에 기재요건 위반이 있거나 특허요건을 구비하지 못한 발명에 대하여 특허가 부여되는 불합리가 발생한다.[6]

그런데 발명의 진보성 판단과 관련된 청구범위 해석은 앞서 본 바와 같이 특허성(특허요건) 판단을 위하여 발명의 내용을 파악하는 것 즉, 발명의 내용(발명의 요지, 발명의 기술적 구성)을 확정하는 것에 해당한다.[7] 이처럼 청구범위 해석은 발명의 진보성 판단의 기본 전제가 됨과 동시에, 청구범위 해석을 바탕으로 보호범위 판단, 침해 판단, 보정·정정의 적법 판단 등이 이루어지기 때문에 특허 사건의 승패를 결정하는 매우 중요한 작업에 해당한다. 또한, 누가 보더라도 청구범위가 명확하고 동일하게 이해되는 경우에는 별다른 문제가 없겠으나, 청구범위는 기술적 사상(발명)을 문자 내지 언어로 표현한 것이고, 그 언어는 표현의 한계 등으로 그 의미가 불명확하고 쉽게 이해되지 않는 경우가 많다. 이와 같이 청구범위 해석은 매우 중요하고도 어려운 작업이라고 할 수 있는데, 이하에서는 발명의 진보성 판단과 관련하여 필요한 범위 내에서 청구항 해석 기준을 소개하기로 한다.

---

6) 특허법원 지적재산소송 실무연구회, 지적재산소송실무(제3판), 박영사(2014), 250-252면 참조.
7) 상게서, 202면 참조.

제2절 청구항 해석 기준

가. 진보성 판단 대상의 확정

(1) 기본 원칙

앞서 본 바와 같이 청구범위에는 보호받으려는 사항을 적은 항(청구항)이 하나 이상 있어야 하고, 청구범위를 기재할 때에는 보호받으려는 사항을 명확히 할 수 있도록 발명을 특정하는 데 필요하다고 인정되는 구조·방법·기능·물질 또는 이들의 결합관계 등을 적어야 한다(특허법 제42조 제4, 6항).

이와 같이 청구범위는 특허출원인이 보호를 받고자 하는 발명을 특정하기 위하여 필요하다고 인정하는 사항을 기재한 것이므로, 진보성 판단의 대상이 되는 발명의 내용 또는 발명의 기술적 구성은 청구범위에 기재된 사항에 의하여 확정하여야 하고, 발명의 설명 또는 도면 등 다른 기재에 의하여 제한되거나 확장될 수 없다.[1]

나아가 발명의 내용 또는 발명의 기술적 구성은 청구범위에 기재된 문언의 객관적 의미를 파악하여 확정하는 것이지 특허출원인의 내심적 의사를 탐구하여 확정하는 것이 아니므로, 비록 발명자가 인식한 내용이라 하더라도 이를 청구범위에 기재하지 않는 한 그 부분은 발명의 내용 또는 발명의 기술적 구성에 포함될 수 없다.[2]

그리고 청구범위의 기재된 사항에 의하여 인정된 발명과 발명의

---

1) 대법원 2007. 10. 25. 선고 2006후3625 판결 등 참조.
2) 특허법원 지적재산소송 실무연구회, 지적재산소송실무(제3판), 박영사(2014), 204면 참조.

설명 또는 도면에 의하여 파악된 발명이 대응되지 않는 경우에 청구
범위의 기재를 무시하고 발명의 설명 또는 도면만으로 발명의 내용
또는 발명의 기술적 구성을 확정해서는 곤란하다.3)

　　따라서 발명의 설명 또는 도면에 나타나 있더라도 청구범위에 기
재되어 있지 않은 사항은 청구범위에 기재가 없는 것으로 하여 발명
의 내용 또는 발명의 기술적 구성을 확정한다. 이와 반대로 청구범
위에 기재된 사항은 반드시 고려하여 발명의 내용 또는 발명의 기술
적 구성을 확정하여야 하고, 기재가 없는 것처럼 취급해서는 안 된
다.4) 그러나 그렇다고 하여 청구항에 기재된 사항이 모두 발명을 한
정하는 구성요소라고 보아야 하는 것은 아니다.

　　또한, 청구범위가 발명의 설명에 의하여 전부 또는 일부가 뒷받
침되지 않는 경우에도 청구범위에 기재된 사항에 의하여 발명의 내
용 또는 발명의 기술적 구성을 확정하여야 한다. 청구범위의 일부가
발명의 설명에 의하여 뒷받침되지 않는 경우에 발명의 설명에 의하
여 뒷받침되는 부분으로만 한정하여 발명의 내용 또는 발명의 기술
적 구성을 확정할 수는 없다.5)

　　한편, 발명의 설명 또는 도면, 출원시의 기술상식 등을 고려해도
발명이 명확하지 아니한 경우에는 발명의 내용 또는 발명의 기술적
구성을 확정할 수 없게 된다. 이러한 경우에는 신규성·진보성을 심
사할 수 없고, 심사관에 의하여 특허법 제42조 제4항 위반으로 거절
이유의 통지가 이루어진다.6) 만일 심사관이 이를 간과하여 특허등

---

3) 상게서, 204면 참조.

4) 특허청, 특허·실용신안 심사지침서(2011), 3209면 참조. 한편, 특허청 심사기
　준은 2011년 전면 개정된 이후 여러 차례 부분 개정이 이루어졌으나, 대체
　로 법률 개정을 반영한 것에 불과하고, 이 논문에서 다루고 있는 진보성
　부분은 내용상 거의 차이가 없다.

5) 특허법원 지적재산소송 실무연구회, 전게서(주 2), 204-205면 참조.

6) 특허청, 특허·실용신안 심사지침서(2011), 3209-3210면 참조.

록이 되더라도 그 특허발명은 보호범위를 확정할 수 없게 된다.[7]

(2) 청구범위 문언의 해석 방법

(가) 일반 원칙

청구범위에 기재된 문언의 의미내용을 해석함에 있어서는 청구범위에 기재된 문언을 중심으로 하되(문언 중심의 원칙), 발명의 설명 또는 도면, 출원시의 기술상식, 기술수준도 참작하여야 한다(발명의 설명 등 참작의 원칙). 즉, 청구범위에 기재된 문언의 일반적인 의미내용을 기초로 하면서도 발명의 설명 또는 도면, 출원시의 기술상식, 기술수준 등을 참작하여 객관적·합리적으로 해석하여야 한다. 대법원도 "특허청구범위는 특허출원인이 특허발명으로 보호받고자 하는 사항을 기재한 것이므로, 신규성·진보성 판단의 대상이 되는 발명의 확정은 특허청구범위에 기재된 사항에 의하여야 하고 발명의 상세한 설명이나 도면 등 다른 기재에 의하여 특허청구범위를 제한하거나 확장하여 해석하는 것은 허용되지 않지만, 특허청구범위에 기재된 사항은 발명의 상세한 설명이나 도면 등을 참작하여야 그 기술적인 의미를 정확하게 이해할 수 있으므로, 특허청구범위에 기재된 사항은 그 문언의 일반적인 의미를 기초로 하면서도 발명의 상세한 설명 및 도면 등을 참작하여 그 문언에 의하여 표현하고자 하는 기술적 의의를 고찰한 다음 객관적·합리적으로 해석하여야 한다."라고 판시하고 있다.[8]

특허청구범위에 기재된 문언이 기능적 표현으로 되어 있는 경우에도 이와 마찬가지로 해석하여야 한다. 대법원도 "특허출원된 발명의 특허청구범위에 기능, 효과, 성질 등에 의하여 발명을 특정하는

---

7) 대법원 2002. 6. 14. 선고 2000후235 판결 참조.
8) 대법원 2010. 1. 28. 선고 2008후26 판결 참조.

기재가 포함되어 있는 경우에는 특허청구범위에 기재된 사항에 의
하여 그러한 기능, 효과, 성질 등을 가지는 모든 발명을 의미하는 것
으로 해석하는 것이 원칙이나, 다만, 특허청구범위에 기재된 사항은
발명의 상세한 설명이나 도면 등을 참작하여야 그 기술적 의미를 정
확하게 이해할 수 있으므로, 특허청구범위에 기재된 용어가 가지는
특별한 의미가 명세서의 발명의 상세한 설명이나 도면에 정의 또는
설명이 되어 있는 등의 다른 사정이 있는 경우에는 그 용어의 일반
적인 의미를 기초로 하면서도 그 용어에 의하여 표현하고자 하는 기
술적 의의를 고찰한 다음 용어의 의미를 객관적, 합리적으로 해석하
여 발명의 내용을 확정하여야 한다."라고 판시하고 있다.9)

청구범위에는 발명이 응축되어 표현되는 것이 일반적이어서 그
기재만으로 발명의 본질을 이해할 수 있는 경우가 그리 많지 않다.
더구나 청구범위에는 다의적인 용어나 조어 또는 통상의 의미와는
다른 용어가 사용되고, 그에 관한 설명은 발명의 설명 및 도면 등에
서 이루어지는 경우도 있다. 이러한 점 때문에 청구범위에 기재된
사항은 발명의 설명 등을 참작함으로써 비로소 그 기술적 의의가 명
확히 되는 경우가 적지 않다. 따라서 청구범위에 기재된 문언을 해
석함에 있어서는 청구범위에 기재된 사항에 의하면서도 합리적인
범위 내에서 발명의 설명 등의 참작을 허용할 필요가 있다. 이 때 발
명의 설명은 청구범위에 기재된 사항의 기술적인 의미를 파악하기
위한 사전(辭典)으로서의 기능을 수행하게 된다.10)

(나) 통상의 기술자의 인식

청구범위에 기재된 문언의 해석을 둘러싸고 다투어지는 경우에
는 "발명의 설명이나 도면 등을 참작하여 출원 당시의 기술수준에

---

9) 대법원 2009. 7. 23. 선고 2007후4977 판결 참조.
10) 특허법원 지적재산소송 실무연구회, 전게서(주 2), 204-205면 참조.

기초하여 통상의 기술자가 어떻게 이해할 것인가?"라는 관점에서 그 문언을 해석하여야 한다. 청구범위에 기재된 용어 자체가 포괄적·추상적으로 기재되어 있다고 하더라도 통상의 기술자가 출원 당시의 기술수준에 비추어 발명의 내용을 이해하는 데에 어려움이 없다면, 그에 따라 발명의 내용을 확정할 수 있다.[11] 또한, 청구범위 해석의 기준 시점 역시 출원 시로 보아야 할 것이다. 이 점과 관련하여 미국에서도 논의가 있었으나, Phillips v. AWH Corp. 판결을 통해 출원 시가 기준 시점임을 명확히 하였다.[12]

이러한 관점에서 볼 때 청구항 해석의 국면에서도 출원 당시의 기술수준을 파악하는 것은 필요하다. 출원 당시의 기술수준에 따라 동일한 포괄적·추상적 용어라도 통상의 기술자가 그 구체적 구성을 이해할 수도 그렇지 않을 수도 있기 때문이다. 그동안 우리나라의 재판 실무가 출원 당시의 기술수준이나 통상의 기술자가 청구범위에 기재된 문언을 어떻게 이해하는가에 관한 심리를 소홀히 하였던 측면이 있었는데, 앞으로는 이 부분에 관한 충분한 심리를 통하여 청구범위에 기재된 문언의 정확한 의미를 파악할 필요가 있다.[13]

(다) 제한 및 확장 해석의 금지

발명의 설명 및 도면 등을 참작하여 청구범위에 기재된 문언을 해석한다고 하여, 발명의 설명 및 도면 등에 의하여 청구범위에 기

---

11) 강경태, "특허청구범위해석론의 재검토", 특허소송연구 4집, 특허법원(2008), 165면 참조.
12) 415 F.3d 1303, 1312~1313 (Fed. Cir. 2005).
13) 미국 연방대법원은 Teva v. Sandoz 사건을 통해 청구항 해석이 순수한 법률문제가 아니고, 청구항에 사용된 기술적 용어 등과 관련하여서는 사실문제로서의 성격도 같이 가지고 있다는 취지로 판시하였다. 이에 관한 자세한 내용은 손천우, "특허청구항 해석에서 사실심과 법률심의 판단범위와 근거", 사법논집 60집, 법원도서관(2016), 265-310면 참조.

재된 사항을 제한하거나 확장하여 해석할 수 없다.[14] 청구범위에 기재된 문언이 기능적 표현으로 되어 있는 경우에도 이와 마찬가지이다.[15]

앞서 본 바와 같이 권리범위확인 판단이나 침해 판단 단계에서는 청구범위 해석을 통해 확정된 기술적 구성을 기초로 하면서도 일정한 경우 특허발명의 보호범위를 제한하거나 확장할 수 있는 반면, 발명의 진보성 판단의 전제로 발명의 내용 또는 발명의 기술적 구성을 확정함에 있어서는 발명의 설명 및 도면 등에 의하여 청구범위에 기재된 사항을 제한하거나 확장하여 해석하는 것은 허용되지 않는다.

결국 발명의 설명 등을 참작한다는 것은 어디까지나 청구범위에 기재된 문언의 정확한 의미를 파악하기 위한 것임을 유의하여야 한다. 따라서 청구범위에 기재된 사항과 발명의 설명 또는 도면의 내용이 서로 모순되는 경우에는 청구범위에 기재된 사항이 우선한다.[16]

청구범위에 기재된 문언의 의미내용을 해석함에 있어 발명의 설명 및 도면 등을 참작하는 것은 허용되나, 발명의 설명 및 도면 등에 의하여 청구범위에 기재된 사항을 제한하거나 확장하여 해석할 수 없음은 앞서 본 바와 같으나, 실제 사안에서 양자를 구분한다는 것은 결코 쉬운 일이 아니다.[17]

---

14) 대법원 2012. 12. 27. 선고 2011후3230 판결 등 참조.
15) 대법원 2009. 7. 23. 선고 2007후4977 판결 등 참조.
16) 특허법원 지적재산소송 실무연구회, 전게서(주 2), 206면 참조.
17) 실제 필자가 특허법원에서 특허 사건을 처리하면서 경험한 바로는 '허용되는 참작에 의한 해석'과 '금지되는 제한 해석'을 구분하는 것이 특허 사건에서 매우 어렵고 소송의 승패와 직결되는 중요한 문제가 되는 경우가 많다.

(라) 발명자의 인식

청구범위에 기재된 문언을 해석함에 있어서는 발명자의 인식이 보충적인 자료로서 참작될 수 있다. 발명자의 인식은 출원 당시의 기술수준과 발명의 설명 등 명세서의 기재 및 출원절차에서 작성된 서류 등을 통하여 유추할 수 있다. 또한, 발명자가 발표한 학술논문 등도 발명자의 인식 정도를 파악할 수 있는 보조적인 자료가 될 수 있다. 그 중에서 발명자의 인식을 파악할 수 있는 가장 중요한 기본적 자료는 명세서에 기재된 내용이다.[18] 다만, 청구범위에 기재된 문언을 해석함에 있어서 발명자의 인식이 참작될 수 있다고 하더라도, 발명자의 인식에 의하여 청구범위에 기재된 문언을 제한하거나 확장 해석할 수는 없다.

(마) 출원경과 참작의 원칙

청구범위에 기재된 문언의 의미를 정확히 이해하기 위해서는 명세서, 보정서, 의견서 등 출원절차에서 작성된 서류에서의 출원인의 주장, 특허청이 제시한 견해 등을 참작할 필요가 있다(출원경과 참작의 원칙). 출원인이 의견서 등에서 청구범위에 기재된 문언에 대한 설명을 한 것이 있으면, 이를 참작하여 청구범위를 해석한다. 물론, 위와 같이 출원경과를 참작한다고 하더라도, 그에 의해 청구범위에 기재된 문언을 제한하거나 확장 해석할 수는 없다.[19]

이러한 출원경과 참작의 원칙은 청구범위에 기재된 문언을 해석하는 것과 관련된 것이고, 특허침해소송에서 특허권자가 출원절차에서 행한 자신의 주장과 모순되는 주장을 하는 것을 허용하지 않는다는 출원경과 금반언의 원칙은 보호범위를 제한하는 이론이라는 점에서 서로 구별된다.

---

18) 사법연수원, 특허법(2012), 413면 참조.
19) 특허법원 지적재산소송 실무연구회, 전게서(주 2), 207면 참조.

(바) 청구범위에 기재된 용어의 의미

청구범위에 기재된 용어는 그 용어가 가진 당해 기술분야에서 통상적으로 받아들여지는 의미 및 범위를 가지는 것으로 해석한다.[20] 명세서의 기술용어는 학술용어를 사용하여야 하고, 용어는 그것이 가지는 보통의 의미로 사용할 것으로 되어 있기 때문에 명세서의 기술용어를 이해 내지 해석함에 있어서 사전 등에서의 정의 또는 설명을 참고하는 것도 필요하다. 하지만 그것만으로 이해 내지 해석하려고 하는 것은 타당하지 아니하고, 당해 명세서 또는 도면에 의하여 사용되고 있는 기술용어의 의미 또는 내용도 이해 내지 해석하여야 한다.[21]

대법원은 "특허의 명세서에 기재된 용어는 명세서에 그 용어를 특정한 의미로 정의하여 사용하고 있지 않은 이상 당해 기술분야에서 통상의 지식을 가진 자에게 일반적으로 인식되는 용어의 의미에 따라 명세서 전체를 통하여 통일되게 해석되어야 한다."라고 판시하고 있다.[22]

다만, 출원인이 어떤 용어를 당해 기술분야에서 통상적인 의미가 아닌 특정한 의미를 갖도록 하기 위해 발명의 설명에서 명시적으로 정의한 경우에는 그 용어는 그 특정한 의미를 갖는 것으로 해석된다.[23] 대법원도 "특허의 명세서에 기재되는 용어는 그것이 가지고 있는 보통의 의미로 사용하고 동시에 명세서 전체를 통하여 통일되게 사용하여야 하지만 어떠한 용어를 특정한 의미로 사용하려고 하는 경우에는 그 의미를 정의하여 사용하는 것이 허용되는 것이므로, 용어의 의미가 명세서에서 정의된 경우에는 그에 따라 해석하면 족

20) 특허청, 특허·실용신안 심사지침서(2011), 3208면 참조.
21) 특허법원 지적재산소송 실무연구회, 전게서(주 2), 207면 참조.
22) 대법원 2008. 2. 28. 선고 2005다77350, 77367 판결 참조.
23) 특허청, 특허·실용신안 심사지침서(2011), 3209면 참조.

하다고 할 것이다."라고 판시하고 있다.[24]

(사) 내부 증거 및 외부 증거

청구범위에 기재된 문언을 해석함에 있어서 명세서 및 심사경과 등의 내부 증거를 우선하여야 하는지 아니면 사전 내지 기술전문서, 학술논문, 전문가 내지 발명가 증언 등의 외부 증거를 우선하여야 하는지가 문제된다.

미국의 경우를 보면, 연방순회항소법원은 Vitronics Corp. v. Conceptronics, Inc. 사건[25]에서 명세서 및 심사경과 등의 내부 증거를 기초로 해석하여야 한다고 하였으나, 이후의 Texas Digital Systems, Inc. v. Telegenix, Inc. 사건[26]에서는 사전이나 증인 등의 외부 증거를 기초로 해석하여야 한다고 하였다. 위와 같이 상반된 입장이 존재해 오던 중 연방순회항소법원은 Phillips v. AWH Corp. 사건[27]에서 전원합의체 판결을 통해 명세서 및 심사경과 등의 내부 증거를 중시하여 청구범위를 해석하는 것으로 결론을 내렸다.[28]

위 판결에서 연방순회항소법원은, 비록 외적 증거 중 사전은 특정한 용어의 의미를 결정하는 데 도움을 줄 수 있는 다양한 도구 중 하나이고, 전문가 증언 역시 통상의 기술자 관점에서 발명의 기술적 특징을 이해하는 데에 도움을 줄 수 있으나, 통상의 기술자는 청구항을 해석함에 있어서 청구항만을 보는 것이 아니라 전체의 문맥에서 명세서의 기재까지 보기 마련인 점, 청구항을 해석할 때 사전에 지나치게 의존할 경우 특허 맥락에서의 청구항 용어의 의미보다는

---

24) 대법원 2006. 10. 26. 선고 2004후2260 판결 참조.
25) 90 F.3d 1576, 1582~1585 (Fed. Cir. 1996).
26) 308 F.3d 1193, 1202~1205 (Fed. Cir. 2002).
27) 415 F.3d 1303, 1312~1313 (Fed. Cir. 2005).
28) 설민수, "미국과의 비교를 통해 본 한국법원의 특허청구항 해석원칙과 그 실제", 사법 23호, 사법발전재단(2013), 187-189면 참조.

단어의 추상적 의미에 초점을 맞추게 되어 명세서의 맥락에서 벗어
날 수 있고, 청구항을 설명해야 하는 특허권자의 책임과 특정 단어
를 위한 가능한 모든 정의를 수집해야 하는 사전 편집자의 책임과는
괴리가 있다는 점, 소송 중에 작성된 전문가 작성 문서나 소송 중의
전문가 증언은 소송을 목적으로 이루어진 것이어서 내적 증거에는
없는 왜곡이 있을 수 있다는 점 등을 이유로 외적 증거에 비해 내적
증거가 우선적으로 고려되어야 한다고 판단하였다.[29]

위 쟁점과 관련하여 우리나라에서는 명세서의 '발명의 설명' 등은
발명자 내지 권리자가 자신의 발명을 인식하고 설명하기 위한 것이
기 때문에 청구범위에 기재된 문언을 해석함에 있어서 명세서 및 심
사경과 등의 내부 증거를 우선적으로 참작하여야 한다는 견해[30]가
있는가 하면, 내부 증거는 출원인의 주관적 의도와 관련되고 외부
증거는 통상의 기술자의 객관적 이해에 관련되는 것이어서 외부 증
거를 우선적으로 참작하여야 한다는 견해[31]가 있다. 사견으로는 명
세서의 '발명의 설명' 등은 청구범위에 기재된 용어의 이해에 가장
좋은 원천이 될 뿐만 아니라, 명세서도 공중에게 공개되어 제3자도
이를 통해 발명의 범위를 객관적으로 확인할 수 있기 때문에, 청구
범위 해석의 1차적 자료로 삼는 것이 타당하다고 본다.

(아) 정리

청구범위에 기재된 문언에 대한 구체적인 해석 방법은 아래와 같
이 정리할 수 있다.

기본적으로 청구범위에 기재된 문언의 일반적인 의미내용을 기

---

29) 이수미, "명세서의 기재 요건으로 인한 특허발명 권리범위의 한정", 법학연
   구 14집 2호, 인하대학교(2011), 62-65면 참조.
30) 특허법원 지적재산소송 실무연구회, 전게서(주 2), 207면.
31) 정차호, 특허법의 진보성, 박영사(2014), 87면.

초로 하면서도 발명의 설명 또는 도면, 출원시의 기술상식, 기술수준 등을 참작하여 객관적·합리적으로 해석하여야 한다.

청구범위에 기재된 사항의 의미내용이 발명의 설명 또는 도면에 정의되어 있거나 설명되어 있는 경우에는 그 정의 또는 설명을 고려하여 그 사항을 해석한다. 이 경우 청구범위에 기재된 사항의 개념에 포함된 하위개념을 단지 예시한 기재가 발명의 설명 또는 도면에 있는 것만으로는 여기에서 말한 정의 또는 설명에는 해당하지 않는다.[32]

발명의 설명 또는 도면에 정의되거나 설명되지 않은 문언을 해석함에 있어서는, 발명의 설명 또는 도면과 함께 출원시의 기술상식이나 기술수준(관련 분야의 사전, 교과서, 논문, 특허공보 등에 설명되어 있는 내용)을 참작하여 통상의 기술자가 당해 문언을 어떻게 이해하는가를 고려하여 해석한다.

청구범위에 기재된 사항의 의미 내용이 명확하지 않은 경우에는 발명의 설명 및 도면 등을 참작하여 그 의미내용을 명확히 한다. 청구항에 기재된 발명이 명확하게 기재되어 있는가의 여부는 청구범위의 기재만이 아니라, 발명의 설명 또는 도면의 기재와 출원시의 기술상식도 고려하여 판단하기 때문에,[33] 청구범위의 기재 자체가 명확하지 않은 경우에는 발명의 설명 또는 도면 중에 청구범위의 용어에 관한 정의 또는 설명이 있는지 여부를 검토하고, 그 정의 또는 설명을 출원시의 기술상식을 고려하여 청구범위의 용어를 해석함으로써 청구범위의 기재가 명확한지 여부를 판단한다. 따라서 청구범위에 기재된 문언 자체만으로는 명확하지 않아서 이해가 곤란하지만 발명의 설명 또는 도면 및 출원시의 기술상식 등을 고려하여 청구범위에 기재된 사항을 해석하면 청구범위에 기재된 문언이 명확

---

32) 특허청, 특허·실용신안 심사지침서(2011), 3209면 참조.
33) 특허청, 특허·실용신안 심사지침서(2011), 2404면 참조.

해지는 경우라면 그 문언을 해석함에 있어서 이들을 고려한다.[34]

청구범위에서 사용되고 있는 기술용어가 통상의 용법과 다르고 그 취지가 발명의 설명에 기재되어 있는 경우, 청구범위에 기재되어 있는 사항이 불명확하여 이해하기 곤란하나 그것의 의미내용이 발명의 설명에서 명확하게 기재되어 있는 경우에는 이들 용어를 해석함에 있어서 발명의 설명을 참작한다.

명세서에 기재된 용어는 특별한 사정이 없는 한 명세서 전체를 통하여 일관되게 사용된다고 볼 수 있으므로, 어느 청구항에 기재된 특정 용어는 다른 청구항에서의 같은 용어의 의미를 해석하는 데 도움이 된다.[35]

나. 판례에 대한 검토

(1) 발명의 내용 확정에 관한 판례

(가) 종래의 태도

종래 대법원은 발명의 내용(기술적 범위)의 확정과 관련하여 다음과 같이 판시해 왔다.

우선, 대법원은 "특허권의 권리범위 내지 실질적 보호범위는 특허출원서에 첨부한 명세서의 청구범위에 기재된 사항에 의하여 정하여지는 것이 원칙이고, 다만 그 기재만으로 특허의 기술적 구성을 알 수 없거나 알 수 있더라도 기술적 범위를 확정할 수 없는 경우에는 명세서의 다른 기재에 의한 보충을 할 수가 있다."[36]라고 판시하였다.[37]

---

34) 특허법원 지적재산소송 실무연구회, 전게서(주 2), 208-209면 참조.
35) 대법원 2007. 9. 21. 선고 2005후520 판결 참조.
36) 대법원 2002. 4. 12. 선고 99후2150 판결 참조.

또한, 대법원은 "실용신안권의 권리범위는 실용신안등록청구범위에 기재된 사항에 의하여 정하여지는 것이므로, 고안이 실용신안등록을 받을 수 있는지 여부를 판단함에 있어 청구범위의 기재만으로 권리범위가 명백하게 되는 경우에는 청구범위의 기재 자체만을 기초로 하여야 할 것이지 고안의 상세한 설명이나 도면 등 다른 기재에 의하여 청구범위를 보완하여 제한 해석하는 것은 허용되지 않는 것이고, 따라서 청구범위 그 자체의 기재만으로 권리범위를 명확하게 이해할 수 있는 등록고안에 그 명세서 도면으로부터 유추할 수 있는 내부구조나 조립순서에 관한 구성을 추가하여 해석하는 것은 등록고안의 권리범위를 도면에 의하여 제한 해석하는 결과로 되는 것이어서 허용될 수 없다."[38]라고 판시하였다.[39]

위와 같은 대법원 판례는, 발명의 내용은 청구범위에 기재된 사항에 의하여 정하여진다는 점을 명확히 하고 있으면서, '청구범위의 기재만으로는 특허의 기술적 구성을 알 수 없거나 기술적 범위를 확정할 수 없는 경우'에는 명세서의 다른 부분(발명의 설명 등) 또는 도면을 보충하여 그 내용을 확정하되, '청구범위의 기재만으로 기술적 범위가 명백한 경우'에는 명세서의 다른 부분 또는 도면에 의한 확장 해석이나 제한 해석을 할 수 없다고 함으로써 발명의 내용 또는 기술적 범위 확정에 있어 발명의 설명 등이 참작될 수 있는 허용 범위 및 그 한계를 밝히고 있는 점에서 의의가 있다.

그런데 위 대법원 판례를 반대해석하게 되면, 위 대법원 판례는 발명의 내용 또는 기술적 범위 확정에 있어서 '청구범위의 기재만으로는 특허의 기술적 구성을 알 수 없거나 기술적 범위를 확정할 수

---

37) 대법원 1997. 5. 28. 선고 96후1118 판결, 대법원 2006. 10. 26. 선고 2004후2260 판결 등도 같은 취지이다.

38) 대법원 2005. 11. 10. 선고 2004후3546 판결 참조.

39) 대법원 2006. 10. 13. 선고 2004후776 판결 등도 같은 취지이다.

없는 경우'에만 발명의 설명 등을 참작하고, 그 이외의 경우 즉, '청구범위의 기재만으로 기술적 범위가 명백한 경우' 등에는 발명의 내용 또는 기술적 범위 확정에 있어서 발명의 설명 등을 참작할 수 없다는 결론을 취하고 있는 것으로 이해될 여지가 있고, 따라서 '청구범위의 기재만으로는 특허의 기술적 구성을 알 수 없거나 기술적 범위를 확정할 수 없는 경우' 이외에는 발명의 설명 등을 전혀 참작할 수 없는 것이 아닌가 하는 의문이 제기되었다.[40]

(나) 최근의 경향

최근 대법원은 발명의 내용(기술적 범위)의 확정과 관련하여 다음과 같이 판시하고 있다.

우선, 대법원은 "특허청구범위는 특허출원인이 특허발명으로 보호받고자 하는 사항을 기재한 것이므로, 신규성·진보성 판단의 대상이 되는 발명의 확정은 특허청구범위에 기재된 사항에 의하여야 하고 발명의 상세한 설명이나 도면 등 다른 기재에 의하여 특허청구범위를 제한하거나 확장하여 해석하는 것은 허용되지 않지만, 특허청구범위에 기재된 사항은 발명의 상세한 설명이나 도면 등을 참작하여야 그 기술적인 의미를 정확하게 이해할 수 있으므로, 특허청구범위에 기재된 사항은 그 문언의 일반적인 의미를 기초로 하면서도 발명의 상세한 설명 및 도면 등을 참작하여 그 문언에 의하여 표현하고자 하는 기술적 의의를 고찰한 다음 객관적·합리적으로 해석하여야 한다."[41]라고 판시하였다.[42][43]

---

40) 특허법원 지적재산소송 실무연구회, 전게서(주 2), 210면 참조.
41) 대법원 2007. 10. 25. 선고 2006후3625 판결 참조.
42) 위 판결에 대한 평석은 한규현, "신규성·진보성 판단의 대상이 되는 발명의 확정", 대법원판례해설 74호, 법원도서관(2008), 211-235면 참조.
43) 같은 취지로 판시한 것에는 대법원 2007. 9. 21. 선고 2005후520 판결, 대법원 2009. 7. 23. 선고 2007후4977 판결, 대법원 2010. 1. 28. 선고 2008후26 판결,

위와 같은 최근의 대법원 판례는 발명의 내용(기술적 범위)은 청구범위에 기재된 사항에 의하여 확정되고, 발명의 설명이나 도면 등에 의하여 제한되거나 확장될 수 없다고 판시함으로써 종전의 태도를 따르면서도, 발명의 설명 등 참작의 원칙이 '청구범위의 기재만으로는 특허의 기술적 구성을 알 수 없거나 기술적 범위를 확정할 수 없는 경우'에 한정되지 아니함을 밝히고 있다는 점에 그 특징이 있다. 이와 같은 판결의 설시는 종래의 판례 태도에서 나타나는 의문점을 해소하고 있다고 볼 수 있다.

(2) 구체적인 판단 사례

(가) 문언 중심의 원칙을 강조한 사례

1) 대법원 2011. 2. 10. 선고 2010후2377 판결[거절결정(특)]

이 사건에서 문제된 출원발명은 '유기 전계발광 표시장치 및 그 제조방법'에 관한 것이었는데, 해석이 문제된 부분은 청구항 1의 구성 5인 '제2금속층은 반사막 또는 투과막이며, 상기 제2금속층은 300 내지 3,000Å으로 이루어진 것'이었다.

원심인 특허법원은 구성 5에는 그 기능이 상반된 '반사막과 투과막'이 모두 기재되어 있어 그 기술적 범위를 확정할 수 없다는 이유로 발명의 설명 등의 기재에 의하여 구성 5는 '반사막'만을 의미하는 것으로 해석한 다음, 구성 5는 비교대상발명의 대응구성과는 상이하다는 이유로 출원발명의 진보성이 부정되지 않는다고 판단하였다.[44]

이에 대하여 대법원은, "구성 5의 '반사막 또는 투과막'은 금속의 광 반사율에 따라 상대적으로 결정되는 것이므로 광 반사율에 아무런 한정이 없는 구성 5에 '반사막 또는 투과막'이라고 기재되어 있다

대법원 2012. 12. 27. 선고 2011후3230 판결 등 다수가 있다.

44) 특허법원 2010. 7. 16. 선고 2009허8911 판결 참조.

고 하여 구성 5의 기술적 범위를 확정하기 어렵다고 할 수는 없다. 따라서 구성 5는 그 기재 자체로 기술적 범위가 명백하다고 할 것이 므로 구성 5가 그 기재와 달리 '투과막'을 제외한 '반사막'만을 의미 하는 것으로 제한되지는 않는다."라고 판시하였다.

이러한 해석을 근거로 대법원은 "비교대상발명에는 구성 5의 대 응구성으로 필요에 따라 금속의 종류 등을 적절히 선택하여 광 반사 율을 조절할 수 있는 '반사방지층'이 나타나 있고, 그 외에 금속의 두 께를 적절히 선택하여 광 반사율을 조절할 수 있는 기술사상도 나타 나 있으므로, 그 발명이 속하는 기술분야에서 통상의 지식을 가진 자라면 위 '반사방지층'의 금속의 종류, 두께 등을 적절히 선택하여 필요에 따라 '반사막 또는 투과막'으로서의 기능을 수행하도록 할 수 있을 것이다."라고 판시하여 출원발명의 진보성이 부정되지 않는다 고 본 원심판결을 파기하였다.

2) 대법원 2011. 8. 25. 선고 2010후3639 판결[거절결정(특)]

이 사건에서 문제된 출원발명은 '호흡 보호구 밸브'에 관한 것이 었는데, 해석이 문제된 부분은 청구항 5의 구성 3 중 '밸브 플랩이 안 면 마스크의 개구를 밀폐할 때 밸브 플랩의 만곡부가 적어도 부분적 으로 편평해지는'이라는 부분이었다.

원심인 특허법원은 구성 3에는 밸브 플랩이 안면 마스크의 개구 를 밀폐할 때 그 만곡부가 전체적으로 편평해지는 구성만이 포함되 어 있음을 전제로 청구항 5는 비교대상발명들에 비하여 구조 및 제 작공정이 단순화되고 호흡 안락감이 향상되는 현저한 작용효과가 나타나므로 그 진보성이 부정되지 않는다고 판단하였다.[45]

이에 대하여 대법원은, "구성 3 중 '밸브 플랩이 안면 마스크의 개

---

45) 특허법원 2010. 12. 3. 선고 2010허1596 판결 참조.

구를 밀폐할 때 밸브 플랩의 만곡부가 적어도 부분적으로 편평해지는'이라는 부분은, 밸브 플랩이 안착되는 밸브 시트의 형상을 평면인 것으로 한정하고 있지 아니하므로 위 구성 3은 밸브 플랩이 안면 마스크의 개구를 밀폐할 때 그 만곡부가 전체적으로 편평해지는 것으로만 제한되지는 않는다."라고 판시하였다.

이러한 해석을 근거로 대법원은 "구성 3은 밸브 플랩이 안면 마스크의 개구를 밀폐할 때 그 만곡부가 부분적으로 편평해지면서도 전체적으로는 호기 방향으로 만곡된 형상을 이루는 것도 포함한다고 할 것이고, 이러한 경우에는 편평한 가요성 플랩에 호기 방향으로 만곡부를 형성함으로써 안면 마스크의 개구부를 밀폐하는 구성을 채택하고 있는 원심 판시 비교대상발명들에 비하여 구조 및 제작공정이 단순화되고 호흡 안락감이 향상되는 등의 현저한 작용효과가 나타난다고 볼 수 없으므로, 위 구성 3에 구성의 곤란성은 없다고 할 것이다."라고 판시하여 출원발명의 진보성이 부정되지 않는다고 본 원심판결을 파기하였다.

3) 대법원 2012. 3. 29. 선고 2010후2605 판결[거절결정(특)]

이 사건에서 문제된 출원발명은 '고분자 전해질 및 이를 채용한 리튬 전지'에 관한 것이었는데, 해석이 문제된 청구항 1은 '화학식 1 (생략)로 표시되는 다관능성 이소시아누레이트 모노머, 전해질 용질로서의 리튬염, 및 비수계 유기용매를 포함하는 고분자 전해질 형성용 조성물의 중합결과물을 포함하는 고분자 전해질'이었다.

원심인 특허법원은 "고분자 합성 기술분야에서는 중합반응이 일어나는 구체적인 반응조건이나 반응에 관여하는 성분들이 무엇인가에 따라서 생성되는 중합체의 형태가 결정되어지는 점에 비추어 보면, 구성요소 4의 기재 자체만으로는 고분자 전해질 형성용 조성물이 중합되어 생성되는 중합결과물이 과연 어떠한 형태의 것인지와 그 고분자 매트릭스의 구성이나 화학적 구조가 어떤 것인지를 명확하게 특정하기에 어려움이 있다 할 것이다. 따라서 이를 명확히 하기 위해서는 이 사건 출원발명의 명세서의 상세한 설명의 기재를 참작해 보아야 할 것이다."라고 판시하였다.

나아가 특허법원은 발명의 설명의 기재 등을 참작해 볼 때 "출원발명의 고분자 전해질을 형성하는 중합결과물은 비교대상발명과 같이 두 개의 그물형 고분자가 상호침투구조체를 이루고 있어 화학작용에 의하지 않고는 서로 분리될 수 없는 일체로 된 구조의 고분자 물질까지 그 기술적 범위에 포함하는 것은 아니라고 보는 것이 객관적이고 합리적인 해석이라고 할 것이다. 그렇다면, 이 사건 제1항 발명의 구성요소 4와 비교대상발명의 대응구성은 고분자 전해질 형성용 조성물에 TAEI 모노머를 함유하고 있다는 점에서는 동일하지만, 그 조성물이 중합되어 생성된 중합결과물 내의 고분자 매트릭스의 구성성분이 다를 뿐 아니라 화학적 구조에도 차이가 있으므로, 구성요소 4는 통상의 기술자라 하더라도 비교대상발명의 대응구성으로부터 용이하게 도출하기는 어려운 것이라 할 것이다."라고 판시하여 진보성이 부정되지 않는다고 판단하였다.[46]

이에 대하여 대법원은 "특허청구범위가 '어떤 구성요소들을 포함하는'이라는 형식으로 기재된 경우에는, 그 특허청구범위에 명시적으로 기재된 구성요소 전부에다가 명시적으로 기재되어 있지 아니한 다른 구성요소를 추가하더라도 그 기재된 '어떤 구성요소들을 포함하는'이라는 사정에는 변함이 없으므로, 명시적으로 기재된 구성요소 이외에 다른 구성요소를 추가하는 경우까지도 그 특허발명의 기술적 범위로 하는 것이다."라고 판시하였다.

이러한 법리를 전제로 대법원은 "이 사건 제1항 발명의 특허청구

---

46) 특허법원 2010. 8. 18. 선고 2009허5592 판결 참조.

범위에 이 사건 각 성분을 '포함하는' 조성물의 중합결과물이라고 기재되어 있는 이상 위 조성물에 명시적으로 기재된 이 사건 각 성분 이외에 다른 성분을 추가하는 경우까지도 그 특허발명의 기술적 범위로 하는 것이고, 위 조성물의 중합결과물에는 화학식 1 모노머의 단독 중합체, 조성물에 추가되는 다른 모노머와의 공중합체, 조성물에 추가되는 PMMA 등 고분자와의 상호침투구조체 등이 있을 수 있다는 점은 이 사건 제1항 발명의 출원 당시 그 발명이 속한 기술분야에서 통상의 지식을 가진 자가 쉽게 예상할 수 있는 것이기도 하므로, 이 사건 제1항 발명은 이 사건 각 성분 이외에 PMMA 등 고분자를 추가한 조성물을 중합한 결과 얻어지는 상호침투구조체를 함유하는 고분자 전해질 역시 그 특허발명의 기술적 범위로 하고 있음이 그 특허청구범위의 기재만으로 명백하다. 따라서 이 사건 제1항 발명의 기술적 범위를 명세서의 다른 기재에 의하여 보충한다는 명목으로 PMMA 등 고분자와의 상호침투구조체를 함유하는 고분자 전해질을 배제하는 것으로 그 특허청구범위를 제한하여 해석하여서는 아니 된다."라고 판시하여 출원발명의 진보성이 부정되지 않는다고 본 원심판결을 파기하였다.

(나) 발명의 설명 등 참작의 원칙을 강조한 사례

1) 대법원 2001. 6. 29. 선고 98후2252 판결[등록무효(실)]

이 사건에서 문제된 등록고안은 '착유기'에 관한 것이었는데, 이 사건 등록고안의 구성 중 '공유하는 구동장치(1)의 동력공급부(11)에 부착하기 위한 연결부(2)'를 제외한 나머지 구성이 인용고안에 공지되어 있다는 점은 당사자 사이에 다툼이 없었다.

다만, 위 연결부 구성과 관련하여, 원고들(실용신안권자)은 보통 주부들이 손쉽게 착탈할 수 있는 연결부를 의미하는 것이지, 인용고안의 '실린더 고정대가 웜기어의 하우징에 볼트로 고정 결합되어 있고 그 내부에 웜기어축과 압출스크류가 커플링으로 연결된 것'과 같이 복잡하게 연결할 수 있는 구성은 아니라는 취지로 주장하였다. 이에 반하여 피고(무효심판청구인)는 이 사건 등록고안의 청구범위에는 '연결부'라고만 기재되어 있으므로 그 문언대로 해석되어야 하고, 도면이나 상세한 설명의 기재를 참고하여 해석할 수 없다고 하면서 인용고안에도 연결부 구성이 개시되어 있다는 취지로 주장하였다.

원심인 특허법원은, "청구범위의 기재에 의하더라도 연결부의 구성은 '구동장치를 공유하기 위한 연결부'로 한정되어 있으나 '연결부'의 기재는 여전히 기능적 표현이므로, 고안의 상세한 설명과 도면의 기재를 참고하여 실질적으로 그 의미 내용을 확정하여 보면, 그 상세한 설명 및 도면에 명백히 기재되어 있는 바와 같이 연결쇠(14)(18)와 연결클립(15)으로 되는 플랜지타입이나 스크류타입, 볼트조임타입 등의 제작과 조작이 쉬운 연결요소로 구성된 사실을 알 수 있다. 이에 반하여, 인용고안은 실린더 고정대가 웜기어의 하우징에 볼트로 고정 결합되어 있고 그 내부에 웜기어축과 압출스크류가 커플링으로 연결된 구성으로 되어 있는바, 고정대만을 하우징으로부터 분리하고자 하여도 내부에 있는 웜기어축과 압출스크류를 연결하는 커플링에 걸리게 되어 완전히 분리될 수 없어 인용고안이 다른 녹즙기 등의 작업장치와 구동장치를 공유하기 위한 목적을 가진 연결부의 구성을 가지고 있다고 보기도 어렵고, 가사 어렵게 구동장치로부터 착유기의 작업장치를 분리할 수 있다 하더라도 이 사건 등록고안에서와 같이 구동장치로부터 작업장치를 누구나 쉽게 분리하고 연결할 수 있는 연결수단을 구비하고 있다고도 볼 수 없다."라고 판시하여 등록고안의 진보성이 부정되지 않는다고 판단하였다.[47]

---

47) 특허법원 1998. 10. 1. 선고 98허4166 판결 참조.

이러한 특허법원 판결에 대해 피고가 상고하였는데, 대법원은 '연결부' 구성이 기능적 표현으로서 명세서 본문과 도면의 기재를 참고하여 해석할 수 있다는 이유로 '연결부' 구성의 해석에 관한 특허법원의 판단이 정당하고, 이러한 해석을 근거로 이 사건 등록고안이 인용고안으로부터 극히 용이하게 고안해 낼 수 있는 것이라고 보기 어렵다고 하면서 상고를 기각하였다.[48]

2) 대법원 2007. 9. 21. 선고 2005후520 판결[거절결정(특)]

이 사건에서 문제된 출원발명은 '전자부품의 시험방법 및 전자부품 시험장치'에 관한 것이었는데, 청구항 8 중 '적어도 2개의 IC 소켓의 전자 부품측의 단자를 병렬로 분할하는 회로' 부분을 어떻게 해석할 것인지가 문제되었다.

청구항 8과 비교대상발명은 하나의 모선에서 나온 1개의 테스트신호가 2개의 지선에 연결되는 점에서는 차이가 없다. 다만, 비교대상발명은 하나의 모선에서 나온 1개의 테스트신호가 스위칭회로에 의하여 2개의 지선에 '시간차를 두고' 개별적으로 입력되는 점에 특징이 있다.

이러한 사안에서 원심인 특허법원은, "전기전자분야에서 2개 또는 그 이상의 프로세스를 동시에 진행할 때 '병렬'이라는 용어를, 시간적으로 차례대로 처리할 때 '직렬'이라는 용어를 주로 사용하기는 하지만 같은 분야에서 동일한 단자쌍에 접속하는 것 또는 전기회로에 두 개 이상의 기기 또는 임피던스를 단자가 공통되게 연결하는 것도 '병렬'이라는 용어로 사용하고도 있으므로, 이 사건 제8항 발명의 청구범위에서 사용하고 있는 '병렬'이라는 용어가 테스트신호가 '동시에' 입력되는 경우에 한정되는지 아니면 단자가 공통되게 연결

48) 위 판결에 대한 평석은 박원규, "기능식 청구항의 해석", 특허판례연구(개정판), 박영사(2012), 206-213면 참조.

208   발명의 진보성 판단에 관한 연구

되는 것을 의미하여 시간차를 두고 개별적으로 입력되는 비교대상발명을 포함하는 것인지를 그 상세한 설명과 도면에 비추어 살펴본다."라고 판시하여 청구범위에 기재된 사항을 명확하기 위해 발명의 설명과 도면을 참작할 필요가 있다고 보았다.

나아가 특허법원은, 청구항 8의 종속항인 청구항 11의 청구범위에 기재된 사항, 발명의 설명, 도면의 내용을 종합하여 볼 때 청구항 8의 '병렬'이라는 용어는 테스트신호가 '동시에' 입력되는 경우에 한정되지 않고 단자가 공통되게 연결되는 것을 의미하는 것이므로, 비교대상발명의 대응구성도 포함하는 개념이라고 판단하였다.49)

이러한 특허법원 판결에 대해 원고가 상고하였는데, 대법원은 "이 사건 제8항 발명의 '테스트 헤드의 적어도 한 개의 단자에 대해, 적어도 2개의 IC 소켓의 전자부품 측의 단자를 병렬로 분할하는 회로를 가지는 것'에서 문제되는 것은 '병렬 회로' 그 자체의 의미라기보다는 '병렬로 분할하는 회로'의 의미가 무엇인지라고 할 것인바, 설령 원고의 주장과 같이 '병렬 회로'라는 용어가 전기신호가 동시에 입력되는 것을 의미하는 것으로 사용되는 경우가 있다고 하더라도, 여기서 문제되는 것은 '병렬로 분할하는 단자의 분할방법'이고, '하나의 단자를 병렬로 분할'한다는 용어의 일반적인 의미가 분할된 단자 전부에 동시에 전기신호를 인가하는 경우만을 한정하여 의미한다고는 볼 수 없으므로 이 사건 제8항에 기재된 사항은 그 문언의 일반적인 의미로 볼 때 원심이 인정한 바를 배제하는 것이 아닐 뿐 아니라, 이 사건 출원발명의 출원명세서 중 발명의 상세한 설명에는 '본 발명에 관한 분할회로는 특별히 한정되지 않고, 상기 IC 소켓 측에 설치해도 혹은 상기 테스트 헤드 측에 설치해도 된다.' '분할회로를 테스트 헤드 측에 설치할 경우에는 상기 분할회로에 전환스위치

49) 특허법원 2005. 1. 14. 선고 2004허4457 판결 참조.

를 구비하는 것이 바람직하다.'라고 기재되어 있고, 이 사건 제8항 발명의 종속항인 이 사건 제11항 발명에는 '위 분할회로에 전환스위치가 설치되어 있는 것을 특징으로 하는 전자부품 시험장치'라고 기재되어 있어 이 사건 제8항 발명의 분할회로는 전환스위치를 갖춤으로써 그 스위칭 회로에 의하여 시간차를 두고 개별적으로 입력되는 경우를 포함하고 있다고 보이므로 이 사건 출원발명의 명세서 중 발명의 상세한 설명 혹은 그 종속항의 기재를 참작하여 보아도 이 사건 제8항 발명은 비교대상발명과 같은 구성을 권리범위에 포함하는 것이라고 해석하여야 할 것이다."라고 판시하여 '병렬 회로' 구성의 해석에 관한 특허법원의 판단이 정당함을 이유로 상고를 기각하였다.[50]

3) 대법원 2010. 1. 28. 선고 2008후26 판결[거절결정(특)]

이 사건에서 문제된 출원발명은 '방송시스템에서 방송 컨텐츠 및 스케줄을 결정하기 위한 방법 및 장치'에 관한 것이었는데, 해석이 문제가 된 청구항 1의 구성 1은 '다수의 클라이언트 시스템으로 메타-데이터 - 상기 메타-데이터는 이미 스케줄되어 방송되거나 추후에 방송될 가능성이 있다고 생각되는 다수의 방송 프로그래밍 컨텐츠 중에서 각각의 방송 프로그래밍 컨텐츠를 설명하는 설명어 및/또는 속성 세트를 포함함 - 을 방송하는 단계'이었고, 특히 '이미 스케줄되어 방송되거나' 부분에 해석상 다툼이 있었다.

원심인 특허법원은 청구범위의 기재 및 발명의 설명의 기재를 종합하여 "청구항 1 발명은 프로그램 방송에 앞서 프로그램의 속성정보만을 방송하고 그에 대한 시청자들의 선호도를 근거로 하여 프로

50) 위 판결에 대한 평석은 박성수, "특허청구범위의 해석과 출원명세서의 발명의 상세한 설명 및 도면의 참조", 대법원판례해설 74호, 법원도서관(2008), 288-305면 참조.

그램의 방송 여부와 방송의 우선순위를 결정하는 경우만 포함하는 것으로, '이미 스케줄되어 방송되거나' 부분은 이미 스케줄되어 방송이 예정되어 있는 경우를 의미할 뿐 현재 방송되는 프로그램과 메타-데이터를 함께 방송하는 경우를 의미하지는 아니한다 할 것이다."라고 판시하였다.51)

　이러한 특허법원 판결에 대해 원고가 상고하였는데, 대법원은 "원심 판시 구성요소 1 중 '이미 스케줄되어 방송되거나' 부분은 그 문언의 기재 자체만으로는 기술적인 의미를 명확히 확정할 수 없다 할 것이어서, 원심이 이 사건 제1항 발명의 나머지 기재와 발명의 상세한 설명 등을 참작하여 이를 이미 스케줄되어 방송이 예정되어 있는 경우를 의미할 뿐 현재 방송되는 프로그램과 메타-데이터를 함께 방송하는 경우를 의미하지는 않는 것으로 해석한 것은 정당하며, 거기에 상고이유의 주장과 같은 특허청구범위의 해석에 관한 판례위반의 위법이 없다."라고 판시하여 특허법원의 판단이 정당하다고 하였다.

---

51) 특허법원 2007. 11. 22. 선고 2007허1107 판결 참조.

제3절 청구항 형식에 따른 해석 기준

가. 독립청구항 및 종속청구항

(1) 의의

특허법 제42조 제8항은 청구범위의 기재방법에 관하여 필요한 사항을 대통령령으로 정하도록 하고 있고, 이에 따라 특허법 시행령 제5조 제1항은 청구범위의 청구항을 기재할 때에는 독립청구항(이하 '독립항'이라 한다)을 기재하여야 하되, 독립항을 한정하거나 부가하여 구체화하는 종속청구항(이하 '종속항'이라 한다)을 기재할 수 있다고 규정하고 있다.

독립항이라 함은 발명의 구성요소를 자족적으로 기재하고 있어 타 청구항을 인용하지 않는 청구항을 말하고, 종속항이라 함은 특정한 독립항에 종속되어 그 독립항에 나타난 구성요소를 모두 그대로 원용하면서 이를 기술적으로 한정하거나 부가하여 구체화하는 청구항을 말한다.[1]

대법원은 독립항과 종속항의 구별 의의와 관련하여 "특허청구의 범위를 기재함에 있어서는 발명의 구성에 없어서는 아니되는 사항 중 보호를 받고자 하는 사항을 독립항으로, 그 독립항을 기술적으로 한정하고 구체화하는 사항을 종속항으로 기재하고, 종속항은 독립항 또는 종속항을 기술적으로 한정하고 구체화하는 데 필요한 적정한 수로 기재하여야 한다고 되어 있는데, 특허청구의 범위의 기재에 관

---

1) 조영선, 특허법(제3판), 박영사(2011), 46면 참조.

하여 독립항과 종속항으로 구별하고 각 적정 수로 나누어 기재하도
록 한 취지는 발명자의 권리범위와 일반인의 자유기술영역과의 한
계를 명확하게 구별하고 나아가 특허분쟁의 경우 특허침해 여부를
명확하고 신속하게 판단할 수 있도록 함에 있으므로, 독립항은 특허
발명으로 보호되어야 할 범위를 넓게 포섭하기 위하여 발명의 구성
을 광범위하게 기재하고 종속항은 그 범위 속에서 구체화된 태양을
제시하여 주어 그 독립항을 기술적으로 한정하고 구체화한 사항을
기재하여야 한다."라고 판시한 바 있다.[2]

(2) 구별 실익

청구범위의 각 항은 상호 독립되어 있다. 따라서 독립항이든 종
속항이든 청구항마다 특허요건을 구비하여야 하고, 특허가 부여된
이후에는 청구항마다 권리를 행사할 수 있다.

그런데 종속항은 독립항의 구성요소를 모두 포함하고 있으면서
거기에 새로운 기술적 구성을 한정하거나 부가하여 구체화하고 있
기 때문에 독립항의 보호범위보다 상대적으로 더 좁은 보호범위를
가지는 것이 원칙이다.[3]

따라서 독립항과 이를 한정하는 종속항 등 여러 항으로 이루어진
특허발명에 있어서 독립항이 신규성과 진보성이 부정되지 아니하여
유효한 발명에 해당하는 이상 이를 전제로 하여 그 내용을 한정하거
나 부가하여 구체화한 종속항도 당연히 신규성과 진보성이 부정되
지 않는다고 할 것이다.

대법원도 "특허청구범위 제2항은 일반적인 반도체장치 제조에 있

---

2) 대법원 1995. 9. 5. 선고 94후1657 판결 참조.
3) 특허법원 지적재산소송 실무연구회, 지적재산소송실무(제3판), 박영사(2014),
253면 참조.

어서의 도핑영역을 형성하는 방법에 관한 공지기술을 기재한 것이
아니라, 독립항인 특허청구범위 제1항에서의 요부인 '장벽층에의 이
온주입 및 열처리공정'이 포함된 반도체장치의 제조방법에 있어서
그 선행단계인 도핑영역을 형성하는 여러 가지 방법 중에서 단지 이
온주입방법과 확산영역의 방법에 대하여만 그 실시 태양을 지정함
으로써 위 독립항을 기술적으로 한정하고 구체화한 사항을 기재한
것이라고 보여지고, 특허청구범위 제3항 이하의 경우에도 마찬가지
라 할 것이므로 이들은 모두 종속항에 해당한다고 보아야 할 것이
며, 따라서 특허청구범위 제2항 이하는 선행되는 특허청구범위 제1
항(독립항)의 전체 특징을 포함한 종속항들로서 독립항에 진보성이
인정되는 이상 그 종속항인 특허청구범위 제2항 이하에도 당연히 진
보성이 인정된다고 할 것이다."라고 판시한 바 있다.[4]

한편, 이와 같은 맥락에서 어느 청구항이 독립항이라고 해석되는
이상, 비록 그 청구항이 다른 청구항을 인용하는 형식을 취하고 있
더라도, 그 청구항의 신규성 및 진보성 판단은 인용되는 청구항과는
별개로 이루어져야 할 것이다.

대법원도 같은 취지에서 "특허청구범위의 청구항의 구성 일부를
생략하거나 다른 구성으로 바꾼 청구항은 그 기재 형식에 불구하고
이를 종속항으로 볼 수 없으므로, 어떤 독립항이 그 출원 전 공지된
발명에 의하여 진보성이 부정되지 않는다는 사정이 있다고 하더라
도, 그 독립항의 구성 일부를 생략하거나 다른 구성으로 바꾼 청구
항은 설령 그 독립항의 구성요소의 대부분을 가지고 있더라도 당연
히 그 출원 전 공지된 발명에 의해서 진보성이 부정되지 않는다고
할 수 없다."라고 판시한 바 있다.[5]

---

4) 대법원 1995. 9. 5. 선고 94후1657 판결 참조.
5) 대법원 2006. 11. 24. 선고 2003후2072 판결 참조.

(3) 구별 방법

독립항은 앞서 본 바와 같이 발명의 구성요소를 자족적으로 기재하고 있기 때문에 타 청구항을 인용하지 않는 형식을 취함에 비하여 종속항은 '제1항에 있어서' 등과 같이 다른 항을 인용하는 형식을 통상 취하기 때문에 대체로 청구범위의 기재 형식에 따라 독립항과 종속항을 구별하는 것이 일반적이라고 할 수 있다.

그러나 사안에 따라서는 독립항과 종속항의 구별이 쉽지 않은 경우가 적지 않고, 특히 판례의 입장에 따르면 소위 인용 형식의 독립항이라는 개념이 존재하기 때문에 단순히 청구범위의 기재 형식만을 가지고서 독립항과 종속항을 구별할 수 없는 경우가 발생하게 된다.

대법원은 "실용신안의 등록청구범위에 있어서 다른 청구항을 인용하지 않는 청구항이 독립항이 되고 다른 독립항이나 종속항을 인용하여 이를 한정하거나 부가하여 구체화하는 청구항이 종속항이 되는 것이 원칙이지만, 독립항과 종속항의 구분은 단지 청구항의 문언이 나타내고 있는 기재형식에 의해서만 판단할 것은 아니므로 인용하고 있는 청구항의 구성 일부를 생략하거나 다른 구성으로 바꾼 청구항은 이를 독립항으로 보아야 한다."라고 판시하였다.[6]

또한, 대법원은 "특허청구범위의 독립항이 통상의 기술자가 그 출원 전에 공지된 발명에 의하여 용이하게 발명할 수 없는 것으로서 진보성이 부정되지 않는 경우에, 그 독립항이나 그 독립항의 종속항을 인용하여 이를 한정하거나 부가하여 구체화하는 종속항은 같은 공지발명에 의해서는 당연히 진보성이 부정되지 아니한다고 할 것이지만, 어떤 청구항의 구성 일부를 생략하거나 다른 구성으로 바꾼

---

6) 대법원 2005. 11. 10. 선고 2004후3546 판결 참조.

청구항은 그 기재형식에 불구하고 이를 종속항으로 볼 수 없다고 할 것이므로, 어떤 독립항이 그 출원 전 공지된 발명에 의하여 진보성이 부정되지 않는다는 사정이 있다고 하더라도, 그 독립항의 구성 일부를 생략하거나 다른 구성으로 바꾼 청구항은 설령 그 독립항의 구성요소의 대부분을 가지고 있더라도 당연히 그 출원 전 공지된 발명에 의해서 진보성이 부정되지 않는다고는 할 수 없다."라고 판시하였다.[7]

이러한 판례의 입장에 따르면, ① 어느 청구항이 다른 청구항을 인용하고 있더라도 이를 곧바로 인용되는 청구항의 종속항이라고 단정할 수 없고, 그 실체적인 내용을 살펴 인용되는 항을 한정하거나 부가하여 구체화하고 있는지를 살펴야 하며, ② 그 결과 인용되는 항의 구성을 모두 포함하고 있으면서 이를 한정하거나 부가하여 구체화하고 있을 경우에는 이를 종속항으로 인정하여야 하고(만일 인용되는 청구항의 신규성, 진보성이 부정되지 않는다면 당연히 당해 청구항의 신규성, 진보성도 부정되지 않는다), ③ 청구항 해석의 결과 인용되는 항의 구성 일부를 생략하거나 다른 구성으로 바꾼 것이라고 평가되는 경우에는 이를 독립항으로 인정하여야 한다.[8]

(4) 독립항과 종속항으로 이루어진 청구항의 해석

특허를 청구하는 출원인은 자신이 이룩한 발명에 관하여 충분하면서도 안전하게 권리를 취득하고 행사하기 위하여 독립항과 종속항을 적절히 기재할 필요가 있다. 즉, 출원인이 어떠한 발명에 관하여 특허를 청구하는 경우 그 발명의 전체 내용을 포괄할 수 있는 상

---

7) 대법원 2006. 11. 24. 선고 2003후2072 판결 참조.
8) 졸고, "독립항과 종속항의 구별", 특허법원 지적재산소송 실무연구회 발표문(2013. 4. 발표), 1-24면 참조.

위개념을 폭넓게 독립항으로 기재하고, 그에 기초한 하위개념들을 종속항으로 기재하는 것이 일반적인데, 이와 같이 청구항을 구성할 경우, 독립항이 공지의 기술로 밝혀져 무효가 된다고 하더라도 종속항의 한정 구성까지 공지되어 있지 않은 한 종속항은 독자적인 발명으로서 무효가 되지 않게 된다.[9]

그런데 이와 같이 독립항과 이를 한정하는 종속항 등 여러 항으로 이루어진 특허발명 청구항에 있어 독립항을 어떻게 해석할지가 문제되는 경우가 있다. 이러한 경우는 특히 출원인이 특허청구범위를 기재함에 있어 독립항에서는 구성이 아닌 기능적 용어를 사용하여 넓게 기재한 후 종속항에 이르러 비로소 명세서의 실시예 등에 개시된 구성으로 한정하여 기재할 때 많이 발생하게 된다.

대법원은 등록무효 사건에서 "독립항과 이를 한정하는 종속항 등 여러 항으로 이루어진 특허발명 청구항의 기술내용을 파악함에 있어서, 특별한 사정이 없는 한 광범위하게 규정된 독립항의 기술내용을 독립항보다 구체적으로 한정하고 있는 종속항의 기술구성이나 발명의 상세한 설명에 나오는 특정의 실시례로 제한하여 해석할 수는 없다."라고 판시하였고,[10] 거절결정 사건에서도 "독립항과 이를 한정하는 종속항 등 여러 항으로 이루어진 청구항의 기술내용을 파악함에 있어서 특별한 사정이 없는 한 광범위하게 규정된 독립항의 기술내용을 독립항보다 구체적으로 한정하고 있는 종속항의 기술구성이나 발명의 상세한 설명에 나오는 특정의 실시례 등으로 제한하여 해석할 수는 없다."라고 판시하였다.[11]

위와 같이 판례는 원칙적으로 광범위하게 규정된 독립항의 기술내용을 독립항보다 구체적으로 한정하고 있는 종속항의 기술구성이

---

9) 조영선, 전게서(주 1), 47면 참조.
10) 대법원 2007. 9. 6. 선고 2005후1486 판결 참조.
11) 대법원 2010. 7. 22. 선고 2008후934 판결 참조.

나 발명의 상세한 설명에 나오는 특정의 실시례로 제한하여 해석할 수는 없다는 입장을 취하고 있다.[12]

한편, 이와 같은 쟁점은 미국의 청구항 차별이론(Doctrine of Claim Differentiation)과 관련하여 설명되기도 한다. 미국의 청구항 차별이론은 다른 두 개의 청구항은 가능한 한 서로 다른 의미를 가진 것으로 해석하여야 한다는 원칙을 말한다. 이에 따르면, 독립항이 있고 그 독립항에 다른 한정을 추가한 종속항이 있는 경우, 독립항에서는 그러한 한정이 존재하지 않는 것으로 해석하게 된다. 이는 앞서 본 판례의 입장에 따를 때 독립항과 종속항의 보호범위가 결과적으로 동일하게 될 수 있다는 점과는 대비된다고 할 것이다. 다만, 미국에서도 청구항 차별이론은 절대적인 원칙은 아니고, 명세서 또는 출원경과에 의하여 극복될 수 있다는 것이 판례의 입장으로 보인다.[13]

나. 기능적 표현이 기재되어 있는 청구항

(1) 의의 및 허용 여부

발명의 목적 또는 효과를 달성하기 위하여 필요한 구성을 구체적으로 기재하지 않고 그 구성을 기능적으로 표현한 청구항을 소위 기능식 청구항(functional claim)이라고 부른다.[14]

일반적으로 청구범위를 기능적으로 기재할 경우 구체적인 구조나 방법을 직접 특정하는 경우보다 문언의 포섭 범위가 넓어지기 때

---

12) 졸고, "독립항과 이를 한정하는 종속항 등 여러 항으로 이루어진 특허발명 청구항의 해석", Law & Technology 9권 2호, 서울대학교 기술과법센터(2013), 77-89면 참조.
13) 한동수, "등록실용실안의 보호범위의 확정 방법", 대법원판례해설 78호, 법원도서관(2009), 443-444면 참조.
14) 특허법원 지적재산소송 실무연구회, 전게서(주 3), 257면 참조.

문에 출원인으로서는 청구범위를 가급적 기능적으로 기재하기를 희
망하게 되나, 청구범위를 기능적으로 기재하게 될 경우 청구범위의 기
재가 너무 추상적이어서 불명료해지는 경우가 적지 않은바, 이는 청구
범위가 명확하고 간결하게 기재되어야 한다는 특허법 제42조 제4항 제
2호의 요건과 관련하여 과연 허용될 수 있는지 여부가 문제된다.15)

　　대법원은 기능식 청구항의 개념을 명시적으로 사용하고 있지 않
고, 기능식 청구항을 전면적으로 인정하고 있지도 않다. 다만, '발명
의 구성이 전체로서 명료하다고 보이는 경우'에 한하여 특허법 제42
조 제4항 제2호의 요건에 저촉되지 아니함을 선언하고 있다. 즉, 대
법원은 "특허청구범위가 기능, 효과, 성질 등에 의한 물건의 특정을
포함하는 경우 그 발명이 속하는 기술분야에서 통상의 지식을 가진
자가 발명의 상세한 설명이나 도면 등의 기재와 출원 당시의 기술상
식을 고려하여 특허청구범위에 기재된 사항으로부터 특허를 받고자
하는 발명을 명확하게 파악할 수 있다면 그 특허청구범위의 기재는
적법하다."라고 판시하여 일정한 범위 내에서 허용됨을 밝히고 있
다.16)

　　위와 같은 판례의 태도는 기능식 청구항을 전면적으로 인정하고
있다기보다는, 청구항에 기능적 표현이 기재되어 있는 경우 발명이
명확하게 기재되어 있다고 볼 수 있는 범위 내에서 이를 허용하고
있다고 평가할 수 있다.

　　특허법 제42조 제6항도 "청구범위에는 보호받으려는 사항을 명확
히 할 수 있도록 발명을 특정하는 데 필요하다고 인정되는 구조·방
법·기능·물질 또는 이들의 결합관계 등을 적어야 한다."라고 하여 청
구범위에 기능적 표현이 사용될 수 있음을 밝히고 있다.17)

---

15) 상게서, 257면 참조.
16) 대법원 2007. 9. 6. 선고 2005후1486 판결 등 참조.
17) 위 특허법 규정은 2007. 1. 3. 법률 제8197호로 신설되었다.

(2) 발명의 내용(기술적 범위) 확정

(가) 문언 중심의 원칙을 강조한 사례

1) 대법원 2004. 10. 28. 선고 2003후2447 판결[등록무효(특)]

대법원은 "이 사건 제2항 발명의 특허청구범위는 신규성이 없다고 인정되는 제1항 발명의 '진공챔버수단'을 '위 백을 진공봉합하는 중 액체와 입자를 모으기 위해 위 베이스상에 형성된 챔버부분을 포함'하는 것으로 한정한 구성으로서, 후드와 베이스로 형성된 진공봉합장치의 하부구조인 베이스에 챔버를 형성하는 것으로 명확하게 해석되므로 명세서의 다른 기재에 의한 보충이 불필요하고, 그 청구범위에서 베이스에 형성되는 챔버부분의 형상이나 구조를 제한하고 있지 않으므로, 이 사건 제2항 발명의 베이스에 해당하는 하부 죠에 오목부를 형성하고 있는 위 간행물 게재 발명(비교대상발명)에는 이 사건 제2항 발명과 동일한 구성이 그대로 나타나 있다고 봄이 상당하다. 비교되는 발명이 그 구성에서 동일하면 효과도 동일한 것이 일반적인바, 이 사건 제2항 발명의 챔버부분이나 위 간행물 게재 발명의 하부 죠에 형성된 오목부는 모두 플라스틱백의 진공봉합하는 과정에서 배출되는 액체와 입자가 낙하하여 모이는 공간을 구성하는 점에서 같은 효과가 있다. … (중략) … 따라서 이 사건 제2항 발명의 챔버부분이 별도의 구성이나 진공펌프와의 작동관계에 대한 한정 없이도 당연히 액체 등의 흡입방지 기능까지도 하는 구성임을 전제로 위 간행물 게재 발명의 오목부와 다른 구성이라고 판단한 원심은 발명의 상세한 설명의 기재 내용에 의하여 특허청구범위를 지나치게 제한 해석한 잘못이 있다."라고 판시하였다.

2) 대법원 2005. 4. 15. 선고 2004후1090[등록무효(실)]

대법원은 "이 사건 등록고안이나 선행 고안 모두 인체에서 배출되는 여러 종류의 배설물을 흡수하는데 사용하는 일회용 팬츠에 있어서 그 흡수한 배설물이 그 팬츠의 외부로 새나가지 않도록 한다는 공통의 목적을 가지고 있고, 이 사건 등록고안의 구성 중 단순히 '착용자의 둔부에서 탄력성을 제공하는'이라는 작용 내지 기능에 의하여 한정되어 있는 '측면부재'는 이러한 작용 내지 기능을 하는 구성을 모두 포함하는 것으로 해석되며, 선행 고안에 이 사건 등록고안의 측면부재와 동일한 기능을 하는 측면부재가 개시되어 있다고 보기에 충분하므로, 원심이 이 사건 등록고안의 등록청구범위를 그 판시와 같이 해석한 다음 선행 고안과 대비 판단하여 그 진보성을 부인한 것은 정당하고, 거기에 등록고안의 청구범위 해석에 관한 법리나 진보성 판단에 관한 법리를 오해하는 등의 위법이 없다."라고 판시하였다.

3) 대법원 2005. 4. 28. 선고 2004후1533 판결[등록무효(실)]

대법원은 "원심은, … (중략) … 이 사건 등록고안의 '결속구' 구성은 등록청구범위에서 어떠한 한정을 한 바 없어 이 사건 등록고안의 명세서 상의 도면에 나타난 구성에 한정되는 것이 아니므로 간행물 2 게재 고안의 '크립, 와셔 및 너트' 구성과 실질적으로 동일하며, 이 사건 등록고안의 '철판망을 철선에 부착하는' 구성은 용접 등의 방법으로 철판망과 철선을 팽팽하게 일체화시키는 것으로서 간행물 2 게재 고안의 '금망을 주철근에 장설(張設)하는' 구성에 대응되는바, 비록 간행물 2 게재 고안의 금망은 철판망이 아닌 철선망이지만 역시 용접 등으로 팽팽하게 부착하는 것이 가능하여 그 '장설'에는 이 사건 등록고안의 '부착'이 포함되는 것이므로, 이 사건 등록고안은 위 간행물 1, 2 게재 고안으로부터 이 기술분야에서 통상의 지식을 가진 자가 극히 용이하게 고안할 수 있다는 취지로 판단하였다. 원심판결 이유를 기록에 비추어 살펴보면, 원심의 위와 같은 판단은 정당하고 거기에 상고이유에서 주장하는 바와 같은 진보성 판단에 관한 법리 오해 등의 위법이 있다고 할 수 없다."라고 판시하였다.

(나) 발명의 설명 등 참작의 원칙을 강조한 사례

1) 대법원 2006. 11. 24. 선고 2003후2072 판결[등록무효(특)]

대법원은 "특허발명의 특허청구범위가 청구항의 기재만으로는 기술구성을 알 수 없거나 설사 알 수는 있더라도 그 기술적 범위를 확정할 수 없는 경우에는 특허청구범위에 발명의 상세한 설명이나 도면 등 명세서의 다른 기재부분을 보충하여 명세서 전체로서 특허의 기술적 범위 내지 그 권리범위를 실질적으로 확정하여야 할 것이다. … (중략) … 이 사건 제1항 발명과 이 사건 제17항 발명은 모두 구체적인 구성만으로 기재된 것이 아니라 특정의 단계적인 기능이나 작용을 기재하는 등의 사정으로 그 권리범위를 명확하게 확정하기 어려운 면이 있으므로 명세서와 도면에 기재된 실시예를 비롯한 구체적인 구성 등을 고려하여 권리범위를 파악하여야 할 것이므로, 이 사건 제1항 발명과 이 사건 제17항 발명이 원심 판시의 출원 전 공지발명들에 의하여 진보성이 부정되지 않으며, 따라서 그 종속항인 이 사건 제2항 내지 제16항 발명 및 이 사건 제18항 내지 제22항 발명도 당연히 진보성이 부정되지 않는다고 할 것이어서, 이와 같은 취지의 원심의 판단은 그 이유 설시에 있어서 다소 부족한 점이 있으나 결과에 있어서 정당하고 거기에 상고이유에서 주장하는 바와 같은 법리오해, 심리미진 등의 위법이 없다."라고 판시하였다.

2) 대법원 2006. 10. 26. 선고 2004후2260 판결[거절결정(특)]

대법원은 "특허출원절차에서 심사의 대상이 되는 특허발명의 기술내용의 확정은 특허출원서에 첨부한 명세서의 특허청구범위에 기재된 사항에 의하여 정하여지는 것이 원칙이지만, 그 기재만으로 특

허를 받고자 하는 발명의 기술적 구성을 알 수 없거나 알 수 있더라
도 기술적 범위를 확정할 수 없는 경우에는 발명의 상세한 설명이나
도면 등 명세서의 다른 기재부분을 보충하여 명세서 전체로서 특허
발명의 기술내용을 실질적으로 확정하여야 하며, 특허의 명세서에
기재되는 용어는 그것이 가지고 있는 보통의 의미로 사용하고 동시
에 명세서 전체를 통하여 통일되게 사용하여야 하지만 어떠한 용어
를 특정한 의미로 사용하려고 하는 경우에는 그 의미를 정의하여 사
용하는 것이 허용되는 것이므로, 용어의 의미가 명세서에서 정의된
경우에는 그에 따라 해석하면 족하다고 할 것이다. … (중략) … 이 사
건 출원발명(출원번호 제2000-11282호)의 청구항 1 중 '화일 입출력의
감시'라는 구성은 클라이언트 시스템의 구성요소(하드디스크, 인터
넷 포트, 메모리 등) 중 어느 부분을 경계로 정하느냐에 따라 달라질
수 있는 상대적인 개념으로서 그 자체로는 기술적 범위를 명확히 확
정할 수 없는 경우라 할 것이어서, 원심이 발명의 상세한 설명 등을
참작하여 '화일 입출력의 감시'를 '클라이언트 자체 내에서 파일이
실행되기 위하여 파일이 입출력 처리 루틴을 거치는 것을 가로채서
(hooking) 해당 파일 정보를 얻는 행위'라고 해석한 것은 정당하며,
거기에 상고이유에서 주장하는 바와 같은 청구범위 해석에 관한 법
리오해 등의 위법이 없다."라고 판시하였다.

3) 대법원 2009. 7. 23. 선고 2007후4977 판결[거절결정(특)]
대법원은 "특허출원된 발명이 특허법 제29조 제1항, 제2항에서 정
한 특허요건, 즉 신규성과 진보성이 있는지를 판단할 때에는, 특허출
원된 발명을 같은 조 제1항 각호에서 정한 발명과 대비하는 전제로
서 그 발명의 내용이 확정되어야 한다. 따라서 특허청구범위는 특허
출원인이 특허발명으로 보호받고자 하는 사항이 기재된 것이므로,
발명의 내용의 확정은 특별한 사정이 없는 한 특허청구범위에 기재

된 사항에 의하여야 하고 발명의 상세한 설명이나 도면 등 명세서의 다른 기재에 의하여 특허청구범위를 제한하거나 확장하여 해석하는 것은 허용되지 않으며, 이러한 법리는 특허출원된 발명의 특허청구범위가 통상적인 구조, 방법, 물질 등이 아니라 기능, 효과, 성질 등의 이른바 기능적 표현으로 기재된 경우에도 마찬가지이다. 따라서 특허출원된 발명의 특허청구범위에 기능, 효과, 성질 등에 의하여 발명을 특정하는 기재가 포함되어 있는 경우에는 특허청구범위에 기재된 사항에 의하여 그러한 기능, 효과, 성질 등을 가지는 모든 발명을 의미하는 것으로 해석하는 것이 원칙이나, 다만, 특허청구범위에 기재된 사항은 발명의 상세한 설명이나 도면 등을 참작하여야 그 기술적 의미를 정확하게 이해할 수 있으므로, 특허청구범위에 기재된 용어가 가지는 특별한 의미가 명세서의 발명의 상세한 설명이나 도면에 정의 또는 설명이 되어 있는 등의 다른 사정이 있는 경우에는 그 용어의 일반적인 의미를 기초로 하면서도 그 용어에 의하여 표현하고자 하는 기술적 의의를 고찰한 다음 용어의 의미를 객관적, 합리적으로 해석하여 발명의 내용을 확정하여야 한다."라고 판시하였다.[18)]

(3) 정리 및 평가

앞서 살펴본 판례 중 (1)항에 제시된 사례들은, 문언 중심의 원칙을 강조하면서 발명의 설명 등에 의한 제한 해석이 허용되지 않음을 전제로 문언에 기재된 기능을 하는 모든 구성을 포함하는 것으로 해석하였다.

---

18) 위 판결에 대한 평석은 한동수, "특허청구범위가 기능적 표현으로 기재된 경우 발명의 내용을 확정하는 방법", 대법원판례해설 82호, 법원도서관 (2010), 583-622면 참조.

이에 비하여 (2)항에 제시된 사례들은, 발명의 설명 등 참작의 원칙을 강조하면서 발명의 설명 등을 참작하여 발명의 내용 또는 기술적 범위를 확정하였다.

미국의 경우에는 기능식 청구항에 관하여 명문의 규정[제112조 (f)항]을 마련하고 있어 그 규정에 따라 처리할 수 있으나, 우리나라의 경우에는 그와 같은 명문의 규정이 없으므로, 기능적 표현이 청구범위에 기재되어 있다고 하여 일반적인 청구범위 해석 기준과 달리 볼 근거는 없어 보인다.

따라서 기능적 표현이 기재되어 있는 발명의 내용 또는 기술적 범위를 확정함에 있어서도, 청구범위에 기재된 사항에 의하여야 하고 발명의 상세한 설명이나 도면 등에 의하여 제한되거나 확장될 수 없다. 기능적 표현이 기재되어 있는 문언을 해석함에 있어서도, 그 문언의 일반적인 의미를 기초로 하면서도 발명의 설명 및 도면을 참작하여 그 문언에 의하여 표현하고자 하는 기술적 의의를 고찰한 다음 객관적·합리적으로 해석하고, 청구범위에 기재된 용어로부터 기술적 구성의 구체적인 내용을 알 수 없는 경우에는 그 발명의 설명과 도면의 기재를 참작하여 그 용어가 표현하고 있는 기술적 구성을 확정하되, 발명의 설명 등에 의하여 제한 또는 확장할 수 없다고 할 것이다.[19)]

다. 제조방법이 기재된 물건발명 청구항

(1) 의의 및 허용 여부

제조방법이 기재된 물건발명 청구항(영어로 'product by process claim'인데, 이하 'PbP 청구항'이라 한다)은 '청구범위가 전체적으로 물건으

---

19) 특허법원 지적재산소송 실무연구회, 전게서(주 3), 265면 참조.

로 기재되어 있으면서 그 제조방법의 기재를 포함하고 있는 발명'을 말한다.

물건의 발명의 청구범위에는 물건의 구조나 특성 등을 기재하여야 하는데, 그보다는 제조방법을 기재하는 것이 출원인에게 더 편하면서 통상의 기술자가 더 쉽게 이해할 수 있는 경우가 있다. 또한, 생명공학 분야나 고분자, 혼합물, 금속 등의 화학 분야 등에서는 어떠한 제조방법에 의하여 얻어진 물건을 구조나 성질 등으로 직접적으로 특정하는 것이 불가능하거나 곤란하여 제조방법에 의해서만 물건을 특정할 수밖에 없는 경우가 있을 수 있다. 이에 물건의 발명에 대해 그 물건의 제조방법에 의하여 특정되는 청구항의 기재, 즉 PbP 청구항도 허용하게 되었다.[20]

(2) PbP 청구항의 해석론[21]

(가) 동일성설

PbP 청구항도 물건의 청구항인 이상, 물건으로서 동일성이 있다면 기재된 제조방법과 다른 방법으로 생산된 물건까지를 발명의 기술적 구성에 포함시키는 견해이다. PbP 청구항에 기재된 제조방법은 어디까지나 물건을 특정하기 위한 수단에 불과하다는 점을 그 근거로 든다. 이에 따르면, 특허부여 단계에서 신규성, 진보성 등 특허요건의 판단기준은 제조방법에 구애됨이 없이 어디까지나 물건 그 자체를 기준으로 하게 되고, 특허침해소송 등의 특허침해 단계에서도 물건으로서의 동일성이 있는 한 그 제조방법과 다른 제조방법에 의해 제조된 물건에도 그 권리가 미친다고 해석한다.

---

20) 정상조·박성수 공편, 특허법 주해 I, 박영사(2010), 1181-1182면 참조.
21) 유영선, "제조방법이 기재된 물건발명(Product by Process Claim)의 해석", 2014 TOP 10 특허판례 세미나 자료집, 한국특허법학회(2015), 49-50면 참조.

이에 대해서는, ① 출원인이 기술적 구성요소로 기재한 제법한정을 임의적으로 배제시켜 물건의 권리로만 해석하는 것으로 그 근거가 미약하고 청구범위 해석이론에도 벗어난다거나, ② 자신의 발명의 구조적인 특성들을 기술할 수 없는 특허권자가 그렇게 할 수 있는 특허권자가 받는 특허 보호 수준과 같은 수준의 보호를 받을 수 있게 되므로 일반 공중에게 발명의 내용을 공개한 만큼 권리를 부여하는 특허법의 기본 원리에도 반하게 된다거나, ③ 제조방법에 따라 제조된 최종 결과물이 어떤 구조나 특성을 갖는지 명확하게 알 수 없는 경우 발명의 기술적 구성이 불명확해지고 이에 따라 특허성 또는 권리범위 속부 여부를 판단하는 것 자체가 어려워질 수 있다는 등의 비판이 있다.

(나) 한정설

청구범위의 기술적 구성은 청구범위의 기재에 근거하여 해석되어야 한다는 점을 들어, 기재된 '제조방법에 의해 제조된' 물건으로 발명의 기술적 구성이 한정된다는 견해이다. 따라서 특허부여 단계에서 발명의 신규성, 진보성 등은 물건 그 자체뿐만 아니라 제조방법도 함께 고려하여 판단하고, 특허침해 단계에서도 물건과 함께 그 제조방법도 함께 고려하므로 제조방법이 다르다면 물건이 같더라도 그 권리가 미치지 아니한다고 해석한다.

이에 대해서는, ① 일반적으로 신규한 화합물의 경우 하나의 제조방법을 찾아내고 그 유용성을 밝혀내어도 '물질(물건)'로서 특허가 가능한데, 단지 그 출원 당시의 기술수준으로는 다른 방식으로 특정할 수 없어서 제법으로 한정하였다는 이유만으로, 새로운 물건에 대한 발명을 그 제조방법만으로 한정하여 해석하는 것은 다른 형식의 기재와의 형평성에 어긋난다거나, ② 권리부여 단계에서 공지된 물건이 제조방법으로 한정되었다는 이유만으로 신규성이 인정되고 나아가 특허가 허여될 가능성이 있는 문제점이 있다거나, ③ 특허성 판단을 위한 기준이나 특허권의 보호범위가 제조방법의 발명과 같아지게 되므로, 청구범위 해석으로 발명의 본질을 바꾸는 것이 되어 부당하다는 등의 비판이 있다.

(3) 외국의 해석론

(가) 미국

CAFC는 특허부여 단계에서 동일성설을 채택하고 있다.[22] 미국 특허청의 심사기준에도 "PbP 청구항은 비록 제조방법에 의해 한정 및 정의되어 있지만, 특허성 결정은 물건 그 자체에 의하고 물건의 제조방법에 의존하지 않는다. 제조방법에 의해 암시되는(implied) 구조는, 특히 물건이 제조방법에 의해서만 특정될 수 있는 경우 또는 제조방법이 최종 제품에 독특한(distinctive) 구조적인 특성을 부여할 것으로 기대되는 경우, PbP 청구항의 특허성 판단에서 고려되어야 한다."라고 규정되어 있다.[23]

CAFC는 특허부여 단계에서와는 달리 특허침해 단계에서는 한정설을 채택하고 있다.[24]

(나) 유럽

EPO는 "공지의 화학 공정으로 제조된 고분자 화합물은 단지 선행기술과 다른 그러한 화학 공정의 변형만으로 신규성이 인정되지는 않는다."라고 판시하여 특허부여 단계에서 동일성설의 입장을 취한

---

22) In re Thorpe, 777 F.2d 695 (Fed. Cir. 1985); In re Marosi 710 F.2d 798 (Fed. Cir. 1983).

23) USPTO MPEP, "2113 Product-by-Process Claims" 참조.

24) Abbott Laboratories v. Sandoz, Inc. 566 F.3d 1282 (Fed. Cir. 2009).

바 있다.[25] 유럽 특허청의 심사기준에도 "PbP 청구항은 물건 그 자체 (the product as such)가 특허성 요건(즉, 신규성 및 진보성)을 충족한 경우에만 등록될 수 있다. 물건이 새로운 방법에 의해 제조되었다는 사실만으로는 그 물건의 신규성이 인정되지 않는다. PbP 청구항은 물건 그 자체에 대한 청구항으로 해석된다."고 규정되어 있다.[26]

한편, 독일 연방대법원은 원칙적으로 PbP 청구항에 기재된 제조 과정이나 공정에 의해 보호범위가 제한되지 않는다고 하여 특허침 해 단계에서 동일성설을 취하면서도, 그 청구항에 기재된 제조방법 이 최종 생산물에 미치는 특별한 작용효과가 보호범위를 정함에 있 어 고려되어야 한다는 입장을 취하고 있다.[27]

(다) 일본

일본은 종래 동일성설을 취해 오다가 知財高裁 2012. 1. 27. 선고 平成22(ネ)제10043호 大合議 판결에서 "① 진정 PbP[28]의 경우 그 발명 의 요지는 특허청구범위에 기재된 제조방법으로 한정되지 않고 '物' 일반에 미친다고 해야 하나, ② 부진정 PbP의 경우 그 발명의 요지는 기재된 '제조방법에 의해 제조된 物'로 한정하여 인정되어야 한다." 라고 판시하면서 종래의 견해를 변경한 바 있었다.[29]

그런데 최근 일본 最高裁判所는 2015. 6. 5. 선고 平成24(受)제1204 호 판결을 통하여 "특허는 물건의 발명, 방법의 발명 또는 물건을 생 산하는 방법의 발명에 대해서 하는 것이고, 특허가 물건의 발명에

---

25) T 205/83.
26) Guidelines for Examination in the European Patent Office, Part F-Chapter IV 15, "4.12 Product-by-process claim" 참조.
27) 유영선, 전게논문(주 21), 53면 참조.
28) 物의 구조 또는 특성에 의해 직접적으로 특정하는 것이 출원시에 불가능 또는 곤란하다는 사정이 존재하는 PbP 청구항을 말한다.
29) 유영선, 전게논문(주 21), 51-52면 참조.

대한 것일 때 특허권의 효력은 해당 물건과 구조, 특성 등이 동일하면 그 제조방법에 관계없이 미치게 된다. 그래서 물건의 발명에 대한 특허에 관한 특허청구범위에 그 물건의 제조방법이 기재되어 있는 경우에도 그 특허발명의 기술적 범위는 해당 제조방법에 의해 제조되었던 것으로 구조, 특성 등이 동일한 물건으로서 확정된다고 해석함이 상당하다."라고 하여 PbP를 진정 PbP와 부진정 PbP로 나누어 판단한 위 知財高裁 大合議 판결을 파기하면서 동일성설을 채택하였다.[30]

(4) 검토

(가) 특허부여 단계

대법원은 종래 "물건의 발명의 특허청구범위에 그 물건을 제조하는 방법이 기재되어 있다고 하더라도 그 제조방법에 의해서만 물건을 특정할 수밖에 없는 등의 특별한 사정이 없는 이상 당해 특허발명의 진보성 유무를 판단함에 있어서는 그 제조방법 자체는 이를 고려할 필요 없이 그 특허청구범위의 기재에 의하여 물건으로 특정되는 발명만을 그 출원 전에 공지된 발명 등과 비교하면 된다."라고 판시해 오고 있었다.[31] 요컨대, 진정 PbP의 경우에는 제조방법을 고려하고(한정설), 부진정 PbP의 경우에는 제조방법을 고려하지 않는다(동일성설)는 취지이다.

---

30) 손천우, "제조방법이 기재된 물건(Product by Process) 청구항의 특허침해판단에서의 해석기준", 사법논집 36호, 사법발전재단(2016), 236면 참조.

31) 대법원 2006. 6. 29. 선고 2004후3416 판결 이래로, 대법원 2007. 5. 11. 선고 2007후449 판결, 대법원 2007. 9. 20. 선고 2006후1100 판결, 대법원 2008. 8. 21. 선고 2006후3472 판결, 대법원 2009. 1. 15. 선고 2007후1053 판결, 대법원 2009. 3. 26. 선고 2006후3250 판결, 대법원 2009. 9. 24. 선고 2007후4328 판결 등에서 그와 같은 법리가 계속하여 판시되었다.

이러한 대법원판결에 대해서는 "그 제조방법에 의해서만 물건을 특정할 수밖에 없는 등의 특별한 사정이 없는 이상"이라는 제한을 둔 판시 내용에는 문제가 있다고 비판하는 견해가 많았다.[32]

그러던 중 최근 선고된 대법원 2015. 1. 22. 선고 2011후927 전원합의체 판결은 "물건의 발명의 특허청구범위에 기재된 제조방법은 최종 생산물인 물건의 구조나 성질 등을 특정하는 하나의 수단으로서 그 의미를 가질 뿐이다. 따라서 제조방법이 기재된 물건발명의 특허요건을 판단함에 있어서 그 기술적 구성을 제조방법 자체로 한정하여 파악할 것이 아니라 제조방법의 기재를 포함하여 특허청구범위의 모든 기재에 의하여 특정되는 구조나 성질 등을 가지는 물건으로 파악하여 출원 전에 공지된 선행기술과 비교하여 신규성, 진보성 등이 있는지 여부를 살펴야 한다. 한편 생명공학 분야나 고분자, 혼합물, 금속 등의 화학 분야 등에서의 물건의 발명 중에는 어떠한 제조방법에 의하여 얻어진 물건을 구조나 성질 등으로 직접적으로 특정하는 것이 불가능하거나 곤란하여 제조방법에 의해서만 물건을 특정할 수밖에 없는 사정이 있을 수 있지만, 이러한 사정에 의하여 제조방법이 기재된 물건발명이라고 하더라도 그 본질이 '물건의 발명'이라는 점과 특허청구범위에 기재된 제조방법이 물건의 구조나 성질 등을 특정하는 수단에 불과하다는 점은 마찬가지이므로, 이러한 발명과 그와 같은 사정은 없지만 제조방법이 기재된 물건발명을 구분하여 그 기재된 제조방법의 의미를 달리 해석할 것은 아니다."라고 판시하였다. 즉, 대법원은 특허부여 단계에서 진정 PbP와 부진정 PbP를 구분하지 않고 모두 동일성설을 취하면서, 진정 PbP의 경우에는 한정설을 취하고 부진정 PbP의 경우에는 동일성설을 취한 기존의 대법원판례들을 변경하였다.

---

32) 유영선, 전게논문(주 21), 54면 참조.

결국 대상판결은 제조방법이 기재된 물건발명은 비록 제조방법에 진보성이 있더라도 그 제조방법으로 제조된 물건 자체를 기준으로 진보성을 판단하도록 함으로써 '동일성설'의 입장을 분명히 한 것으로 이해된다. 다만, "제조방법이 기재된 물건발명의 특허요건을 판단함에 있어서 그 기술적 구성을 제조방법 자체로 한정하여 파악할 것이 아니라 제조방법의 기재를 포함하여 특허청구범위의 모든 기재에 의하여 특정되는 구조나 성질 등을 가지는 물건으로 파악하여 출원 전에 공지된 선행기술과 비교하여 신규성, 진보성 등이 있는지 여부를 살펴야 한다."라고 함으로써 청구항에 기재된 제조방법을 진보성 등의 판단에 전혀 고려하지 않는 것은 아니고, 제조방법의 기재도 물건의 진보성 등을 판단할 때에 포함하여 살필 것을 아울러 요구하고 있다.

(나) 특허침해 단계

위 전원합의체 판결 선고 이후 그 후속 판결로서 특허침해 단계에서의 PbP 청구항의 해석에 관한 대법원 2015. 2. 12. 선고 2013후1726 판결이 선고되었다. 즉, 위 전원합의체 판결의 법리를 그대로 인용한 후 "제조방법이 기재된 물건발명에 대한 위와 같은 특허청구범위의 해석방법은 특허침해소송이나 권리범위확인심판 등 특허침해 단계에서 그 특허발명의 권리범위에 속하는지 여부를 판단하면서도 마찬가지로 적용되어야 할 것이다. 다만 이러한 해석방법에 의하여 도출되는 특허발명의 권리범위가 명세서의 전체적인 기재에 의하여 파악되는 발명의 실체에 비추어 지나치게 넓다는 등의 명백히 불합리한 사정이 있는 경우에는 그 권리범위를 특허청구범위에 기재된 제조방법의 범위 내로 한정할 수 있다."라고 판시하였다.[33]

---

33) 위 판결에서는 "특허청구범위가 '쑥잎을 메탄올 또는 에탄올로 추출하여 얻은 쑥추출물을 탈지하고 클로로포름으로 용출시켜 소분획물을 얻은 다

청구범위의 해석을 특허부여 단계와 특허침해 단계에서 다르게 하여야 할 근거가 없으므로, 둘 다 동일성설을 취함이 타당하다. 다만, 이와 같은 기술적 구성의 확정을 기초로, 특허발명의 구체적인 보호범위를 적정하게 설정하여 특허침해 여부를 판단할 것이 요구된다.[34]

음 이를 다시 실리카겔 컬럼에 충전하여 용출시키는 방법에 의하여 제조한 자세오시딘(5,7,4'-trihydroxy-6,3'- dimethoxy flavone)을 유효성분으로 하여 이에 약제학적으로 허용되는 물질이 첨가된 위장질환 치료제용 약학적 조성물'로 되어 있는 발명에 대해, 특허청구범위에 기재되어 있는 자세오시딘의 제조방법이 최종 생산물인 자세오시딘의 구조나 성질에 영향을 미치는 것은 아니므로, 그 권리범위를 해석함에 있어서 유효성분은 '자세오시딘'이라는 단일한 물건 자체라고 해석하여야 한다."라고 하는 한편, "자세오시딘의 '제조방법'에 대하여는 별도의 청구항에서 특허청구하고 있을 뿐만 아니라 이 사건 특허발명의 명세서에는 자세오시딘 자체에 대하여 실험을 하여 대조군인 슈크랄페이트보다 약 30배의 위장질환 치료 효과를 나타낸다는 것을 밝힌 실시예가 기재되어 있는 점 등에 비추어 보면, 권리범위를 위와 같이 해석하더라도 그 발명의 실체에 비추어 지나치게 넓다는 등의 명백히 불합리한 사정이 있다고 할 수는 없다."라고 판시하였다.
34) "특허청구범위를 문언 그대로 해석하는 것이 명세서의 다른 기재에 비추어 보아 명백히 불합리할 때에는 출원된 기술사상의 내용, 명세서의 다른 기재, 출원인의 의사 및 제3자에 대한 법적 안정성을 두루 참작하여 특허권의 권리범위를 제한해석할 수 있다."라는 취지로 판시한 대법원 2008. 10. 23. 선고 2007후2186 판결, 대법원 2009. 4. 23. 선고 2009후92 판결 등에도 그러한 사고가 나타나 있다.

제4장

선행기술의 특정

제1절 도입 및 논의의 순서

발명의 진보성 요건에 관한 특허법 제29조 제2항은 "특허출원 전에 그 발명이 속하는 기술분야에서 통상의 지식을 가진 사람이 제1항 각 호의 어느 하나에 해당하는 발명에 의하여 쉽게 발명할 수 있으면 그 발명에 대해서는 제1항에도 불구하고 특허를 받을 수 없다."라고 규정하고 있다.

이처럼 어떤 발명이 그 출원 전에 통상의 기술자가 선행발명에 의하여 쉽게 발명할 수 있는 것이라면 특허를 받을 수 없게 되고, 그러한 선행발명에 대해서는 특허법 제29조 제1항 각 호에서 규정하고 있는데, 특허법 제29조 제1항은 아래와 같다.

① 산업상 이용할 수 있는 발명으로서 다음 각 호의 어느 하나에 해당하는 것을 제외하고는 그 발명에 대하여 특허를 받을 수 있다.
  1. 특허출원 전에 국내 또는 국외에서 공지되었거나 공연히 실시된 발명
  2. 특허출원 전에 국내 또는 국외에서 반포된 간행물에 게재되었거나 전기통신회선을 통하여 공중이 이용할 수 있는 발명

이러한 특허법의 규정을 종합하여 보면, 발명의 신규성 판단 및 진보성 판단 국면에서 대비 자료로 사용되는 선행기술은 둘 다 특허법 제29조 제1항 각 호에 열거된 것이라는 점에서 동일하다. 따라서 어떤 선행기술(발명, 문헌)이 발명의 진보성 판단의 대비 자료로 사용될 수 있는 자격 내지 적격을 갖추고 있는지 여부는 기본적으로 그 선행기술이 특허법 제29조 제1항 각 호의 요건에 해당하는 것인지의 문제로 귀결된다.

한편, 특허법상 진보성은 기술분야를 불문하는 신규성과는 달리, '그 발명이 속하는 기술분야에서 통상의 지식을 가진 사람'을 전제로 하는 개념이기 때문에 대비의 대상이 되는 선행기술 역시 그 발명이 속하는 기술분야에서 통상의 지식을 가진 사람이 접할 수 있는 것이어야 한다. 이러한 점에서 볼 때 특허발명(출원발명)과 선행기술은 원칙적으로 그 기술분야가 동일하거나 인접한 것이어야 한다.

이 장에서는 발명의 진보성 판단과 관련한 선행기술의 특정 문제를 다루고자 한다. 이를 위해 우선 선행기술의 자격 내지 적격과 관련하여 특허법 제29조 제1항 각 호의 요건에 대한 해석론을 살피기로 한다. 그 다음으로 진보성 판단에 있어 특허발명(출원발명)과 선행기술 간의 기술분야 대비의 필요성과 그 구체적인 판단 방법에 대하여 검토하기로 한다. 나아가 선행기술의 특정과 관련한 기타 쟁점 즉, 명세서에 기재된 종래기술을 어떻게 취급할 것인지 여부, 선행기술이 미완성인 발명인 경우에도 진보성 판단의 근거로 삼을 수 있는지 여부 등에 대해서도 살펴보기로 한다.

제2절 선행기술의 자격 요건

가. 의의 및 연혁

앞서 본 바와 같이 발명의 진보성 판단의 대비 자료로 사용되기 위해서는 그 선행기술은 특허법 제29조 제1항 각 호 중 어느 하나에 해당하여야 한다. 특허법 제29조 제1항 제1호는 '특허출원 전에 국내 또는 국외에서 공지되었거나 공연히 실시된 발명'이고, 제2호는 '특허출원 전에 국내 또는 국외에서 반포된 간행물에 게재되었거나 전기통신회선을 통하여 공중이 이용할 수 있는 발명'이다. 실무상 공지(公知), 공연 실시(公然 實施)[1], 간행물 공지(刊行物 公知) 등으로 약칭하는 경우가 있고, 이들을 통칭하여 공지(公知)라고 부르기도 한다.[2]

위 규정은 아래와 같이 여러 차례에 걸쳐 개정이 이루어져 왔다.

우선, 1990. 1. 13. 법률 제4207호로 전부 개정된 특허법에서는 '특허출원 전에 국내에서 공지되었거나 공연히 실시된 발명(제1호), 특허출원 전에 국내 또는 국외에서 반포된 간행물에 기재된 발명(제2호)'이라고 하여 공지·공연 실시에 대해서는 국내를 기준으로 하고(국내주의), 간행물 공지에 대해서는 국내 또는 국외를 기준으로 하였다(국제주의).

그 후 2001. 2. 3. 법률 제6411호로 일부 개정된 특허법에서는 '특허출원 전에 국내에서 공지되었거나 공연히 실시된 발명(제1호), 특허

---

1) 공용(公用)이라고도 한다.
2) 특허법원 지적재산소송 실무연구회, 지적재산소송실무(제3판), 박영사(2014), 155면 참조.

출원 전에 국내 또는 국외에서 반포된 간행물에 게재되거나 대통령
령이 정하는 전기통신회선을 통하여 공중이 이용가능하게 된 발명
(제2호)'이라고 하여 제2호에서 간행물 공지 외에 '대통령령이 정하
는 전기통신회선을 통하여 공중이 이용가능하게 된 발명'을 새롭게
추가하였다.3)

　　이후 2006. 3. 3. 법률 제7871호로 일부 개정된 특허법에서는 '특허
출원 전에 국내 또는 국외에서 공지되었거나 공연히 실시된 발명(제
1호), 특허출원 전에 국내 또는 국외에서 반포된 간행물에 게재되거
나 대통령령이 정하는 전기통신회선을 통하여 공중이 이용가능하게
된 발명(제2호)'이라고 하여 제1호의 공지·공연 실시에 대해서도 국
내 또는 국외를 기준으로 하게 되었다(국제주의).4)

　　가장 최근에는 2013. 3. 22. 법률 제11654호로 일부 개정된 특허법
에서 '특허출원 전에 국내 또는 국외에서 공지되었거나 공연히 실시
된 발명(제1호), 특허출원 전에 국내 또는 국외에서 반포된 간행물에
게재되었거나 전기통신회선을 통하여 공중이 이용할 수 있는 발명
(제2호)'이라고 하여 제2호의 '전기통신회선을 통하여 공중이 이용할
수 있는 발명' 중 '대통령령이 정하는' 부분을 삭제하였다.5)

나. 시간적 기준

　　발명이 진보성을 갖추고 있는지 여부는 특허출원의 시각(時刻)을
기준으로 판단한다.6) 이는 특허법 제36조에서 선출원인지 여부를 판

---

3) 위 개정 특허법의 시행일인 2001. 7. 1. 이후 출원된 특허출원에 대해 적용
된다.
4) 위 개정 특허법의 시행일인 2006. 10. 1. 이후 출원된 특허출원에 대해 적용
된다.
5) 위 개정 특허법의 시행일인 2013. 3. 22. 이후 출원된 특허출원에 대해 적용
된다.

단하는 기준이 일(日)인 것과 구별되고, 특허법 제98조에서 타인의 특허발명과의 이용·저촉관계 여부를 판단하는 기준이 일(日)인 것과도 구별된다.

따라서 제3자가 오전에 논문을 발표하고 같은 날 오후에 출원인이 특허출원을 한 경우, 그 논문은 '특허출원 전에' 공개된 것이어서 출원발명의 진보성을 부정하기 위한 근거로 사용될 수 있다.[7]

다만, 특허법 제29조 제1항 제1호의 '특허출원 전'의 의미는 발명의 공지 또는 공연 실시된 시점이 특허출원 전이라는 의미이지 그 공지 또는 공연 실시된 사실을 인정하기 위한 증거가 특허출원 전에 작성된 것을 의미하는 것은 아니므로, 법원은 특허출원 후에 작성된 문건들에 기초하여 어떤 발명 또는 기술이 특허출원 전에 공지 또는 공연 실시된 것인지 여부를 인정할 수 있다. 대법원 역시 같은 입장을 취하고 있다.[8]

다. 장소적 기준

앞서 본 바와 같이 구 특허법(2006. 3. 3. 법률 제7871호로 일부 개정되기 전의 것)은 공지·공연 실시에 대해서는 국내를 기준으로 하고(국내주의), 간행물 공지 및 인터넷 공지에 대해서는 국내 또는 국외를 기준으로 하고 있었다(국제주의). 이는 공지·공연 실시의 경우에는 장소적 제약이 상대적으로 강하여 국외에서 이루어진 것은 사실상 국내에서 알기 어려운 경우가 많은 데 비하여, 간행물에 게재되거나 인터넷에 공지된 기술은 국경의 제약을 받지 않고 알려지기 쉽다는 점에 근거를 둔 것이었다.[9]

---

6) 특허청, 특허·실용신안 심사지침서(2011), 3201면 참조.
7) 특허법원 지적재산소송 실무연구회, 전게서(주 2), 155면 참조.
8) 대법원 2007. 4. 27. 선고 2006후2660 판결 참조.

그러나 정보통신 등의 발달로 국외에서 공지되거나 공연 실시된 기술을 국내에서도 쉽게 접할 수 있다는 점, 출원 전에 국내에서뿐만 아니라 국외에서 알려진 기술에 대해서도 특허가 부여되지 않도록 하여 국제적인 기술공개의 현실을 반영해야 한다는 점 등을 이유로 2006. 3. 3. 법률 제7871호로 일부 개정된 특허법은 공지·공연 실시에 대해서도 국제주의를 채택하기에 이르렀다.[10] 따라서 위 개정 특허법의 시행일인 2006. 10. 1. 이후로 출원된 특허출원에 대해서는 국외에서 공지되었거나 공연히 실시된 발명도 발명의 진보성 판단 근거로 삼을 수 있게 되었다.

라. 공지(公知), 공연 실시(公然 實施)된 발명

(1) 의의

'공지된 발명'이라 함은, 예컨대 아무런 비밀유지의무의 부과 없이 공사실무자들에게 발명의 도면과 샘플을 제공하는 경우와 같이, 불특정 다수인이 인식할 수 있는 상태에 놓여 있는 발명을 말한다.[11] 또한 '공연히 실시된 발명'이라 함은, 예컨대 발명자가 기계가 설치된 공장을 방문하는 사람들에게 기계를 시운전하면서 제품의 생산 방법을 설명하는 경우와 같이, 발명의 내용이 불특정 다수인이 알 수 있는 상태에서 실시된 발명을 말한다.[12]

여기서 '불특정 다수인'이라 함은 일반 공중을 의미하는 것은 아니고 발명의 내용을 비밀로 유지할 의무가 없는 사람이라면 그 인원

---

9) 조영선, 특허법(제3판), 박영사(2011), 113면 참조.
10) 상게서, 113면 참조.
11) 대법원 2002. 6. 25. 선고 2000후1306 판결 참조.
12) 대법원 2004. 12. 23. 선고 2002후2969 판결, 특허법원 2000. 9. 21. 선고 99허 6596 판결 참조.

의 많고 적음을 불문하고 불특정 다수인에 해당한다고 본다.[13]

공지이든 공연 실시이든 비밀이 아닌 상태로 제3자가 인식 가능한 상태에 있으면 충분하고, 제3자가 그것을 현실적으로 인식할 것까지 요구하는 것은 아니라고 보는 것이 통설이다.[14] 이에 대하여 '공지'는 현실적으로 인식된 것만을 의미하는 것이고, 다만 증거상 알려질 수 있는 것이 입증되면 반증이 없는 한 공지된 것이라고 추정할 수 있어 공연히 알려질 수 있는 상태에 있으면 대부분의 경우 공지된 것이라 해석해도 된다는 견해도 있다.[15] 판례는 "여기에서 '공지되었다'고 함은 반드시 불특정 다수인에게 인식되었을 필요는 없다 하더라도 적어도 불특정 다수인이 인식할 수 있는 상태에 놓여져 있음을 의미한다."라고 판시하여 통설의 입장에 서 있다.[16]

공연 실시와 관련하여 실시의 태양으로는 사용, 양도, 대여 등이 있을 수 있는데, 양도의 경우에는 구매자가 그것을 분해·분석하여 발명 내용을 알 수 있을 것이어서 특별한 사정이 없는 한 공연히 실시된 것으로 볼 수 있으나, 사용, 대여 등의 경우에는 제품의 분해, 분석, 내부 점검 등이 금지되는 경우가 있을 수 있으므로 양도와 동일시할 수 없다.[17]

공지와 공연 실시 간의 상호 관계와 관련하여, 공지와 공연 실시가 각각 입법취지 및 작용하는 측면을 달리한다는 견해가 있다. 위 견해에 의하면, '공지'는 발명이 일반 공중에 어느 정도 알려진 발명에 대하여 독점배타권을 부정할 것인가의 측면에서 규정된 것으로 일종의 '결과책임'에 해당하는 것이고, '공연 실시'는 발명자 내지 개발자 측의 실시행위에 주목하여 그와 같이 비밀이 아닌 상태에서 실

---

13) 특허법원 2005. 10. 13. 선고 2005허2328 판결 참조.
14) 정상조·박성수 공편, 특허법 주해 I, 박영사(2010), 317면 참조.
15) 윤선희, 특허법(개정판), 법문사(2012), 128면.
16) 대법원 2002. 6. 14. 선고 2000후1238 판결 등 참조.
17) 정상조·박성수 공편, 전게서(주 14), 318면 참조.

242 발명의 진보성 판단에 관한 연구

시된 발명에 대하여 그 자체로 독점배타권을 부정한 것으로 일종의 '행위책임'에 해당하는 것이므로, '공지'와 '공연 실시'는 각각 특허법 상 독자적인 의의를 가지는 개념으로서 서로 뚜렷이 구분된다고 한 다.18)

그러나 공지와 공연 실시는 양자를 뚜렷이 구별하는 것이 쉽지 않을 뿐만 아니라, 일본과 달리 같은 호에 나란히 규정되어 있고,19) 그 법률적 효과도 다르지 않아 양 개념을 구별할 실익도 거의 없다. 판례 역시 '공지 또는 공용'이라고 묶어서 표현하거나 양자를 엄격히 구별하지 않는 경우가 많다.20)

한편, 설정등록된 등록고안의 공지시점에 관하여 종래 다툼이 있 어 왔으나, 대법원은 "구 특허법 시행령이나 시행규칙에는 구 특허 법 제216조 제2항에 따라 등록공고 되지 아니한 특허출원에 관한 서 류 등에 대한 제3자의 열람·복사를 제한하는 별도의 규정이 없고, 단 지 시행규칙 제120조에서 구 특허법 제216조에 따른 자료열람복사신 청의 절차를 규정하고 있을 뿐이어서, 구 실용신안법에 따라 설정등 록된 실용신안은 특별한 사정이 없는 한 제3자가 신청에 의하여 열 람·복사를 할 수 있고, 다만 등록공고되지 아니한 출원에 관한 서류 등에 대해 일정한 경우 허가하지 아니할 수 있을 뿐이므로 설정등록 일 이후에는 실용신안은 공지된 것으로 보아야 한다."라고 판시하여 설정등록일 이후에는 공지된 것으로 보아야 한다는 입장을 취하였 다.21)22) 특허법원도 등록된 실용신안의 경우 등록공고일이 아닌 등록

---

18) 심준보, "공지·공연실시·간행물공지의 의의", 특허소송연구 4집, 특허법원 (2008), 31-32면.

19) 일본 특허법 제29조 제1항 제1호는 '공지'를, 제2호는 '공연 실시'를 각각 규 정하고 있다.

20) 조영선, 전게서(주 9), 114면 참조.

21) 대법원 2009. 12. 24. 선고 2009다72056 판결 참조.

22) 위 판결에 대한 평석으로는 박정희, "설정등록된 실용신안의 공지시점", 대

일에 공지되었다고 봄이 타당하다고 하여 같은 입장에 서 있다.[23][24]

(2) 비밀유지의무

발명의 공지 여부는 불특정 다수인이 그 내용을 알 수 있는 가능성의 존재 여부에 따라 결정되는 것이므로, 비록 발명의 내용이 다수의 사람들에게 알려졌다 하더라도 그 사람들이 상관습이나 계약상 그 발명의 내용에 관하여 비밀유지의무를 지고 있는 경우라면 그 발명은 공지되었다고 볼 수 없다.[25]

여기서 비밀유지의무라 함은 어떤 발명의 권리자 또는 발명자에 대하여 그 내용을 불특정의 제3자에게 누설하지 아니할 의무를 말한다. 따라서 비밀유지의무 있는 자에게만 발명이 공개된 경우에는 공지·공연 실시되었다고 할 수 없다. 제2호의 반포된 간행물에 의한 공지는 '반포'라는 개념 자체가 비밀유지의무가 없는 일반 공중을 전제로 한 것이어서 이러한 경우를 상정할 수 없다.[26]

예컨대, A가 B에게 특정한 기계를 제작, 납품함에 있어 B로 하여금 그 기계의 구조와 작동방법을 제3자에게 알리지 않기로 약정하였다면, 그와 같은 약정이 없는 경우와 달리 그 기계의 납품만으로 위 발명이 공지되었다고 볼 수는 없을 것이다.[27] 다만, 이러한 경우에도 B가 그와 같은 약정을 어기고 그 기계의 구조나 작동방법을 제3자에

법원판례해설 82호, 법원도서관(2009), 437-454면 참조.
23) 특허법원 2009. 11. 27. 선고 2009허4872 판결 참조.
24) 위 판결에 대한 평석으로는 유영선, "등록된 발명 또는 고안의 공지 시기", 특허판례연구(개정판), 박영사(2012), 79-86면 참조.
25) 조영선, 전게서(주 9), 116면 참조.
26) 강경태, "공지의 의의와 비밀유지의무", 특허판례연구(개정판), 박영사(2012), 93면 참조.
27) 대법원 2002. 9. 27. 선고 2001후3040 판결 참조(디자인권에 관한 사안임).

게 공개하였다면 그 공개 시점에 비로소 위 발명은 공지로 된다. 공
개한 자에게 비밀유지의무가 있다고 하더라도 공개된 사실에 따른
사실상의 효과는 되돌릴 수 없기 때문이다.

　업종이나 시설의 성질상 국방, 산업 또는 기술관계로 특별히 유
지하여야 할 비밀이 있다고 인정되는 특수공장의 경우에는 종업원
등에 대하여 그 비밀유지에 관한 특별의무를 요구하는 것이 일반적
이라고 할 수 있으나, 그러한 비밀유지의 필요성이 인정되지 않는
일반 공장의 종업원 등에 대해서까지 비밀유지의무가 요청되는 것
은 아니다.[28]

　한편, 비밀유지의무를 부담하는 특정인이었기 때문에 발명을 알
수 있었던 경우에도, 비밀을 지킬 의무가 해제된 때부터 그 사람은
불특정인이 되고 그 사람이 알고 있는 발명은 공지된 발명으로 되는
것이고, 그 사람이 그 발명을 사용하면 공연히 실시된 발명으로 된
다. 이를 특정인에서 불특정인으로의 전환이라 부를 수 있다.[29]

　비밀유지의무의 존재 여부에 관한 주장·입증책임 부담과 관련하
여 견해의 대립이 있다. 우선, 법률요건분류설에 따르면 특허법 제29
조 제1항 제1호는 조문의 규정형식이 제1호에 해당하는 것을 제외하
고 특허를 받을 수 있다고 되어 있어 특허권의 발생을 방해하는 특
허장애요건에 해당하므로, 원칙적으로 제1호에 해당하는지 여부는
무효심판청구인 등 특허의 효력을 부정하는 자가 입증책임을 부담
하는데, 비밀유지의무는 공지의 요건 중 '공연성'의 또 다른 표현에
불과하여 결국 '공지'의 요건에 해당하므로, 비밀유지의무의 존부에
대한 입증은 당해 특허의 무효를 주장하는 자, 즉 '공지'를 주장하는
자가 비밀이 유지되지 않았던 사정을 입증하여야 한다는 견해가 있
다.[30][31]

---

28) 대법원 1969. 3. 25. 선고 69후2 판결 참조.
29) 특허법원 지적재산소송 실무연구회, 전게서(주 2), 157면 참조.

이에 대하여 특허법 제29조 제1항 소정의 공지된 발명이라는 점은 권리장애항변에 해당하므로, 원칙적으로 무효심판청구인 등 특허의 효력을 부정하는 자가 입증책임을 부담하나, 비밀유지의무의 존재 여부는 공지를 부인하는 자(특허권자, 특허출원인)에게 주장·입증책임이 있다고 보는 견해도 있다.[32]

(3) 구체적 판단 사례

(가) 공지, 공연 실시를 긍정한 사례

1) 대법원 2002. 6. 14. 선고 2000후1238 판결

A 회사는 일본의 B 회사가 개발한 HBC(Hanging Bio Contractor, 현수미생물접촉)법을 우리나라에서 실시하기 위하여 1983. 말경 HBC 링 접촉재의 완제품과 관련 자료를 B 회사로부터 입수한 후 환경청으로부터 HBC법에 대한 공인을 얻을 목적으로 연구소에 실험을 의뢰한 사실, 위 연구소는 A 회사 및 B 회사의 협조 하에 1984. 1. 15.부터 1984. 6. 30.까지 실험을 수행하였고, 1984. 7. HBC법에 의한 오수정화 및 폐수처리효과에 관한 연구라는 제목의 연구보고서를 작성하여 A 회사에 제출한 사실, A 회사의 직원인 C가 1984. 2.경부터 1984. 5.경까지 HBC 링 접촉재와 시설의 판매를 위하여 서울대학교 병원 등 여러 병원들과 접촉하여 이를 소개한 사실, C 등은 B 회사의 자료와 위 연구소의 연구보고서를 참조하여 HBC법 공인승인신청서를 작성하여 1984. 7. 23. 환경청에 제출한 사실, A 회사는 B 회사로부터 HBC법

---

30) 심준보, "특허법상 공지·공연실시의 의미와 관계", 지식재산21 제96호, 특허청(2006), 106면.

31) 이 견해에 의하더라도, 비밀유지의무의 존재는 특허권자가 '주장'을 하여야 할 것이고, 그에 대해 무효심판청구인 등이 비밀이 유지되지 않았던 사정을 입증함으로써 '공지'를 입증하는 형식으로 될 것이다.

32) 특허법원 지적재산소송 실무연구회, 전게서(주 2), 156면.

및 링 접촉재의 구성이나 기술에 대하여 비밀을 유지할 의무를 부과받은 바가 없고, A 회사의 직원 및 위 연구소의 실험에 참여한 사람들 또한 이에 대한 비밀유지의무를 부과받은 바가 없는 사실 등을 인정한 후, A 회사는 B 회사에 대하여 HBC 링 접촉재의 구성을 계약상 또는 신의칙상 비밀로 유지할 의무가 없어 위 접촉재는 특허발명의 우선권 주장일 이전에 국내에서 불특정 다수인에게 공지되었다고 판단한 원심을 지지하였다.

2) 대법원 2002. 6. 25. 선고 2000후1306 판결
A 회사가 재개발 신축공사에 필요한 플로어 매설용 콘센트 박스 설치공사의 하수급인으로 선정되기 위하여 콘센트 박스(인용발명)의 도면과 샘플을 B 회사에 제공하면서 기술설명을 한 결과 하수급인으로 선정되어 1995. 9. 5. 위 공사의 하도급계약을 체결하였고, 위 계약일 이후 명칭을 '플로어 매설용 콘센트 박스'로 하는 이 사건 특허발명의 출원일 전에 인용발명의 콘센트 박스를 납품 시공하였는데, 위 하도급계약의 전후에 걸쳐 인용발명의 도면과 샘플이 B 회사의 실무자들에게 제공되는 과정에서 도면과 샘플이 비밀로 유지되지 아니하여 공사 실무자들이나 관계인들이 자유롭게 열람할 수 있는 상태에 있었고 A 회사나 B 회사 및 관련 직원들은 인용발명의 구성에 대한 비밀유지의무를 부담하고 있지도 않았고, 비밀로 유지하는 조치를 취한 바도 없었으므로, 비록 소수의 사람만이 그 내용을 알았다 하더라도 인용발명이 이 사건 특허발명의 출원 전에 공지되었거나 공연히 실시된 발명이라고 보는데 아무런 지장이 없다고 판단하였다.

3) 특허법원 2000. 8. 25. 선고 2000허747 판결
피고가 이 사건 특허발명의 출원 전에 SMT·903 모델의 제품을 생

산하여 수출하였고, SMT·903 모델의 제품을 생산하였던 피고의 공장이 기술관계 등으로 특별히 유지하여야 할 비밀이 있다고 인정되는 특수공장이라거나 그 공장 운영상 종업원 등에 대하여 위 제품과 관련된 비밀을 유지할 의무를 부과하였다는 점 등에 대한 피고의 주장·입증이 없는 이 사건에서는 피고의 위 SMT·903 모델 제품의 생산과 수출에 의하여 이 사건 특허발명은 그 출원 전에 국내에서 공지되었거나(이 사건 특허발명은 피고의 종업원, 위 제품의 수출을 위한 포장업체 및 운송업체의 직원 등에게 알려져 있었다고 봄이 상당하다) 공연히 실시되었다고 할 것이다.

4) 특허법원 2000. 9. 21. 선고 99허6596 판결
피고 회사들과 직원 및 인용고안의 제작·설치업체인 A 회사의 직원들은 상관습상 인용고안의 내용을 외부로 공개하지 않을 것이 묵시적으로 요구되거나 기대될 수 있는 관계나 상황에 있는 특정인에 해당된다고 볼 수 있다고 하더라도, 공장건물을 지을 당시 인용고안과는 아무런 관계가 없는 100여 명이 넘는 공장건물의 건축업자, 전기설비업자 등 불특정 다수인이 인용고안 장치의 주위를 자유롭게 다니면서 외부에서 그 구성을 봄으로써 고안의 내용을 인식할 수 있었던 상태에 있었다고 봄이 상당하고(인용고안은 밖에서 보이지 않는 내부 구조에 특징이 있는 장치가 아닐 뿐만 아니라, 외부에서 보더라도 그 내용을 쉽게 이해할 수 없는 복잡하고 어려운 기술이 아니다), 또한 준공식 당시에 다수의 업계 관련 사람들이 모인 자리에서 아무런 비밀유지조치도 취한 바가 없이 인용고안 장치를 실시하고, 인용고안 장치에 의하여 제품이 나오는 과정을 설명함으로써(원고는 인용고안의 핵심 구조와 기술에 대하여 설명한 바가 없이 비밀로 유지하였다고 주장하나, 통상의 기술자라면 인용고안은 외부 구조만으로도 그 내용을 쉽게 이해할 수 있다고 보이고, 원고가 인용

고안 장치를 특별히 비밀로 유지하고자 하는 조치를 취한 흔적이 전혀 없다) 인용고안의 내용을 불특정 다수인이 용이하게 알 수 있었던 상태에서 인용고안을 실시하였다고 봄이 상당하다고 판단하였다.

5) 특허법원 2013. 7. 19. 선고 2012허9136 판결

원고가 제출한 '서울특별시 지하철 5호선 전차 정비지침서'(이하 '이 사건 정비지침서'라 한다)의 공지 여부에 대하여 ① 이 사건 정비지침서의 표지에는 납품된 차량의 수(366량, 242량), 제작연도(1995년, 1996년), 발행기관(서울특별시 지하철 건설본부, 서울특별시 도시철도공사) 등이 기재되어 있고, 그 각 본문에는 일반사양, 기기배치, 공기제동장치, 전기회로 등 전차 정비에 필요한 사항들이 상세히 기재되어 있는바, 위와 같은 책자의 형태나 내용 등에 비추어 볼 때 이 사건 정비지침서는 1995년 및 1996년경 전차 정비에 관한 지침을 마련할 목적으로 전차를 제작·납품한 업체가 작성한 후 발주기관인 서울특별시 도시철도공사 측에 전차를 납품하면서 함께 제공한 것으로 보이는 점, ② 전차 등을 제작하여 납품하는 업체는 발주기관에 물품을 납품할 때 운영지침서 또는 정비지침서를 함께 제공하고 발주기관의 직원에 대한 교육도 실시하는 것이 일반적이라고 보이는 점, ③ 비록 이 사건 정비지침서가 바인더 형식으로 제작된 것이기는 하나, 이 사건 정비지침서의 내용이 발행일 이후로 변경되었다고 볼 만한 구체적인 근거가 없는 점 등을 종합하여 보면, 이 사건 정비지침서에 개시된 기술내용은 이 사건 특허발명의 우선권주장일(1999. 1. 18.) 전에 전차 납품업체 및 서울특별시 도시철도공사의 관련 직원들에게 제공되었다고 봄이 상당하다.

나아가 ① 이 사건 정비지침서에는 그 내용 중에 '대외비', '비밀취급을 요함' 등과 같이 비밀로 유지되었다고 볼 만한 기재가 없고, 정비지침서라는 성격상 정비 관련 직원들이 자유롭게 그 내용을 참고

할 수 있도록 하여야 할 것으로 보이며, 달리 이 사건 정비지침서가 비밀로 유지되었다거나 전차 납품업체나 서울특별시 도시철도공사의 관련 직원들에게 전차와 관련하여 습득한 지식을 비밀로 유지해야 하는 의무가 부과되었다고 볼 만한 자료가 없는 점, ② 이 사건 정비지침서를 포함하여 각종 전차 정비지침서가 현재 공공도서관에 입고되어 관련 직원들뿐만 아니라 누구나 열람 가능하도록 허용된 상태인 점, ③ 비록 이 사건 정비지침서가 공공도서관에 입고된 시점이 이 사건 특허발명의 우선권주장일 이후이기는 하나, 피고가 주장하는 보안 및 안전상의 문제가 지하철 개통 당시에 비하여 현저히 달라졌다고 보기 어려운 이상, 위와 같은 사정만으로 이 사건 정비지침서의 기술내용이 이 사건 특허발명의 우선권주장일 이전부터 비밀로 관리되고 있었다고 보기는 어려운 점 등을 종합하여 보면, 이 사건 정비지침서의 기술내용은 이 사건 특허발명의 우선권주장일 이전에 국내에서 공지된 발명으로서 이 사건 특허발명의 진보성 여부를 판단하기 위한 자료로 삼을 수 있다고 할 것이다.

(나) 공지, 공연 실시를 부정한 사례

1) 대법원 1983. 2. 8. 선고 81후64 판결

주한미군부대 내 또는 주한미군들 클럽내의 출입은 그 소속미군들이나, 그 클럽종업원들을 제외한 일반인에게는 엄격히 통제되어 자유로이 출입할 수 없음은 경험칙상 명백한 바이므로, 이와 같이 일반인이 자유롭게 출입할 수 없는 특정지역 내에 놓여있는 위 간행물(갑 제2호증)을 일반인이 누구나가 마음대로 열람한다거나, 그 비치된 주화계산기의 내부구조를 알아본다는 것은 극히 어려운 일이라 여겨지므로, 위 간행물이나 주화계산기가 놓여있는 장소가 일반인이 자유로이 출입할 수 있는 공개된 장소인지의 여부를 구체적으로 더 심리하여 보지 않고는 갑 제3, 제4호증의 각 기재내용만으로는

위 주화계산기가 불특정다수인이 알 수 있는 상태에 놓여 있었다고 단정하기에는 미흡하다고 판단하였다.

2) 대법원 1985. 11. 12. 선고 84후9 판결

간행물로 볼 수 없는 사양서라 할지라도 수개의 동종업체들에게 배부 또는 반포된 경우에는 그 사양서 기재내용과 같은 고안이 공지된 것이라고 못 볼 바 아니나, 서울지하철건설에 따른 지장통신시설보호 및 복구에 있어 본건 등록고안과 비슷한 전선보호관을 사용하기로 체신부를 비롯한 정부기관 및 그 산하단체 등 6개 처의 실무자들 사이에 합의서를 작성한 것만으로는 이를 배부 또는 반포된 것으로 볼 수 있다거나 그 내용상의 고안이 공지된 것이라고 볼 수는 없다.

3) 대법원 2005. 2. 18. 선고 2003후2218 판결

'선로접속자재 개량기술개발'이라는 명칭의 자료는 원고가 기술이전계약을 체결하게 될 접속관 시작품 제작업체를 상대로 '조립식 접속관'에 관한 기술이전을 교육하기 위하여 1992. 12.경 작성한 교육용 자료로서 1994. 1. 26.~27. 2일간 원고에 의하여 실시된 기술이전교육에서 원고와 사이에 이미 기술이전계약을 체결한 A 회사, B 회사 등에게 배포된 것인 사실, 원고는 1993. 12. 27.경 A 회사와 사이에 조립식 접속관 기술전수계약을 체결하면서 위 회사는 기술이전과 관련된 모든 기술 및 노하우에 대하여 원고의 사전 서면동의 없이 제3자에게 유출하지 아니하기로 약정하였는데, 다른 참가업체인 B 회사 등도 그 무렵 원고와 사이에 위 조립식 접속함 제작기술과 관련하여 위와 동일한 취지의 비밀유지의무를 약정한 것으로 보이는 사실, 피고는 B 회사로부터 위 조립식 접속함을 제작, 납품할 것을 하청받았는데 당시 금형 제작기술을 보유하고 있지 않았으므로 C 회사에게 위 조립식 접속함에 대한 금형제작 의뢰를 하였고, 피고를

포함한 B 회사, C 회사는 일의 진행 결과를 팩스 등을 통해서 서로 주고받은 사실을 인정한 다음, 피고와 C 회사는 B 회사로부터 이 사건 조립식 접속함 제작과 관련하여 지정된 하청업체들로서 B 회사의 필요한 지시에 따라야 할 위치에 있었을 뿐만 아니라, B 회사가 시작품 제작에 관여하게 된 경위 등에 관하여 잘 알고 있었거나 알 수 있었던 상태에 있었다고 추정함이 상당하므로 적어도 B 회사가 비밀유지의무를 지고 있음을 잘 알고 있었다고 보이고, 피고나 C 회사 또한 B 회사나 피고에 대하여 상관습상 이러한 비밀유지의무를 부담한다 할 것이므로, 위 기술개발자료는 비밀유지의무를 지고 있는 특정인에게만 배포된 것으로서 결국 명칭을 '통신케이블 접속용 접속관 외함'으로 하는 피고의 이 사건 특허발명이 출원되기 전에 공지된 것이라 할 수 없다는 취지로 판단한 원심을 지지하였다.[33)]

4) 특허법원 1998. 9. 17. 선고 98허2009 판결

소외 회사가 한국도로공사에 대하여 시험설치할 것을 승인 요청하면서 지하재방송제작 및 설치시방서 등을 첨부하였다거나 또는 그 후 한국도로공사가 공사하는 터널에 지하재방송장치를 시험설치하여 성능을 시험하였다고 하더라도 그것은 제3자에의 공표와 같은 행위와 달리 소외 회사와 한국도로공사간의 행위로 그치는 것이므로 즉시 공지로 되는 것은 아니고(더구나 설치한 지하재방송장치소는 성능시험 후 철거되었다), 또한 공연실시라는 것은 통상의 기술자가 그 발명의 내용을 용이하게 알 수 있는 것과 같은 상태에서의 실시로 해석해야 할 것인데, 위와 같이 소외 회사가 한국도로공사가 공사하는 터널에 지하재방송장치를 시험설치하여 한국도로공사와의 사이에서만 성능을 시험한 후 이를 철거한 이상 이를 통상의 기

---

33) 위 판결에 대한 평석으로는 강경태, "공지의 의의와 비밀유지의무", 특허판례연구(개정판), 박영사(2012), 87-94면 참조.

술자가 그 발명의 내용을 용이하게 알 수 있는 것과 같은 상태에서 실시된 것이라고 단정하기도 어렵다 할 것이며, 나아가 소외 회사가 이 사건 등록고안의 출원일인 1992. 7. 25. 이전에 위 설치공사도급계약체결에 따라 터널에 지하재방송장치를 설치 완료하였다는 점에 대하여도 원고의 아무런 입증이 없다. 결국 인용고안들은 이 사건 등록고안의 신규성 또는 진보성 유무에 대한 판단 자료로 사용할 수 없다.

  5) 특허법원 2010. 6. 11. 선고 2009허9693 판결
  먼저, ① 선박 프리패스 시스템 구축 사업의 주관 기관인 해양경찰청은 위 사업의 입찰 전부터 특허권을 취득할 의향이 있어 관련된 기술내용을 비공개로 유지할 필요성이 있었다고 보이는 점, ② 해안치안 유지라는 위 시스템의 목적상 사용되는 기술내용을 대외적으로 공개하는 것이 부적절하다고 보이는 점, ③ 비교대상발명이 기재되어 있는 사용자지침서에는 발명의 기술적인 내용 외에도, 일반 어민의 개인정보에 해당하는 사항도 다수 기재되어 있어 해양경찰청으로서는 이러한 이유에서도 사용자지침서가 대외적으로 일반에 공개되지 않도록 관리할 필요성이 있었다고 보이는 점, ④ 선박 프리패스 시스템 구축 사업의 계약 조건상 해양경찰청 소속 공무원은 계약담당 공무원인지 여부를 떠나 비교대상발명에 대하여 비밀유지 의무가 있다고 할 것인 점, ⑤ 비교대상발명의 내용을 교육받은 교육참석자들은 모두 해양경찰청 소속 공무원들로서 그 기술내용이나 사용자지침서가 대외적으로 일반에 공개되지 않도록 관리할 필요성이 있다는 위와 같은 사정을 잘 알고 있어, 이를 비밀로 취급하는 것이 암묵적으로 요구되고 또한 기대되는 사람들에도 해당한다고 할 것인 점 등에 비추어 보면, 비교대상발명이 기재된 사용자지침서는 비밀유지의무를 지고 있는 특정인에게만 배포된 것이어서, 사용자지침서의 내용 중에 '대외비' 등의 기재가 없다고 하더라도 사용자지침

서의 발간, 배포에 의해 비교대상발명이 공지되었다고 볼 수 없다.

또한, 해양경찰청의 전자신문에 게재된 기사 내용 중 선박 프리패스 시스템의 기초적인 개요만이 소개된 부분으로는 비교대상발명의 기술 내용이 공개되었다고 볼 수 없고, 위 기사 내용 중 시범운영이나 합동 시스템 점검실시에 관한 부분 역시 시스템의 기술 교육에 대한 내용은 없이 단순히 어민이나 국방부 및 해양수산부측 인사들이 위 시범운영이나 합동 시스템 점검에 참여하였다는 취지에 불과하여, 위와 같은 시범운영이나 합동 시스템 점검으로 비교대상발명의 기술 내용이 해양경찰청 외부에 어느 정도나 공개되었다는 것인지 나타나 있지 않으므로, 위와 같은 정도의 기사 내용만으로는 비교대상발명이 불특정다수인이 인식할 수 있는 상태에 놓여 있었다거나, 공연히 알려진 또는 불특정 다수인이 알 수 있는 상태에서 실시되었다고 볼 수 없다고 할 것이다. 나아가 비교대상발명이 이 사건 특허발명의 출원 전에 해양경찰청 공무원이 아닌 민간인인 대행신고소장도 그 내용을 인식할 수 있는 상태에 놓여 있었다거나, 그가 알 수 있는 상태에서 실시되었다고 인정할 만한 증거가 없다. 결국, 비교대상발명은 이 사건 특허발명의 출원 전에 공지된 발명이 아니어서 이 사건 특허발명의 진보성 여부를 판단하는 데 선행기술로 사용될 수 없다.[34]

마. 반포된 간행물에 게재된 발명

(1) 간행물

간행물(刊行物)이라 함은 인쇄, 기타의 기계적, 화학적 방법에 의

---

[34] 위 판결에 대한 평석으로는 박태일, "특허법 제29조 제1항 소정의 공지된 발명의 의미", 특허판례연구(개정판), 박영사(2012), 63-70면 참조.

하여 공개의 목적으로 복제된 문서, 도화, 사진 등을 말한다.[35] 종이에 인쇄된 복제물이 간행물의 전형적인 예라고 할 것이나, 기술의 발달과 각종 매체의 출현으로 인하여 간행물의 형식적 제한은 점차 사라져 가는 추세이고, 복사본이나 마이크로필름, 컴퓨터 디스크, CD-ROM, 자기필름 등 현재 개발되어 있거나 향후 개발될 매체들을 모두 포함한다고 보아야 한다.[36]

간행물의 예로 가장 대표적인 것은 국내외에서 발간된 특허공보(공개공보 및 등록공보, 실용신안공보 포함)이고, 실제 소송에서도 이러한 특허공보가 무효 증거로 제출되는 비율이 다른 증거들에 비해 압도적으로 높다. 이러한 특허공보 외에 서적, 논문, 제품의 카탈로그 등도 실무에서 자주 인용되는 간행물에 해당한다.

(2) 반포

반포(頒布)라 함은 간행물이 불특정 다수의 일반 공중이 그 기재 내용을 인식할 수 있는 상태에 있는 것을 말한다.[37] 불특정 다수인의 인식할 수 있는 상태에 있기만 하면 족하므로, 반포된 간행물의 숫자 등은 고려대상이 되지 않는다.

반포된 간행물과 관련하여 가장 중요한 것은 반포의 시점인데, 배포 중 가장 빠른 시점인 간행물에 기재된 발행일(發行日)을 통상 반포의 시점으로 보면 된다. 다만, 배포의 목적을 가지고 인쇄, 제본이 되었으나 아직 발행인의 수중에 있거나 배포를 위해 발송 중인 것 등은 반포되었다고 볼 수 없다. 간행물 자체에 반포 시점을 알 수 있는 기재가 없다면, 결국 여러 가지 간접사실과 경험칙에 의하여

---

35) 대법원 1992. 10. 27. 선고 92후377 판결 참조.
36) 정상조·박성수 공편, 전게서(주 14), 320면 참조.
37) 대법원 1996. 6. 14. 선고 95후19 판결 참조.

이를 인정할 수밖에 없고, 그 증명책임은 발명에 대한 특허가 부여되기 이전에는 심사를 담당하는 심사관이, 일단 발명에 관하여 특허가 부여된 이후에는 그 특허가 잘못 부여되었다고 다투는 측에서 부담하게 됨은 물론이다.[38]

특허출원된 발명은 일정한 경우 공개공보에 게재되므로(특허법 제64조), 그 공개공보가 발행된 때에 반포된 것으로 볼 것이다. 다만, 산업재산권 관련 공보와 관련하여 판례는 공보가 실제로 발행되기 이전에도 일정한 경우 공지된 것으로 인정하고 있다.

디자인 관련 사건에서 대법원은 "디자인은 그 등록일 이후에는 불특정 다수인이 당해 디자인의 내용을 인식할 수 있는 상태에 놓이게 되어 공지되었다고 봄이 상당하고 디자인공보가 발행되어야만 비로소 그 디자인이 공지되었다고 볼 수는 없다."라고 판시하였다.[39]

실용신안 관련 사건에서도 대법원은 "구 특허법 시행령이나 시행규칙에는 구 특허법 제216조 제2항에 따라 등록공고 되지 아니한 특허출원에 관한 서류 등에 대한 제3자의 열람·복사를 제한하는 별도의 규정이 없고, 단지 시행규칙 제120조에서 구 특허법 제216조에 따른 자료열람복사신청의 절차를 규정하고 있을 뿐이어서, 구 실용신안법에 따라 설정등록된 실용신안은 특별한 사정이 없는 한 제3자가 신청에 의하여 열람·복사를 할 수 있고, 다만 등록공고되지 아니한 출원에 관한 서류 등에 대해 일정한 경우 허가하지 아니할 수 있을 뿐이므로 설정등록일 이후에는 실용신안은 공지된 것으로 보아야 한다."라고 판시하였다.[40]

다만, 이러한 경우는 특허법 제29조 제1항 제2호의 '간행물 공지'가 아니라, 같은 항 제1호의 '(협의의) 공지'에 해당할 것이다.

---

38) 특허법원 지적재산소송 실무연구회, 전게서(주 2), 160-161면.
39) 대법원 2001. 7. 27. 선고 99후2020 판결 참조.
40) 대법원 2009. 12. 24. 선고 2009다72056 판결 참조.

학위논문의 반포 시점과 관련하여 대법원 1996. 6. 14. 선고 95후19 판결은 "박사학위논문은 일반적으로는 논문이 일단 논문심사에 통과된 이후에 인쇄 등의 방법으로 복제된 다음 공공도서관 또는 대학도서관 등에 입고되거나 주위의 불특정 다수인에게 배포됨으로써 비로소 일반 공중이 그 기재내용을 인식할 수 있는 반포된 상태에 놓이게 되거나 그 내용이 공지되는 것이라고 봄이 경험칙에 비추어 상당하다."라고 판시하였다.

이후 대법원 2002. 9. 6. 선고 2000후1689 판결은 "박사학위나 석사학위 논문은 일반적으로는 일단 논문심사에 통과된 이후에 인쇄 등의 방법으로 복제된 다음 공공도서관 또는 대학도서관 등에 입고(서가에 진열)되거나 주위의 불특정 다수인에게 배포됨으로써 비로소 일반 공중이 그 기재 내용을 인식할 수 있는 반포된 상태에 놓이게 되거나 그 내용이 공지되는 것이라고 봄이 경험칙에 비추어 상당하고, 반포시점 이전인 도서관에서의 등록시에 곧바로 반포된 상태에 놓이거나 그 기재 내용이 공지로 되는 것은 아니다."라고 판시하였다.

한편, 카탈로그도 실무상 많이 문제되는 간행물인데, 대법원은 "카탈로그는 제작되었으면 배부, 반포되는 것이 사회통념이라 하겠으며 제작한 카탈로그를 배부, 반포하지 아니하고 사장하고 있다는 것은 경험칙상 수긍할 수 없는 것이어서 카탈로그의 배부범위, 비치장소 등에 관하여 구체적인 증거가 없다고 하더라도 그 카탈로그의 반포, 배부되었음을 부인할 수는 없다."라고 판시하고 있다.[41]

특허법이나 실용신안법 소정의 국외에서 반포된 간행물은 반드시 국내에 입수되어 반포되어야 하는 것은 아니므로 인용고안이 기재된 국외 간행물이 어떠한 경로를 통하여 우리나라에 입수되었는지 및 그 배부범위 등에 관하여 구체적인 증거가 없다고 하더라도

---

41) 대법원 2000. 12. 8. 선고 98후270 판결 참조.

이를 증거로 채택하여 인용고안으로 판단할 수 있다.[42]

(3) 게재

간행물에 '게재'된 발명이라 함은 간행물에 기재된 내용에 따라 통상의 기술자가 큰 어려움 없이 그 내용을 알 수 있는 발명을 의미한다.

대법원은 "발명의 신규성 또는 진보성 판단에 제공되는 대비발명은 그 기술적 구성 전체가 명확하게 표현된 것뿐만 아니라, 미완성 발명 또는 자료의 부족으로 표현이 불충분하거나 일부 내용에 오류가 있다고 하더라도 그 기술분야에서 통상의 지식을 가진 자가 발명의 출원 당시 기술상식을 참작하여 기술내용을 용이하게 파악할 수 있다면 선행기술이 될 수 있다."라고 판시하고 있다.[43]

다만, 발명의 내용이 당해 기술분야의 기본적 상식이나 경험칙에 명백히 위배되고, 그와 같은 오류가 발명의 내용 전체를 신뢰할 수 없게 할 정도로 발명에서 차지하는 비중이 크다면, 통상의 기술자라 하더라도 발명의 기술내용을 제대로 파악하기 어렵고, 설령 파악한다 하더라도 이를 선행기술로 고려할 객관적 가능성이 없으므로, 이러한 경우에는 발명이 기재되어 있다고 보기 어렵다.

바. 전기통신회선을 통하여 공중이 이용할 수 있는 발명

전기통신회선이라 함은 인터넷 등 데이터 통신망을 의미한다. 즉, 인터넷은 물론 전기통신회선을 통한 공중게시판, 이메일 그룹 등이 포함되고, 앞으로 기술의 발달에 따라 새로이 나타날 수 있는 전기·

---

42) 대법원 1999. 10. 22. 선고 97후3203, 3210 판결 참조.
43) 대법원 2008. 11. 27. 선고 2006후1957 판결 참조.

자기적인 통신방법도 포함될 수 있을 것이다.[44]

구 특허법(2013. 3. 22. 법률 제11654호로 일부 개정되기 전의 것) 제29조 제1항 제2호는 '대통령령이 정하는 전기통신회선을 통하여 공중이 이용가능하게 된 발명'이라고 규정하고 있었고, 구 특허법 시행령 제1조의2는 위 '대통령령이 정하는 전기통신회선'에 대해 정부·지방자치단체, 외국의 정부·지방자치단체 또는 국제기구(제1호), 고등교육법 제3조에 따른 국·공립학교 또는 외국의 국·공립대학(제2호), 우리나라 또는 외국의 국·공립 연구기관(제3호), 특허정보와 관련된 업무를 수행할 목적으로 설립된 법인으로서 특허청장이 지정하여 고시하는 법인(제4호) 중 어느 하나에 해당하는 자가 운영하는 전기통신회선을 말한다고 규정하고 있었다.

구 특허법에서 이렇게 전기통신회선의 범위를 한정한 것은, 인터넷 공지의 경우 간행물 공지에 비해 공지 시점을 객관적으로 확정하기 어렵고 공개 내용의 임의 창출이 가능하다는 특징을 가지고 있기 때문에, 비교적 공신력 있는 인터넷 매체를 통해 공개된 자료만을 신규성 및 진보성 부정의 근거로 삼고자 한 것이었다.[45]

그런데 개정 특허법 제29조 제1항 제2호는 '전기통신회선을 통하여 공중이 이용가능하게 된 발명'이라고 하여 '대통령령이 정하는' 부분을 삭제하였다. 이는 인터넷 등이 보편화됨에 따라 많은 기술공개가 '대통령령이 정하는' 전기통신회선 이외의 전기통신회선을 통하여 이루어지고 있는 환경이 도래하였고, 이에 따라 '모든' 전기통신회선을 통하여 공중이 이용할 수 있는 발명은 간행물에 게재된 발명과 같은 선행기술의 지위를 부여할 필요성이 높아졌음을 그 개정 이유로 한다.[46]

---

44) 특허청, 특허·실용신안 심사지침서(2011), 3205면 참조.
45) 조영선, 전게서(주 9), 120면 참조.
46) 정차호, 특허법의 진보성, 박영사(2014), 11면 참조.

　인터넷 게시물이 선행기술로 사용되기 위해서는 특허발명의 출원일 전에 인터넷에 게시되었고, 공중이 이에 접근 가능하였다는 점이 인정되어야 한다. 그런데 인터넷 게시물은 그 특성상 게시 후에 그 게시일 및 내용이 조작될 가능성이 있다는 점에서 전통적인 간행물과 동일하게 취급하기 어렵다. 인터넷 게시물의 신뢰도는 사안에 따라 다르므로, 해당 인터넷의 운영 주체, 성격, 게시물의 내용 등을 종합적으로 고려하여 선행기술 적격 여부를 개별적으로 판단할 수밖에 없다.

제3절 선행기술과 해당 발명의 기술분야

가. 의의

특허법상 진보성은 기술분야를 불문하는 신규성과는 달리, '그 발명이 속하는 기술분야에서 통상의 지식을 가진 사람'을 전제로 하는 개념이기 때문에 대비의 대상이 되는 선행기술 역시 그 발명이 속하는 기술분야에서 통상의 지식을 가진 사람 즉, 통상의 기술자가 접할 수 있는 것이어야 한다.[1] 따라서 선행기술은 특허발명과 그 기술분야가 동일하거나 인접한 것이어야 하고, 그러한 점에서 선행기술의 범위는 제한된다고 할 수 있다. 실무적으로도 발명의 진보성 유무가 쟁점이 된 사건들에서 선행기술이 해당 특허발명과 기술분야가 달라 진보성 부정의 근거로 삼을 수 없다는 주장이 많이 제기되고 있을 뿐만 아니라, 실제 판결이나 심결에서도 발명의 진보성을 판단하기에 앞서 해당 발명과 선행기술 간의 기술분야 대비를 하고 있는 실정이다.

또한, 어떤 기술분야는 기술 진보의 폭이 좁기 때문에 작은 정도의 기술개량에도 특허를 받는 경향이 있는 반면, 어떤 기술분야는 기술 진보의 폭이 넓기 때문에 획기적인 기술개량이 있어야만 특허를 받을 수 있다. 위와 같이 각 기술분야마다 기술 진보의 폭이 서로

---

1) 발명의 신규성 판단에 있어 선행기술과 해당 발명의 기술분야가 다르더라도 문제가 되지 않는다는 것이 다수의 견해로 보이나, 선행기술과 해당 발명의 기술분야가 전혀 상이한 경우라면 구성이 동일하더라도 신규성이 부정되지 않을 수 있다고 보는 것이 합리적이라는 견해[정상조·박성수 공편, 특허법 주해 I, 박영사(2010), 313면]도 있다.

다르고, 이에 따라 통상의 기술자의 기술수준도 차이가 있을 수밖에 없기 때문에, 발명이 속하는 기술분야를 특정하는 작업은 매우 중요하다고 할 수 있다.[2]

나. 판단 기준

발명이 속하는 기술분야는 명세서에 기재된 발명의 명칭에 구애됨이 없이 발명의 목적, 구성, 효과에 따라 객관적으로 판단되어야 한다.[3] 판례 역시 기술분야에 관하여 "출원발명이 이용되는 그 산업분야로서 그 범위를 정함에 있어서는 발명의 목적, 기술적 구성, 작용효과의 면을 종합하여 객관적으로 판단하여야 한다."라고 판시한 바 있다.[4]

기술분야를 정함에 있어 국제특허분류(IPC, International Patent Classification)가 하나의 기준은 될 수 있으나, 절대적인 기준은 될 수 없다.[5] 판례 역시 "실용신안에서의 고안은 기술적 창작이라는 무형의 소산을 대상으로 하고 있기 때문에 권리범위가 대상물품과 동일 또는 유사한 것에 한정되지 아니하는 것이어서 등록고안과 인용고안이 국제특허분류표상 분류번호가 다른 물건이라 하더라도 등록고안이 진보성이 없다면 그 실용신안등록은 무효라 할 것이다."라고 판시한 바 있다.[6]

선행기술과 해당 발명의 기술분야를 대비함에 있어서, 양 발명의 기술분야가 동일한 경우에는 특별히 문제될 것이 없으나, 양 발명의

2) 조영선, 특허법(제3판), 박영사(2011), 152-153면 참조.
3) 특허법원 지적재산소송 실무연구회, 지적재산소송실무(제3판), 박영사(2014), 167면 참조.
4) 대법원 1992. 5. 12. 선고 91후1298 판결 참조.
5) 특허법원 지적재산소송 실무연구회, 전게서(주 3), 167면 참조.
6) 대법원 1993. 5. 11. 선고 92후1387 판결 참조.

기술분야가 동일하지 않은 경우에는 어느 정도의 범위에서 선행기술을 진보성 판단의 근거로 삼을 수 있는지가 문제된다.

판례상 양 발명의 기술분야가 동일하지 않은 경우에도 진보성 판단의 근거로 삼은 사례를 살펴보면, ① 양 발명의 기술분야가 인접한 경우("당업자로서는 종래 기술에 인접한 기술분야인 인용고안 1 또는 같은 기술분야인 인용고안 2에 개시된 위 기술을 이용하여 이 사건 등록고안 1을 극히 용이하게 고안할 수 있다고 봄이 상당하다."),[7] ② 양 발명의 기술분야가 매우 친근한 경우("이 사건 특허발명과 인용발명 1, 3은 그 기술분야가 동일하거나 매우 친근하여 당업자라면 인용발명 1, 3을 이 사건 특허발명에 전용 내지 용도변경함에 별 어려움이 없다 할 것이므로, 결국 인용발명들을 이 사건 특허발명의 진보성 판단의 자료로 삼을 수 있다."),[8] ③ 양 발명의 기술분야가 흡사한 경우("모터를 이용하여 만들어진 동력을 감속장치를 통하여 감속시킨 후 축이나 요동편에 그 감속된 동력을 전달하여 왕복운동이나 회전운동을 일으킨다는 점에서 양 고안은 그 기술분야가 흡사한 것으로 기술 전용에 각별한 어려움이 있다 할 수 없다.")[9] 등이 있다. 위와 같은 판시 내용에 비추어 보면, 선행기술이 해당 발명과 그 기술분야가 동일하지 않다고 하더라도, 적어도 인접하거나 유사한 기술분야에 속한 것이라면, 진보성 판단의 근거로 삼을 수 있다는 취지로 이해된다.

그렇다면 양 발명의 기술분야가 동일하거나 인접하지 않은 경우에는 어떠한가? 이 점과 관련하여 판례는 "특허법 제29조 제2항에서 '그 발명이 속하는 기술분야'란 원칙적으로 당해 특허발명이 이용되는 산업분야를 말하므로, 당해 특허발명이 이용되는 산업분야가 비

---

7) 대법원 2001. 9. 18. 선고 99후2501 판결 참조.
8) 대법원 2001. 6. 12. 선고 98후2726 판결 참조.
9) 특허법원 1998. 9. 18. 선고 98허1945 판결 참조.

교대상발명의 그것과 다른 경우에는 비교대상발명을 당해 특허발명의 진보성을 부정하는 선행기술로 사용하기 어렵다 하더라도, 문제로 된 비교대상발명의 기술적 구성이 특정 산업분야에만 적용될 수 있는 구성이 아니고 당해 특허발명의 산업분야에서 통상의 기술을 가진 자가 특허발명의 당면한 기술적 문제를 해결하기 위하여 별다른 어려움 없이 이용할 수 있는 구성이라면, 이를 당해 특허발명의 진보성을 부정하는 선행기술로 삼을 수 있다."라고 판시한 바 있다.[10]

위 판결은 특허법 제29조 제2항 소정의 '그 발명이 속하는 기술분야'에 대해 원칙적으로 '당해 특허발명이 이용되는 산업분야'를 말하는 것이라고 판시한 다음, 당해 특허발명이 이용되는 산업분야가 선행기술의 그것과 다른 경우에도 일정한 기준 하에 그 선행기술을 당해 특허발명의 진보성을 부정하는 근거로 사용할 수 있다는 법리를 최초로 제시하였는데, 그 구체적인 기준으로 ① 문제로 된 선행기술의 기술적 구성이 특정 산업분야에만 적용될 수 있는 구성이 아니고, ② 통상의 기술자가 특허발명의 당면한 기술적 문제를 해결하기 위하여 별다른 어려움 없이 이용할 수 있는 구성일 것을 제시하였다. 이러한 기준은 미국의 소위 2단계 테스트[인용문헌이 '발명자의 노력 분야 내'(within the field of the inventor's endeavor)에 속하는지 여부를 우선 검토하고, 다음으로 그 인용문헌이 발명자의 노력 분야 내에 속하지 않을 경우 발명자가 해결하고자 하는 특정한 과제와 합리적으로 관련이 있는지 여부를 검토하여야 한다는 것] 기준과 유사한 취지로 보인다.

위 판결에 대해서는, 위 판결에서 제시된 조건 중 '문제로 된 선행기술의 기술적 구성이 통상의 기술자가 특허발명의 당면한 기술적

---

10) 대법원 2008. 7. 10. 선고 2006후2059 판결 참조.

문제를 해결하기 위하여 별다른 어려움 없이 이용할 수 있는 구성일 것'이란 조건은 결합발명의 진보성 판단 시 결합의 용이성을 판단하는 요건과 유사하여 실질적으로는 '문제로 된 선행기술의 기술적 구성이 특정 산업분야에만 적용될 수 있는 구성이 아닐 것'이란 요건만 충족되면 진보성을 부정하는 근거로 사용될 수 있을 것인데, 웬만한 기술은 특정 산업분야에만 적용되는 것이 아니라 다양한 산업분야에 이용될 수 있으므로[11], 위 기준에 따르면 선행기술의 범위가 지나치게 넓어지게 된다고 지적하는 견해가 있다.[12]

또한, 위 판결은 선행기술의 기술분야가 특허발명과 다른 경우에도 선행기술 자체가 통상 다른 분야에도 사용할 가능성이 있거나, 구체적으로 발명자가 특정문제를 해결하기 위하여 참고할 가능성이 있는 경우에는 진보성 부정의 근거로 삼을 수 있다고 보아 그 판단의 요건을 보다 구체화한 측면은 있으나, 결합발명의 경우 결합의 동기나 암시 또는 발명의 전체적 구성이라는 다른 제한을 가하지 아니한다면, 사후적으로 특허발명에 관련된 구성을 모든 분야의 발명 분야에서 고를 수 있게 되는 부작용이 있을 수 있다는 지적도 있다.[13]

다. 구체적 판단 사례

(1) 대법원 1992. 5. 12. 선고 91후1298 판결

대법원은 "구 특허법(1990. 1. 13. 법률 제4207호로 개정되기 전의 것) 제6조 제2항 소정의 '그 발명이 속하는 기술의 분야'란 출원발명

---

11) 실무에서 이를 '범용적 기술'이라고 부르기도 한다.
12) 이호조, "진보성 판단에서 기술분야가 다른 선행기술의 사용", 특허판례연구(개정판), 박영사(2012), 112면 참조.
13) 우라옥, "특허법상 진보성 판단과 사후적 판단", 기업법·지식재산법의 새로운 지평, 법문사(2011), 608-609면 참조.

이 이용되는 그 산업분야로서 그 범위를 정함에 있어서는 발명의 목적, 기술적 구성, 작용효과의 면을 종합하여 객관적으로 판단하여야 할 것인바, 완충재는 충격을 완화하기 위한 것이고, 단열재는 열의 전도를 막는 것이라는 점에 비추어 일반적으로 기술분야를 같이한다고 할 수 없으므로 단열재의 기술분야에서 공지의 기술이라도 완충재의 기술분야에서 공지라고 할 수 없다."라고 판시하였다.

이 사건에서 대법원은 출원발명과 선행발명에서 사용되는 주된 원료가 실리콘겔 내지 실리콘계 고무라는 점에서 서로 공통점이 있으나, 출원발명은 완충효과가 큰 완충재를 만들어 내는 완충재의 기술분야에 속하는 것임에 비하여 선행발명은 단열효과가 큰 단열재를 만들어 내는 기술분야에 속하므로, 사용되는 재료가 비슷하다는 사유로 동일 또는 밀접한 관계에 있는 기술분야라고 할 수는 없다는 취지로 판단하였다.[14]

(2) 대법원 2001. 6. 12. 선고 98후2726 판결

대법원은 "이 사건 특허발명과 인용발명 2는 목적과 용도가 거의 동일하여 그 기술분야가 동일하고, 또 이 사건 특허발명과 인용발명 1, 3은 발명의 주 구성요소로서 비금속 무기재료를 사용하고, 제품을 생산하기 위하여 비금속 무기재료를 성형하고 소성하는 기본 공정을 거쳐야 한다는 점과 발명의 목적에 보다 강도가 우수한 제품을 생산하는 것이 포함되어 있다는 점에서 공통점이 있으며, 요업이란 도자기 제조만을 의미하는 것이 아니라 유리, 내화재 등 여러 분야를 포함하는 것으로서 내화재의 경우 세라믹필터와 마찬가지로 내부의 기공이 제품의 품질에 영향을 미치고 도자기의 경우에도 표면

---

14) 위 판결에 대한 평석으로는 이교림, "발명의 진보성 판단기준", 대법원판례해설 17호, 법원도서관(1992), 848-852면 참조.

의 피복물질을 제외한 내부의 세라믹 조성물은 필터의 기능을 할 수 있다는 점을 고려하면, 이 사건 특허발명과 인용발명 1, 3은 그 기술분야가 동일하거나 매우 친근하여 당업자라면 인용발명 1, 3을 이 사건 특허발명에 전용 내지 용도변경함에 별 어려움이 없다 할 것이므로, 결국 인용발명들을 이 사건 특허발명의 진보성 판단의 자료로 삼을 수 있다."라고 판시하였다.

이 사건에서 원고는, 일반적인 용기를 제작하기 위한 요업공정에 관한 선행발명들과 음료수를 여과하기 위한 정수기용 필터를 제조하기 위한 이 사건 특허발명은 그 기술분야가 상이하다는 취지로 주장하였으나, 대법원은 이 사건 특허발명과 선행발명 1, 3은 발명의 용도가 필터와 도자기라는 차이만 있을 뿐, 비금속 무기재료를 성형하고 소성하는 공정을 통해 제품이 생산된다는 점에서 공통점이 있고, 요업에는 세라믹 필터를 포함할 수 있으므로, 선행발명 1, 3은 이 사건 특허발명과 기술분야가 동일하거나 매우 친근하여 이 사건 특허발명에 전용할 수 있는 것이라고 판단하였다.[15]

(3) 대법원 2008. 7. 10. 선고 2006후2059 판결

대법원은 "원심판시 구성요소 8 중 '제1 및 제2 하우징 부분의 하나 이상의 베어링 시트 표면의 적어도 일부를 탄력적으로 구성'하는 부분은 이 사건 특허발명의 명세서상 '탄력적'이라는 용어에 대하여 구체적인 정의가 없고, 다만 베어링 시트부를 포함하게 되는 하우징부가 '사출성형부품'으로 이루어진다는 기재를 가지고 있을 뿐인바, '축받이 베어링 하우징 수단'에 관한 비교대상발명 4에 베어링 하우징 수단이 '플라스틱'으로 된 구성이 개시되어 있고, 비교대상발명 4

---

[15] 위 판결에 대한 평석으로는 김승조, "진보성 판단에 있어서 기술분야", 특허판례연구(개정판), 박영사(2012), 283-290면 참조.

가 속하는 베어링 관련 기술은 '롤러'와 같은 회전체를 지지하는 구성이 있는 기계장치를 이용하는 기술분야에서 일반적으로 사용하는 기술인 점에 비추어 볼 때, 위 구성은 얀[16] 공급장치와 같은 섬유기계분야에서도 통상의 기술자가 비교대상발명 4로부터 용이하게 도출할 수 있다고 할 것이다."라고 판시하였다.

앞서 본 바와 같이 이 사건에서 대법원은 특허법 제29조 제2항 소정의 '그 발명이 속하는 기술분야'에 대해 원칙적으로 '당해 특허발명이 이용되는 산업분야'를 말하는 것이라고 판시한 다음, 당해 특허발명이 이용되는 산업분야가 선행기술의 그것과 다른 경우에도 일정한 기준 하에 그 선행기술을 당해 특허발명의 진보성을 부정하는 근거로 사용할 수 있다는 법리를 최초로 제시하였는데, 그 구체적인 기준으로 ① 문제로 된 선행기술의 기술적 구성이 특정 산업분야에만 적용될 수 있는 구성이 아니고, ② 통상의 기술자가 특허발명의 당면한 기술적 문제를 해결하기 위하여 별다른 어려움 없이 이용할 수 있는 구성일 것을 제시하였다.[17]

(4) 대법원 2011. 3. 24. 선고 2009후3886 판결

대법원은 "비교대상발명 2는 '슬러지 건조장치'에 관한 것으로서 이 사건 제3항 발명 및 비교대상발명 1과 그 기술분야가 동일하지 아니하나, 비교대상발명 2에 개시된 슬러지 건조장치는 수분 제거 수단으로서 특정 산업분야에만 적용될 수 있는 것이 아니라, 숯이

---

16) 얀(yam)은 섬유질이 함께 배열되거나 꼬여져서 형성된 집합체에 대한 일반적인 이름으로서, 솜·양모·생사 등의 천연섬유나 인견·합성섬유 등 인공적으로 만든 섬유를 길게 한 것의 총칭이다.

17) 위 판결에 대한 평석으로는 김운호, "진보성 판단에 있어서 '그 발명이 속하는 기술분야'의 의의", 대법원판례해설 78호, 법원도서관(2009), 503-524면 참조.

함유된 비닐이나 플라스틱 용기의 제조과정에서 수분을 제거하고자 하는 과제를 해결하기 위하여 별다른 어려움 없이 이용할 수 있는 장치이다. 따라서 비교대상발명 2는 이 사건 제3항 발명의 진보성을 부정하는 선행기술로 삼을 수 있고, 통상의 기술자가 비교대상발명 1과 2를 결합함에 기술적 어려움이 없다."라고 판시하였다.

이 사건에서 대법원은 앞서 본 2006후2059 판결의 취지에 따라 특허발명과 선행발명의 기술분야가 동일하지 않으나, 선행발명에 개시된 '슬러지 건조장치'가 수분 제거 수단으로서 특정 산업분야에만 적용될 수 있는 것이 아니라, 숯이 함유된 비닐이나 플라스틱 용기의 제조과정에서 수분을 제거하고자 하는 과제를 해결하기 위하여 별다른 어려움 없이 이용할 수 있는 장치에 해당한다는 이유로 선행발명을 특허발명의 진보성을 부정하기 위한 근거로 사용할 수 있다고 판단하였다.

(5) 대법원 2012. 10. 25. 선고 2012후2067 판결

대법원은 "원심판시 비교대상고안 3 또는 5는 '위성안테나 각도자동조절장치' 또는 '위성방송수신 안테나'에 관한 기술로서 명칭을 '표지판/도로명판 행거 고정장치'로 하는 이 사건 등록고안의 실용신안등록 청구범위 제1항(이하 '이 사건 제1항 고안'이라고 한다)과 그 기술분야가 동일하지는 않지만, 비교대상고안 3 또는 5는 모두 보편적으로 널리 알려진 '힌지점을 중심으로 봉을 회전시켜 각도를 조절하고 볼트로 봉을 그 자리에 고정하는 기술'을 사용한 단순한 기계장치에 관한 기술로서 그 기능과 작용 등 기술의 특성에 비추어 보면, 통상의 기술자가 이 사건 등록고안의 당면한 기술적 문제인 '행거가 지주와 직교하도록 고정되기 때문에 지주가 수직을 유지하지 못하고 기울어진 경우에는 행거도 함께 기울어지는 문제점'을 해결하기 위하여 별다른 어려움 없이 이용할 수 있는 구성이라고 할 것이다. 따라서 비교대상고안 3 또는 5는 이 사건 제1항 고안의 진보성을 부정하는 선행기술로 삼을 수 있다."라고 판시하였다.

이 사건에서 대법원은 앞서 본 2006후2059 판결의 취지에 따라 등록고안과 선행고안들의 기술분야가 동일하지 않으나, 선행고안들에 개시된 '힌지점을 중심으로 봉을 회전시켜 각도를 조절하고 볼트로 봉을 그 자리에 고정하는 기술'이 보편적으로 널리 알려진 기술에 해당하고, 특정 산업분야에만 적용될 수 있는 것이 아니라, '행거가 지주와 직교하도록 고정되기 때문에 지주가 수직을 유지하지 못하고 기울어진 경우에는 행거도 함께 기울어지는 문제점'을 해결하기 위하여 별다른 어려움 없이 이용할 수 있는 구성에 해당한다는 이유로 선행고안들을 등록고안의 진보성을 부정하기 위한 근거로 사용할 수 있다고 판단하였다.

제4절 명세서에 종래기술로 기재된 기술

가. 의의

특허출원을 하는 출원인으로서는 자신의 발명이 종래의 기술에 비하여 나은 점이 있다는 것을 강조하기 마련이다. 실무상 많이 활용되는 명세서 양식을 보면, '배경기술' 등의 표제 하에 해당 분야의 종래의 기술을 기재하는 부분이 포함되어 있다. 그렇다면 자신의 출원발명의 우월성을 강조하기 위하여 종래의 기술이라고 소개한 기술은 별도의 공지에 관한 증거 없이도 출원 전에 공지된 기술이라고 인정하여도 될 것인지가 문제된다.

나. 비교법적 검토

(1) 미국

미국의 판례에 의하면, 출원인이나 특허권자가 관련 선행기술에 대하여 한 자인은 자명성 판단의 자료로 이용될 수 있을 뿐만 아니라, 선행기술의 범위를 정하는 데 있어서도 출원인이나 특허권자 스스로를 구속할 수 있다고 한다.[1]

선행기술에 대한 자인이 자명성 판단의 자료로 이용될 수 있는지 여부가 문제되었던 In re Nomiya 사건에서, CCPA는 이를 긍정하였다. 일본 국적의 출원인은 그 출원서의 '선행기술에 대한 소개' 항목에서

---

1) Donald S. Chisum, Chisum on Patents, volume 2, LexisNexis(2014), pp.5-226~228.

특정한 결합 형태를 보여주는 도면을 개시하였다. USPTO는 해당 출원발명이 위와 같이 개시된 결합 형태에 의해 자명하다고 판단하였다. 출원인은 특허법 제102조에 따르면 특허를 받거나 간행물에 기재된 것이 아닌 이상 미국 내에서 공지 또는 공용될 것이 요구되는데, 개시된 도면은 외국에서 공지된 것이어서 선행기술로 인정될 수 없다는 취지로 주장하였다. 이에 대하여 CCPA는 출원인의 위 주장을 배척하면서 선행기술로 자인한 것은 그것이 성문법적 요건을 갖춘 것인지 여부와 관계없이 선행기술로 취급되어야 한다고 판단하였다.[2]

위 판결이 있은 후 USPTO는 1982년 심사기준을 개정하여 출원인이 명세서에 선행기술이라고 한 것은 자인(admission)에 해당하여 진보성 거절의 근거로 사용될 수 있다고 하였다.[3]

PharmaStem Therapeutics, Inc. v. ViaCell, Inc. 사건은 선행기술에 대한 자인이 어떻게 취급되는지를 잘 보여주는 사례이다. 이 사건에서 문제된 특허발명은 탯줄(umbilical cord)이나 태반 혈액(placental blood)[4]으로부터 수득한 조혈 줄기세포(hematopoietic stem cells)를 포함하는 조성물 및 그 조성물을 혈액 및 면역 계통 질병의 치료에 사용하는 방법에 관한 것이었다. 해당 특허발명의 명세서에는 제대혈(cord blood)에 조혈 줄기세포가 존재한다는 점이 공지되어 있었다고 기재되어 있었다. 특허권자인 PharmaStem Therapeutics, Inc.가 Viacell, Inc. 등을 상대로 특허침해소송을 제기하였다.[5] 위 소송 절차에서는 특허권자의 실험을 통해 밝혀지기 이전까지 조혈 줄기세포가 제대혈(cord blood)에 존재한다는 사실이 입증되지 않았다는 취지의 전문가

2) 509 F.2d 566, 184 USPQ 607 (CCPA 1975).
3) Donald S. Chisum, op. cit., p.5-232.
4) 탯줄이나 태반에 있는 혈액을 제대혈(cord blood)이라고 한다.
5) 491 F.3d 1342, 83 USPQ2d 1289 (Fed. Cir. 2007).

증언이 있었고, 이를 근거로 해당 특허가 무효가 아니라는 평결이 내려졌으며, 연방지방법원도 위 평결이 실질적인 증거에 의해 뒷받침된다고 판단하였다.

그러나 CAFC는, 출원인이 명세서에 선행기술과 관련하여 기재한 내용은 추후 자명성 판단에서 자신을 구속하는 것이라고 판단하였다. 특허권자는 명세서에 '조혈 줄기세포'라고 기재한 것은 '전구세포(progenitor cells)'를 잘못 기재한 것이라고 주장하였으나, CAFC는 여러 사정을 종합하여 볼 때 명세서에 '조혈 줄기세포'라고 기재한 것이 '전구세포(progenitor cells)'를 잘못 기재한 것이라고 볼 만한 근거가 없다고 판단하였다.[6]

한편, 미국의 경우 엄격한 '정보개시의무' 제도가 있어 출원인으로서는 자신의 출원발명의 특허성 판단에 중요한 영향을 미칠 수 있는 정보를 조사하여 특허청에 제출하여야 할 의무가 있고, 이를 위반할 경우 특허등록이 무효로 되는 불이익을 받을 수 있으므로, 이에 의하여 특허출원인은 명세서 등에 자신이 알고 있는 선행기술을 기재하는 것이 사실상 강제된다고 볼 수 있다.[7]

(2) 일본

일본의 경우 명세서에 배경기술을 적는 것은 심사기준상 단순한 권고사항으로 되어 있었는데, 2002. 4. 특허법 개정을 통해, 특허를 받고자 하는 자가 특허출원 시에 알고 있던 공지 발명을 그 출처(공지 발명이 게재된 간행물의 명칭 및 기타 그 공지 발명에 관한 정보의 소재)와 함께 기재하도록 의무화하였다.

이에 따라 일본의 심사지침서 및 심사 실무에 있어서도 명세서에

---

6) Donald S. Chisum, op. cit., pp.5-232~233.
7) 37 CFR(Code of Federal Regulations) § 1.56.

기재된 선행기술은 일본 특허법 제29조 제1항 제3호의 '반포된 간행물에 기재된 발명'에 해당하여 이를 이용하여 신규성 및 진보성을 판단할 수 있다고 보고 있다.[8]

다. 판례의 입장

명세서에 종래기술로 기재한 기술을 출원 전 공지기술로 보아야 하는지와 관련하여, 대법원 2005. 12. 23. 선고 2004후2031 판결은 "구 실용신안법(2001. 2. 3. 법률 제6412호로 전문 개정되기 전의 것) 제5조 제1항은 실용신안등록출원 전에 국내에서 공지되었거나 공연히 실시된 고안(제1호) 및 실용신안등록출원 전에 국내 또는 국외에서 반포된 간행물에 기재된 고안(제2호)은 등록을 받을 수 없음을, 제2항은 실용신안등록출원 전에 그 고안이 속하는 기술분야에서 통상의 지식을 가진 자가 위 제1항 각 호의 1에 해당하는 고안에 의하여 극히 용이하게 고안할 수 있는 고안은 실용신안등록을 받을 수 없다고 규정하고 있으므로, 같은 법 제9조 제2항에 따라 실용신안등록출원서에 첨부한 명세서에 종래기술을 기재하는 경우에는 출원된 고안의 출원 이전에 그 기술분야에서 알려진 기술에 비하여 출원된 고안이 신규성과 진보성이 있음을 나타내기 위한 것이라고 할 것이어서, 그 종래기술은 특별한 사정이 없는 한 출원된 고안의 신규성 또는 진보성이 부정되는지 여부를 판단함에 있어서 같은 법 제5조 제1항 각 호에 열거한 고안들 중 하나로 보아야 할 것이다."라고 판시한 바 있었다.

위 판결에 의하면, 명세서에 종래기술로 기재된 기술은 특별한 사정이 없는 한 해당 발명의 신규성 또는 진보성을 부정하기 위한

---

8) 이상철, "명세서의 종래기술을 선행기술로 사용할 수 있는지 여부", 지식재산21 제96호, 특허청(2006), 80-81면 참조.

선행기술로 삼을 수 있다는 것으로 이해된다.[9][10]

그 후 대법원은 2017. 1. 19. 선고 2013후37 전원합의체 판결을 통해 판례를 변경하였다. 즉, 위 전원합의체 판결은 우선 특허발명의 신규성 또는 진보성 판단과 관련하여 특허발명의 구성요소가 출원 전에 공지된 것인지에 관한 증명책임의 소재 및 공지사실의 증명 방법과 관련하여 "특허발명의 신규성 또는 진보성 판단과 관련하여 해당 특허발명의 구성요소가 출원 전에 공지된 것인지는 사실인정의 문제이고, 그 공지사실에 관한 증명책임은 신규성 또는 진보성이 부정된다고 주장하는 당사자에게 있다. 따라서 권리자가 자백하거나 법원에 현저한 사실로서 증명을 필요로 하지 않는 경우가 아니라면, 그 공지사실은 증거에 의하여 증명되어야 하는 것이 원칙이다."라고 설시하였다.

다음으로 위 전원합의체 판결은 특허발명의 구성요소가 청구범위의 전제부에 기재되었거나 명세서에 배경기술 또는 종래기술로 기재되었다는 사정만으로 공지기술로 인정할 수 있는지 여부와 관련하여, "청구범위의 전제부 기재는 청구항의 문맥을 매끄럽게 하는 의미에서 발명을 요약하거나 기술분야를 기재하거나 발명이 적용되는 대상물품을 한정하는 등 그 목적이나 내용이 다양하므로, 어떠한 구성요소가 전제부에 기재되었다는 사정만으로 공지성을 인정할 근거는 되지 못한다. 또한 전제부 기재 구성요소가 명세서에 배경기술 또는 종래기술로 기재될 수도 있는데, 출원인이 명세서에 기재하는

---

9) 박성수, "실용신안 명세서에 종래기술로 기재한 기술은 특별한 사정이 없는 한 출원 전 공지기술로 보아야 하는지", 대법원판례해설 59호, 법원도서관(2006), 219면 참조.

10) 위 판결을 분석한 글로는 조영선, "한국의 특허법 관련 실무 동향", Law & Technology 4권 3호, 서울대학교 기술과법센터(2008), 15면; 이상철, 전게논문(주 8), 83-85면; 김승곤, "기재불비 및 진보성유무 판단 시 명세서에 기재된 배경기술의 취급", 특허소송연구 6집, 특허법원(2013), 137면 참조.

배경기술 또는 종래기술은 출원발명의 기술적 의의를 이해하는 데 도움이 되고 선행기술 조사 및 심사에 유용한 기존의 기술이기는 하나 출원 전 공지되었음을 요건으로 하는 개념은 아니다. 따라서 명세서에 배경기술 또는 종래기술로 기재되어 있다고 하여 그 자체로 공지기술로 볼 수도 없다."라고 설시하였다.

나아가 위 전원합의체 판결은 청구범위의 전제부에 기재된 구성요소를 출원 전 공지된 것으로 사실상 추정할 수 있는 경우 및 추정이 번복되는 경우와 관련하여, "특허심사는 특허청 심사관에 의한 거절이유통지와 출원인의 대응에 의하여 서로 의견을 교환하는 과정을 통해 이루어지는 절차인 점에 비추어 보면, 출원과정에서 명세서나 보정서 또는 의견서 등에 의하여 출원된 발명의 일부 구성요소가 출원 전에 공지된 것이라는 취지가 드러나는 경우에는 이를 토대로 하여 이후의 심사절차가 진행될 수 있도록 할 필요가 있다. 그렇다면 명세서의 전체적인 기재와 출원경과를 종합적으로 고려하여 출원인이 일정한 구성요소는 단순히 배경기술 또는 종래기술인 정도를 넘어서 공지기술이라는 취지로 청구범위의 전제부에 기재하였음을 인정할 수 있는 경우에만 별도의 증거 없이도 전제부 기재 구성요소를 출원 전 공지된 것이라고 사실상 추정함이 타당하다. 그러나 이러한 추정이 절대적인 것은 아니므로 출원인이 실제로는 출원 당시 아직 공개되지 아니한 선출원발명이나 출원인의 회사 내부에만 알려져 있었던 기술을 착오로 공지된 것으로 잘못 기재하였음이 밝혀지는 경우와 같이 특별한 사정이 있는 때에는 추정이 번복될 수 있다."라고 설시하였다.

제5절 선행기술이 미완성 발명인 경우

가. 의의

선행기술이 미완성 발명[1] 또는 표현이 불충분하거나 일부 내용에 흠결이 있다고 하더라도, 통상의 기술자가 기술상식이나 경험칙에 의하여 용이하게 기술내용을 파악할 수 있다면 진보성 판단의 대비 자료로 인용할 수 있다.[2]

나. 판례의 입장

(1) 대법원 1996. 10. 29. 선고 95후1302 판결

대법원은 "미완성의 발명이라고 하여도 진보성 판단의 대비 자료가 될 수 없는 것은 아니므로 인용례가 미완성의 발명으로서 그에 대한 거절사정이 확정되었다고 하더라도 원심이 이와 대비하여 본 원발명의 진보성을 부인한 것을 위법하다고 할 것은 아니다."라고 판시하였다.

(2) 대법원 1997. 8. 26. 선고 96후1514 판결

대법원은 "출원고안의 신규성 또는 진보성 판단에 제공되는 대비

---

1) 미완성발명에 관한 자세한 내용은 정태호, "특허법상 미완성발명과 기재불비의 적용관계에 관한 검토", 창작과 권리 62호, 세창출판사(2011), 14-15면 참조.
2) 특허청, 특허·실용신안 심사지침서(2011), 3305면 참조.

발명이나 고안은 반드시 그 기술적 구성 전체가 명확하게 표현된 것 뿐만 아니라, 미완성 발명(고안) 또는 자료의 부족으로 표현이 불충 분한 것이라 하더라도 그 기술분야에서 통상의 지식을 가진 자가 경 험칙에 의하여 극히 용이하게 기술내용의 파악이 가능하다면 그 대 상이 될 수 있다."라고 판시하였다.

이 사건의 원심(특허청 항고심판소 1996. 8. 29.자 94항당369 심결) 은 인용고안으로 제출된 제품 카탈로그에는 콘센트 수장함의 외부 형상만 도시되어 있을 뿐 그 내부구조를 알 수 없어 등록고안과 대 비될 수 없는 것이라고 판단하였다. 이에 대해 대법원은, 비록 위 제 품 카탈로그가 수장함의 외부형상만이 나타나 있고 내부구성을 알 수 없는 것이기는 하나, 그 기술분야에서 통상의 지식을 가진 자가 경험칙에 의하여 극히 용이하게 그 기술내용의 파악이 가능하다고 보이므로, 등록고안의 신규성과 진보성 판단의 대비 대상으로 삼을 수 있다고 판단하였다.

(3) 대법원 2006. 3. 24. 선고 2004후2307 판결

대법원은 "출원발명의 진보성 판단에 제공되는 선행기술은 기술 구성 전체가 명확하게 표현된 것뿐만 아니라, 자료의 부족으로 표현 이 불충분하거나 일부 내용에 흠결이 있다고 하더라도 그 기술분야 에서 통상의 지식을 가진 자가 기술상식이나 경험칙에 의하여 쉽게 기술내용을 파악할 수 있는 범위 내에서는 대비대상이 될 수 있다." 라고 판시하였다.

이 사건에서 문제된 출원발명은 '신경세포군을 사멸로부터 보호 하고 신경퇴행성질환을 치료하기 위한 제약조성물'에 관한 것이었는 데, 원고(출원인)는 비교대상발명의 실험예가 단 두 명을 대상으로 한 것이어서 통계적인 유의성이 없고, 그 실험 방법 또한 정확하거나 신뢰 가능한 것이라고 볼 수 없어 위 실험예만으로 비교대상발명의 효과를 신뢰할 수 없으므로, 비교대상발명은 진보성 판단의 대비대상이 될 수 없다고 주장하였다.

이에 대해 대법원은, 비교대상발명은 그 명세서의 일부 기재에 흠결이 있음을 부정할 수 없지만, 그 발명이 속하는 기술분야에서 통상의 지식을 가진 자는 비교대상발명의 명세서에 기재된 내용으로부터 에스트로겐 등 성호르몬이 신경퇴행성질환의 치료에 유용하다는 것을 쉽게 인식할 수 있고, 이는 이 사건 출원발명의 출원 당시의 기술상식에 배치되는 것도 아니어서, 비교대상발명은 이 사건 출원발명의 진보성 판단을 위한 선행기술로 삼을 수 있다고 판단하였다.

(4) 대법원 2008. 11. 27. 선고 2006후1957 판결

대법원은 "발명의 신규성 또는 진보성 판단에 제공되는 대비발명은 그 기술적 구성 전체가 명확하게 표현된 것뿐만 아니라, 미완성 발명 또는 자료의 부족으로 표현이 불충분하거나 일부 내용에 오류가 있다고 하더라도 그 기술분야에서 통상의 지식을 가진 자가 발명의 출원 당시 기술상식을 참작하여 기술내용을 용이하게 파악할 수 있다면 선행기술이 될 수 있다."라고 판시하였다.

이 사건에서 문제된 특허발명은 'B형 간염 표면 항원 및 다른 항원을 포함하는 조합 백신'에 관한 것이었는데, 원고(특허권자)는 비교대상발명의 실험내용 및 결과를 신뢰할 수 없으므로, 비교대상발명은 진보성 판단의 대비 대상이 될 수 없다고 주장하였다.

이에 대해 대법원은 비교대상발명은 자료의 부족으로 표현이 불충분하거나 일부 내용에 오류가 있음을 부정할 수 없지만, 그 발명이 속하는 기술분야에서 통상의 지식을 가진 자라면 이 사건 특허발명의 우선권 주장일 당시의 기술상식을 참작하여, 비교대상발명에 기재된 내용으로부터 "B형 간염 표면 항원(HBsAg) 및 디프테리아(D), 파상풍(T), 백일해(P) 항원을 모두 인산알루미늄(AP)에 흡수시켜 제조한 혼합 백신이 B형 간염 표면 항원의 단독백신과 비교하여 역가에서 큰 차이가 없다."라는 기술내용을 용이하게 파악할 수 있으므로, 비교대상발명은 이 사건 특허발명의 신규성과 진보성 판단에 제공되는 선행기술이 될 수 있다고 판단하였다.[3]

(5) 특허법원 2013. 11. 8. 선고 2012허10945 판결[4]

이 사건은 '순간정전보상장치'에 관한 특허발명의 진보성 유무가 쟁점이 되었는데, 원고는 상용전원에 이상이 발생한 경우에 인버터 라인으로 절체지령을 하더라도 앤드게이트의 출력은 단순히 Low 신호일 뿐 펄스가 아니어서 SCR을 구동할 수 없고, 상용전원이 정상적으로 공급되는 경우에 바이패스 라인으로 절체지령을 하더라도 펄스 변압기 스위칭용 FET에는 역시 펄스 신호가 제공되지 않아 SCR 구동에 필요한 펄스를 제공할 수 없어 비교대상발명은 미완성 내지 동작 불능인 발명에 해당하므로, 이러한 비교대상발명을 특허발명과 대비할 수 없다는 취지로 주장하였다.

이에 대해 특허법원은, "특허발명의 진보성 판단에 제공되는 선행기술은 기술 구성 전체가 명확하게 표현된 것뿐만 아니라, 자료의 부족으로 표현이 불충분하거나 일부 내용에 흠결이 있다고 하더라도 그 기술분야에서 통상의 지식을 가진 자가 기술상식이나 경험칙에 의하여 쉽게 기술내용을 파악할 수 있는 범위 내에서는 대비대상

---

3) 위 판결에 대한 평석으로는 한동수, "진보성 판단에 제공되는 선행기술의 자격", Law & Technology 5권 2호, 서울대학교 기술과법센터(2009), 112-120면 참조.

4) 2014. 3. 21. 심리불속행 상고 기각으로 확정되었다.

이 될 수 있다고 할 것이다."라고 판시한 다음, 관련 증거와 회로도에 대한 감정인의 감정결과 등을 종합하여, 통상의 기술자라면 출원 당시의 기술상식에 비추어 비교대상발명의 펄스 발생에 관한 회로의 기재 오류를 쉽게 파악할 수 있다고 보이고, 비록 비교대상발명에 일부 오류가 포함되어 있다고 하더라도 특허발명과 직접 대비되는 작동 모드와 관련하여서는 회로의 기재 오류가 있다고 할 수 없음을 이유로 비교대상발명을 특허발명과 대비할 수 있는 선행기술로 삼을 수 있다고 판단하였다.

다. 검토

이상에서 살핀 바와 같이 판례는 선행기술이 미완성 발명 또는 표현이 불충분하거나 일부 내용에 흠결이 있다고 하더라도, 통상의 기술자가 기술상식이나 경험칙에 의하여 용이하게 기술내용을 파악할 수 있다면 진보성 판단의 대비 자료로 삼을 수 있다는 입장을 취하고 있다. 그렇다면 그 반대 해석상 선행기술의 내용상 오류 등이 중대하고, 기술상식이나 경험칙에 비추어 보더라도 통상의 기술자가 그 기술내용을 용이하게 파악할 수 없는 경우라면, 그러한 선행기술은 진보성 판단의 대비 자료로 삼을 수 없다고 보아야 할 것이다. 이 부분은 향후 사례의 축적을 통해 좀 더 세부적인 기준 정립이 필요한 부분으로 보인다.

제5장

통상의 기술자와 그 기술수준

제1절 도입 및 논의의 순서

발명의 진보성 요건에 관한 특허법 제29조 제2항은 "특허출원 전에 그 발명이 속하는 기술분야에서 통상의 지식을 가진 사람이 제1항 각 호의 어느 하나에 해당하는 발명에 의하여 쉽게 발명할 수 있으면 그 발명에 대해서는 제1항에도 불구하고 특허를 받을 수 없다."라고 규정하고 있다. 이처럼 특허법은 '발명이 속하는 기술분야에서 통상의 지식을 가진 자' 즉, 통상의 기술자가 발명의 진보성 판단의 기준이 됨을 명시하고 있다.

'통상의 기술자'는 특허법 전반에 사용되는 중핵적(中核的) 개념이다. 우선 특허법에서 명시적으로 규정된 경우를 보면, 앞서 본 바와 같이 발명의 진보성 요건에 관한 특허법 제29조 제2항에서 통상의 기술자 기준으로 판단해야 함을 명시하고 있다.

또한, 명세서 기재 요건에 관한 특허법 제42조 제3항 제1호에 의하면, 특허출원서에 첨부되는 명세서 중 '발명의 설명'은 '그 발명이 속하는 기술분야에서 통상의 지식을 가진 사람이 그 발명을 쉽게 실시할 수 있도록 명확하고 상세하게 적을 것'이라는 요건을 충족하여야 한다고 규정하고 있어 명세서 기재 요건 중 이른바 용이실시 요건을 판단함에 있어 통상의 기술자가 기준이 됨을 명시하고 있다.

그밖에도 법률에 명시적으로 규정된 것은 아니나, 판례나 학설에 의해 통상의 기술자의 기술수준에 관한 판단이 문제되는 경우가 다수 존재한다.

우선, 판례는 "특허법 제42조 제4항 제1호는 특허청구범위에 보호받고자 하는 사항을 기재한 청구항이 발명의 상세한 설명에 의하여 뒷받침될 것을 규정하고 있는데, 이는 특허출원서에 첨부된 명세서

의 발명의 상세한 설명에 기재되지 아니한 사항이 청구항에 기재됨
으로써 출원자가 공개하지 아니한 발명에 대하여 특허권이 부여되
는 부당한 결과를 막으려는 데에 취지가 있다. 따라서 특허법 제42조
제4항 제1호가 정한 위와 같은 명세서 기재요건을 충족하는지 여부
는, 위 규정 취지에 맞게 특허출원 당시의 기술수준을 기준으로 하
여 그 발명이 속하는 기술 분야에서 통상의 지식을 가진 자(이하 '통
상의 기술자'라 한다)의 입장에서 특허청구범위에 기재된 사항과 대
응되는 사항이 발명의 상세한 설명에 기재되어 있는지 여부에 의하
여 판단하여야 한다."(대법원 2014. 9. 14. 선고 2012후832 판결 참조)
라고 하여 청구항이 발명의 설명에 의하여 뒷받침되는지 여부를 판
단함에 있어서도 통상의 기술자가 기준이 된다고 판시하고 있다.

　　다음으로 판례는 "특허법 제47조 제2항에서 최초로 첨부된 명
세서 또는 도면에 기재된 사항이란 최초 명세서 등에 명시적으로 기
재되어 있는 사항이거나 또는 명시적인 기재가 없더라도 그 발명이
속하는 기술분야에서 통상의 지식을 가진 사람이라면 출원시의 기
술상식에 비추어 보아 보정된 사항이 최초 명세서 등에 기재되어 있
는 것과 마찬가지라고 이해할 수 있는 사항이어야 한다."(대법원
2007. 2. 8. 선고 2005후3130 판결 참조)라고 하여 출원보정에서 신규
사항을 추가한 것인지 여부를 판단함에 있어서도 통상의 기술자가
기준이 된다고 판시하고 있다.

　　또한, 판례는 "특허발명과 대비되는 확인대상발명이 특허발명의
권리범위에 속한다고 할 수 있기 위해서는 특허발명의 특허청구범
위에 기재된 각 구성요소와 그 구성요소 간의 유기적 결합관계가 확
인대상발명에 그대로 포함되어 있어야 한다. 한편 확인대상발명에
서 특허발명의 특허청구범위에 기재된 구성 중 변경된 부분이 있는
경우에도, 양 발명에서 과제의 해결원리가 동일하고, 그러한 변경에
의하더라도 특허발명에서와 실질적으로 동일한 작용효과를 나타내

며, 그와 같이 변경하는 것이 그 발명이 속하는 기술분야에서 통상의 지식을 가진 자라면 누구나 용이하게 생각해 낼 수 있는 정도라면, 특별한 사정이 없는 한 확인대상발명은 특허발명의 특허청구범위에 기재된 구성과 균등한 것으로서 여전히 특허발명의 권리범위에 속한다고 보아야 한다."(대법원 2014. 7. 24. 선고 2012후1132 판결 참조)라고 하여 균등론의 적극적 요건 중 이른바 치환자명성 요건[1]을 판단함에 있어서도 통상의 기술자가 기준이 된다고 판시하고 있다.

나아가 판례는 "특허청구범위가 기능, 효과, 성질 등에 의한 물건의 특정을 포함하는 경우, 그 발명이 속하는 기술분야에서 통상의 지식을 가진 자가 발명의 상세한 설명이나 도면 등의 기재와 출원 당시의 기술상식을 고려하여 특허청구범위에 기재된 사항으로부터 특허를 받고자 하는 발명을 명확하게 파악할 수 있다면 그 특허청구범위의 기재는 적법하다."(대법원 2007. 9. 6. 선고 2005후1486 판결 참조)라고 하여 기능식 청구항의 적법 여부를 판단함에 있어서도 통상의 기술자가 기준이 된다고 판시하고 있다.

한편, 판례는 "어느 발명이 특허발명의 권리범위에 속하는지를 판단함에 있어서 특허발명과 대비되는 발명이 공지의 기술만으로 이루어지거나 그 기술분야에서 통상의 지식을 가진 자가 공지기술로부터 용이하게 실시할 수 있는 경우에는 특허발명과 대비할 필요 없이 특허발명의 권리범위에 속하지 않게 된다."(대법원 2011. 1. 27. 선고 2009후832 판결 참조)라고 하여 확인대상발명이 자유실시기술에 해당하는지 여부를 판단함에 있어서도 통상의 기술자가 기준이 된다고 판시하고 있다.

이처럼 '통상의 기술자'는 특허법 전체를 관통하는 개념에 해당하

---

1) 균등론에서의 치환자명성 요건과 진보성 요건 사이의 관계에 관하여 견해의 대립이 있다. 이에 관한 자세한 내용은 김동준, 특허균등침해론, 법문사(2012), 359-364면 참조.

고, 특히 진보성 판단과 관련하여서는 통상의 기술자의 기술수준을 어떻게 설정하느냐에 따라 진보성 인정의 폭이 달라질 수 있으므로, 매우 중요한 판단 대상이 되어야 한다는 점에 대해서는 별다른 이론의 여지가 없다. 그런데 이러한 중요성에도 불구하고 종래 '통상의 기술자'가 구체적으로 누구를 의미하는지 그리고 그 기술수준은 어떻게 심리·판단할 수 있는지 등에 관한 논의가 충분히 이루어지지는 않은 것으로 보인다. 또한, 종래 실무에 있어 통상의 기술자의 기술수준에 대한 별다른 사실심리가 이루어지지 않아 진보성 판단에 객관성 및 예측가능성이 현저히 떨어진다는 비판도 줄곧 제기되어 왔다.

따라서 이 장에서는 통상의 기술자 및 그 기술수준과 관련하여 전반적으로 검토하되, 구체적으로 통상의 기술자가 누구를 의미하는지에 관한 논의를 먼저 살펴보고, 통상의 기술자의 기술수준을 어떻게 심리·판단할 것인지에 관하여 검토한 다음, 진보성 판단에서의 통상의 기술자 및 그 기술수준이 특허법상 다른 판단 국면 특히, 명세서 기재 요건 판단에서의 그것과 어떠한 관계를 갖는지 등에 대해서도 살펴보기로 한다.

제2절 진보성 판단에 있어서의 통상의 기술자

가. 통상의 기술자의 의미

(1) 견해의 대립[1]

(가) 심사관 기준설

심사관 기준설에 속하는 견해들은 다음과 같다.

① 상식 있는 제3자로서의 전문가는 공지기술을 완전히 알고 있는 것으로 의제되고 있고, 특허법은 이러한 자의 판단에 의존하고 있는바, 이론상으로는 규범적, 추상적, 이성적 존재로서의 제3자의 판단이 기준이 되어야 하나 실제로 이 구별은 심사관 및 심판관 자신의 전문적 지식 또는 관련 분야 전문가의 조언에 기한 개인적 판단에 맡겨져 있다.[2]

② 통상의 기술자란 발명 분야의 모든 선행기술에 대하여는 완전하게 무엇이든지 알고 있는 전문가이며, '통상의 지식'은 곧 선행기술을 의미하는바, 특허실무에서 통상의 지식을 가진 자는 본원발명의 선행기술을 다 알고 있는 심사관, 심판관 또는 판사라고 말할 수 있다.[3]

③ 통상의 기술자란 당해 발명이 속하는 기술 분야에 있어서 기술수준에 관련되는 식견과 기술상식을 가진 자를 의미하는 것으로

---

1) 이러한 견해의 분류는 조영선, "특허쟁송과 당업자의 기술수준", 저스티스 86호, 한국법학원(2005), 70-71면을 참조하였다.
2) 송영식, 지적소유권법(상), 육법사(2008), 347면.
3) 김원준, 특허법, 박영사(2004), 160면.

서, 전문 기술관청인 특허청에 배치된 심사관 및 심판관은 기술수준
에 관련된 지식을 가진 기술상식이 풍부한 자로서, 그들의 기준에
의하여 진보성의 유무가 판가름된다.[4]

④ 통상의 기술자의 의미는 구체적 사안에 따라 이를 정할 수밖에
없고, 사실상 심사관, 심판관의 판단에 달려 있음을 전제로, 객관적
심사례나 심판례의 축적에 의하여 이를 통제하는 것이 타당하다.[5]

(나) 상상의 인물 기준설

상상의 인물 기준설에 속하는 견해들은 다음과 같다.

① 통상의 기술자는 상상의 인물로서, 출원발명이 속하는 기술 분
야에서 보통 정도의 기술지식을 가진 자를 말하는데, 이에 속하기
위해서는 종래의 기술을 모두 알고 있거나, 종래의 기술을 모두 알
고 있지는 못하지만 기술문헌의 기재로부터 그 기술을 자기 지식으
로 하거나 적어도 이러한 기술을 접할 때 이해할 수 있어야 하며, 통
상의 창작능력을 발휘할 수 있는 자를 말한다.[6]

② 통상의 지식을 가진 자는 사회의 일반상식을 다양하게 알고
있는 지식인을 말하는 것이 아니라 당해 기술 분야의 기술상식을 이
해하고 있고, 연구개발(실험, 분석 등)을 위하여 통상의 수단 및 능력
을 자유롭게 구사할 수 있으며, 출원 시의 기술수준에 있는 것을 모
두 입수하여 자신의 지식으로 할 수 있는 한편, 발명의 과제와 관련
되는 기술 분야의 지식을 자신의 지식으로 할 수 있는 기술 전문가
중에서 평균적 수준에 있는 자를 의미하며, 여기의 통상의 기술자는
특정인은 아니며 진보성을 판단하는 자가 상정하는 '상상의 인물'이

---

4) 中山信弘, 註解 特許法(上)(제3판), 靑林書院(2003), 241면.
5) 竹田和彦 著, 김관식 외 5인 역, 特許의 知識(제6판), 명현출판사(2002), 176-177면.
6) 이인종, 특허법개론(제11판), 21c법경사(2004), 181면.

어서, 심사관, 심판관 등은 자신의 입장에서 진보성을 판단해서는 안 되며 통상의 기술자가 가져야 할 지식을 상정하고 통상의 기술자의 입장에 서서 가려야 한다.[7]

③ 통상의 기술자란 출원 시에 있어 당해 기술 분야의 기술상식을 보유하고 있고, 연구개발을 위하여 통상의 수단 및 능력을 자유롭게 구사할 수 있으며, 출원 시의 기술수준에 있는 모든 것을 입수하여 자신의 지식으로 할 수 있고, 발명의 과제와 관련되는 기술 분야의 지식을 자신의 지식으로 할 수 있는 자이다.[8]

④ 통상의 기술자란 기술전문가 중에서 평균적 수준에 있는 자를 말하나, 이는 기술에 대한 지식이 통상정도이면 족하고 반드시 고도의 지식을 필요로 하지 않는다는 뜻이 아니며, 진보성 판단의 전제가 되는 종래기술은 당연히 최고, 최신의 기술을 포함하는 이상, 이것에 입각한 가치판단을 할 자는 종래기술에 관한 지식의 전부를 자신의 지식으로 하고 있는 자(아직 자신의 지식으로 하고 있지 않은 기술일지라도 이를 접할 때는 완전히 이해하고, 그 후 이것을 자신의 지식으로 할 수 있는 자를 포함)를 말한다.[9]

(2) 판례의 태도

우리나라 대법원 판례 중에서는 진보성 판단과 관련하여 통상의 기술자를 구체적으로 정의한 것은 아직 없는 것으로 보인다.

다만, 명세서 기재 요건과 관련하여 "특허법 제42조 제3항의 규정상 '그 발명이 속하는 기술분야에서 통상의 지식을 가진 자가 용이

---

7) 천효남, 특허법(제11판), 법경사(2005), 246면.
8) 윤선희, 특허법(개정판), 법문사(2012), 159면.
9) 吉藤辛朔 著, YOU ME 特許法律事務所 譯, 特許法概説(第13版), 대광서림 (2000), 135면.

하게 실시할 수 있을 정도'라 함은 그 출원에 관한 발명이 속하는 기술분야에서 보통 정도의 기술적 이해력을 가진 자, 평균적 기술자가 당해 발명을 명세서 기재에 의하여 출원시의 기술수준으로 보아 특수한 지식을 부가하지 않고서도 정확하게 이해할 수 있고 동시에 재현할 수 있는 정도를 뜻하는 것이다."(대법원 1999. 7. 23. 선고 97후2477 판결, 대법원 2005. 11. 25. 선고 2004후3362 판결 참조)라고 하여 통상의 기술자를 '그 기술분야에서 보통 정도의 기술적 이해력을 가진 자'로 표현하여 좀 더 구체화한 판시가 있다.

한편, 특허법원 2010. 3. 19. 선고 2008허8150 판결에서는 "특허법상 '통상의 기술자'란 '특허발명의 출원 시를 기준으로 국내외를 막론하고, 출원 시 당해 기술분야에 관한 기술수준에 있는 모든 것을 입수하여 자신의 지식으로 할 수 있으며, 연구개발을 위하여 통상의 수단 및 능력을 자유롭게 구사할 수 있다고 가정한 자연인'을 말하는 것이다."라고 판시한 바 있다.[10]

또한, 대법원은 "박사학위 논문은 공공도서관이나 대학도서관 등에 입고된 경우 일반 공중이 그 기재 내용을 인식할 수 있는 상태에 놓이게 되는 것으로서 통상의 기술자가 과도한 실험이나 특별한 지식을 부가하지 않고도 그 내용을 이해할 수 있는 것이다."(대법원 2006. 11. 24. 선고 2003후2072 판결 참조)라고 하여 특별한 사정이 없는 한 공공도서관 등에 입고된 박사학위 논문은 해당 분야의 통상의 기술자가 쉽게 이해할 수 있는 선행문헌에 해당한다고 판시한 바 있다.

(3) 특허청 심사지침서

특허청 심사지침서에는, "통상의 기술자는 출원 전의 해당 기술분

---

10) 대법원 2010후1060호로 상고되었으나, 2010. 5. 6. 상고 취하되었다.

야 기술상식을 보유하고 있고, 출원발명의 과제와 관련되는 출원 전의 기술수준에 있는 모든 것을 입수하여 자신의 지식으로 할 수 있는 자로서, 실험, 분석, 제조 등을 포함하는 연구 또는 개발을 위하여 통상의 수단을 이용할 수 있으며, 공지의 재료 중에서 적합한 재료를 선택하거나 수치범위를 최적화하거나 균등물로 치환하는 등 통상의 창작능력을 발휘할 수 있는 특허법상의 상상의 인물이다. 여기서 기술수준이란 특허법 제29조 제1항 각호의 1에 규정된 발명 이외에도 당해 발명이 속하는 기술분야의 기술상식 등을 포함하는 기술적 지식에 의하여 구성되는 기술의 수준을 말한다."라고 기재되어 있다.[11]

(4) 외국의 태도

(가) 미국

미국 특허법 제103조에서는 자명성 판단이 '통상의 기술자'(person having ordinary skill in the art)를 기준으로 이루어져야 함을 명시하고 있는데, 여기서 통상의 기술자란 해당 특허발명이 속한 기술분야의 통상적인 기술을 보유하고 있는 특허법상의 가상적인(hypothetical) 인물이다. 따라서 발명자 자신은 물론이고 해당 기술분야에서 매우 특별한 기술지식을 갖고 있는 천재나 그 반대로 매우 적은 지식만을 갖고 있는 초보자도 모두 통상의 기술자에는 해당하지 않는다고 할 것이다. 통상의 기술자 관점에서 자명성을 판단한다는 것은 판단자자신의 주관적인 지식 및 기술에 따라 판단하여서는 안 된다는 것을 의미한다.[12]

---

11) 특허청, 특허·실용신안 심사지침서, 3301-3302면 참조.

12) Martin J. Adelman, Randall R. Rader, Gordon P. Klancnik, Patent Law in a nutshell(2nd edition), West(2013), pp.176-178.

연방대법원은 Mast, Foos, & Co. v. Stover Mfg. Co. 사건에서 특정한 개량이 발명자의 발명에 해당하는지 여부를 판단함에 있어서 해당 기술자는 그 이전의 관련된 선행기술을 모두 알고 있는 것으로 가정해야 한다고 판시하였다.13) 즉, 연방대법원은 발명 이전의 관련된 선행기술을 모두 아는 사람은 현실에서 존재하기 어렵지만, 특허를 받을 수 있는 발명에 해당하는지 여부를 판단하는 과정에서는 그 발명자가 발명 이전의 관련된 선행기술을 모두 알고 있음을 전제로 판단하여야 한다고 판시하였다. 즉, 자명성 판단의 기준이 되는 통상의 기술자는 그 기술분야에서 '통상적인(ordinary)' 기술수준을 갖고 있는 반면, 관련된 기술분야의 '모든 지식(perfect knowledge)'은 갖고 있는 것으로 가정된다.14)15)

또한, 연방대법원은 '통상의 기술자'가 누구를 의미하는지에 관하여 명확히 정의한 바는 없으나, 앞서 본 바와 같이 KSR 판결에서 연방대법원은 "통상의 기술자는 단순한 로봇기계(automation)가 아니라 통상의 창작능력(creativity)을 갖는 사람이다."라고 하면서, 통상의 기술자라면 선행문헌의 교시 내용을 퍼즐 맞추기처럼 조합할 수 있는 능력을 가진 것으로 보아야 한다고 판시하였다.16)

(나) 유럽

EPC 제56조는 진보성 판단을 위해 '해당 기술분야의 기술자'

---

13) 177 U.S. 485 (1900).

14) Donald S. Chisum, Chisum on Patents, volume 2, LexisNexis(2014), p.5-335.

15) 미국 판례상으로 '통상의 기술자'의 개념은 전통적인 '통상의 숙련공(ordinary mechanic)'의 관념에서 KSR 판결에 의하여 '통상의 발명자(ordinary inventor)'에 가깝게 변화하였다고 분석한 견해가 있다. Jonathan J. Darrow, "The Neglected Dimension of Patent Law's PHOSITA Standard", Harvard Journal of Law & Technology, Vol. 23, No. 1, 227, 228(2009).

16) 550 U.S. at 420-421.

(person skilled in the art)에게 자명한지 여부를 검토해야 한다고 규정하고 있는데, 여기서의 '해당 기술분야의 기술자'는 우리 소송실무에서 사용하는 '통상의 기술자'와 별다른 차이가 없다. 심결 예는 '해당 기술분야의 기술자'에 대해 발명이 속하는 기술분야에서 평균적인 (average) 지식과 능력을 보유하고, 출원일(우선일) 당시의 기술상식 (common general knowledge)도 알고 있는 실무자(practitioner)로 가정해야 한다고 보고 있다.[17] 통상의 기술자는 조사보고서에 언급된 선행문헌을 포함하여 출원일 당시의 '기술수준'에 속하는 모든 것들에 접근할 수 있고, 해당 기술분야에서의 통상적인 작업 및 실험을 수행할 수 있는 능력과 수단을 갖추고 있다.[18]

통상의 기술자는 해당 기술분야뿐만 아니라, 그와 인접한 기술분야에서도 해결책을 찾을 수 있고, 심지어 만일 특정한 과제가 다른 기술분야에서 그 해결책을 찾도록 유도하는 경우라면, 그 해결책을 인접하지 않은 다른 기술분야에서도 찾을 수 있는 자이다.[19] 따라서 특정한 과제가 통상의 기술자로 하여금 다른 기술분야에서 그 해결책을 찾도록 유도하는 경우라면, 그 다른 기술분야의 전문가 (specialist)가 그 과제를 해결할 자격이 있기 때문에 그 전문가의 지식과 능력을 기준으로 진보성 판단이 이루어져야 한다.[20]

(다) 일본

일본의 특허 심사기준에 따르면, '통상의 기술자'(當業者)는 특허법상의 가상의 인물로서, ① 출원 전의 해당 기술분야의 기술상식을 보유하고, ② 연구와 개발을 위해 통상적인 기술적 수단을 사용할 수

---

17) T 4/98, T 143/94, T 426/88.
18) T 774/89, T 817/95.
19) T 176/84, T 195/84, T 560/89.
20) T 26/98, T 32/81, T 147/87.

있으며, ③ 재료를 선택하거나 설계를 변경함에 있어 통상적인 창작 능력을 발휘할 수 있고, ④ 출원발명이 속한 기술분야의 '기술수준'에 있는 모든 기술적 사항을 이해할 수 있는 자로 상정된다. 여기서의 '기술수준'은 일본 특허법 제29조 제1항 각 호에 기재된 발명 이외에도 해당 발명이 속하는 기술분야의 기술상식 등을 포함하는 기술적 지식에 의하여 구성되는 기술의 수준을 말한다. 또한, 통상의 기술자는 출원발명의 기술적 과제와 관련되는 분야의 모든 기술적 사항을 이해할 수 있는 자이다.[21]

(5) 검토

심사관 기준설은 종래의 심사와 심판 및 소송 실무의 현실적인 운용 방식에 영향을 많이 받은 견해로 보인다. 즉, 현재의 심사와 심판 및 소송 실무를 보면, 통상의 기술자의 기술수준은 사실상 그 심사관이나 심판관이 보유한 기술수준 또는 법관이 변론 전체의 취지에 의하여 형성한 심증상의 기술수준과 동일시되는 경우가 많다.

그러나 진보성 판단에 있어 심사관, 심판관, 판사를 곧바로 '그 발명이 속하는 기술 분야에서 통상의 지식을 가진 자'인 통상의 기술자로 볼 수는 없다고 할 것이고, 통상의 기술자는 실재하는 특정인이 아니라 진보성을 판단하는 자가 상정하는 '상상의 인물'로 보는 것이 옳다고 생각한다. 따라서 진보성을 판단하는 자(심사관, 심판관, 판사)는 자신의 입장에서 진보성을 판단해서는 안 되고, 통상의 기술자가 가져야 할 지식을 상정하여 통상의 기술자의 입장에서 진보성을 판단하여야 한다. 이렇게 해석하는 것이 미국, 유럽, 일본 등 주요국의 법리와도 부합된다고 할 것이고, 심사관 기준설 역시 자세히 보면 통상의 기술자를 특허법상 상상의 인물로 보는 것이 이론적

---

21) 일본 특허 심사기준 제2부 제2장 2.2. (2).

으로 타당하다는 점 자체는 부인하지 않는 것으로 보인다.

이와 같이 해석할 경우 결국 문제의 중점은 그러한 상상의 인물인 통상의 기술자 및 그 기술수준을 어떠한 방식으로 심리하여 사실로서 확정할 것인지로 귀결된다고 할 것이다.

나. 통상의 기술자의 국적

통상의 기술자 및 그 기술수준을 판단함에 있어 국내외를 통틀어 전체 기술수준을 참작하여 결정할 것인지, 국내의 기술자만을 기준으로 하여야 할 것인지가 문제된다.

이와 관련하여 기본적으로 특허법은 자국의 산업발전을 도모하기 위한 것인 점, 국내의 기술수준을 기초로 진보성을 판단하여야 한다는 점 등을 들어 통상의 기술자는 '국내의' 기술자를 기준으로 판단되어야 하고, 기술수준을 달리하는 국외를 포함시킬 이유가 없다는 견해가 있다.[22]

그러나 우리나라는 2006년부터 선행기술의 종류를 불문하고 국제주의를 채택하여 국내외의 모든 선행기술을 진보성 부정 근거로 삼을 수 있게 된 점, 통상의 기술자가 이처럼 국내외의 모든 선행기술에 접근할 수 있고 그것들을 이해할 수 있는 자로 파악되는 한, 통상의 기술자를 '국내의' 기술자만으로 한정하여 해석할 수 없는 점 등을 종합적으로 고려하면, 통상의 기술자 및 그 기술수준을 판단함에 있어 국내외를 통틀어 전체 기술수준을 참작하여 결정하여야 할 것이다.[23]

대법원도 "특허법 제29조 제2항, 제1항 제2호의 규정의 취지는 어떤 발명이 그 특허출원 전에 국내뿐만 아니라 국외에서 반포된 간행

---

22) 천효남, 전게서(주 7), 245면.
23) 같은 견해로 정차호, 특허법의 진보성, 박영사(2014), 227면.

물에 기재된 발명에 의하여 용이하게 도출될 수 있는 창작일 때에도
진보성을 결여한 것으로 보고 특허를 받을 수 없도록 하려는 데에
있으므로, 이와 달리 발명의 진보성 판단은 국내의 기술수준을 고려
하여 국내에 있는 당해 기술 분야의 전문가의 입장에서 판단하여야
한다는 상고이유의 주장은 독자적 견해에 불과하여 받아들일 수 없
다."(대법원 2004. 11. 12. 선고 2003후1512 판결 참조)라고 하여 발명의
진보성 판단은 국내의 기술수준만을 고려하여 국내에 있는 당해 기술
분야의 전문가의 입장에서만 판단할 것은 아니라고 판시한 바 있다.

다. 통상의 기술자의 인원 수 등

EPO의 심결 예에 따르면, 때에 따라서는 통상의 기술자가 단일한
사람이 아니라 연구팀 또는 생산팀과 같이 복수의 사람으로 구성된
팀으로 상정하는 것이 더 적절할 수 있다고 한다.[24] 특히 고도의 기
술을 요하는 분야에서 '통상의 기술자'는 각각의 관련 분야의 전문가
들로 구성된 팀으로 상정하는 것이 적절하다고 한다.[25]

또한, 일본의 특허 심사기준에 따르면, 어떤 발명들에서는 개별적
인 사람이 아니라, 복수 기술분야의 '전문가 팀'으로 통상의 기술자
를 고려하는 것이 적절할 수 있다고 한다.[26]

이에 반하여 개별적으로 통상적인 지식도 2개가 결합되면 하나의
자연인에게는 통상적인 지식이 아닐 수도 있고, 통상의 기술자를 1
인으로 상정하지 않는다면 연구그룹에 속하여 있지 않은 많은 일반
대중은 특허권 획득에서 불평등한 위치에 놓인다는 점 등의 이유를
들어 통상의 지식을 가진 자는 어디까지나 단수의 자연인이고, 법인

---

24) T 164/92, T 986/96.
25) T 147/87, T 99/89.
26) 일본 특허 심사기준 제2부 제2장 2.2. (2).

이나 복수는 아니라고 보는 견해도 있다.[27)]

특허법원 2006. 4. 7. 선고 2005허2182 판결도 진보성 판단과 관련하여 "통상의 지식을 가진 자는 여러 분야의 복수의 기술자가 아닌 단수의 자연인으로서 기술자를 의미하는 것으로 해석하여야 한다."라고 판시한 바 있다.[28)]

---

27) 吉藤辛朔 著, YOU ME 特許法律事務所 譯, 전게서(주 9), 136면, 윤여강, "특허법에서의 '그 발명이 속하는 기술 분야에서 통상의 지식을 가진 자'에 대한 연구", 산업재산권 30호, 한국산업재산권법학회(2009), 97면.
28) 2006후1070호로 상고되었으나, 2006. 6. 21. 상고이유서 부제출로 상고 기각되었다.

제3절 통상의 기술자의 기술수준

가. 문제의 제기

통상의 기술자의 기술수준을 어떻게 인정하느냐에 따라 진보성 인정의 폭은 달라질 수밖에 없다. 일반적으로 해당 특허발명이 속하는 기술분야에서 통상의 기술자의 기술수준이 높은 것으로 평가된다면, 선행기술로부터 해당 특허발명을 도출하는 것은 상대적으로 용이하다고 볼 수 있고, 그와 반대로 통상의 기술자의 기술수준이 낮은 것으로 평가된다면, 선행기술로부터 해당 특허발명을 도출하는 것은 상대적으로 어렵다고 볼 수 있다. 이러한 점에 비추어 볼 때 통상의 기술자의 기술수준을 어떻게 인정하느냐는 해당 발명의 진보성 유무 판단과 직접적으로 연관된 중요한 문제라고 할 수 있다.

그러나 우리나라의 심사, 심판, 소송 실무를 보면, 통상의 기술자의 기술수준은 구체적 증명의 대상이 되기보다는 심사관이나 심판관 스스로의 기술수준 또는 변론 전체의 취지를 통하여 법관이 심증으로 파악한 기술수준으로 이해되는 경향이 있어 왔다. 이러한 경향은 앞서 본 통상의 기술자의 의미와 관련하여 심사관 기준설이 오랜 기간 동안 업무의 준칙으로 자리 잡아 온 것과 무관하지 않아 보인다.[1]

그런데 이러한 실무의 태도에 대하여는 다음과 같은 비판이 제기되어 왔다. 우선, 발명의 진보성은 특허의 유효성에 관한 법률문제의 하나로서, 법원이 발명의 진보성을 판단할 때에는 선행기술의 범

---

1) 조영선, "특허쟁송과 당업자의 기술수준", 저스티스 86호, 한국법학원(2005), 81면 참조.

위와 내용, 진보성 판단의 대상이 된 발명과 선행기술의 차이, 그리고 관련되는 기술분야에서 통상의 기술자의 기술수준에 대하여 증거 등 기록에 나타난 자료를 통하여 이를 파악하여야 하고, 특히 통상의 기술자의 기술수준을 사실문제로 취급하지 않을 경우 통상의 기술자의 기술수준을 법관이나 법관을 기술적으로 보조하는 기술심리관,[2] 특허조사관[3] 등의 판단으로 대체할 위험이 있는바, 이는 부지불식간 출원 당시가 아닌 판단 시점에서 진보성을 판단하게 되는 쪽으로 경도될 수 있음을 지적하는 견해가 있다.[4]

또한, 심사와 심판 및 소송 실무에 있어서 통상의 기술자의 기술수준은 사실상 심사관이나 심판관이 보유한 기술수준 또는 법관이 변론 전체의 취지에 의하여 형성한 심증상의 기술수준과 동일시되는 경우가 많으나, 이는 법적 안정성과 객관성, 그리고 입증책임을 둘러싼 변론주의 원칙, 무엇보다 특허쟁송에서 '통상의 기술자의 기술수준'이라는 요건사실이 차지하는 중요성에 비추어 재고의 여지가 있고, 특히 심사절차에서는 진보성을 배척할 만한 사유에 관한 입증책임이 심사관에게 있으므로 심사관 자신의 기술에 대한 인식수준을 곧 통상의 기술자의 기술수준으로 삼아 판단에 나아가는 것에 현실적으로 부득이한 면이 있다 할 것이나, 대립당사자 구조 하에서

---

2) 특허법원은 법관의 기술분야에 대한 전문성을 보좌하기 위해 기술심리관 제도를 운용하고 있다. 법원은 필요하다고 인정하는 경우 결정으로 기술심리관을 소송의 심리에 참여하게 할 수 있고, 소송의 심리에 참여하는 기술심리관은 재판장의 허가를 받아 기술적인 사항에 관하여 소송관계인에게 질문을 할 수 있으며, 재판의 합의에서 의견을 진술할 수도 있다(법원조직법 제54조의2).

3) 법원조직법 제54조의3은 대법원과 각급 법원에 조사관을 둘 수 있도록 규정하고 있다. 이에 따라 대법원 및 특허침해소송 등을 많이 처리하는 서울고등법원, 서울중앙지방법원에는 특허조사관이 근무하고 있다.

4) 한동수, "발명의 진보성 유무의 판단 방법", 사법 12호, 사법연구재단(2010), 270-271면.

그와 같은 심사의 적법 타당성을 재검토하는 특허심판이나 소송에 서까지 같은 견지에서 통상의 기술자의 수준을 설정하는 것은 적절하다고 하기 어렵다는 비판도 있다.[5]

　나아가 통상의 기술자의 기술수준은 사실로서 확정되어야 하는 것으로서 학력이나 현장경험 등의 차원에서 특정하는 것이 필요하다고 할 것인데, 우리의 실무는 이와 같은 사실 확정은 전혀 하고 있지 않고, 추상적인 개념으로서 혹은 판결문의 결론에서만 존재할 뿐이므로, 이러한 실무는 결국 진보성의 판단을 통상의 기술자의 관점에서 판단하는 것이 아니라 법관 또는 기술심리관의 관점으로 대체하는 결과를 낳았다는 지적도 있다.[6]

　생각건대, 통상의 기술자의 기술수준은 소송법상의 요건사실로서 입증을 필요로 하는 사항이라는 점에 대해서는 별다른 이론이 없어 보일 뿐만 아니라, 통상의 기술자의 기술수준을 확정하지 않고 진보성을 판단하는 것은 실질적으로 통상의 기술자의 판단을 법관, 심판관, 심사관 자신의 판단으로 대체하는 결과를 초래할 것이다. 따라서 통상의 기술자의 기술수준을 사실문제로 취급하여 증거 등에 의하여 입증하도록 해야 한다는 것은 소송법상 당연한 지적이라고 할 것이고, 효율성이나 심리 부담의 증가 등과 같은 현실적인 이유로 결코 간과되어서는 안 되며, 나아가 위와 같이 통상의 기술자의 기술수준 등과 관련된 사실심리를 강화하는 것은 진보성 판단의 객관성과 예측가능성을 높이는 데에도 중요한 역할을 할 것으로 보인다.

　대법원 역시 이 점과 관련하여 최근 중요한 판결을 선고한 바 있다. 즉, 대법원은 "특허법 제29조 제2항 규정에 의하여 선행기술에 의하여 용이하게 발명할 수 있는 것인지에 좇아 발명의 진보성 유무를

---

　5) 조영선, 전게논문(주 1), 65면.
　6) 우라옥, "특허법상 진보성 판단과 사후적 판단", 기업법·지식재산법의 새로운 지평, 법문사(2011), 613면.

판단함에 있어서는, 적어도 선행기술의 범위와 내용, 진보성 판단의 대상이 된 발명과 선행기술의 차이 및 통상의 기술자의 기술수준에 대하여 증거 등 기록에 나타난 자료에 기하여 파악한 다음, 이를 기초로 하여 통상의 기술자가 특허출원 당시의 기술수준에 비추어 진보성 판단의 대상이 된 발명이 선행기술과 차이가 있음에도 그러한 차이를 극복하고 선행기술로부터 그 발명을 용이하게 발명할 수 있는지를 살펴보아야 한다."(대법원 2009. 11. 12. 선고 2007후3660 판결 참조)라고 판시하여 통상의 기술자의 기술수준에 대한 사실심리가 필요하다는 점을 강조하였다.

위 대법원 판례에서 사실심리가 필요하다고 한 요소들 중 나머지 요소들은 명세서 등을 통해 비교적 쉽게 사실확정을 할 수 있으나, '통상의 기술자의 기술수준'은 그 개념 자체가 상당히 유동적이고 불확정적인 개념에 해당한다는 점에서 구체적인 사실심리의 필요성이 그만큼 더 크다고 할 수 있다. 따라서 이하에서는 통상의 기술자의 기술수준을 판단하기 위하여 주장·입증되어야 할 간접사실 및 그 과정에서 고려되어야 할 요소들을 검토해 봄으로써 타당한 판단 기준을 제시해 보고자 한다.

나. 외국의 기준

(1) 미국의 경우

통상의 기술자의 기술수준은 객관적 증거에 의하여 인정되어야 하는데, 이를 천명한 대표적 사건은 CAFC의 Envtl. Designs, Ltd. v. Union Oil Co. 사건이다.7) 이 사건에서 CAFC는 통상의 기술자의 기술수준을 심사관이나 심판관이 임의로 결정할 수 없음을 분명히 하는

7) 713 F.2d 693, 697, 218 USPQ 865 (Fed. Cir. 1983).

한편 통상의 기술자의 기술수준을 평가하는 기준으로 ① 발명자의 교육수준, ② 당해 기술분야에서 마주치게 되는 기술상의 문제점들, ③ 그와 같은 문제점들을 해결하기 위한 선행기술의 해결책, ④ 당해 기술분야에서 기술혁신이 이루어지고 있는 속도, ⑤ 당해 기술분야의 기술의 복잡성, ⑥ 당해 기술분야에서 활동하는 기술자가 가지는 학력의 정도를 각 고려하여야 한다고 판시하였고, 그 후 미국의 법원들은 특허소송에서 기술내용과 분쟁의 종류에 따라 위 6가지 요소 전부 또는 일부를 통상의 기술자의 기술수준을 평가하는 지침으로 삼고 있다.[8]

미국 판례를 보면, 통상의 기술자의 기술수준(학력, 실무 경험 등)에 관하여 당사자들이 구체적으로 주장하고, 다툼이 있는 부분은 증거를 통해 사실인정을 하고 있음을 알 수 있다.

예컨대, KSR International Co. v. Teleflex 사건의 제1심[9]에서 원고의 전문가 증인은 통상의 기술자가 '학부에서 기계공학을 전공하거나 그와 동등한 정도의 실무 경험을 갖고, 자동차 페달 컨트롤 장치에 익숙한 인물'이라고 주장하였고, 피고의 전문가 증인은 '학부에서 최소 2년 이상 기계공학을 공부하고, 2-3년 정도의 페달 설계 분야의 실무 경험을 가진 인물'이라고 주장하였는데, 연방지방법원은 위 주장들 간의 차이가 미미하고, 피고 역시 원고 전문가 증인의 주장에 대체로 동의한다는 입장을 취하고 있는 점 등을 이유로 '통상의 기술자'를 '학부에서 기계공학을 전공하거나 그와 동등한 정도의 실무 경험을 갖고, 자동차 페달 컨트롤 장치에 익숙한 가공의 인물'이라고 판단하였다. 연방대법원 역시 연방지방법원이 '통상의 기술자'에 관하여 판단한 부분이 정당하다고 하였다.

---

8) 조영선, 특허소송에 있어서 발명의 진보성 판단의 국제기준에 관한 비교 분석, 고려대학교 산학협력단(2010), 38-39면 참조.
9) 298 F.Supp. 2d 581 (2003).

또한, Eli Lilly and Company v. Activis Eliazabeth LLC 판결[10])에서는 '통상의 기술자'에 대해 "당사자들의 기술 분야의 기술수준에 대한 제안된 정의내용은 대체로 비슷하다. 근본적으로 그들은 1995년의 약제 화학과 정신 약학 분야에서의 통상의 기술자는 적어도 화학, 약리학 또는 생명과학 분야의 M.D. 또는 PH. D. 학위를 소지하고 있고, 적어도 3-5년간 정신질환 의약품이나 치료법 개발 경력을 보유한 자라는 점에 동의한다. 당사자들은 통상의 기술자가 ADHD 행동 약물학에 2년 이상의 박사 후 연구경험이 있어야 하는지에 대해 다투고 있다. 통상의 기술자의 내용에 관한 당사자들의 주장의 핵심적인 차이는 원고는 통상의 기술자가 정신질환 의약품이나 치료법 개발 및 임상적용 경력을 갖고 있어야 한다고 주장한다는 점이다. 원고는 정신질환 의약품의 임상적용경력이 필요한 이유로 그러한 경력이 있어야 환자가 약물에 어떻게 반응할 지를 예상할 수 있고, 그 분야의 치료물질을 개발할 동기를 부여하며, 동물실험모델이 아닌 인간에 있어서의 정신질환의 생물학적 이해를 가능하게 해준다는 점을 들고 있다. 법원은 원고의 주장을 받아들였다."라고 설시하고 있다.[11])

다만, 미국의 판례는 모든 경우에 통상의 기술자의 기술수준에 대한 명시적인 판단이 필요한 것은 아니라고 보고 있다. Kloster Speedsteel AB v. Crucible Inc. 사건에서 항소인은, 연방지방법원이 "해당 분야의 발명자 중 어느 누구라도 해당 특허발명이 이론적으로 가능할 것이라고 여기지 않았다."라고 판시하면서 해당 기술분야의 기술수준에 대한 구체적인 판단을 하지 않았던 부분은 잘못이라고 주장하였다.

이러한 주장에 대해 CAFC는, "기술수준에 대한 판단을 요구하는

---

10) D. New Jersey (Cite as : 2010 WL 3210516)(Aug. 12. 2010.)
11) 위 판결에 대한 자세한 판시 내용은 박민정, "통상의 기술자와 기술수준", 특허소송연구 6집, 특허법원(2013), 119-135면 참조.

기본적인 목적은, 자명성 여부를 판단하는 자로 하여금 자신에게 현재 시점에서 자명한지가 아니라, 발명이 이루어진 시점에 해당 기술분야의 통상의 기술자에게 자명한지로 판단해야 함을 강조하기 위한 것이다."라고 설시한 다음, 통상의 기술자는 해당 기술분야의 평균적인 기술수준을 갖는 자임을 전제로 초보자와 같이 가장 낮은 기술수준을 갖는 자에게도 자명한 발명이라거나, 해당 분야의 다른 발명자들과 같이 매우 비범한 기술수준을 갖는 자에게도 비자명한 발명이라고 판단하였다면, 그러한 판단은 자명성 판단의 최종 결론에 잘못된 영향을 미친 것은 아니라고 하면서 항소인의 위 주장을 받아들이지 않았다.[12]

(2) 독일의 경우

독일의 법원은 진보성 판단과 관련하여 EPO의 과제 해결 접근법을 따르면서도 진보성 판단의 근거가 되는 통상의 기술자 수준은 특허 침해소송이나 무효소송 단계에서 사실인정의 형태로 확정하고 있다고 한다. 이를 위해 일반적으로 전문가 증인에 대한 신문이 이루어지고 있는데, 이 때 신문되는 내용은 주로 ① 당해 발명 분야에 속한 기술자들의 일반적인 교육수준이나 그 기술분야에의 종사기간, ② 선행기술로부터 당해 발명에 이르기 위해 통상의 기술자가 취해야 하는 조치가 무엇인지, ③ 통상의 기술자에게 그와 같은 조치를 고려할 만한 동기부여가 있는지, ④ 당해 사건에서 통상의 기술자가 그와 같은 조치에 나아가거나 나아가지 아니할 만한 특별한 사정이 있는지 등이라고 한다.[13]

---

12) 793 F.2d 1565, 230 USPQ 81, 230 USPQ 160 (Fed. Cir. 1986).
13) 조영선, 전게서(주 8), 29면 참조.

다. 통상의 기술자의 기술수준 판단 시 고려요소

(1) 통상의 기술자의 학력이나 실무 경험

앞서 본 바와 같이 미국의 CAFC는 통상의 기술자의 기술수준을 판단함에 있어서 해당 기술분야에서 활동하는 기술자가 가지는 학력의 정도를 고려해야 한다고 판시하였고, 실제 하급심 법원들도 이러한 통상의 기술자의 학력이나 실무 경험의 정도를 통상의 기술자의 기술수준 판단 시에 일반적으로 고려하고 있는 것으로 보인다. 또한, 독일의 법원도 해당 발명 분야에 속한 기술자들의 일반적인 교육수준이나 그 기술분야에의 종사기간 등을 주요 고려요소의 하나로 인정하고 있다.

한편, 앞서 본 바와 같이 미국의 CAFC는 발명자의 교육수준도 통상의 기술자의 기술수준을 평가하는 기준으로 고려해야 한다고 판시하고 있는데, 이는 비록 발명자가 곧 통상의 기술자라고 보는 것은 아니지만, 발명자 역시 통상의 기술자 중 하나에 속하는 것으로 볼 수 있고, 결국 발명자의 교육수준을 평가한다는 것은 곧 통상의 기술자들이 평균적으로 갖고 있는 학력의 정도 등을 고려한다는 의미로 이해될 수 있을 것이다.[14]

종래 우리나라의 법원은 통상의 기술자를 학력이나 실무 경험의 정도 등으로 특정하려는 시도를 거의 하지 않았고, 이를 언급한 판결문 역시 찾기 힘들었다.

그런데 근래에 들어 위와 같은 미국의 실무를 참고하여 통상의 기술자가 가지는 학력이나 실무 경험의 정도 등을 구체적으로 특정해야 한다는 견해가 제기되고 있다. 위 견해는 구체적인 방법론으로서, 우선 심리과정에서 당사자 간의 통상의 기술자 정의에 실질적으

14) 조영선, 전게논문(주 1), 83면 참조.

로 별 차이가 없으면, 당사자들의 의견을 물어 일방 당사자의 정의
내용을 다툼 없는 사실로 정리하거나, 판결에서 통상의 기술자에 관
한 당사자 간의 주장에서 실질적으로 별 차이를 발견할 수 없다고
한 후 일방 당사자의 정의 내용으로 통상의 기술자를 정의할 수도
있다고 한다. 만일 당사자 간의 주장에 실질적인 차이가 있다면, 증
거 등의 자료로 어느 당사자의 주장을 받아들일지에 관하여 심리하
여야 하되, 이를 입증하기 위한 자료로는 선행기술에 관한 문헌, 해
당 기술분야의 전문가 증인 및 발명자 본인의 진술서 내지 증언, 동
종업계 단체 등에 대한 사실조사 등을 생각해 볼 수 있다고 한다.15)

　　그러나 한편, 위와 같이 통상의 기술자를 학력이나 실무 경험의
정도 등으로 특정하려는 것에 대해서는 신중한 접근이 필요하다는
견해도 제기되고 있다. 이 견해에 따르면, 실무상 통상의 기술자를
확정하더라도 그것이 구체적인 결론에 어떻게 연결되는지는 제대로
알기 어렵고, 통상의 기술자의 수준을 확정하는 것이 결론과의 연결
성을 설명할 수 없다면, 결국 중점은 발명 이전의 당해 기술분야의
기술수준을 확정짓는 것으로 옮겨가는 것이 올바른 방안으로 보인
다고 한다. 특히 현재와 같이 기술의 융합이 일어나는 시점에서 자
연인으로서의 통상의 기술자를 확정하는 것은 진보성을 쉽게 인정
하는 결과를 낳을 여지도 있으므로, 융합된 기술분야의 경우에는 그
기술분야의 출원 전의 기술수준을 확정함으로써 당해 업계에 종사
하는 자들의 평균적인 수준도 확정할 수 있다고 한다.16)

　　생각건대, 특허법상의 통상의 기술자는 '출원 전의 해당 기술분야
기술상식을 보유하고 있고, 출원발명의 과제와 관련되는 출원 전의
기술수준에 있는 모든 것을 입수하여 자신의 지식으로 할 수 있는

---

15) 박민정, 전게논문(주 11), 107-108면.
16) 우라옥, "특허법상 진보성 판단과 사후적 판단", 기업법·지식재산법의 새
　　로운 지평, 법문사(2011), 613면.

자로서, 실험, 분석, 제조 등을 포함하는 연구 또는 개발을 위하여 통상의 수단을 이용할 수 있으며, 공지의 재료 중에서 적합한 재료를 선택하거나 수치범위를 최적화하거나 균등물로 치환하는 등 통상의 창작능력을 발휘할 수 있는 특허법상의 상상의 인물'인바,[17] 이를 단순히 학력, 자격, 종사 기간 등의 몇 가지 유형적 요소만으로 특정하는 것은 그 자체로 작위적으로 보인다.

또한, 미국의 경우에도 실무상 통상의 기술자를 확정하더라도 그것이 구체적인 결론에 어떻게 연결되는지는 아무런 설명이 없다는 비판이 있다.[18]

이러한 사정을 고려하여 볼 때 통상의 기술자를 학력이나 실무 경험의 정도 등으로 특정하는 미국의 실무를 우리나라에 그대로 적용하는 것에 신중한 검토가 필요하다는 지적에도 경청할 필요가 있다고 생각한다.

그러나 통상의 기술자의 기술수준을 학력이나 실무 경험 차원에서 확정하는 것은 통상의 기술자의 기술수준을 사실문제로서 확정해야 한다는 측면에서 볼 때 가장 원칙적인 접근 방식에 해당한다.

또한, 이러한 방식이 작위적인 면이 없지 않으나, 상상의 인물인 통상의 기술자를 개개 소송에서 구체화하기 위해서는 어느 정도 불가피한 측면이 있다. 더욱이 최근 특허소송에서 법원은 전문가 증인, 발명가 증인, 전문심리위원, 사실조회, 검증·감정 등 기존의 서증 외에 다양한 증거방법에 의해 사실심리를 강화하려는 태도를 보이고 있는데,[19] 통상의 기술자를 위와 같은 유형적인 요소로 구체화하려

---

17) 특허청, 특허·실용신안 심사지침서, 3301-3302면 참조.

18) Joseph P. Meara, "Just who is the person having ordinary skill in the art? Patent law's mysterious personage", 77 Wash. L. Rev. 267(2002).

19) 졸고, "진보성 심리에 관한 특허법원 최근 동향", 2015. 5. 12.자 특허심판원 세미나 자료 참조.

는 시도는 진보성 판단에 있어서 보다 객관적이고 검증 가능한 기준을 제공할 수 있다는 점에서 그 실천적인 의미를 간과하여서는 안 될 것으로 보인다.[20]

따라서 원칙적으로 법원은 당사자들에게 해당 사건에서 통상의 기술자가 가지는 학력이나 실무 경험의 정도 등에 관하여 구체적으로 주장하도록 촉구하고, 이를 입증하기 위한 자료도 제출하도록 하여야 할 것이다. 위와 같이 제출된 양 당사자의 주장에 실질적인 차이가 없다면, 어느 일방의 통상의 기술자에 관한 주장을 다툼 없는 사실로 조서에 정리한 후 판결문에 반영할 수 있을 것이다.

반면, 양 당사자의 주장에 실질적인 차이가 있다면, 결국 당사자들이 제출한 자료 등을 통해 사실인정을 해야 할 것인데, 선행기술에 관한 문헌, 해당 기술분야의 전문가 증인 및 발명자 본인의 진술서 내지 증언, 동종업계 단체 등에 대한 사실조사 등이 적절할 것으로 보인다.

다만, 통상의 기술자의 기술수준을 판단하는 근거로서 위와 같은 자료가 의미를 갖기 위해서는, 해당 기술분야의 대학학부 수준에서 증인 등이 스스로 가지고 있었던 기술수준이 어느 정도였는지, 그 정도라고 스스로 증언 내지 답변하는 근거는 무엇인지, 대학학부 과정을 마친 후 그 분야에 종사하면서 습득한 관련 기술지식의 정도는 연차에 따라 어떠했는지, 습득하게 된 과정은 무엇인지 등이 증언,

---

20) 진보성 판단과 관련하여 법원이 증인, 전문심리위원, 사실조회, 감정 등의 증거방법을 채택하는 경우 증인, 전문심리위원, 회보자, 감정인 등은 출원 당시 통상의 기술자의 입장에서 관련 진술 내지 의견을 제시하여야 함은 의문의 여지가 없는 사항이다. 그럼에도 그동안의 실무 경험에 비추어 보면, 증인 등이 통상의 기술자가 아닌 자신의 입장에서 진보성 판단과 관련된 진술 등을 하는 경우가 많이 있고, 이러한 문제는 통상의 기술자 개념에 대한 이해 부족의 문제이기도 하지만, 그 개념이 구체화되어 제시되지 않은 점에서도 기인한 것으로 보인다.

사실조회회신서 등에 담겨 있어야 할 것이다.[21)

또한, 기술분야마다 통상의 기술자의 보편적인 학력이나 수련의 정도가 다르기 때문에 개별 기술분야의 특성을 충분히 고려하여야 할 것이다. 또한, 문제해결능력을 판단하는 데에 있어서는 피상적인 학위나 자격증보다는 현실적인 수련기간 등에 더 초점을 맞추어야 할 것으로 생각된다.[22)

(2) 주지관용기술 및 기술상식

통상의 기술자의 기술수준을 구성하는 대표적인 것에는 주지관용기술이 있다. 주지관용기술에 관하여는 특허법상 명문의 규정이 없고, 그 의미를 구체적으로 밝히는 대법원 판결도 없지만, 실제로 진보성 유무 판단에서 주지관용기술은 주요한 판단자료로 사용되고 있다.[23)

특허청 심사지침서에서는 '주지기술(周知技術)'이란 그 기술에 관해 상당히 다수의 문헌이 존재하거나, 또는 업계에 알려져 있거나, 혹은 예시할 필요가 없을 정도로 잘 알려진 기술과 같이 그 기술분야에서 일반적으로 알려진 기술을 말하고, '관용기술(慣用技術)'은 주지기술 중 자주 사용되고 있는 기술을 말한다고 정의되어 있다.[24)

한편, 특허법원은 주지관용기술과 관련하여 "주지기술은 당해 기술분야에서 일반적으로 알려져 있는 기술이고 관용기술은 주지기술이면서 널리 사용되고 있는 기술을 의미하는데, 어느 기술이 주지관

---

21) 박민정, 전게논문(주 11), 108면 참조.
22) 조영선, 전게논문(주 1), 84면 참조.
23) 박태일, "최근 특허법원 주지관용기술 판단 사례에 관한 검토", 특허소송연구 5집, 특허법원(2010), 62면 참조.
24) 특허청, 특허·실용신안 심사지침서, 3316면 참조.

용의 기술에 해당하는지의 여부는 당해 기술의 내용, 공지문헌의 성격과 활용 정도, 공지되거나 공연실시된 횟수 등을 고려하여 객관적으로 판단하여야 할 것이다."라고 판시하고 있다.25)

진보성의 판단은 선행기술과의 대비를 통해 이루어지고, 그 배경에는 많은 주지기술이 존재하고 있으므로, 어떤 의미에서는 주지기술의 총체가 해당 분야의 평균적 기술수준을 형성한다고 할 수 있다.26) 이러한 점에서 볼 때 주지관용기술은 그 자체로 특허발명과 대비되는 선행기술로서 의미를 갖는 것임과 동시에 통상의 기술자가 보유한 기술수준을 평가하는 척도로서 활용될 수도 있다.

주지관용기술의 인정 여부와 관련하여 대법원은 "어느 주지관용의 기술이 소송상 공지 또는 현저한 사실이라고 볼 수 있을 만큼 일반적으로 알려져 있지 아니한 경우에 그 주지관용의 기술은 심결취소소송에 있어서는 증명을 필요로 하나, 법원은 자유로운 심증에 의하여 증거 등 기록에 나타난 자료를 통하여 주지관용의 기술을 인정할 수 있다."라고 판시하고 있다.27) 비록 주지관용기술이 반드시 증거에 의해서 인정되어야만 하는 것은 아니나, 주지관용기술에 대응되는 특허발명의 구성이 특허발명의 기술적 과제와 관련된 특징적인 구성에 해당하거나 주지관용기술인지 여부에 관하여 당사자 사이에 다툼이 있다고 한다면, 적어도 그와 같은 주지관용기술은 원칙적으로 증거에 의하여 인정되어야 할 것이다.28)

다음으로 해당 기술분야의 기술상식도 통상의 기술자의 기술수준을 결정하는 데에 참작되어야 한다. 기술상식은 개념적으로 볼 때

---

25) 특허법원 2007. 12. 21. 선고 2007허3752 판결 참조(상고기간 도과로 확정).
26) 정상조·박성수 공편, 특허법 주해 Ⅰ, 박영사(2010), 357면 참조.
27) 대법원 2008. 5. 29. 선고 2006후3052 판결.
28) 한동수, "심결취소소송에서 주지관용기술의 증명 방법 및 발명의 진보성 판단시 2차적 고려사항", 대법원판례해설 76호, 법원도서관(2008), 395-398면 참조.

'선행기술 중에서 출원 당시 통상의 기술자에게 일반적 내지 평균적
으로 알려져 있던 사항'[29] 정도로 이해되나, 실무적으로 앞서 본 주
지관용기술과 엄밀히 구분되어 사용되고 있지 않다. 그런데 앞서 본
바와 같이 특허법상의 통상의 기술자는 '출원 전의 해당 기술분야
기술상식을 보유하고 있고, 출원발명의 과제와 관련되는 출원 전의
기술수준에 있는 모든 것을 입수하여 자신의 지식으로 할 수 있는
자'이므로, 출원 당시의 해당 기술분야의 기술상식도 통상의 기술자
의 기술수준을 구성하는 것에 해당한다. 또한 특허소송의 심리도 변
론주의의 적용을 받기 때문에 기술상식에 다툼이 있을 경우 이 역시
증명의 대상이 된다고 할 것이다.

(3) 해당 기술분야의 특성

통상의 기술자의 기술수준을 평가할 때에는 해당 기술분야의 특
성이 충분히 고려되어야 한다. 해당 기술분야의 전문성 내지 복잡성
은 기술수준을 평가하는 데에 일응의 기준이 될 수 있다.

앞서 살펴본 CAFC의 Envtl. Designs, Ltd. v. Union Oil Co. 사건에서도
통상의 기술자의 기술수준을 평가하는 기준의 하나로 기술의 복잡
성(sophistication of the technology)을 고려해야 한다고 판시하고 있다.[30]
미국의 판례를 분석한 결과에 의하면, 대부분의 기술분야에서는 학
사학위 및/또는 약간의 실무 경험을 가진 자를 통상의 기술자로 보
는 반면, 생명공학 등 일부 분야에서는 대체로 그보다 학력 수준이
높은 것으로 보아 박사학위 또는 석사학위를 가진 자를 통상의 기술
자로 보고 있는데, 이러한 점도 기술분야에 따라 통상의 기술자의
기술수준이 달라질 수 있음을 방증한다고 볼 수 있다.[31]

---

29) 박태일, 전게논문(주 23), 63면 참조.
30) 713 F.2d 693, 697, 218 USPQ 865 (Fed. Cir. 1983).

다만, 미국의 경우에도 기술분야의 특성이 통상의 기술자의 기술수준을 정함에 있어서 어느 정도의 비중을 갖는지가 분명하지 않다는 지적이 있다.[32] 즉, Envtl. Designs, Ltd. v. Union Oil Co. 사건 이후 선고된 CAFC 판결들을 분석해 보면, In re GPAC Inc. 판결에서는 해당 기술분야가 복잡하고, 통상의 기술자의 수준은 높다고 판단하였으나, 비자명성 심사를 위한 동기나 시사가 있었는지를 평가함에 있어서는 기술분야의 복잡성에 큰 의미를 두지 않았다.[33] 또한, In re Dembiczak 판결에서는 기술적으로 덜 복잡한 발명이 문제되는 사건일수록 선행기술의 결합에 관한 TSM 테스트가 더욱 중요하다고 판시하였다.[34] 그리고 복잡한 기술이라고 볼 수 있는 위성통신 기술이 문제된 In re Rouffet 판결에서도 기술분야의 복잡성이 아닌 TSM 테스트에 보다 중점을 두었다.[35] 이를 종합해 보면, CAFC는 설령 기술분야가 복잡하여 통상의 기술자의 기술수준이 높다고 하더라도, 그러한 점이 곧바로 결합의 동기 등을 쉽게 인정할 수 있는 근거가 되는 것은 아니라는 입장으로 이해된다.[36]

한편, 특정 기술분야에서 통상의 기술자의 기술수준을 평가함에 있어 특히 중요하게 고려되어야 할 것은, 기술내용이 통상의 기술자로 하여금 어느 정도로 나머지 기술사상에 대한 유추를 허용하는지 여부이다. 기계나 전기 분야의 기술처럼 하나의 기술개시가 이루어지면 통상의 기술자가 이에 터잡아 확립된 법칙에 의거하여 상당한 정도로 나머지 기술내용을 유추해 나가는 것이 가능한 분야가 있는

---

31) 정차호, 특허법의 진보성, 박영사(2014), 212면 참조.
32) Joseph P. Meara, "Just who is the person having ordinary skill in the art? Patent law's mysterious personage", 77 Wash. L. Rev. 267, 282-283(2002).
33) 57 F.3d 1573, 1579-80 (Fed. Cir. 1995).
34) 175 F.3d 994, 999-1000 (Fed. Cir. 1999).
35) 149 F.3d 1350, 1355-59 (Fed. Cir. 1998).
36) Joseph P. Meara, op. cit., p.283.

가 하면, 대부분의 화학반응이나 생명공학의 경우처럼, 하나의 기술
개시에 근거하여 통상의 기술자가 나머지 기술내용을 유추하여 알
아내기가 극히 어려운 분야도 있는데, 이는 기술의 전문성·복잡성
여부와 반드시 일치하는 것은 아니다.[37] 전자의 경우에는 통상의 기
술자의 기술수준은 '높은 것'으로 평가할 수 있는 반면, 후자의 경우
에는 통상의 기술자의 기술수준은 '낮은 것'으로 평가하여 상대적으
로 조그마한 진전이나 도전에도 진보성을 인정할 수 있게 된다.

(4) 문제점들을 해결한 선행기술의 예

해당 기술분야에서 마주치게 되는 기술상의 문제점들, 그와 같은
문제점들을 해결하기 위한 선행기술의 해결책, 해당 기술분야에서
기술혁신이 이루어지는 속도 등도 통상의 기술자의 기술수준을 판
단하는 기준이 될 수 있다.

기술의 진보란 결국 문제해결의 노하우를 축적한 것이라 할 수
있다. 특정 기술분야에서 얼마나 다양한 유형의 기술적 문제점들이
제기되었고, 선행기술들이 어떠한 적절한 방법으로 얼마나 신속하고
완벽하게 그와 같은 문제점들을 해결해 왔는지를 평가하는 것은 통
상의 기술자의 기술수준을 판단하는 좋은 척도가 될 수 있으며 이는
결국 해당 기술분야에서 기술혁신이 이루어지고 있는 속도와도 불
가분적으로 관련이 있다 할 것이다.

따라서 특정한 기술적 문제점이 제기된 후 오랜 기간 동안 그 문
제를 해결하지 못하고 있거나 해결책으로 제시된 것들이 문제에 완
벽한 답을 주지 못하여 왔다면 일단 통상의 기술자의 수준이 낮다는
추론이 가능하다. 반면, 비교적 짧은 시간에 다양한 경로와 내용으

---

37) 조영선, 전게서(주 8), 40-41면 참조.

314 발명의 진보성 판단에 관한 연구

로 활발하게 그 해결책들이 모색되고 제시되어 왔다면 당해 기술분야의 통상의 기술자 수준을 높게 평가하기 쉬울 것이다.

그러나 물론 이를 통상의 기술자의 수준과 일률적으로 연결 지어 볼 수는 없다. 왜냐하면 기술의 종류나 해결해야 할 기술적 문제의 난이도에 따라 결과는 얼마든지 달라질 수 있고, 결국 구체적 기술분야의 상황이 아울러 고려되지 않을 수 없다. 현실적으로는 해당 기술분야에서 이루어지고 있는 특허출원 및 부여되고 있는 특허의 수, 기술의 조밀도 등이 이를 추단할 수 있는 좋은 간접사실이 될 것이다.[38]

예컨대, 특허법원 2014. 8. 22. 선고 2014허1778 판결에서 문제되었던 특허발명은 '강선삽입장치'에 관한 것인데, 종래에는 원거리의 콘크리트 보가 있는 곳까지 강선을 직접 운반하여야 하는 문제점이 있으므로, 이와 같은 문제를 해결하기 위하여 강선을 원거리의 강선삽입구멍으로 이송시키는 텔레스코픽 이송관을 설치한 것을 그 기술적 특징으로 하고 있었다.[39]

이 사건에서 제출된 주인용발명은 '강선삽입장치'에 관한 것으로서 특허발명과 같은 기술분야에 속하고, 텔레스코픽 이송관이 형성되지 않았을 뿐, 나머지 부분은 특허발명과 동일한 구성을 가진 것이었다. 한편, 부인용발명은 텔레스코픽 이송관을 이용하여 물건(소방수, 시멘트)을 이송시키는 소방차, 콘크리트 펌프카에 관한 것이었다.

이러한 사안에서 재판부는 종래에 강선이송장치의 강선을 원거리로 이송시키는 수단으로서 어떤 기술을 사용하여 왔는지, 특허발명의 개발 경위 및 발명에 이르기까지 소요된 시간 등에 관해 석명을 요청하였고, 양 당사자가 제출한 증거들을 토대로 하여 재판부는 종래에는 강선을 원거리로 이송하기 위하여 강선삽입장치 자체를

---

38) 조영선, 전게서(주 233), 41면 참조.
39) 위 판결은 2014. 9. 12. 상고기간 도과로 확정되었다.

원거리로 이송하거나, 크레인을 사용하여 강선코일을 들어 올려 강
선을 이송하거나, 강선삽입장치의 끝단에 파이프관을 연결하여 강선
을 이송하는 방법 등이 사용되어 왔고, 이러한 방법들은 기기파손
및 작업자의 안전사고의 문제로 개선의 필요성이 장기간 있어 왔다
고 사실 인정한 후 이에 터잡아 해당 특허발명을 도출하는 것이 통
상의 기술자에게 용이한 것으로 보기 어렵다고 판단하였다.

즉, 해당 기술분야에서 특정한 기술적 문제점이 제기된 후 오랜
기간 동안 그 문제를 해결하지 못하고 있거나 해결책으로 제시된 것
들이 문제에 완벽한 답을 주지 못하여 왔으므로, 통상의 기술자의
기술수준은 낮은 것으로 본 것이다.

반면, 특허법원 2014. 1. 17. 선고 2013허7076 판결에서 문제되었던
특허발명은 '팬필터 유니트 통신중계기 보호용 박스'에 관한 것으로
서, 통신선 또는 전원공급선이 통신포트 또는 전원콘센트로부터 이
탈하여 팬필터 유니트가 동작하지 못하는 경우가 종종 발생하는 문
제점이 있으므로, 이와 같은 문제점을 해결하기 위하여 통신선과 전
원공급선을 포함하는 몸체부의 상부에 보호용 덮개를 설치한 것을
그 기술적 특징으로 하고 있었다.[40]

이 사건에서 제출된 주인용발명은 팬필터 유니트용 터미널 박스
로서 특허발명과 기술분야가 동일하고, 보호용 덮개만 형성되지 않
았을 뿐, 나머지 부분은 특허발명과 동일한 구성을 가진 것이었다.
한편, 부인용발명은 유사 기술분야인 통신단자함에 관한 것으로서
보호용 덮개가 형성된 것이었다.

이 사건에서 쟁점은 팬필터 유니트용 터미널 박스에 보호용 덮개
를 형성하는 것이 통상의 기술자가 생각해내기 어려운 것인지 여부
에 관한 것이었고, 법원은 당사자가 제출한 증거를 통해 ① 통신단자

---

40) 위 판결은 2014. 2. 4. 상고기간 도과로 확정되었다.

함 등에 보호용 덮개를 형성하는 것은 주지관용기술에 해당한다는 사실, ② 팬필터 유니트용 터미널 박스가 설치된 곳은 안전교육을 받은 사람만이 접근할 수 있고, 전선 등의 이탈 사고가 거의 발생하지 않아 그동안 전원선 및 통신선을 보호할 필요성이 그리 크지 않았던 사실, ③ 전선 등 이탈의 문제를 인식한 이후에는 얼마 되지 않아(수개월 내) 특허발명에서 제시된 해결책인 보호용 덮개를 착상하여 제작하였던 사실 등을 인정한 다음, 이에 터잡아 통상의 기술자가 해당 특허발명을 도출하는 것이 용이한 것으로 판단하였다.

제4절 명세서 기재 요건 판단 국면에서의 통상의 기술자

가. 문제의 소재

앞서 본 바와 같이 통상의 기술자의 기술수준은 특허법의 여러 요건과 관련하여 문제되지만, 특히 진보성 판단 국면(특허법 제29조 제2항)과 명세서 기재 요건 판단 국면(특허법 제42조 제3항 제1호)에서 문제될 경우가 많다. 또한, 실무상으로 특허의 거절결정 또는 등록특허의 무효심판이나 소송에서, 발명의 명세서 기재 불비와 진보성 결여가 동시에 거절이나 무효의 사유로 되는 경우가 드물지 않다.

양 요건은 통상의 기술자의 기술수준을 매개로 일정한 상관관계를 갖는다. 통상의 기술자의 기술수준을 높게 볼 경우 진보성을 인정받기 어려운 반면, 명세서 기재 요건의 구비는 상대적으로 쉬울 것이다. 반대로 통상의 기술자의 기술수준을 낮게 볼 경우 진보성을 인정하기 쉬운 반면, 명세서 기재 요건의 구비는 상대적으로 어려울 것이다.

진보성 판단 국면에서의 통상의 기술자의 기술수준과 명세서 기재 요건 판단 국면에서의 통상의 기술자의 기술수준을 동일하게 파악하여야 하는지 아니면 서로 다르게 파악하여야 하는지와 관련하여 다음과 같은 견해의 대립이 있다.

나. 이원설

진보성 판단 국면에서의 통상의 기술자의 기술수준과 명세서 기

재 요건 판단 국면에서의 통상의 기술자의 기술수준을 서로 다르게
파악하여야 한다는 견해들에는 구체적으로 다음과 같은 것들이 있다.

① 진보성 판단과 관련된 통상의 기술자란 발명이 속하는 분야의
모든 선행기술에 대하여는 완전하게 무엇이든지 알고 있는 전문가
라고 보는 반면, 명세서 기재 요건 판단과 관련된 통상의 기술자란
그 출원발명이 속하는 기술 분야의 연구자와 발명자 등을 포함한 평
균적 기술자를 의미하는 것으로서 위와 같은 평균적 기술자가 당해
발명을 명세서 기재에 근거하여 출원 시의 기술수준으로 보아 특수
한 지식을 부가하지 않고도 정확하게 이해할 수 있고 동시에 반복하
여 재현할 수 있는 정도로 기재되면 족하다.[1]

② 특허법 제42조 제3항에서의 통상의 기술자와 특허법 제29조 제
2항에서의 통상의 기술자는 다르게 해석되고, 특허법 제42조 제3항
에서의 통상의 기술자는 해당 기술분야에 속하는 모든 부분의 통상
의 기술자를 의미하는데 비하여, 특허법 제29조 제2항에서의 통상의
기술자는 해당 기술분야의 어느 한 부분의 통상의 기술자가 용이하
게 발명할 수 있는 경우도 포함된다.[2]

③ 진보성에서의 통상의 기술자는 발명의 용이성에 초점이 맞추
어져 있어 통상의 기술자는 그 발명과 관련된 한정된 기술분야의 모
든 선행기술을 알거나 알 수 있는 추상적 1인으로서의 통상의 기술
자를 말하나, 발명의 상세한 설명에 있어서의 통상의 기술자는 기술
공개문헌으로서의 역할을 다하고 있는지의 여부를 판단하는 데 초
점을 맞추고 있으므로 통상의 지식의 정도가 진보성에서 요구하는
통상의 기술자보다는 낮다고 보아야 하는바, 명세서는 기술공개문헌
이므로 통상의 기술자 전부를 기준으로 하여 그 발명의 실시가 용이
할 정도로 기재되어 있어야 하므로 어느 한 부분의 통상의 기술자에

---

1) 김원준, 특허법, 박영사(2004), 257면.
2) 이인종, 특허법개론(제11판), 21c법경사(2004), 345-346면.

게라도 그 실시가 용이하지 않다면 그 기재는 충분한 것이라고 할 수 없다.[3]

④ 명세서 기재 요건에서 '통상의 의미'는 '그 발명이 속하는 기술 분야에서 보통 정도의 기술 수준 또는 평균적 기술 수준'을 지칭하는 것으로 보는 것이 타당하고, 진보성 요건에서 '통상'의 의미는 '특정 기술 분야의 최고 기술에 대한 보통의 지식'으로 보아야 할 것인바, 결국 진보성 판단에서 통상의 기술수준이란 특정 기술 분야의 최고의 기술수준을 말하고, 명세서 기재 요건 판단에서 통상의 기술수준이란 특정 기술 분야 종사자의 평균 기술수준으로 보아야 한다.[4]

다. 일원설

진보성 판단 국면에서의 통상의 기술자의 기술수준과 명세서 기재 요건 판단 국면에서의 통상의 기술자의 기술수준을 동일하게 파악하여야 한다는 견해들에는 구체적으로 다음과 같은 것들이 있다.

① 명세서 기재 요건에 관련된 통상의 기술자는 진보성 규정에서 말하는 통상의 기술자와 개념은 같고, 다만 발명 내용을 이해하고 있는 수적 범위의 광협에서만 차이가 있는데, 창작의 난이도를 평가하는 진보성 규정에 있어서는 그 기술이 속하는 분야의 통상의 기술자 중 1인이라도 용이하게 창작할 수 있다면 비록 그 기술분야의 다른 통상의 기술자에게는 용이하게 창작할 수 없는 경우라 하더라도 그 발명의 진보성은 부인되지만, 기술문헌 등으로 활용되는 발명의 명세서 란의 기재에 있어서는 그 기술분야의 모든 통상의 기술자가 용이하게 실시할 수 있을 정도로 발명이 기재되어야 하며, 그 기술

---

3) 황종환, 특허법(개정7판), 한빛지적소유권센터(2005), 263면.
4) 윤여강, "특허법에서의 '그 발명이 속하는 기술 분야에서 통상의 지식을 가진 자'에 대한 연구", 산업재산권 30호, 한국산업재산권법학회(2009), 95면.

분야의 통상의 기술자 중 1인이라도 용이하게 실시할 수 없을 때에
는 그 기재는 충분한 것이라 할 수 없다.[5]

② 통상의 기술자의 기술수준은 진보성 판단의 측면에서와 명세
서 기재 요건의 측면에 있어 동일하게 이해하는 것이 타당하고, 진
보성을 쉽게 획득한 경우에는 명세서 기재 요건을 엄격하게, 진보성
을 어렵게 획득한 경우에는 명세서 기재 요건을 너그럽게 봄으로써
권리범위 또한 각 발명의 공헌도에 따라 넓거나 좁게 부여하는 것이
옳다.[6]

③ 통상의 기술자의 수준은 진보성을 판단하는 경우와 명세서 기
재 요건을 판단하는 경우에 모두 같지만, 다만 그 판단을 위하여 참
고하는 선행기술의 유무라는 측면에서는 차이가 있는 것으로서, 진
보성 판단의 경우에는 통상의 기술자가 모든 선행기술을 참고할 수
있다고 보아야 하나, 명세서 기재 요건을 판단하는 경우에는 통상의
기술자가 별도의 선행기술을 참고하지 않고 명세서에 기재된 정보
만을 기초로 한다.[7]

라. 외국의 경우

미국 법원은 진보성(제103조) 판단 국면과 명세서 기재 요건(제112
조, enablement requirement) 판단 국면에서 서로 다른 기준을 적용하고
있지 않다.[8] 그런데 이에 대하여는 소프트웨어 분야나 생명공학 분
야 등과 같이 다양한 분야의 기술에 대해 특허 제도가 합리적인 유

---

5) 천효남, 특허법(제11판), 법경사(2005), 353면.
6) 조영선, "특허쟁송과 당업자의 기술수준", 저스티스 86호, 한국법학원(2005), 75-81면.
7) 정차호, 특허법의 진보성, 박영사(2014), 215-217면.
8) 상게서, 214면 참조.

인을 제공할 수 있도록 하기 위해서는 양 국면에서의 통상의 기술자
는 다르게 파악하여야 한다는 반론도 있다.[9]

유럽(EPO)의 심결 예는 통상의 기술자는 진보성 판단의 국면에서
와 명세서의 용이 실시 여부 판단의 국면에서 서로 동일한 정도의
기술수준을 가진 것으로 평가되어야 한다고 보고 있다.[10] 다만, 진보
성 판단의 국면에서 통상의 기술자는 오직 선행기술을 아는 것으로
전제되고, 명세서의 용이 실시 여부 판단의 국면에서 통상의 기술자
는 선행기술 및 개시된 발명을 아는 것으로 전제된다.[11]

마. 검토

이 쟁점과 관련하여 언급한 대법원 판례는 아직 없다. 하지만 다
음과 같은 이유에서 진보성 판단 국면에서의 통상의 기술자와 명세
서 기재 요건 판단 국면에서의 통상의 기술자는 통일적으로 해석할
필요가 있다고 본다.

우선, 특허법은 진보성 요건과 명세서 기재 요건에 관하여 '발명
이 속하는 기술 분야에서 통상의 지식을 가진 자'라는 표현을 동일
하게 사용하고 있으므로, 이를 같은 개념으로 이해하는 것이 성문
규정에 부합하는 해석으로 보일 뿐만 아니라, '통상의 기술자의 기술
수준'은 특허법이 가지고 있는 대표적인 불확정개념의 하나로서 그
의미가 가급적 일관성 있게 정립될 필요가 있고, 상황과 필요에 따
라 이를 달리 해석하는 것은 법적 안정성과 예측가능성을 해할 우려
가 있다.[12]

---

9) Dan L. Burk, Mark A. Lemley, "Is Patent Law Technology-Specific?", 17 Berkely Tech.
L.J. 1155, 1202-05 (2002).

10) T 60/89, T 694/92, T 373/94.

11) T 694/92.

다음으로, 발명의 진보성을 판단하기 위하여 해당 기술분야의 선행기술에 해당하는 모든 기술 자료를 고려할 수 있는가 하는 문제와 통상의 기술자가 제시된 선행기술의 자료를 이용하여 특허발명(출원발명)에 쉽게 이를 수 있는가를 판단하는 것은 개념상 분명히 다른 문제이다. 이원설은 진보성 판단과 관련된 통상의 기술자를 발명이 속하는 분야의 모든 선행기술에 대하여는 완전하게 무엇이든지 알고 있는 전문가로 상정하고, 그러한 전제에서 명세서 기재 요건 판단 시의 통상의 기술자와 구별된다고 보고 있는 듯하나, 진보성 판단의 전제로 '발명 분야의 모든 선행기술에 대하여는 완전하게 무엇이든지 알고 있는 전문가'를 상정하는 것은 어디까지나, 특허발명에 앞서 공지된 선행기술이라면 이를 모두 진보성 판단의 자료로 삼겠다는 의미이고, 나아가 통상의 기술자가 그와 같은 공지기술로부터 특허발명에 쉽게 도달할 수 있느냐의 문제는 통상의 기술자의 기술수준이 확정된 상태에서 기술상식을 가진 기술자가 통상적인 창작능력을 발휘하여 특허발명에 이르는 것이 용이한지의 문제인 것이다.

따라서 발명의 진보성 판단과 명세서 기재 요건 판단의 국면에서 참조할 수 있는 선행기술의 범위에만 차이가 있을 뿐, 이러한 차이를 이유로 양 국면에서의 통상의 기술자의 기술수준이 다르다고 볼 수는 없다.

나아가 실무상으로 특허의 거절결정 또는 등록특허의 무효심판이나 소송에서, 발명의 명세서 기재 불비와 진보성 결여가 동시에 거절이나 무효의 사유로 되는 경우가 드물지 않은데, 이 경우 상당수의 출원인이나 특허권자가 명세서 기재 불비에 관하여는 통상의 기술자라면 마땅히 자신이 기재한 상세한 설명의 내용만으로도 발

12) 조영선, 전게논문(주 6), 75면 참조.

명의 기술사상을 이해하여 시행할 수 있다고 주장하면서도, 진보성 판단 국면에서는 통상의 기술자의 수준이 그다지 높지 않음을 전제로 하여 자신의 발명은 통상의 기술자들이 용이하게 도출할 수 없는 것이라고 주장하는 경우가 적지 않은바, 위와 같은 주장이 논리적으로 모순되고 형평에도 맞지 않음은 분명하다.

이 경우 이원설과 같이 진보성 판단의 기준이 되는 통상의 기술자의 기술수준과 명세서 기재 요건을 판단하는 통상의 기술자의 기술수준을 이원적으로 본다면, 한편으로는 통상의 기술자의 기술수준을 낮게 보아 진보성을 인정받고, 다른 한편 명세서의 기재와 관련해서는 통상의 기술자의 수준을 높게 보아 추상적이고 폭넓은 기재를 용인하는 일도 가능해지는바, 그와 같은 결과는 명백히 불합리하다고 할 것이다.[13]

---

13) 조영선, 전게논문(주 6), 78면 참조.

제6장

용이 도출 여부 판단

제1절 도입 및 논의의 순서

발명의 진보성 요건에 관한 특허법 제29조 제2항은 "특허출원 전에 그 발명이 속하는 기술분야에서 통상의 지식을 가진 사람이 제1항 각 호의 어느 하나에 해당하는 발명에 의하여 쉽게 발명할 수 있으면 그 발명에 대해서는 제1항에도 불구하고 특허를 받을 수 없다."라고 규정하고 있다. 앞서 본 바와 같이 해당 특허발명의 내용을 확정하고, 그와 대비되는 선행기술의 내용을 확정하며, 통상의 기술자의 기술수준을 확정한 다음, 그러한 기초에서 통상의 기술자가 선행기술로부터 해당 특허발명을 쉽게 발명할 수 있는지 여부를 판단하게 된다.

이 장에서는 진보성 판단의 핵심이라고 할 수 있는 발명의 용이도출 여부 판단과 관련하여 다음과 같은 사항들을 검토해 보고자 한다. 전통적으로 우리나라의 특허 실무는 진보성 판단에 있어 해당 특허발명과 선행기술의 목적·구성·효과를 대비하여 용이 도출 여부를 판단해 오고 있는데, 우선 이러한 판단 방법을 소개한 후 그에 대한 비판 및 개선사항을 살펴보기로 한다. 다음으로 특허청 심사 기준에 나타난 진보성 판단 절차 및 방법을 살펴본다. 나아가 사후적 고찰 방지, 발명의 전체적 대비, 진보성 판단 시 사실심리의 강화 등과 관련하여 최근 대법원 판결에서 보다 구체적인 기준이 제시되고 있는데, 이에 관한 검토도 진행하기로 한다.

제2절 특허발명과 선행기술의 대비

가. 문제의 소재

어떤 발명이 선행기술로부터 '쉽게' 발명될 수 있는 가장 직접적인 계기는 선행기술에 해당 발명에 이를 수 있는 동기가 내재되어 있거나 선행기술들을 결합할 수 있는 동기가 내재되어 있는 경우일 것이다. 2 이상의 선행기술을 결합하여 특허 청구된 발명에 도달하게 되는 경우, 그러한 결합을 교시, 시사, 동기를 부여하는 사항이 있어야 한다는 미국의 TSM 테스트도 이러한 점을 반영하고 있다.

또한, 유럽의 과제 해결 접근법에서 핵심은 통상의 기술자가 가장 근접한 선행기술을 수정 또는 변경하여 해당 발명에 도달할 수 있었는지(could have arrived) 여부가 아니라, 그가 객관적인 기술적 과제를 해결하려는 기대 아래 그 선행기술을 수정 또는 변경을 하였을 것인지(would have done) 여부이고,[1] 명시적인 동기 외에도 암시적인 자극이나 암시적으로 알 수 있는 동기만으로도 통상의 기술자가 선행기술의 구성요소들을 결합하려고 했을 것으로 보기에 충분하다.[2] 이러한 점에서 볼 때 유럽의 could-would 접근법도 동기에 대한 고려를 그 핵심으로 하고 있다.

한편, 일본 및 우리나라의 심사 기준을 보면, 발명에 이를 수 있는 동기가 선행기술에 내재되어 있는 경우, 통상의 기술자가 선행기술에 의하여 청구항에 기재된 발명을 용이하게 발명할 수 있다는 유력한 근거가 된다고 한다.[3]

---

1) T 2/83.
2) T 257/98, T 35/04.

그러나 우리나라의 특허 실무를 보면, 전통적으로 위와 같이 선행기술에 내재된 동기의 존부에 기하여 용이 도출 여부가 직접적으로 판단되는 경우보다는 선행기술과 해당 발명의 목적·구성·효과를 대비하는 간접적인 방식으로 진보성을 판단하는 경우가 압도적으로 많았다.[4] 이하에서는 항을 달리 하여 이와 같은 실무가 정착하게 된 배경과 이러한 실무에 따른 진보성 판단의 구체적인 방식에 대해 살피고, 그 다음으로 이러한 목적·구성·효과 대비 방식의 문제점과 그에 대한 개선 방향에 대해 검토하기로 한다.

나. 목적·구성·효과 대비 방식

선행기술에 비하여 목적의 특이성, 구성의 곤란성, 효과의 현저성이 인정되는지를 종합하여 판단하는 것은 종래 실무상 확립된 진보성 판단 방법이다.

대법원도 "발명의 진보성 유무는 선행기술의 범위와 내용을 밝히고 그에 비추어 출원발명의 목적, 기술적 구성, 작용효과를 종합적으로 검토하여 결정함이 상당하고, 원칙적으로 출원 발명의 해결방법인 구성의 곤란성 여부에 따라 결정되지만 이에 덧붙여 목적의 참신

---

3) 일본 특허 심사기준 제2부 제2장 2.5. (2) 및 특허청, 특허·실용신안 심사지침서(2011), 3305면 참조.

4) 2002년부터 2006년까지의 특허법원에서 진보성을 판단한 판결 가운데 구성, 효과의 대비를 넘어 선행기술에 해당 발명에 이르는 동기 등이 존재하는지 여부를 살펴 진보성을 판단한 것이 불과 1.5%라는 조사 결과가 있다. 이에 의하면, 단순히 구성요소 대비에서 벗어나 결합의 용이성을 직접적으로 판단한 예는 2002년 3건, 2003년 1건, 2005년 3건, 2006년 5건 정도로 총 12건에 이르고 있다. 이것은 전체 분석대상 등록무효 판결 수 792건과 대비하면 12건으로서 약 1.5%에 해당한다고 한다. 이에 관한 자세한 내용은 박성수, "특허법원 판결로 본 특허의 유효성 분석 - 진보성 판단을 중심으로", 지식과 권리, 대한변리사회(2007), 27-28면 참조.

성, 효과의 현저성 등도 참작하여야 하므로 작용효과가 종래 기술과 동일·유사하더라도 그와 전혀 다른 새로운 해결수단을 창작한 때에는 그 새로운 해결방법의 제공에 의한 기술의 풍부화가 인정되어 진보성이 긍정될 수 있으며, 또한 기술적 구성이 곤란하지 않다 하더라도 종래 알려지지 않은 놀랄만한 효과가 발생한 경우에도 진보성이 긍정될 수 있다."(대법원 2000. 2. 11. 선고 97후2224 판결 참조)라고 판시하여 발명의 진보성 판단에 있어 목적, 구성, 효과를 종합적으로 검토하여야 한다고 보고 있다.[5]

이에 따라 특허법원 및 특허심판원 등의 판단 방식 내지 판결문(심결문) 구조도 목적의 특이성, 구성의 곤란성, 효과의 현저성을 순서대로 검토하여 진보성을 판단하는 것이 일반적인 경향이었다.[6]

특허청의 심사 기준 역시 "심사관은 출원인이 제출한 의견을 참작하여 출원발명의 목적, 기술적 구성, 작용효과를 종합적으로 검토하되, 기술적 구성을 중심으로 목적의 특이성 및 효과의 현저성을 참작하여 종합적으로 진보성이 부정되는지 여부를 판단한다."라고 하여 이러한 법원의 태도와 다르지 않다.[7]

한편, 진보성 판단 요소로서 목적·구성·효과의 상호 관계와 관련하여서는, 일본의 학설 중에는 당해 발명이 달성하고자 하는 기술적 희망으로서 목적을 설정하는 제1 단계, 각 구성요소를 채택·결합함으로써 그 목적을 달성하는 기술 수단을 구성하는 제2 단계, 그 구성으로써 얻을 수 있는 효과를 실제로 확인하는 제3 단계로 고찰하여, 이러한 각 단계에 대응하여 목적의 특이성, 구성의 곤란성, 효과의 현저성을 판단함으로써 당해 발명의 진보성을 판단하여야 한다고 하여 목적·구성·효과를 동등하게 취급하자는 견해가 있다.[8] 그러나

---

5) 대법원 2002. 1. 25. 선고 2001후812 판결에서도 같은 취지로 설시하고 있다.
6) 법원행정처, 알게 쉽게 고쳐 쓴 특허판결, 사법발전재단(2015), 47면 참조.
7) 특허청, 특허·실용신안 심사지침서(2011), 3303면.

발명의 실체는 발명의 목적이나 효과가 아닌 구성에 있으므로, 구성의 곤란성을 중심으로 판단하되, 구성의 곤란성이 없음이 명백하지 않은 사안에서 목적의 특이성과 효과의 현저성을 참작하여야 한다는 견해가 유력하다.[9]

우리나라의 경우에도 발명의 실체는 객관적으로 드러나는 구성으로 표현되는 것이므로, 통상 구성의 곤란성을 중심으로 진보성을 판단하되, 구성의 곤란성 여부가 불분명한 경우에 목적의 특이성 여부, 효과의 현저성 여부를 참작하여 진보성 유무를 판단한다는 것이 대체적인 실무의 태도로 보인다.[10]

이러한 실무가 확립되게 된 배경에는 다음과 같은 사정이 존재하는 것으로 보인다. 먼저, 2007. 1. 3. 법률 제8197호로 개정되기 전의 구 특허법 제42조 제3항은 "발명의 상세한 설명에는 그 발명이 속하는 기술분야에서 통상의 지식을 가진 자가 용이하게 실시할 수 있을 정도로 그 발명의 목적·구성 및 효과를 기재하여야 한다."라고 하여 발명을 특정하는 요소로 발명의 목적, 구성, 효과를 기재하도록 하고 있었다. 그에 따라 어떤 발명을 선행기술과 대비함에 있어서도 발명을 특정하는 요소들 중 공통적인 것인 목적, 구성, 효과를 각각 추출하여 서로 대비하는 방식을 자연스럽게 취한 것으로 보인다.

또한, 앞서 본 바와 같이 선행기술에 내재된 동기의 존부에 기하여 용이 도출 여부를 판단하는 것이 가장 원칙적인 진보성 판단 방법임에는 별다른 의문의 여지가 없으나, 일반적인 특허 사건에서 선행발명에 특허발명을 용이하게 도출할 수 있는 제안이나 동기가 직

---

8) 법원행정처, 전게서(주 6), 47면 참조.
9) 吉藤辛朔 著, YOU ME 特許法律事務所 譯, 特許法槪說(第13版), 대광서림 (2000), 150-152면 참조.
10) 특허법원 지적재산소송 실무연구회, 지적재산소송실무(제3판), 박영사(2014), 168면 참조.

접적으로 나타나 있는 경우는 흔하지 않기 때문에 위와 같이 용이추고성을 직접적으로 인정할 수 있는 사안은 그리 많지 않다는 점도 위와 같은 실무가 정착하게 된 하나의 원인이 되었다고 할 것이다.

나아가 이론적 근거로서 양 발명의 구성의 차이가 크다면 통상의 기술자 입장에서 선행기술에 근거하여 해당 발명에 이르는 것이 용이하지 않으리라는 추단이 가능하고, 해당 발명의 효과가 선행기술에 비하여 현저한 이상, 해당 발명에 이르는 것이 용이하였다면 통상의 기술자가 이를 행하지 않았을 리가 없다는 역 추정에 의하여 해당 발명이 용이하지 않다는 논리 부여가 가능하다고 판단된다.[11]

다. 종래 방식의 문제점

위와 같은 목적·구성·효과 대비 방식과 관련하여서는 다음과 같은 문제점이 지적되고 있다.

우선, 앞서 본 바와 같이 2007. 1. 3. 법률 제8197호로 개정된 특허법 제42조 제3항은 "발명의 상세한 설명에는 그 발명이 속하는 기술분야에서 통상의 지식을 가진 자가 그 발명을 쉽게 실시할 수 있도록 산업자원부령이 정하는 기재방법에 따라 명확하고 상세하게 기재하여야 한다."라고 규정하여 발명의 목적, 구성, 효과를 기재하는 것이 명세서 기재 요건에서 삭제됨으로써 더 이상 필수 기재 사항이 아닌 것으로 바뀌었다.

한편, 같은 법 시행규칙(2014. 12. 30. 산업통상자원부령 제103호로 개정되기 전의 것) 제21조 제3항은 발명의 상세한 설명에 '기술분야, 해결하고자 하는 과제, 과제의 해결 수단, 그 밖에 그 발명이 속하는 기술분야에서 통상의 지식을 가진 자가 그 발명의 내용을 쉽게 이해

---

11) 정상조·박성수 공편, 특허법 주해 Ⅰ, 박영사(2010), 353-354면 참조.

하기 위하여 필요한 사항'이 포함되어야 한다고 규정함으로써 종전의 명세서 기재 요건을 일부 완화하였다.[12] 위와 같이 현행 특허법은 구 특허법과는 달리 발명의 '목적, 구성, 효과'를 필수적인 기재사항이라고 보고 있지 않으므로, 구 특허법의 문언에 연원을 둔 목적·구성·효과 대비 방식도 일정 부분 재검토가 필요하다.

다음으로 법률요건분류설에 따라 특허법 제29조 제2항의 진보성 요건에 대한 증명책임은 진보성이 부정된다고 주장하는 측에서 부담한다는 점에 대해서는 별다른 이론의 여지가 없다. 그럼에도 종래의 목적·구성·효과 대비 방식은 구성의 곤란성이나 효과의 현저성이 있다는 점을 무효심판청구인이 아닌 특허권자가 적극적으로 증명하여야 하는 것으로 운용될 여지가 크다. 다시 말해 특허의 진보성을 다투는 자는 목적, 구성, 효과로 분류하여 사실을 주장하면서, 구성이 같으면 효과나 목적은 동일한 것으로 사실상 추정되고, 이를 특허의 진보성이 있다고 주장하는 자가 효과의 현저성이나 구성의 곤란성을 증명하여야 하는 것처럼 운용될 가능성이 높다는 것이다. 이러한 문제는 특히 결합발명의 경우에 두드러지게 나타나는데, 복수의 선행문헌을 병렬적으로 나열한 후 해당 발명의 구성요소가 개별적으로 공지되어 있음을 밝히기만 하면 진보성을 다투는 자로서는 증명책임을 다한 것으로 보게 될 가능성이 크다.[13]

또한, 사후적 고찰을 배제하기 위해서는 선행기술로부터 출발하여 특허발명에 이르는 과정을 객관적 증거를 통해 검증해 나가야 하는데, 목적·구성·효과 대비 방식은 선행기술이 아닌 특허발명으로부

---

12) 발명의 목적과 효과는 발명의 구성과 과제 해결 수단에서 용이하게 이해 될 수 있는 경우가 많으므로, 기술 개시에 있어서 실시가능성의 요건 외에 발명의 목적, 효과의 기재를 필수적인 요건으로 하지 않는 것이 국제적인 경향이다. 특허법원 지적재산소송 실무연구회, 전게서(주 10), 276면 참조.
13) 최승재, "결합발명의 진보성 심리 및 판단 방법에 개선을 위한 연구", 특별법연구 제12권, 사법발전재단(2015), 356면 참조.

터 출발하여 병렬적으로 나열되어 있는 선행기술과 목적, 구성, 효과를 대비하게 되므로, 이를 판단하는 심사관, 심판관, 법관은 마치 이미 문제의 정답을 알고 문제를 푸는 과정이 되어 문제 해결 과정에서의 어려움을 간과하기 쉽게 될 우려가 있다.[14]

나아가 목적·구성·효과 대비 방식의 실제 운용과 관련하여, 판례는 발명의 목적, 구성, 효과를 종합적으로 고려해야 한다고 설시하면서도 실제로는 그 판단 과정에 있어 목적은 발명의 진보성 판단의 결론에 중요한 요소로 취급하지 않을 뿐만 아니라, 효과 역시 구성의 곤란성이 결정된 후에 보충적으로 기재되는 경우가 많다는 점 등을 들어 현행 실무의 태도를 비판하는 견해도 있다.[15]

라. 검토

앞서 살펴본 목적·구성·효과 대비 방식에 관한 문제점들은 나름대로 합리적인 근거를 갖고 있고, 그에 대한 비판은 일정 부분 타당해 보인다. 그러나 다음과 같은 점에서 목적·구성·효과 대비 방식은 여전히 유용한 분석의 틀이라고 생각한다.

우선, 발명의 목적, 구성, 효과를 더 이상 필수 기재 사항으로 하지 않은 특허법 개정이 있었으나, 이는 다양한 발명을 유연하고 효율적으로 기술하도록 하기 위한 입법적 배려일 뿐이다. 그런데 이러한 특허법의 개정에도 불구하고 발명의 목적, 구성, 효과가 발명을 특정하거나 이해하는 데 있어 여전히 중요하고 전형적인 요소들임은 분명하다. 따라서 어떤 발명을 선행기술과 대비함에 있어서도 발명을 특정하는 추상적 요소들 중 공통되는 것을 추출하여 상호 비교하는 것은 효과적인 방법이라고 할 수 있고, 이러한 점 때문에 목적·

14) 상게서, 357면 참조.
15) 정차호, 특허법의 진보성, 박영사(2014), 231-252면 참조.

구성·효과 대비 방식은 여러 가지 문제점에도 불구하고 실무자들 사이에서 오랫동안 절차적 공감대를 형성하여 온 것으로 판단된다.

다음으로 종래의 목적·구성·효과 대비 방식이 특허권자에게 입증책임을 사실상 전가하는 것으로 운용될 여지가 있고, 사후적 고찰의 우려를 현실화할 가능성이 크다는 지적에는 충분히 수긍할 만한 점이 있다. 그런데 이러한 문제는 사실 발명의 진보성 판단에 있어 목적, 구성, 효과를 대비하는 것 자체의 문제라기보다는 그 구체적인 대비 방식에서 초래된 문제라고 생각한다. 이러한 문제는 주로 결합발명의 진보성을 판단함에 있어 발명을 구성요소별로 분해한 후 아무런 경중 없이 병렬적으로 나열된 복수의 선행문헌들과 개별적으로 대비하는 방식으로 진보성 판단이 이루어짐에 따라 발생한 문제라고 생각된다. 예컨대, 구성요소 a+b+c로 이루어진 발명의 진보성을 판단함에 있어 구성요소 a를 개시하고 있는 선행발명 A, 구성요소 b를 개시하고 있는 선행발명 B, 구성요소 c를 개시하고 있는 선행발명 C를 단순 나열한 후 각 구성요소의 공지 여부만을 주로 검토해 오던 실무의 방식에서 위와 같은 문제들이 파생될 여지가 크다. 따라서 이러한 구성요소별 대비 방식의 문제점을 보완하여 대법원 2007. 9. 6. 선고 2005후3284 판결 등에서 강조한 결합된 전체 구성으로서의 구성의 곤란성이 판단될 수 있도록 판단 구조 및 심리 방식을 개선하는 것이 필요하다고 할 것인데, 이와 관련하여서는 항을 달리 하여 검토해 보고자 한다.

나아가 목적의 특이성 및 효과의 현저성에 대한 판단이 실질적이지 못하다는 지적에 대해서도 충분히 수긍할 만한 점이 있다. 하지만, 그렇다고 하여 목적이나 효과에 대한 검토가 발명의 진보성 판단에서 불필요한 것은 분명 아니라고 할 것이다. 왜냐하면, 사후적 고찰의 오류를 줄이고 발명의 진보성 판단에서 객관성과 예측가능성을 높이기 위해서는 발명의 목적 내지 기술적 과제에 대한 대비·

검토가 판단 과정에서 적절히 이루어져야 할 뿐만 아니라, 구성의
곤란성에 관한 판단이 쉽지 않고, 화학 발명이나 유전자 발명 등과
같이 발명의 성격상 물건의 구성에 의한 효과의 예측이 쉽지 않은
분야에서는 효과의 현저성이 발명의 진보성 판단에 있어 중요한 판
단 요소가 되어야 할 것이기 때문이다. 이러한 견지에서 목적 및 효
과의 대비가 실질적으로 이루어질 수 있도록 하는 방안에 관하여도
항을 달리하여 검토해 보고자 한다.

제3절 진보성 판단 절차 및 방법

가. 특허청 심사 기준

(1) 진보성 판단 절차

특허청의 심사 기준에 의하면, 발명의 진보성은 다음의 절차에 따라 판단한다.[1]

⑴ 청구항에 기재된 발명을 특정한다.

⑵ 인용발명을 특정한다. 인용발명을 특정할 때에는 청구항에 기재된 발명과 공통되는 기술분야 및 기술적 과제를 전제로 통상의 기술자의 시각에서 특정하여야 한다.

⑶ 청구항에 기재된 발명과 '가장 가까운 인용발명'을 선택하고 양자를 대비하여 그 차이점을 명확히 한다. 차이점을 확인할 때에는 발명의 구성요소 간의 유기적 결합성을 감안하여야 한다. 좀 더 구체적으로는, 발명을 이루는 구성요소 중 유기적으로 결합되어 있는 것끼리는 구성요소를 분해하지 않고 결합된 일체로서 인용발명의 대응되는 구성요소와 대비한다.

⑷ 청구항에 기재된 발명이 가장 가까운 인용발명과 차이가 있음에도 불구하고 가장 가까운 인용발명으로부터 청구항에 기재된 발명에 이르는 것이 통상의 기술자에게 용이한가, 용이하지 아니한가를 다른 인용발명과 출원 전의 기술상식 및 경험칙 등에 비추어 판단한다.

---

1) 특허청, 특허·실용신안 심사지침서(2011), 3303면.

(2) 진보성 판단 방법(용이성 판단의 근거)

특허청의 심사 기준에 의하면, 진보성이 부정되는지 여부는 통상의 기술자의 입장에서 ① 인용발명의 내용에 청구항에 기재된 발명에 이를 수 있는 동기가 있는지 또는 ② 인용발명과 청구항에 기재된 발명의 차이가 통상의 기술자가 가지는 통상의 창작능력 발휘에 해당하는지 여부를 주요 관점으로 하여 ③ 인용발명에 비해 더 나은 효과가 있는지를 참작하여 판단한다.[2]

구체적으로, 위 ①의 발명에 이를 수 있는 동기와 관련하여서는, 인용발명의 내용 중에 청구항에 기재된 발명에 대한 시사(示唆)가 있는 경우, 인용발명과 청구항에 기재된 발명의 과제가 공통되는 경우, 기능·작용이 공통되는 경우, 기술분야의 관련성이 있는 경우 등은 통상의 기술자가 인용발명에 의하여 청구항에 기재된 발명을 용이하게 발명할 수 있다는 유력한 근거가 된다.[3]

다음으로, 위 ②의 통상의 기술자의 '통상의 창작능력 발휘'에 해당하는 구체적인 유형으로 일정한 목적 달성을 위한 공지의 재료 중에서 가장 적합한 재료의 선택, 수치범위의 최적화(最適化) 또는 호적화(好適化), 균등물(均等物)에 의한 치환, 기술의 구체적 적용에 따른 단순한 설계변경, 일부 구성요소의 생략, 단순한 용도의 변경 등이 있고, 청구항에 기재된 발명과 인용발명의 차이점이 이와 같은 점에만 있는 경우에는 달리 진보성을 인정할 근거가 없는 한 통상 그 발명의 진보성은 부정된다.[4]

또한, 위 ③의 더 나은 효과의 고려와 관련하여서는, 청구항에 기재된 발명의 기술적 구성에 의하여 발생되는 효과가 인용발명의 효

---

2) 특허청, 특허·실용신안 심사지침서(2011), 3303면.
3) 특허청, 특허·실용신안 심사지침서(2011), 3305-3307면.
4) 특허청, 특허·실용신안 심사지침서(2011), 3307-3310면.

과에 비하여 더 나은 효과를 갖는 경우에 그 효과는 진보성 인정에 긍정적으로 참작할 수 있다.[5]

나. 대법원 판례의 기준

(1) 도입

종래 대법원은 진보성 판단 방법과 관련하여 구체적인 기준을 설시를 해 오지 아니하였다. 즉, 종전의 대법원 판결은 "발명의 진보성 유무는 선행기술의 범위와 내용을 밝히고 그에 비추어 출원발명의 목적, 기술적 구성, 작용효과를 종합적으로 검토하여 결정함이 상당하다."라는 등의 판시에서 보듯, 발명의 진보성 판단은 해당 발명과 선행기술을 목적, 구성, 효과 면에서 대비함으로써 이루어지는 것임을 분명히 하였을 뿐이었다.[6]

그런데 대법원은 2000년대 중반부터 진보성 판단 방법과 관련하여 보다 구체적이고 의미 있는 판결들을 다수 선고하기 시작하였는데, 이하에서는 진보성 판단 방법과 관련한 중요한 기준을 제시한 대법원 판례를 소개하고자 한다.

(2) 대법원 2007. 8. 24. 선고 2006후138 판결

(가) 판결의 요지

구 특허법(2006. 3. 3. 법률 제7871호로 개정되기 전의 것) 제29조 제2항에 따라 어떤 발명의 진보성이 부정되는지 여부를 판단하기 위해서는 통상의 기술자를 기준으로 하여 그 발명의 출원 당시의 선행

---

5) 특허청, 특허·실용신안 심사지침서(2011), 3310-3311면.
6) 대법원 2000. 2. 11. 선고 97후2224 판결 등 참조.

공지발명으로부터 그 발명을 용이하게 할 수 있는지를 보아야 할 것이고, 진보성이 부정되는지 여부의 판단 대상이 된 발명의 명세서에 개시되어 있는 기술을 알고 있음을 전제로 하여 사후적으로 통상의 기술자가 그 발명을 용이하게 할 수 있는지를 판단하여서는 아니된다.

(나) 판결에 대한 검토

위 판결은 통상의 기술자가 당해 발명의 명세서에 개시되어 있는 기술을 알고 있음을 전제로 하여 사후적으로 발명의 진보성이 부정되는지 여부를 판단하는 것이 허용되지 않는다고 하여 사후적 고찰이 금지됨을 명시적으로 밝힌 판결이다.[7]

앞서 본 바와 같이 사후적 고찰 금지는 특허법이 '출원 시'를 진보성 판단의 기준시점으로 명시하고 있는 점에서 그 근거를 찾을 수 있는데, 만일 해당 발명에 관한 지식을 얻은 후에 사후적으로 선행기술을 바라보면 양 발명이 서로 흡사한 것처럼 보여 문제 해결 과정에서의 어려움을 쉽게 간과할 수 있고, 이로 인해 쉽게 진보성을 부정할 우려가 있다는 점에서 당연한 원칙이라고 볼 수 있으며,[8] 대법원도 그러한 원칙을 재확인하였다.[9]

한편, 특허청의 심사 기준에서 "심사의 대상이 되는 출원의 명세서에 기재된 사항에 의하여 얻은 지식을 전제로 하여 진보성을 판단할 경우에는 통상의 기술자가 인용발명으로부터 청구항에 기재된

---

7) 위 판결 취지에 따라 사후적 고찰이 금지된다고 본 대법원 판결에는 대법원 2009. 11. 12. 선고 2007후3660 판결, 대법원 2010. 7. 22. 선고 2008후3551 판결, 대법원 2011. 2. 10. 선고 2010후2698 판결, 대법원 2011. 3. 24. 선고 2010후2537 판결 등이 있다.
8) 정상조·박성수 공편, 특허법 주해 I, 박영사(2010), 352면 참조.
9) 위 판결에 대한 해설로는 박성수, "특허발명의 진보성 판단", 대법원판례해설 74호, 법원도서관(2008), 174-198면 참조.

발명을 용이하게 발명할 수 있었던 것으로 인정되기 쉬운 경향이 있으므로 주의를 요한다."라고 한 것도 같은 원칙을 천명한 것이라고 볼 수 있다.[10][11]

(3) 대법원 2007. 9. 6. 선고 2005후3284 판결

(가) 판결의 요지

어느 특허발명의 특허청구범위에 기재된 청구항이 복수의 구성요소로 되어 있는 경우에는 각 구성요소가 유기적으로 결합한 전체로서의 기술사상이 진보성 판단의 대상이 되는 것이지 각 구성요소가 독립하여 진보성 판단의 대상이 되는 것은 아니므로, 그 특허발명의 진보성 여부를 판단함에 있어서는 청구항에 기재된 복수의 구성을 분해한 후 각각 분해된 개별 구성요소들이 공지된 것인지 여부만을 따져서는 안 되고, 특유의 과제 해결원리에 기초하여 유기적으로 결합된 전체로서의 구성의 곤란성을 따져 보아야 할 것이며, 이 때 결합된 전체 구성으로서의 발명이 갖는 특유한 효과도 함께 고려하여야 한다.

여러 선행기술문헌을 인용하여 특허발명의 진보성을 판단함에 있어서는 그 인용되는 기술을 조합 또는 결합하면 당해 특허발명에 이를 수 있다는 암시·동기 등이 선행기술문헌에 제시되어 있거나, 그렇지 않더라도 당해 특허발명의 출원 당시의 기술수준, 기술상식, 해당 기술분야의 기본적 과제, 발전경향, 해당 업계의 요구 등에 비

---

10) 특허청, 특허·실용신안 심사지침서(2011), 3319면.
11) 결국 사후적 고찰을 줄이기 위한 제도적 장치의 마련이 중요하다고 할 것인데, 이와 관련하여 정차호, "발명의 진보성 판단에 있어서 사후고찰 감소 방안", 지식재산21 제110호, 특허청(2010), 85-97면에서는 심리학적 이해의 필요, 심사관 수준의 재정립, 심사관 설명의무 부가, 특허 유효 추정의 원칙 도입, 이차적 고려요소의 고려 등 다양한 방안을 제시하고 있다.

추어 보아 그 기술분야에 통상의 지식을 가진 자가 용이하게 그와 같은 결합에 이를 수 있다고 인정할 수 있는 경우에는 당해 특허발명의 진보성은 부정된다.

(나) 판결에 대한 검토

위 판결은 복수의 구성요소로 되어 있는 특허발명의 진보성을 판단하는 방법 및 여러 선행기술을 인용하여 특허발명의 진보성을 판단하는 기준에 관하여 매우 중요한 판시를 하고 있다. 실제 특허 사건에서 진보성 판단의 대상이 되는 특허 청구항은 거의 대부분 복수의 구성요소로 되어 있을 뿐만 아니라, 그 진보성 부정 근거로 1개의 선행기술만이 제시되는 경우는 드물고, 2개 이상의 선행기술의 조합이 제시되는 것이 대부분이기 때문에, 위 판결에서 제시하고 있는 진보성 판단 방법 내지 기준은 실무에서 매우 폭넓게 적용될 수 있다.[12)]

우선 복수의 구성요소로 되어 있는 특허발명의 진보성을 판단하는 방법과 관련하여, 위 판결은 각 구성요소가 유기적으로 결합한 전체로서의 기술사상이 진보성 판단의 대상이 되는 것이지 각 구성요소가 독립하여 진보성 판단의 대상이 되는 것은 아니므로, 그 특허발명의 진보성 여부를 판단함에 있어서는 청구항에 기재된 복수의 구성을 분해한 후 각각 분해된 개별 구성요소들이 공지된 것인지 여부만을 따져서는 안 되고, 특유의 과제 해결원리에 기초하여 유기적으로 결합된 전체로서의 구성의 곤란성을 따져 보아야 할 것이며,

---

12) 위 판결 취지에 따른 대법원 판결에는 대법원 2007. 11. 29. 선고 2006후2097 판결, 대법원 2008. 5. 15. 선고 2007후5024 판결, 대법원 2009. 7. 9. 선고 2008후3377 판결, 대법원 2009. 10. 29 선고 2009후1644 판결, 대법원 2010. 9. 9. 선고 2009후1897 판결, 대법원 2013. 7. 25. 선고 2011후1814 판결, 대법원 2014. 5. 16. 선고 2012후115 판결 등이 있다.

이 때 결합된 전체 구성으로서의 발명이 갖는 특유한 효과도 함께 고려하여야 한다고 설시하였다.

이러한 판시는 종래의 특허 실무에 대한 반성적 고려에서 출발하였다고 보인다. 종래의 진보성 판단 실무를 보면, 청구항에 기재된 복수의 구성을 분해한 후 각각 분해된 개별 구성요소들이 공지된 것인지 여부만을 주로 검토하였을 뿐, 이들 구성요소들이 결합된 전체로서의 구성의 곤란성 및 특유한 효과를 검토하는 데에는 소홀하였다는 비판을 수용하여 발명을 전체적으로 고려하여야 한다는 점을 분명히 한 것이다. 비록 우리나라 특허법은 미국 특허법과는 달리 진보성 판단에 발명을 '전체적으로(as a whole)' 고려한다는 문언은 없지만, 특허법 제29조 제2항에 의할 때 진보성 판단의 대상은 어디까지나 '발명'이 쉽게 도출되는 것인지 여부이지, 그 개별 '구성요소'가 쉽게 도출되는 것인지 여부는 아니라고 할 것이므로, 이러한 판시는 우리나라 특허법 하에서도 당연한 원칙을 강조하는 것이라고 할 수 있다.

다음으로, 위 판결은 여러 선행기술문헌을 인용하여 특허발명의 진보성을 판단함에 있어서는 그 인용되는 기술을 조합 또는 결합하면 당해 특허발명에 이를 수 있다는 암시·동기 등이 선행기술문헌에 제시되어 있거나, 그렇지 않더라도 당해 특허발명의 출원 당시의 기술수준, 기술상식, 해당 기술분야의 기본적 과제, 발전경향, 해당 업계의 요구 등에 비추어 보아 그 기술분야에 통상의 지식을 가진 자가 용이하게 그와 같은 결합에 이를 수 있다고 인정할 수 있는 경우에는 당해 특허발명의 진보성은 부정된다고 설시하였는데, 이는 위와 같은 결합된 전체로서의 구성의 곤란성 즉, 결합의 곤란성을 판단하기 위한 구체적인 기준을 제시한 것으로 보인다.

위 판결은 먼저 '인용되는 기술을 조합 또는 결합하면 당해 특허발명에 이를 수 있다는 암시·동기 등이 선행기술문헌에 제시되었는지' 여부를 살펴보아야 한다고 판시하였는데, 위 부분은 진보성 판단의 예측가능성을 담보하기 위한 것으로서 미국의 TSM 테스트와 유사한 기준을 제시한 것으로 보인다.

미국의 TSM(Teaching, Suggestion, Motivation) 테스트는 2 이상의 선행기술을 결합하여 특허 청구된 발명에 도달하게 되는 경우, 그러한 결합을 교시, 시사, 동기를 부여하는 사항이 있어야 한다는 내용으로서, 사후적 고찰을 방지하고 진보성 판단의 예측가능성을 높이기 위해 채택된 기준이다. 이 부분 판시는 미국의 TSM 테스트와 실질적으로 동일한 기준을 제시한 것으로 평가할 수 있고, 결합발명의 진보성을 판단함에 있어 이러한 결합에 대한 암시·동기 등의 존부를 우선적으로 검토하여야 함을 분명히 한 것이다.

나아가 위 판결은 앞서의 기준을 지나치게 획일적·기계적으로 적용할 경우 발생하게 될 부작용을 최소화하고 구체적 타당성을 도모하기 위하여 '당해 특허발명의 출원 당시의 기술수준, 기술상식, 해당 기술분야의 기본적 과제, 발전경향, 해당 업계의 요구 등에 비추어 보아 통상의 기술자가 용이하게 그와 같은 결합에 이를 수 있다고 인정할 수 있는 경우'라는 추가적인 기준을 제시하였다. 위 부분은 미국 KSR 판결의 영향을 받은 것으로 추측된다.[13]

앞서 본 바와 같이 미국 연방대법원은 2007년 KSR International Co. v. Teleflex 사건을 통해 TSM 테스트가 유용한 통찰 방법이기는 하나, TSM 테스트의 엄격한 적용은 옳지 않다고 판단하였다. 나아가 KSR 판결은 특허권자가 해결하고자 했던 과제뿐만 아니라, 발명 당시 해당 업계에 공지된 요구나 과제도 특허 청구된 방식으로 구성요소들을 결합하기 위한 이유를 제공할 수 있다고 판단하였고,[14] 통상의

13) 한상욱, "세계에 내세울 만한 한국의 진보성 판단기준", 특허법의 진보성, 박영사(2014), 544-545면 참조.
14) 550 U.S. at 420.

기술자가 가진 기술상식(common sense) 역시 결합의 이유를 제공할 수 있다고 보았으며, 출원 당시 해당 업계의 기술 발전경향(기계식에서 전자제어식으로 자동차 분야의 기술이 발전해 나가고 있는 상황이었다) 등도 진보성 판단에서 고려하였다.[15] 이러한 점에서 볼 때 대법원의 이 부분 판시는 KSR 판결에서 제시한 고려요소들을 대부분 수용하였고, 이로써 암시나 동기의 존부만을 기준으로 할 경우 생기는 부작용을 방지하고, 보다 유연하고 구체적 타당성을 갖춘 진보성 판단기준을 제시하고자 한 것으로 보인다.

위와 같이 대법원은 진보성 판단을 위한 2단계 판단 구조를 제시함으로써 진보성 판단 기준의 예측가능성과 구체적 타당성을 모두 충족하고자 한 것으로 생각된다.[16]

(4) 대법원 2009. 11. 12. 선고 2007후3660 판결

(가) 판결의 요지

구 특허법(2006. 3. 3. 법률 제7871호로 개정되기 전의 것) 제29조 제2항은, 특허출원 전에 그 발명이 속하는 기술분야에서 통상의 지식을 가진 사람(이하 '통상의 기술자'라 한다)이 특허출원 전에 국내에서 공지되었거나 공연히 실시된 발명 또는 특허출원 전에 국내 또는 국외에서 반포된 간행물에 게재되거나 대통령령이 정하는 전기통신회선을 통하여 공중이 이용가능하게 된 발명(이하 '선행기술'이라 한다)에 의하여 용이하게 발명할 수 있는 것일 때에는 그 발명에 대하여는 특허를 받을 수 없도록 정하고 있다. 위 규정에 의하여 선행기술에 의하여 용이하게 발명할 수 있는 것인지에 좇아 발명의 진

15) 550 U.S. at 421.
16) 위 판결에 대한 해설로는 이회기, "발명의 진보성 판단의 방법", 특허판례연구(개정판), 박영사(2012), 223-230면 참조.

보성 유무를 판단함에 있어서는, 적어도 선행기술의 범위와 내용, 진
보성 판단의 대상이 된 발명과 선행기술의 차이 및 통상의 기술자의
기술수준에 대하여 증거 등 기록에 나타난 자료에 기하여 파악한 다
음, 이를 기초로 하여 통상의 기술자가 특허출원 당시의 기술수준에
비추어 진보성 판단의 대상이 된 발명이 선행기술과 차이가 있음에
도 그러한 차이를 극복하고 선행기술로부터 그 발명을 용이하게 발
명할 수 있는지를 살펴보아야 하는 것이다. 이 경우 진보성 판단의
대상이 된 발명의 명세서에 개시되어 있는 기술을 알고 있음을 전제
로 하여 사후적으로 통상의 기술자가 그 발명을 용이하게 발명할 수
있는지를 판단하여서는 아니 된다.

(나) 판결에 대한 검토

위 판결은 발명의 진보성 유무의 판단에 관한 논리 과정 및 심리
방식에 대하여 구체적인 기준을 제시하였다는 점에서 매우 의미 있
는 판결이다.[17]

위 판결은 우선 발명의 진보성 유무를 판단함에 있어서는, 적어
도 선행기술의 범위와 내용, 진보성 판단의 대상이 된 발명과 선행
기술의 차이 및 통상의 기술자의 기술수준에 대하여 증거 등 기록에
나타난 자료에 기하여 파악한 다음, 이를 기초로 하여 통상의 기술
자가 특허출원 당시의 기술수준에 비추어 진보성 판단의 대상이 된
발명이 선행기술과 차이가 있음에도 그러한 차이를 극복하고 선행
기술로부터 그 발명을 용이하게 발명할 수 있는지를 살펴보아야 한
다고 판시하였다.

이는 진보성 판단의 기본 틀인 Graham framework를 제시한 미국

---

[17] 위 판결 취지에 따른 대법원 판결에는 대법원 2010. 7. 22. 선고 2008후3551
판결, 대법원 2011. 2. 10. 선고 2010후2698 판결, 대법원 2011. 3. 24. 선고
2010후2537 판결 등이 있다.

연방대법원의 Graham 판결과 그 궤를 같이 하는 것이다.[18] Graham framework는 ① 선행기술의 범위 및 내용의 확정, ② 특허 청구된 발명과 선행기술의 차이 확정, ③ 통상의 기술자의 기술수준의 확정, ④ 비자명성에 대한 객관적 근거(소위 2차적 고려사항이라고 하는 상업적 성공, 오랫동안 해결되지 못했고 특허 청구된 발명에 의하여 비로소 해결된 기술적 과제, 경쟁자들의 실패 등)의 검토에 의하여 비자명성을 판단하는 것을 말한다. Graham framework에서 사실심리가 필요하다고 본 ①, ②, ③ 요소는 위 판결에서 사실심리가 필요하다고 본 요소들과 일치하고, 사실 다른 주요국의 법리에서도 마찬가지로 고려되는 요소들이다. 그리고 ④ 요소는 이른바 2차적 고려사항으로서 우리나라 판례도 상업적 성공과 같은 2차적 고려요소를 진보성 판단에 있어 참작할 수 있다는 입장에 서 있다.[19]

위 판결에서 특히 주목할 점은 진보성의 판단 자료인 사실관계에 대한 조사 범위 및 방식을 명확히 하였다는 점이다. 즉, 법원은 선행기술의 범위와 내용, 진보성 판단의 대상이 된 발명과 선행기술의 차이, 그리고 관련되는 기술분야에서 통상의 기술자의 기술수준에 대하여 증거 등 기록에 나타난 자료를 통하여 이를 파악하여야 한다고 본 점이다.

그리고 이러한 사실심리 대상에 대해 증거 등 기록에 나타난 자료를 통해 파악하여야 한다고 보았는데, 이는 종래 특허법원 등 하급심 법원이 진보성 판단 자료에 관한 사실심리를 충실히 하지 않았고, 그로 인해 진보성 판단의 객관성과 예측가능성이 부족하다는 비판을 상당 부분 수용한 것으로 보인다. 물론 위와 같은 기본적인 사실관계는 반드시 제출된 증거가 아니라 기록상 나타난 자료에 의하

---

18) 위 판결에 대한 해설로는 한동수, "발명의 진보성 유무의 판단 방법", 사법 12호, 사법연구재단(2010), 238-287면 참조.
19) 대법원 1995. 11. 28. 선고 94후1817 판결 등 참조.

여도 인정될 수 있다.[20]

위 판결에 의하여 특허 관련 분쟁에 관한 전문법원인 특허법원을 포함한 하급심 법원은 통상의 기술자의 기술수준 등 발명의 진보성 판단 자료에 대하여 증거 등 객관적인 자료에 의한 심리의무를 부담하고 있음이 명백하게 되었다.

(5) 대법원 2011. 2. 10. 선고 2010후2698 판결

(가) 판결의 요지

이 사건 제2항 발명의 원심 판시 구성요소 2-2는 '프리즘 요소들이 실질적으로 동일한 2면각을 갖는 것으로, 필름 표면에 수직한 축 방향의 총 광량을 실질적으로 감소시키지 않도록 하는 구성'인데 비하여, 비교대상발명 1의 대응구성인 프리즘부의 두정각은 프리즘부에 따라 다른 각을 갖는 것이어서, 동일한 2면각을 갖지 아니하는 점에서 차이가 있다.

한편 비교대상발명 2에 요철조의 정상각도가 90°로 동일하여, 프리즘 요소들이 동일한 2면각을 갖는 구성이 나타나 있기는 하지만, 비교대상발명 1은 프리즘부의 두정각을 서로 다르게 하는 구성을 채용함으로써 무광량각을 제거하고자 하는 과제를 해결하는 데에 기술적 특징이 있는 것이어서, 비교대상발명 1에서 서로 다른 두정각의 구성을 제거하고 비교대상발명 2에 나타나 있는 동일한 2면각의 구성을 도입하는 것은 비교대상발명 1 본래의 기술적 의미를 잃게 하는 것이 되어 쉽게 생각해내기 어려울 뿐만 아니라, 비교대상발명 2는 투명 프리즘 필름 또는 시트의 규칙적인 요철조로부터 발생하는

---

20) 한동수, 전게논문(주 18), 270면 참조. 상고인은 원심이 전문가 증인을 채택하지 아니한 점을 상고이유의 하나로 삼았으나, 이러한 이유로 그 상고이유를 받아들이지 않았다.

명암에 기인하는 무아레 간섭 무늬가 발생하지 않도록 프리즘 필름 또는 시트의 요철조의 피치를 의도적으로 불규칙하게 배치하는 구성인 반면에, 비교대상발명 1은 두정각이 다른 프리즘부들이 시트 전체에 걸쳐서 반복적으로 배치되는 구성이라는 점에서도 서로 상충된다. 따라서 비교대상발명 1, 2에 그 기술을 조합 또는 결합하면 구성요소 2-2에 이를 수 있다는 암시·동기 등이 제시되어 있지도 않은 이 사건에서, 정정된 이 사건 특허발명의 명세서에 개시되어 있는 발명의 내용을 이미 알고 있음을 전제로 하여 사후적으로 구성요소 2-2에 이른다고 하는 판단을 하지 아니하는 한, 통상의 기술자라고 하더라도 비교대상발명 2에 나타나 있는 동일한 2면각의 구성을 비교대상발명 1에 결합하여 구성요소 2-2를 용이하게 도출할 수는 없다고 할 것인데, 위와 같은 사후적 판단은 허용되지 아니한다.

(나) 판결에 대한 검토

위 판결은 앞서 본 대법원 2007. 9. 6. 선고 2005후3284 판결 등에서 제시된 결합발명의 진보성 판단 기준을 보다 구체화하였을 뿐만 아니라, 진보성 판단에 발명의 기술적 과제 내지 목적이 적절하게 고려되어야 함을 명시적으로 밝힌 의미 있는 판결이다.[21]

이 사건에서 문제된 특허발명은 종래의 프리즘 필름이 사용된 디스플레이에서 불균일한 화질이 발생하는 이른바 침윤현상을 해결하기 위해 '프리즘 요소들이 실질적으로 동일한 2면각을 갖는 것으로, 필름 표면에 수직한 축 방향의 총 광량을 실질적으로 감소시키지 않도록 하는 구성' 등을 채택한 것이었다. 이에 비하여 비교대상발명 1은 프리즘부의 두정각을 서로 다르게 하는 구성을 채용함으로써 무광량각을 제거하고자 하는 과제를 해결하는 데에 기술적 특징이 있

---

21) 위 판결에 대한 해설로는 최승재, "결합발명의 진보성 심리 및 판단 방법에 개선을 위한 연구", 특별법연구 제12권, 사법발전재단(2015), 390-397면 참조.

350 발명의 진보성 판단에 관한 연구

는 것이고, 비교대상발명 2는 투명 프리즘 필름 또는 시트의 규칙적인 요철조로부터 발생하는 명암에 기인하는 무아레 간섭 무늬가 발생하지 않도록 하기 위해 프리즘 필름 또는 시트의 요철조의 피치를 의도적으로 불규칙하게 배치하는 구성을 채택한 것으로서 프리즘 요소들이 동일한 2면각을 갖는 구성이 나타나 있었다.

이 사건의 원심인 특허법원은 쟁점 구성인 이 사건 특허발명의 '프리즘 요소들이 실질적으로 동일한 2면각을 갖는 것'(구성요소 2-2)은 비교대상발명 2에 개시되어 있고, 나머지 구성요소들은 비교대상발명 1에 개시되어 있거나 단순한 수치한정에 불과하며, 비교대상발명 1의 광 결합 억제를 위한 프리즘의 상이한 피크 높이와 비교대상발명 2의 동일한 2면각은 서로 상충되는 구성이 아니어서 그 결합에 별다른 어려움이 없으므로, 이 사건 특허발명은 비교대상발명 1, 2의 결합에 의하여 진보성이 부정된다고 판단하였다.[22]

그러나 대법원은 이와 같은 설시가 사후적 고찰에 해당한다고 보았다. 먼저, 비교대상발명 1은 프리즘부의 두정각을 서로 다르게 하는 구성을 채용함으로써 무광량각을 제거하고자 하는 과제를 해결하는 데에 기술적 특징이 있는 것이어서, 비교대상발명 1에서 서로 다른 두정각의 구성을 제거하고 비교대상발명 2에 나타나 있는 동일한 2면각의 구성을 도입하는 것은 비교대상발명 1 본래의 기술적 의미를 잃게 하는 것이 되어 쉽게 생각해내기 어렵다고 보았다. 즉, 비교대상발명 1의 기술적 과제 내지 기술적 사상에 비추어 볼 때 비교대상발명 1에 비교대상발명 2의 동일한 2면각의 구성을 도입하는 것은 쉽게 생각해낼 수 없는 사항이라고 본 것이다.

또한 대법원은, 비교대상발명 2는 투명 프리즘 필름 또는 시트의 규칙적인 요철조로부터 발생하는 명암에 기인하는 무아레 간섭 무

---

22) 특허법원 2010. 8. 18. 선고 2009허6526 판결.

늬가 발생하지 않도록 프리즘 필름 또는 시트의 요철조의 피치를 의도적으로 불규칙하게 배치하는 구성인 반면에, 비교대상발명 1은 두 정각이 다른 프리즘부들이 시트 전체에 걸쳐서 반복적으로 배치되는 구성이라는 점에서도 서로 상충될 뿐만 아니라, 비교대상발명 1, 2에 그 기술을 조합 또는 결합하면 구성요소 2-2에 이를 수 있다는 암시·동기 등이 제시되어 있지도 않은 이상, 그 결합이 용이하지 않다고 본 것이다.

결국 위 판결은 결합의 곤란성(용이성)을 판단함에 있어서 선행기술들 자체의 기술적 과제 내지 기술적 사상을 고려하지 아니한 채 특허발명과 대비하여 유리한 기술적 구성만을 추출하여 결합하는 것은 사후적 고찰에 해당할 여지가 있고, 선행기술 자체에 결합에 대한 암시·동기 등이 제시되지 않는 이상, 그 결합은 용이하지 않다고 본 것이다.

제7장

진보성 판단 방법의 개선

제1절 도입

바람직한 진보성 판단 기준이 갖추어야 할 조건은 무엇인가? 여러 가지 관점이 있을 수 있겠으나, 이상적인 진보성 판단 기준은 다음과 같은 두 가지의 서로 상충된 요구를 충족할 수 있어야 한다.

첫째는 객관성 내지 예측가능성이다. 발명의 진보성 판단 기준이 판단자의 주관에 따라 이루어지고 예측가능성을 제공하지 않는다면, 어느 누구도 최종적으로 법원의 판결이 확정되는 순간까지 특허의 유효성을 자신 있게 가늠할 수 없게 된다. 둘째는 구체적 타당성이다. 객관성 내지 예측가능성만을 지나치게 중시함으로써 진보성 판단이 지나치게 획일적이고 기계적으로 운용되면, 그로 인해 부실한 특허가 양산되는 등 구체적으로 타당한 결론에 이르기 어렵게 된다. 따라서 바람직한 진보성 판단 기준은 이러한 상충되는 목표들 사이에서 절충점을 찾아나가는 과정이라고 할 수 있다.[1]

미국의 경우 진보성 판단의 객관성 및 예측가능성을 제고하고 사후적 고찰을 방지하기 위해서 TSM 테스트를 엄격하여 적용하여 오다가, 그로 인해 부실한 특허가 양산되고 특허괴물(patent troll)로 인한 사회적 문제가 대두되자, KSR 판결을 통해 TSM 테스트의 엄격한 적용을 경계하고 보다 유연한 접근을 강조하는 방향으로 선회한 것도 이러한 절충점을 찾아나가는 과정이라고 이해된다.

우리나라의 경우 그동안 선행기술에 내재된 동기 등에 의하여 진보성을 직접 판단하는 예가 매우 적었던 점, 진보성을 부정하기 위한 논리가 한정적이지 않고 매우 다양하였던 점, 진보성 부정에 이

---

1) 한상욱, "세계에 내세울 만한 한국의 진보성 판단기준", 특허법의 진보성, 박영사(2014), 539면 참조.

르는 논리 내지 이유가 판결문 등에 생략되어 있음으로 인해 당사자들이 판결문 등을 통해 용이성 판단에 이르는 과정을 이해하기 곤란하였던 점 등에 비추어 보면, 우리나라의 진보성 판단 실무는 대체로 객관성 내지 예측가능성보다는 구체적 타당성을 보다 중시하는 방향으로 운영되어 왔던 것으로 보인다.

그런데 진보성 판단에 관한 객관적이고 예측가능한 기준이 정립되지 않는다면, 판단자의 주관적 지식이나 경험에 따라 진보성 판단의 결론이 그때마다 달라지고, 판결이 최종 확정될 때까지 당사자들이 진보성 판단의 결론을 가늠해 볼 수 없게 되며, 이는 결과적으로 특허 제도를 통해 자신의 막대한 연구개발의 성과가 보호받을 수 있다는 확신을 주지 못하게 되어 특허 제도 전반에 악영향을 끼치게 될 뿐만 아니라, 많은 불필요한 사회경제적 비용을 초래하게 된다. 이러한 관점에서 볼 때 구체적 타당성의 요청 못지않게 진보성 판단의 객관성 내지 예측가능성의 요청은 중요하다고 할 것이다.

또한, 이러한 문제는 많은 부분에서 사후적 고찰의 문제와도 연결된다. 사후적 고찰은 특허법을 아는 사람이라면 누구라도 피해야 될 것이라고 생각하지만, 진보성 판단의 객관적이고 합리적인 기준이 제대로 정립되어 있지 않다면, 특허발명을 이해하고 난 이후에 이루어질 수밖에 없는 진보성 판단의 속성상 많은 경우 사후적 고찰로 이어질 가능성이 높다.

따라서 제7장에서는 구체적인 진보성 판단 방법의 개선 방안을 제안해 보고자 한다. 우선 진보성 판단의 객관성 및 예측가능성을 담보하기 위한 것을 주된 관점으로 하여 진보성 판단 및 심리 방식의 개선 방안에 관한 필자의 견해를 밝히고자 한다. 나아가 진보성 판단에 있어 사후적 고찰을 방지 내지 감소하기 위한 구체적인 방법론에 대해서도 검토하고자 한다.

제2절 진보성 판단 방법의 개선 방안

가. 논의의 순서

앞서 제6장에서는 진보성 판단 방법에 관한 대법원 판례의 기준과 특허청의 심사 기준에서 제시된 내용을 살펴보았다. 이를 출발점으로 하여 종래 진보성 판단 방법에서 드러난 문제점을 보완할 수 있는 바람직한 진보성 판단 방법 및 기준에 대해 생각해 보면, 대체로 다음과 같다.

우선, 발명의 진보성 판단은 당연히 특허발명의 내용을 특정하는 것에서부터 출발한다. 이는 일차적으로 청구범위 해석을 통해 청구범위의 기술적 범위를 확정하는 것이라고 볼 수 있고, 이에 대해서는 앞서 제3장에서 이미 살펴본 바 있다. 그러나 진보성 판단 국면에서는 단순히 청구범위의 문언을 해석하는 것 이외에 해당 특허발명의 객관적인 기술적 과제를 확인하는 작업도 반드시 이루어져 하고, 이는 앞서 본 목적 대비의 실질화와도 관련되어 있는 쟁점이다. 이와 관련하여서는 아래 나.항에서 자세히 논의하기로 한다.

그 다음으로는, 해당 발명의 진보성을 부정하기 위한 선행기술(들)을 특정하는 작업이 뒤따르게 된다. 진보성 판단에 있어 특허발명과 대비되는 선행기술의 자격, 공지 시기, 명세서에 기재된 종래기술의 지위 등의 논점에 대해서는 이미 제4장에서 논의한 바 있다. 그런데 진보성 판단과 관련하여 선행기술들을 아무런 경중 없이 병렬적으로 나열한 후 분해된 특허발명의 구성요소들을 개별적으로 탐색해 온 종래의 실무 방식에 대하여 많은 비판이 있었음은 앞서 본 바와 같다. 따라서 이 글에서는 이러한 문제점을 개선하기 위한 방안으로 주인용발명을 결정한 후 발명 전체를 대비하는 방식이 유력하게 논의되고 있는바, 아래 다.항에서 논의해 보고자 한다.

나아가 위와 같은 특허발명과 선행기술이 특정되고, 그 공통점과 차이점이 파악되면, 그 차이점이 통상의 기술자에게 쉽게 극복할 수 있는 것인지에 대한 판단이 최종적으로 이루어지게 된다. 결국 그러한 차이점은 크게 보아 다른 선행기술(부인용발명)과의 결합을 통해서 극복될 수 있거나, 통상의 기술자가 통상의 창작능력의 발휘함으로써 극복될 수 있다고 할 것인데, 이러한 논리 부여의 과정에서 검토되어야 할 논거 및 그 구체적인 사실심리의 개선 방향과 관련하여서는 아래 라.항에서 논의해 보고자 한다.

또한, 이러한 진보성 판단의 객관성을 높이고자 하는 방안으로서 '효과의 대비'를 중요하게 고려하자는 논의, 소위 '2차적 고려요소'를 적극적으로 고려하자는 논의 등이 대두되고 있는바, 이러한 쟁점들에 대해서도 아래 마.항 및 바.항에서 차례로 살펴보기로 한다.

나. 발명의 진보성 판단과 기술적 과제

(1) 문제의 소재

발명자는 종래 기술의 문제점을 인식하고 이를 개선하기 위한 해결책을 모색하는 과정을 통해 발명에 이르게 되므로, 발명은 발명자가 당면한 기술적 과제를 해결하는 과정에서 태어나게 된다고 말할 수 있다. 따라서 어떤 발명의 기술적 의미를 이해하거나 그 발명이 선행발명으로부터 쉽게 도출될 수 있는지 등을 판단함에 있어서 그 발명이 해결하고자 하는 기술적 과제는 중요하게 고려되어야 한다. 이러한 기술적 과제는 결국 발명을 통해 달성하고자 하는 것 즉, 발명의 목적으로 바꾸어 이해하여도 큰 무리는 없다.

앞서 본 바와 같이 전통적으로 우리나라의 특허 실무는 발명의 진보성을 목적의 특이성, 구성의 곤란성, 효과의 현저성을 종합적으로 고려하는 입장에 서 있었다. 그런데 실무상 명세서에 기재되어 있는 '발명의 목적'은 대부분의 경우 발명의 효과라고 하는 객관적 요소를 주관적으로 다시 기술(記述)한 것에 불과하고, 발명의 다른 요소에 의미 있는 차이가 없음에도 불구하고 '목적의 특이성'만으로 진보성을 인정하는 사례는 거의 없었다.[1]

즉, 실무에서는 목적의 특이성, 구성의 곤란성, 효과의 현저성을 차례로 대비하는 방식을 전통적으로 취해 왔으나, 구성의 곤란성 및 효과의 현저성이 인정되지 않는 사안의 경우, 법원이나 특허심판원 등은 목적의 특이성은 있지만 구성의 곤란성 및 효과의 현저성이 인정되지 않아 진보성이 부정된다고 판단하거나, 오히려 더 많은 경우에는 양 발명의 명세서에 기재된 목적이 분명 상이함에도 불구하고 선행발명에 특허발명의 목적 달성을 위한 수단이 공지되어 있는 이상, 특허발명의 목적이 선행발명에도 내재된 것이거나 자명한 것이라는 취지로 목적의 특이성마저 부정하는 논리 구조를 취하여 왔다.

대법원 역시 "비록 원심이 양 발명의 목적을 비교판단하지 아니하였다 하더라도 그 구성의 곤란성과 효과의 현저성이 없다고 보는 이상 심결결과에 영향이 없으므로 거기에 소론이 지적하는 바와 같은 심리미진이나 판단유탈, 법리오해의 위법이 있다고 할 수 없다."[2] 라고 판시하거나, "진보성 유무를 가늠하는 창작의 난이의 정도는 그 기술구성의 차이와 작용효과를 고려하여 판단하여야 하는 것이므로, 출원된 기술의 구성이 선행기술과 차이가 있을 뿐 아니라 그

---

1) 정상조·박성수 공편, 특허법 주해 Ⅰ, 박영사(2010), 354면 참조.
2) 대법원 1993. 9. 10. 선고 92후1806 판결 참조. 판결에 대한 실증적 검토를 통해 법원이 발명의 목적을 중요하게 고려하지 않는 것 같다고 한 글로는 정차호, 특허법의 진보성, 박영사(2014), 239-243면 참조.

작용효과에 있어서 선행기술에 비하여 현저하게 향상 진보된 것인
때에는, 기술의 진보발전을 도모하는 특허제도의 목적에 비추어 출
원발명의 진보성을 인정하여야 할 것이다."[3]라고 판시하는 등 목적
을 구성이나 효과에 비하여 중요하게 취급하지 않는 듯한 판시를 한
바도 있다.

상황이 이렇다 보니, 진보성에 대한 판단이 먼저 이루어진 후 그
결과에 맞추어서 귀납적으로 발명의 목적이 결정되는 것으로 보인
다고 하면서 실무의 태도를 비판하는 견해도 있다.[4]

그렇다면, 발명의 진보성 판단에 있어 목적 내지 기술적 과제에
대한 검토가 필요한 것인지, 필요하다면 그에 대한 검토가 실질적으
로 이루어지기 위해서 어떠한 점이 개선되어야 하는지에 관하여 논
의할 필요가 있다고 생각한다. 이하에서는 외국에서의 목적 내지 기
술적 과제에 대한 논의를 검토한 다음, 앞서 제기한 질문들에 대하
여 답해 보고자 한다.

(2) 유럽

앞서 본 바와 같이 EPO는 발명의 진보성 판단과 관련하여 과제
해결 접근법(problem-and-solution approach)을 사용한다. 이는 3단계로
이루어져 있는데, ① 가장 근접한 선행기술(the closest prior art)을 결정
하고, ② 해결되어야 할 객관적인 기술적 과제(objective technical
problem)를 설정하며, ③ '가장 근접한 선행기술'과 '객관적인 기술적
과제'를 출발점으로 놓고 볼 때, 해당 발명이 기술자에게 자명한 것
인지 여부를 판단하게 된다.[5]

---

3) 대법원 1998. 5. 22. 선고 97후1085 판결 참조.
4) 정차호, 전게서(주 2), 243면 참조.
5) EPO Guidelines for Examination, Part G Chapter VII. 5.

과제 해결 접근법의 맥락에서 기술적 과제는, 해당 발명이 가장 근접한 선행기술을 넘는 기술적 효과를 제공하기 위하여 가장 근접한 선행기술을 수정하고 변경하는 목표와 작업을 의미한다. 따라서 해당 발명과 가장 근접한 선행기술 및 그들 상호간의 차이점(해당 발명의 두드러진 특징)을 살펴보고, 그 차이점으로부터 야기되는 기술적 효과를 정립한 다음, 기술적 과제를 설정하게 된다.[6]

기술적 과제는 객관적으로 설정되어야 하므로, 출원인이 그 출원 당시 문제로 제시한 것이 아닐 수 있다. 객관적인 기술적 과제는 객관적으로 정립된 사실에 근거하는 것이므로, 출원인이 출원 당시에 실제로 인식하고 있던 것과는 다를 수 있고, 그러한 경우 출원인이 제시한 과제는 재설정(reformulation)이 필요할 수 있으며, 이러한 재설정을 통해 기술적 과제는 당초 출원인이 의도했던 것보다 더 한정될 수 있다.[7]

또한, 과제에 대한 언급 속에 해당 발명이 제안한 기술적 해결책의 일부를 포함하는 것은, 그 과제와 관련하여 기술수준이 평가될 때, 필연적으로 발명의 작용에 대한 사후적 판단(ex post facto)을 초래하기 때문에, 기술적 해결에 대한 지시(pointers)를 포함하는 방식으로 객관적인 기술적 과제가 설정되어서는 안 된다.[8]

이러한 과제 해결 접근법은, 통상의 기술자가 해결하여야 하는 과제의 해결책을 찾아나가는 과정에 따라 진보성 판단을 하여야 함을 강조하는 것으로 보이고, 이러한 점에서 볼 때 과제 해결 접근법은 '과제'에 초점을 맞추고 있는 판단 방법이라고 할 수 있다.[9]

---

6) EPO Guidelines for Examination, Part G Chapter VII. 5.2.
7) T 87/08, T 33/93.
8) T 229/85.
9) 최승재, "결합발명의 진보성 심리 및 판단 방법에 개선을 위한 연구", 특별법연구 제12권, 사법발전재단(2015), 385면 참조.

(3) 일본

일본의 심사기준에 의하면, 인용발명과 청구항에 기재된 발명의 과제가 공통된 경우, 그것은 통상의 기술자가 인용발명에 의하여 청구항에 기재된 발명을 용이하게 발명할 수 있다는 유력한 근거가 된다.[10] 그런데 일본의 심사기준에는 이러한 과제의 공통성 외에 기술분야의 관련성, 기능·작용의 공통성, 인용발명 내용 중의 시사, 설계사항 등과 같이 진보성 부정을 위한 논리가 다양하게 제시되어 있고, 과제의 공통성에 특별히 강조점을 두고 있지는 않다.[11] 더욱이 종래 일본의 실무에서는 기술분야의 관련성 정도만으로 결합의 용이성을 인정하여 결과적으로 진보성이 쉽게 부정되는 경향이 있었다고 한다.[12]

그런데 2005년 일본 지적재산고등재판소가 설립된 이후, 발명의 진보성 판단과 관련하여 기술적 과제의 중요성을 강조하는 판결이 다수 선고되었다.

대표적인 예로 知財高裁 2009. 1. 28. 판결[平成20(行ヶ)10096]에서는 "특허법 제29조 제2항이 정하는 요건(진보성)의 충족 여부 즉, 통상의 기술자가 선행기술에 기초해 출원발명을 용이하게 상도할 수 있었는지 여부는 선행기술로부터 출발하여 출원발명의 특징점(출원발명과 선행기술의 차이점)에 도달하는 것이 용이한 것인지를 기준으로 판단한다. 그런데 출원발명의 특징점은 해당 발명이 목적으로 하는 과제를 해결하기 위한 것이기 때문에, 용이상도성 여부를 객관적으로 판단하기 위해서는 해당 발명의 특징점을 정확하게 파악하는 것

---

10) 일본 특허 심사기준 제2부 제2장 2.5. (2) Ⅱ.
11) 이러한 내용은 거의 동일한 내용을 기재하고 있는 우리나라의 심사기준에도 그대로 적용된다.
12) 최승재, 전게논문(주 9), 407-408면 참조.

즉, 해당 발명이 목적으로 하는 과제를 정확하게 파악하는 것이 필요불가결하다. 그리고 용이상도성 여부의 판단 과정에 있어서 사후 분석적 또는 비논리적 사고는 배제되어야 하나, 이를 위해서는 해당 발명이 목적으로 하는 '과제'를 파악함에 있어 무의식적으로 '해결 수단' 또는 '해결 결과'의 요소가 혼입되지 않도록 유의하는 것이 필요하다. 또한, 해당 발명이 용이상도하다고 판단하기 위해서는 단순히 해당 발명의 특징점에 도달할 수 있는 시도를 하였으리라는 추측만으로는 부족하고, 해당 발명의 특징점에 도달하기 위해 하였을 것이라는 점에 대한 시사 등이 존재하여야 한다."라고 판시하였다.

지적재산고등재판소 판결 중에는 이러한 법리에 기초하여 양 발명의 기술적 과제가 서로 다르다는 이유로 (비록 기술분야의 관련성이 있을지라도) 인용발명으로부터 특허발명의 도출이 어렵다고 판단한 사례가 다수 있다.13)

(4) 미국

미국에서 발명의 목적이 진보성 판단에 있어 어떤 역할을 하는지에 대해 명시적으로 언급하고 있는 판례는 찾아보기 힘들다. 다만, 발명의 진보성 판단과 관련하여 발명의 목적 내지 기술적 과제가 언급되는 여러 국면이 있다.

가장 대표적인 것으로 유사 선행기술(analogous prior art)의 법리를 들 수 있다. 미국에서는 발명의 진보성 판단의 근거가 될 수 있는 선행기술의 범위와 관련하여 2단계 테스트를 사용하고 있다. 즉, 먼저 그 선행기술이 '발명자의 노력 분야 내'(within the field of the inventor's

---

13) 知財高裁 2008. 12. 25. 판결[平成20(行ケ)10130], 知財高裁 2009. 3. 25. 판결[平成20(行ケ)10261], 知財高裁 2009. 3. 25. 판결[平成20(行ケ)10153], 知財高裁 2011. 1. 31. 판결[平成22(行ケ)10075] 등.

endeavor)에 속하는지 여부를 검토하고, 다음으로 그 선행기술이 발명자의 노력 분야 내에 속하지 않을 경우 발명자가 해결하고자 하는 특정한 과제와 합리적으로 관련이 있는지 여부를 검토하여야 한다는 것이다. 그런데 위 두 번째 단계와 관련하여 특허발명과 선행기술의 기술적 과제 내지 목적에 대한 검토가 이루어지게 된다.[14]

또한, 앞서 본 바와 같이 CAFC는 사후적 고찰을 방지하기 위한 방법으로서 2 이상의 선행기술을 결합하여 특허 청구된 발명에 도달하게 되는 경우, 그러한 결합을 교시, 시사, 동기를 부여하는 사항이 있어야 한다는 TSM 테스트를 사용하고 있다. 구체적으로, 2 이상의 선행기술을 결합하고자 하는 동기 등은 ① 선행 문헌 자체 및 ② 특정의 문헌들이 해당 업계에서 특별한 관심을 받고 있거나 특별히 중요하다고 하는 통상의 기술자의 지식 외에 ③ 해결하고자 하는 과제의 성격으로부터도 발견될 수 있는데, 특히 해결하고자 하는 과제는 통상의 기술자들로 하여금 그 과제에 대한 해결책과 관련되는 문헌들을 참작하도록 유도함으로써 결합의 동기를 제공하게 된다고 보고 있다.[15]

정리하자면, 특허발명과 선행기술의 기술적 과제에 공통성 내지 합리적인 연관성이 있다면, 그 이용되는 산업분야(발명자의 노력 분야)의 차이에도 불구하고, 발명자가 당면한 기술적 과제의 해결을 위해 해당 선행기술을 검토할 동기를 갖게 될 뿐만 아니라, 그러한 동일·유사한 기술적 과제를 다루고 있는 선행기술을 결합하여 특허발명에 이를 수 있도록 하는 동기도 부여된다고 볼 수 있다.

이러한 점에서 비추어 볼 때 미국의 진보성 판단 실무에 있어서도 발명의 기술적 과제 내지 목적은 중요한 고려요소의 하나로 취급

---

14) 796 F.2d 436, 230 USPQ 313 (Fed. Cir. 1986).
15) 황영주, "특허의 진보성 판단에 관한 각국 기준의 개괄적 비교", 특허법원 개원 10주년 기념논문집, 특허법원(2008), 122-123면 참조.

됨을 알 수 있다.

(5) 기술적 과제에 대한 검토의 필요성 여부

통상의 기술자라면 특허발명과 동일·유사한 기술적 과제를 다루고 있는 선행기술로부터 과제의 해결수단을 찾으려고 할 것이기 때문에, 선행발명과 특허발명(출원발명)의 기술적 과제가 공통된 경우에 그것은 통상의 기술자가 선행발명에 의하여 특허발명(출원발명)을 쉽게 발명할 수 있는 유력한 근거가 된다.[16) 반면, 특허발명(출원발명)과 유사한 구성이 선행발명에 개시되어 있다고 하더라도 기술적 과제 내지 발상 자체가 크게 다르다면 특허발명(출원발명)에 이르도록 하는 동기 등은 원칙적으로 부정된다고 보아야 할 것이다.

양 발명의 기술적 과제에 실질적으로 차이가 있음에도 구성 자체가 유사해 보인다는 이유만으로 특허발명의 도출이 쉽다고 결론 내리는 것은, 많은 경우 선행기술 자체의 기술적 과제 내지 기술적 사상을 고려하지 아니한 채 특허발명과 대비하여 유리한 부분만을 추출한 것이거나, 특허발명과 유사한 방식으로 작동할 것이라는 전제하에 임의로 대응시킨 결과로서, 사후적 고찰의 혜택을 입은 결과물일 가능성이 크다.

물론, 선행발명에 특허발명(출원발명)의 기술적 과제가 명시적으로 나타나 있지 않더라도 특허발명(출원발명)의 기술적 과제가 통상의 기술자 입장에서 자명한 과제인지, 출원 당시의 기술상식, 기술흐름 등에 비추어 선행발명에도 내재된 것이거나 쉽게 생각할 수 있는 과제인지를 나아가 살필 필요는 있을 것이다.[17)

---

16) 특허청, 특허·실용신안 심사지침서, 3305면 참조.
17) 특허청, 특허·실용신안 심사지침서, 3306면 참조. 미국의 KSR 판결 역시 업계의 공지된 요구나 과제도 결합의 동기를 제공할 수 있다고 한 것도 유사

이러한 점에서 볼 때 특허발명의 기술적 과제를 확정하고, 이를 선행기술의 그것과 대비하는 것은 진보성 판단의 객관성을 높이고, 사후적 고찰을 방지하기 위한 관점에서 여전히 필요하고도 중요한 작업이라고 생각한다.

(6) 기술적 과제에 대한 검토의 실질화 방안

(가) 기술적 과제에 대한 검토 위치 및 비중

기술적 과제에 대한 검토를 함에 있어서는 다음과 같은 점에 유의하여야 한다. 우선, 기술적 과제에 대한 검토 위치 내지 비중 등에 관한 문제로서 이는 종래 판결문(심결문) 구조와 깊이 연관되어 있다. 앞서 본 바와 같이 전통적인 실무의 경향은 목적의 특이성, 구성의 곤란성, 효과의 현저성을 종합적으로 검토하여야 한다고 하면서도, 실제 발명의 실체는 객관적으로 드러나는 구성으로 표현되는 것이므로, 통상 구성의 곤란성이 있으면 곧바로 진보성을 인정하고, 구성의 곤란성 유무가 불분명한 경우에는 효과의 현저성을 참작하여 진보성 부정 여부를 판단하는 구성중시·효과참작설의 입장에 서 있던 것으로 보인다.[18] 그런데 실제 판결문 등을 통해 확인되는 진보성 판단의 순서를 보면, 진보성 판단을 위한 독자적인 비중이 낮은 목적의 대비를 구성 및 효과의 대비에 앞서 상당한 비중으로 기재하고 있었기 때문에, 판결의 가독성이 떨어지고, 당사자들 및 재판부로서 불필요한 논쟁 및 심리 부담이 늘어나는 부작용이 발생하여 왔다.[19]

그런데 발명의 목적 내지 기술적 과제는 앞서 본 바와 같이 통상

한 맥락으로 이해된다.

18) 법원행정처, 알게 쉽게 고쳐 쓴 특허판결, 사법발전재단(2015), 47면 참조.

19) 상게서, 48-49면 참조.

의 기술자로 하여금 당면한 기술적 과제를 해결하기 위해 해당 선행
기술을 검토하도록 할 만한 동기 등을 갖게 하는지를 판단하기 위한
맥락에서 검토되는 것이고, 나아가 특허발명 및 선행기술의 기술적
특징을 파악하여 선행기술로부터 특허발명의 도출 내지 결합이 용
이한 것인지를 판단하기 위해 검토되는 것이므로, 발명의 목적 내지
기술적 과제는 그 자체로 독자적인 진보성 판단의 요소가 된다기보
다는, 진보성 판단의 핵심이 되는 구성의 곤란성(결합의 용이성) 등
의 판단 근거로서 사용되는 것이라고 보는 것이 옳다.

　더욱이 발명의 목적은 용도발명과 같은 특수한 경우를 제외하고
는, 그 목적을 달성하기 위하여 채용하는 발명의 구성 및 그 구성으
로 인하여 동반되는 효과에 자연스럽게 반영되므로, 진보성 판단에
있어 구성의 곤란성에 비하여 독자적인 판단 가치가 그리 크다고 볼
수는 없다. 따라서 진보성 판단에 있어 현행과 같이 구성 및 효과 대
비에 선행하여 독자적인 판단 항목으로서 목적 내지 기술적 과제의
대비를 하는 것은 불필요한 것으로 보이고, 구성의 곤란성 등의 판
단과 유기적으로 연계되어 판단하는 것이 필요하고도 적절하다고
생각한다.

　더욱이 실무에서는 목적 대비 시 명세서에 직접 기재된 목적뿐만
아니라, 명세서에 기재되지는 않았으나 통상의 기술자가 명세서로부
터 자명하게 파악할 수 있는 목적도 함께 대비하는 경우가 많은데,
이러한 '명세서에 명시되지 않았지만 자명한 목적 또는 내재된 목적'
을 판단하기 위해서는 결국 명세서에 개시된 발명의 구성을 분석·검
토하는 것이 필요하므로, 이러한 실무에서 오는 판단 및 설시의 중
복 문제를 해소하기 위해서라도 구성의 곤란성 등 판단과 유기적으
로 연계하는 것이 필요하다고 할 것이다.[20]

---

20) 상계서, 49-51면 참조.

(나) 기술적 과제의 지나친 상위개념화 지양

실무상 목적 내지 기술적 과제의 대비와 관련하여 자주 제기되는 문제 중 하나가 기술적 과제를 지나치게 상위개념화하는 것이다. 발명의 목적 내지 기술적 과제의 특정은 해당 명세서의 기재 내용으로부터 출발할 수밖에 없다. 그런데 명세서의 기재 내용은 발명자의 주관적인 인식에서 비롯된 것이 대부분이고, 종래기술과의 차이점이 부각되도록 기술할 수밖에 없으므로, 특허발명과 선행기술의 각 명세서에 기재된 목적은 서로 차이를 보이는 경우가 많다.

그런데 실무에서 구성의 곤란성이 인정되지 않는다고 판단한 사안 가운데, 발명의 목적 내지 기술적 과제를 지나치게 추상화하거나 상위개념화하여 양 발명의 명세서에 기재된 목적의 차이에도 불구하고, 목적의 특이성이 없다고 결론 내리는 경우가 많이 발견된다.

예컨대, 앞서 본 대법원 2011. 2. 10. 선고 2010후2698 판결에서, 원심인 특허법원은 "이 사건 특허발명은 필름 표면에 수직한 축 방향의 총 광량을 실질적으로 감소시키지 않으면서 광 결합이 발생하는 영역인 제1 영역을 좁은 범위에 제한하여 통상의 관찰 조건에서 육안으로는 실질상 식별 불가능하도록 하는 목적을 갖고 있는데, 비교대상발명 1은 확산 시트를 사용하지 않으면서 프리즘 렌즈를 사용하여 집광이 가능하며 무광량 각도를 없애는 집광장치를 제공하는 목적이고, 비교대상발명 2는 사용자가 보는 방향으로 높은 휘도를 유지하고 무아레 간섭 무늬가 발생하지 않도록 하는 면 광원장치를 제공하는 목적이며, 비교대상발명 4는 프리즘 시트로 이루어진 조광시트의 후면과 도광판 간의 직접 접촉에 의하여 빛을 비정상적으로 밝게 내는 광학밀착을 초래할 염려가 없는 조광시트를 제공하는 목적을 가지므로, 이 사건 제2항 정정발명은 그 목적상 별다른 특이성이 없다."라고 판시한 바 있다.[21]

그런데 앞서 본 바와 같이 이 사건에서 특허발명은 '침윤현상의 방지'를 목적으로 하는데, 비교대상발명 1은 '무광량각 억제'를 목적으로 하고, 비교대상발명 2는 '무아레 간섭 억제'를 목적으로 하며, 비교대상발명 4는 '뉴톤링 간섭 억제'를 목적으로 하는 것이므로, 이들 발명은 기술적 과제 내지 목적이 서로 다른 것으로 평가하여야 함에도, 원심은 총광량(휘도)을 감소시키지 않고 유지하는 효과의 공통성을 이유로 동일한 목적이 있다는 취지로 판시한 것으로 보인다.

이처럼 개별적인 발명의 목적 내지 기술적 과제를 지나치게 상위 개념으로 묶어 서로 공통된다고 하는 것은 사후적 고찰의 영향을 받은 것으로 평가될 수 있다. 또한, 설령 구성의 곤란성 판단이 적절하게 이루어졌다고 하더라도 즉, 명시된 목적 기재의 차이에도 불구하고, 해당 과제가 통상의 기술자 입장에서 자명한 것이거나 선행기술에도 내재된 것이어서 선행기술을 검토하게끔 유도될 만한 사정이 존재하고, 선행기술의 구성으로부터 특허발명이 쉽게 도출될 수 있는 경우로 평가된다고 하더라도, 위와 같은 판시 내용은 구성의 곤란성에 따라 정해진 진보성 유무의 결론에 목적의 특이성에 관한 판단을 사후적으로 꿰맞춘 것이라는 의혹을 받기에 충분하고, 목적 내지 기술적 과제의 검토를 형해화하는 부작용을 낳는다고 볼 수 있다.

(다) 특허발명의 기술적 과제에 대한 객관적 설정

특허발명의 기술적 과제는 객관적으로 설정되어야 한다. 이는 앞서 본 유럽의 '과제 해결 접근법'에서 특히 강조하는 부분이다. 특허발명의 기술적 과제의 확인은 일차적으로 해당 특허발명의 명세서에 기재된 내용으로부터 출발할 수밖에 없다. 대체로 명세서의 '발명의 설명'은 기술분야, 종래기술의 문제점, 발명이 해결하고자 하는 기술적 과제, 과제의 해결수단 등의 순서로 기재되어 있는데, 이러한

---

21) 특허법원 2010. 8. 18. 선고 2009허6526 판결 참조.

명세서의 기재 내용을 통해 해당 발명이 인식하고 있는 종래기술의 문제점 및 해당 발명을 통해 해결하고자 하는 과제 등을 확인할 수 있다.

그런데 명세서의 이러한 기재는 많은 경우 발명자의 주관적인 인식에 근거한 경우가 많고, 선행기술과의 차이점을 부각시킬 목적으로 의도적으로 왜곡되어 기재되어 있을 수 있기 때문에, 그 기재 내용에 객관성이 담보되기 어렵다.[22] 따라서 해당 발명의 목적이 지나치게 넓거나 좁게 설정되는 것을 방지하기 위하여 해당 발명의 기술적 사상과 연계 내지 부합되도록 발명의 목적 내지 기술적 과제가 설정되어야 할 뿐만 아니라, 필요한 경우 객관적인 증거에 의하여 해당 특허발명의 기술적 과제를 확인할 필요성이 있다.[23]

다. 주인용발명에서 출발하는 진보성 판단 방식

(1) 문제의 소재

앞서 본 바와 같이 종래의 진보성 판단 방법에 대해 제기되는 문제점의 상당 부분이 구성요소별 대비 방식의 잘못된 적용에서 기인한 것임을 알 수 있다. 물론, 구성요소별 대비 방식은 특허발명의 구성을 세부적으로 분석하여 각각의 구성요소를 구분한 후 그 구성요

---

22) 우리나라 특허 실무는 미국, 유럽, 일본과는 달리 선행기술 등에 관한 엄격한 개시의무가 인정되지 않아 명세서에 기술된 종래기술의 내용이 실제 기술분야의 현실과 다른 경우가 많다.

23) 정차호, 전게서(주 2), 248-249면 참조. 한편, 발명의 진보성 판단과 관련하여 기술적 과제를 검토한 구체적인 사례로는 특허법원 2014. 1. 28. 선고 2013허1313 판결이 있다. 위 판결에 대한 해설은 졸고, "발명의 진보성 판단과 기술적 과제", Law & Technology 11권 3호, 서울대학교 기술과법센터 (2015), 118-129면 참조.

소들의 기술적 의미와 선행기술들에 공지된 구성요소들의 기술적 의미를 파악하여 대비할 수 있다는 점에서 매우 효과적인 논증 방법이라고 할 수 있다.[24]

그런데 발명을 구성요소로 나누어 그 기술적 특징을 분석하는 것은 인간인식의 한계에서 비롯된 것이지, 발명 그 자체가 둘 이상으로 나누어질 수 있는 것은 아니다.

또한, 앞서 본 대법원 2007. 9. 6. 선고 2005후3284 판결에서 적절히 지적한 바와 같이 어느 특허발명의 청구범위에 기재된 청구항이 복수의 구성요소로 되어 있는 경우, 각 구성요소가 유기적으로 결합한 전체로서의 기술사상이 진보성 판단의 대상이 되는 것이지 각 구성요소가 독립하여 진보성 판단의 대상이 되는 것은 아니므로, 그 특허발명의 진보성 여부를 판단함에 있어서는 청구항에 기재된 복수의 구성을 분해한 후 각각 분해된 개별 구성요소들이 공지된 것인지 여부만을 따져서는 안 되고, 특유의 과제 해결원리에 기초하여 유기적으로 결합된 전체로서의 구성의 곤란성을 따져 보아야 할 것이므로, 구성요소별 대비 방식을 기계적·형식적으로 적용하는 것은 지양하여야 한다.

한편, 구성요소별 대비 방식을 기본적으로 따르면서도 결합의 용이성(곤란성) 여부에 관한 충분한 논증이 이루어진다면, 큰 문제는 없다고 보이고, 발명의 성격에 따라서는 구성요소별 대비 방식이 발명 전체의 대비 방식에 비하여 더 효율적인 경우도 있다.[25] 그러나 다음과 같은 이유에서 발명 전체의 대비 방식에 의한 진보성 판단

---

24) 법원행정처, 전게서(주 18), 25면 참조.
25) 개별 구성요소의 공지 여부가 중요하고, 구성요소 간 유기적 결합의 정도가 상대적으로 약한 경우(종래 실무상 '주합'이라고 지칭해 왔던 공지된 구성요소들을 단순히 모아놓은 경우) 등에는 구성요소별 대비 방식이 보다 효과적일 수 있다.

방법이 보다 확대 적용되어야 한다고 생각한다.

첫째, 원천기술이 아닌 이상, 통상의 기술자가 어떤 발명을 하려고 한다면, 출발점이 되는 선행기술 중 기본이 되는 선행기술 하나를 토대로 하여 여기에 다른 선행기술이나 기술상식 등을 결합 내지 참작하여 발명에 이를 것이라는 점이다. 따라서 유럽의 '과제 해결 접근법'에서와 같이 가장 가까운 선행기술을 출발점으로 삼아 이를 토대로 다른 선행기술의 결합 여부를 검토하는 것이 복수의 선행기술을 서로 대향적으로 결합하는 것이 용이한지 여부를 검토하는 인위적 판단 방식에 비하여 발명에 이르는 통상의 과정에 부합할 뿐만 아니라, 사후적 고찰의 위험을 줄이는 줄여 줄 수 있다.26)

둘째, 구성요소별 대비 방식의 틀을 고집하다 보면, 개별 구성요소들이 용이하게 도출될 수 있는지에 초점이 맞추어져 있기 때문에, 선행기술들에 특허발명의 대응 구성이 모두 공지되어 있음을 주장·입증하려 할 뿐, '유기적으로 결합된 전체로서의 구성의 곤란성'에 대해서까지 주장·입증하는 경우는 드물게 되고, 결합의 용이성(곤란성) 여부는 별도의 요건이 아닌 판단의 결과일 뿐인 것처럼 취급되는 것과 같은 인상을 준다.27)

셋째, 구성요소 완비의 원칙이 적용되는 권리범위확인 사건 등과는 달리 진보성 판단의 대상은 복수의 구성요소로 되어 있는 발명 전체이므로, 진보성은 발명 전체의 도출이 용이한지 여부이지, 발명의 특정 구성요소가 선행기술로부터 도출될 수 있는지 여부는 아니다. 게다가 발명마다 특유의 과제 해결원리에 기초하여 진보성을 결정지을 수 있는 핵심적인 구성(경우에 따라서는 개별 구성요소들 사이의 결합관계 자체)이 있고, 그 대비·검토에 따라 결론이 좌우되는

---

26) 김승곤, "소송단계의 진보성판단에 있어서 유럽특허청의 과제해결접근법이 던지는 몇 가지 시사점", 특허소송연구 6집, 특허법원(2013), 65면 참조.
27) 최승재, 전게논문(주 9), 358면 참조.

것이 보통이다. 그런데 종래 구성요소별 대비 방식은 각각의 구성요소를 대비하는 과정에서 쟁점에 관한 판단도 함께 설시됨으로써 해당 쟁점이 발명 전체에서 차지하는 위치나 중요성을 가늠할 수 없는 문제가 발생할 수 있다.[28)

이러한 점에서 볼 때 특허발명을 개별 구성요소들로 구분하지 않고, 전체로서 선행발명과 대비하는 방향으로 진보성 판단 방식을 개선하여야 한다는 주장이 유력하게 검토되고 있다. 이러한 방식에 의하면, 우선 선행기술들 중 주인용발명(주된 선행기술, 가장 가까운 선행기술)을 결정하는 것이 필요하고, 특허발명과 주인용발명을 대비하여 차이점을 추출하는 과정도 필요한바, 차례로 살펴보기로 한다.

(2) 주인용발명의 결정

(가) 종래의 실무

사실, 진보성 판단을 함에 있어 인용발명들 중 가장 가까운 인용발명을 선택하고 양자를 대비하여 차이점을 명확히 하는 방법론은 일본의 특허 심사 기준뿐만 아니라, 우리나라의 특허 심사 기준에도 이미 반영되어 있는 내용이다.[29) 특허청의 심사 기준에 의하면, '가장 가까운 인용발명'은 선정된 인용발명들 중 통상의 기술자가 이용할 수 있는 가장 유력한 선행기술을 의미하며, 출원발명의 기술적 특징을 가장 많이 포함하고 있는 것으로, 되도록 청구항에 기재된 발명의 기술분야와 근접하거나 동일 또는 유사한 기술적 과제, 효과 또는 용도를 갖는 인용발명 중에서 선택하는 것이 바람직하다.[30)

---

28) 법원행정처, 전게서(주 18), 29면 참조.
29) 일본 특허 심사기준 제2부 제2장 2.4. (2) 및 특허청, 특허·실용신안 심사지침서, 3303면 참조.
30) 특허청, 특허·실용신안 심사지침서, 3304면 참조.

위와 같이 주인용발명을 결정한 후 그것과 특허발명의 차이점을 추출·대비하는 방식이 특허청의 심사 기준에 이미 반영되어 있었음에도, 종래의 특허 실무는 구성요소별 대비 방식을 적용하고 결합의 용이성 등에 심리를 충분히 하지 않았던 까닭에, 심리 과정에서 특정 비교대상발명을 주인용발명으로 관념적으로 사용하고 있을 수는 있지만, 실무상 주인용발명을 특정한 후 그로부터 특허발명에 이르는 과정을 논증하는 형태의 진보성 판단 방식이 판결문 등에 드러나거나 그와 관련하여 재판부가 당사자들에게 주인용발명 및 그 결합 방식 등에 관하여 구체적으로 주장할 것을 석명하는 경우는 찾아보기 힘들었고, 그와 같이 할 필요성도 느끼지 못하였던 것으로 보인다.

(나) 유럽

유럽에서 채택하고 있는 과제 해결 접근법의 제1 단계는 가장 근접한 선행기술을 결정하는 것이다. '가장 근접한 선행기술'(the closest prior art)이란 발명에 이르는 과정에서 가장 유력한 출발점을 구성하는 기술적 특징들의 조합을 단일한 문헌에 개시한 것을 말한다.31)

가장 근접한 선행기술을 선택함에 있어서, 가장 먼저 고려되어야 할 사항은 그러한 선행기술이 해당 발명과 유사한 목적이나 효과를 가진 것이거나, 적어도 해당 발명과 동일하거나 밀접하게 관련 있는 기술분야에 속하는 것이어야 한다는 점이다.32) 실무상으로 가장 근접한 선행기술은 일반적으로 해당 발명과 유사한 용도를 가지고, 해당 발명에 도달하기 위하여 구조와 기능의 변경이 최소한에 그치는 기술을 의미한다.33)

특정 선행기술이 청구된 발명과 공통되는 기술적 특징을 가장 많

---

31) T 282/90, T 656/90, T 824/05.
32) EPO Guidelines for Examination, Part G Chapter Ⅶ. 5.1.
33) T 574/88, T 606/89, T 686/91.

이 가지고 있어 신규성에 관한 가장 근접한 선행기술이라고 하더라도 반드시 그 선행기술이 진보성 판단에서 가장 근접한 선행기술이라고 단정하기 어렵다. 만일 해당 선행기술이 청구된 발명과 유사한 기술적 과제에 관한 것이 아니고, 기술분야 역시 관련되어 있지 않다면, 그러한 공통되는 특징은 오히려 부수적인 속성일 수 있다.[34]

주의할 점은 가장 근접한 선행기술은 출원일 또는 우선일 이전의 통상의 기술자의 관점에서 객관적으로 검토되어야 한다는 점이다.[35] 물론 출원인이 명세서에서 선행기술로 명시한 것이 있다면, 그것은 가장 근접한 선행기술의 후보자로 당연히 고려되어야 한다.[36]

(다) 일본

일본의 경우 주인용발명의 선택에 대한 특별한 제한은 없으나, 주인용발명의 선정방법에 대하여 판례를 분석한 결과 실무상으로 2가지 방법이 병용된다고 한다.

첫 번째 방법은 출원발명이 목적으로 하는 과제 해결수단의 특징부를 개시하는 인용발명을 주인용발명으로 하는 방법이다. 두 번째 방법은 출원발명이 개시하는 구성과 동일한 구성을 가장 많이 가지고 있는 인용발명을 주인용발명으로 하는 방법이다. 실무에서는 위두 가지 방법이 혼용되고 있으나, 핵심 구성요소의 구비 여부에 따라 주인용발명을 결정하는 첫 번째 방법보다는 같은 구성요소의 개수가 많은 것을 기준으로 주인용발명을 결정하는 두 번째 방법이 더많이 사용되고 있다고 한다.[37]

일단 위와 같이 주인용발명이 결정하고 난 뒤에 이를 변경하기

---

34) T 267/88.

35) T 24/81.

36) EPO Guidelines for Examination, Part G Chapter Ⅶ. 5.1.

37) 최승재, 전게논문(주 9), 363-365면 참조.

위해서는 당사자에게 의견제시의 기회를 부여하여야 하고, 당사자에게 의견제시의 기회를 부여하지 않은 채 판단자가 임의를 주인용발명을 변경하는 것은 허용되지 않는다는 것이 일본의 판례이다.[38] 즉, 위 주인용발명의 결정 방법 중 어느 하나를 선택하는 것 자체가 위법이라고 할 수 없으나, 일단 어느 하나의 방법을 선택하여 주인용발명을 결정하고 난 후 거절결정의 이유와 다른 이유를 발견하였다고 해서 임의로 주인용발명을 변경하여 변경된 주인용발명에 기초하여 거절을 하는 것은 일본 특허법 제159조 제2항에서 정하는 '査定의 理由와 다른 거절이유를 발견하는 경우'에 해당하여 의견제시의 기회를 부여하지 않는 한 위법하다는 취지이다. 이는 주인용발명이 변경되면, 그에 따라 진보성 결론에 이르는 과정 및 논거가 달라질 수밖에 없다는 점을 고려한 것으로 보인다.

(라) 주인용발명의 결정 방법

앞서 본 바와 같이 우리나라의 경우 구성요소별 대비 방식을 전통적으로 취해 왔던 관계로 주인용발명을 결정하여 주인용발명과 특허발명을 발명 전체로서 대비하는 방식을 실제 적용한 사안은 종래 찾아보기 힘들었다. 그런데 위와 같은 구성요소별 대비 방식에 따른 문제점을 개선하기 위해 법원 내부에서도 논의를 거쳐 2015년 3월경 진보성 판단 구조 및 그에 따른 판결문 작성 방식의 개선 방안을 마련하고, 이를 정리한 책자를 발간하게 되었다.[39]

위 책자에서 제시된 진보성 판단 구조의 개선 방안은 크게 ① 종래의 구성요소별 대비 방식의 틀을 유지하되, 결합의 용이성 등과 같은 진보성 판단의 논거를 충분히 기재하고, 기술분야 및 목적의 대비는 필요한 한도 내에서 진보성 판단의 근거로 설시하는 방안, ②

---

38) 知財高載 平成24年(行ケ) 第10056号.
39) 법원행정처, 전게서(주 18).

발명 전체를 대비하는 방식으로서, 구체적으로 특허발명(청구항)을 특정하는 단계 → 주된(가장 가까운) 선행발명을 정하는 단계 → 특허발명과 주된 선행발명을 대비하여 차이점을 추출하는 단계 → 특허발명이 쉽게 도출되는지 판단하는 단계의 순서로 검토하는 방안, ③ 심결취소소송의 구조에 맞추어 심결의 위법성 주장에 대하여 개별적으로 검토하는 방안40)으로 볼 수 있다.41)

위와 같이 종래의 구성요소별 대비 방식을 유지하는 것 외에 발명 전체를 대비하는 방식, 심결의 위법성 주장에 대해 개별적으로 검토하는 방식이 제안되고, 그 구체적인 판단 절차도 제시됨에 따라 특허법원의 판결문 작성 방식도 많이 달라지는 경향을 보이고 있다. 특히 이러한 판결문 작성 방식은 진보성 판단 방식이나 심리 방식을 고스란히 반영하는 것이라고 볼 수 있는데, 주인용발명을 결정한 후 이를 기초로 발명 전체를 대비하는 방식을 채용하는 재판 사례가 대폭 증가하게 되었다.

실제 특허법원 내부 자료42)에 따르면, 위 책자가 배포되어 사용되기 시작한 이후 약 7개월간 작성된 판결문을 분석해 본 결과, 위 ① 방식을 채택하여 작성된 판결문이 전체의 약 35%(34건), 위 ② 방식을 채택하여 작성된 판결문이 전체의 약 59%(57건), 위 ③ 방식을 채택하여 작성된 판결문이 전체의 약 6%(6건)인 것으로 나타났다. 따라서 현재 특허법원의 주류적 판결문 구조는 위 ② 방식과 같이 주인용발명

---

40) 일본 지적재산고등재판소가 기본적으로 채택하고 있는 판결문 구조이다. 다만, 심리범위에 관하여 '제한설'을 취하고 있는 일본과는 달리 '무제한설'을 취하고 있는 우리나라의 경우, 심결에서 제출되지 아니한 증거에 기한 주장이 있을 수 있기 때문에, 이러한 판결문 구조는 심결 당시와 비교하여 새로운 주장이나 증거가 제출되지 않은 사안에 보다 적합할 수 있다.

41) 법원행정처, 전게서(주 18), 27-44면 참조.

42) 2015. 4. 9.부터 2015. 9. 4.까지 진보성에 관하여 판단한 판결 97건을 분석한 통계 자료이다.

을 결정한 후 이를 기초로 발명 전체를 대비하는 방식이라고 보인다.

다만, 발명 전체의 대비 방식을 취하고 있는 경우에도 주인용발명을 어떤 방식으로 결정할지에 대해서는 아직까지 통일된 견해는 없는 것으로 보인다. 유럽과 일본의 논의를 참작해 보면, 크게 특허발명이 목적으로 하는 과제 해결수단의 특징부를 개시하는 인용발명을 주인용발명으로 하는 방법과, 특허발명이 개시하는 구성과 동일한 구성을 가장 많이 가지고 있는 인용발명을 주인용발명으로 하는 방법을 생각해 볼 수 있다.

주인용발명이라는 개념이 결국 통상의 기술자가 이용할 수 있는 가장 유력한 선행기술을 의미하는 것이므로, 이러한 주인용발명은 원칙적으로 특허발명과 같은 기술분야에 속하는 것으로서, 그 기술적 과제가 합리적으로 관련되어 있고, 특허발명의 기술적 특징을 가장 많이 개시하고 있는 발명일 것이다. 물론, 이러한 요소들을 두루 갖추고 있는 인용발명이 있다면 그 결정에 별다른 어려움이 없을 것이다. 그런데 실무에서 주인용발명 결정에 어려움을 겪는 사안을 보면, 대체로 특허발명과 동일한 기술분야에서 속하면서 특허발명의 구성을 가장 많이 개시하고 있는 인용발명 A와 특허발명의 과제 해결수단의 특징부를 개시하는 인용발명 B가 같이 있는 경우이다. 이러한 사안에 대해 통상의 기술자가 통상 자신의 분야에서 출발하는 경우가 많다는 관점에서 접근하면, 인용발명 A를 주인용발명으로 볼 수 있고, 통상의 기술자가 자신에게 당면한 기술적 과제의 해결을 위해 인용발명을 선택한다는 관점에서 접근하면, 인용발명 B를 주인용발명으로 볼 수 있다. 따라서 위 두 가지 방법 중 어느 하나가 더 우월한 것이라고 단정할 수 없고, 어느 방법을 취하더라도 합리성을 결하지 않으면 그 선택 자체가 위법한 것이라고 볼 수는 없다.

소송 실무의 관점에서 볼 때 원칙적으로 특허발명의 무효를 주장하는 당사자로 하여금 주인용발명을 특정하도록 하고, 이를 기초로 주인용발명과 부인용발명의 결합이 용이하다는 점을 구체적으로 주장·입증하도록 하여야 할 것이다. 또한, 주인용발명이 진보성 판단의 출발점이라는 점을 생각하여 볼 때, 주인용발명이 변경될 경우 그에 따라 특허발명과의 공통점 및 차이점이 달라지고, 이를 기초로 한 용이 도출 여부 판단도 달라진다. 따라서 원칙적으로 당사자가 특정한 주인용발명을 판단자가 임의로 변경한 후 이를 기초로 판단하여서는 안 되고, 부득이하게 이를 변경할 필요성이 있을 경우에는 당사자에게 충분한 의견진술의 기회를 부여하여야 할 것이다.

(3) 특허발명과 주인용발명의 대비

위와 같이 주인용발명이 결정되고 난 이후에는 특허발명과 주인용발명과 대비하여 공통점 및 차이점을 추출하게 된다. 최근 특허법원 실무를 보면, 구성 대비 표를 작성하여 양 발명의 대응 구성을 한눈에 비교할 수 있도록 하는 방식을 많이 채택하고 있다.

그런데 위와 같은 과정에서 유의할 점은, 주인용발명의 구성을 확정하거나 해석함에 있어서도 주인용발명 전체의 교시를 기준으로 해야 한다는 점이다. 인용발명 자체만을 두고 판단할 때에 구체적으로 개시된 것으로 해석되지 않는 구성을 특허발명에 개시된 구성과 임의적으로 대응시켜 특허발명과 같은 방식으로 작동될 것이라고 해석하여 단정하면 안 되는데, 이는 사후적 고찰 방지의 측면에서 당연한 요구되는 것이다.

또한, 발명을 전체적으로 고려한다는 대법원 2007. 9. 6. 선고 2005후3284 판결의 법리에 기초하여, 위와 같이 각 구성요소 간 대비를 통해 차이점을 추출하는 과정에서도 각 구성요소 간의 유기적 관계 및 결합의 정도 등을 함께 고려하여 기술 사상 전체로 대비가 이루어져야 함을 유의할 필요가 있다.

라. 결합의 용이성 등에 관한 판단

(1) 문제의 소재

위와 같이 특허발명과 주인용발명 사이의 차이점이 추출되면, 이러한 차이점이 통상의 기술자 입장에서 쉽게 극복 가능한 것인지에 대한 판단이 뒤따르게 된다. 만일 통상의 기술자에게 이러한 차이점 극복이 쉽다고 판단되면, 특허발명의 진보성은 부정되나, 차이점 극복이 쉽지 않다고 판단되면, 특허발명의 진보성은 부정되지 않는다는 결론에 이르게 된다.

구체적으로 차이점에 대한 구성이 주인용발명 이외의 다른 인용발명(선행기술)에 개시되어 있다면, 주인용발명에 그 다른 인용발명(부인용발명)을 결합하는 것이 통상의 기술자 입장에서 용이한지 여부가 주된 쟁점으로 부각될 것이다. 한편, 차이점에 대한 구성이 인용발명들에 개시되어 있지 않은 경우에도, 그러한 차이점이 통상의 기술자가 통상의 창작능력을 발휘하여 쉽게 극복될 수 있는 것인지를 살펴보아야 한다.

(2) 결합의 용이성에 대한 구체적인 판단

종래 특허 판결문을 보면, 기본적으로 구성요소별 대비 방식을 취하면서 개별 구성요소가 선행기술들에 공지되어 있음을 주로 설시할 뿐, 결합의 용이성에 대한 논거가 충분히 제시되지 않은 경우가 많았다.

하지만, 앞서 여러 차례 설명한 바와 같이 위와 같은 실무는 개선되어야 하고, 결합의 용이성 여부를 판단하기 위해서는 적어도 앞서 본 대법원 2007. 9. 6. 선고 2005후3284 판결에서 제시된 요소들에 대한 검토는 반드시 이루어져야 한다고 본다. 즉, 선행기술들을 결합하여 특허발명에 이를 수 있다는 암시·동기 등이 선행기술문헌에 제시되어 있는지를 우선적으로 검토하되,[43] 그렇지 않더라도 특허발명의 출원 당시의 기술수준, 기술상식, 해당 기술분야의 기본적 과제, 발전 경향, 해당 업계의 요구 등에 비추어 보아 통상의 기술자가 그와 같은 결합에 용이하게 이를 수 있는지도 나아가 검토해야 한다.

한편, 실무에서는 선행기술과 주지관용기술의 결합에 의하여 진보성이 부정된다는 주장이 많이 제기된다. 주지관용기술을 다른 선행발명과 결합하는 것은 통상 용이하다고 할 수 있다. 다만, 결합되는 기술적 특징이 해당 기술분야에서 주지관용기술이라고 하더라도 다른 기술적 특징과의 유기적 결합에 의하여 더 나은 효과를 발휘하는 경우에는 그 결합은 자명하다고 할 수 없다.[44]

나아가 결합발명의 진보성을 판단함에 있어 결합할 수 있는 선행발명의 개수에 별다른 제한은 없으나, 특허발명에 이르기 위해 주된 선행발명과 하나 이상의 다른 선행발명을 결합하지 않으면 안 된다는 사실은 진보성의 존재를 시사하는 것이 될 수 있으므로, 진보성 판단에 주의하여야 한다. 또한, 결합된 선행발명의 수가 많을수록 도출의 용이성을 합리적으로 설명하는 것이 어려워질 수 있다.[45]

(3) '통상의 창작능력의 발휘'의 해당 여부에 대한 판단

차이점에 대한 구성이 인용발명들에 구체적으로 개시되어 있지 않은 경우에도, 그러한 차이점이 통상의 기술자가 통상의 창작능력

---

43) 위와 같은 결합에 대한 암시나 동기 등은 원칙적으로 주인용발명에 존재하여야 할 것이다.
44) 법원행정처, 전게서(주 18), 37면 참조.
45) 상게서, 37-38면 참조.

382 발명의 진보성 판단에 관한 연구

을 발휘하여 쉽게 극복될 수 있는 것이라면, 진보성이 부정될 수 있다. 공지기술을 일반적으로 응용하거나 알려진 과제를 해결하기 위해 다른 분야의 기술을 참조하는 등으로 일상적인 개선을 이루는 것은 통상의 기술자가 통상의 창작능력을 발휘하는 것에 지나지 않는다.[46]

대법원도 "이 사건 등록고안은 유압실린더의 작동로드 상단의 연결부위를 적재함 내측 단으로 구체적으로 한정하고 있는 반면 비교대상고안 2는 그 연결부위가 적재함 중앙부인 점에서 차이가 있으나, 유압실린더 작동로드의 적재함에 대한 구체적인 연결 위치는 덤프장치 제조의 편의성, 유압실린더의 길이에 따른 강도, 유압펌프의 용량 등을 고려하여 효과적인 덤프작업이 가능하도록 통상의 기술자가 통상의 창작능력을 발휘하여 쉽게 변경할 수 있는 사항에 지나지 아니하고, 유압실린더의 작동로드 상단을 적재함의 끝부분에 위치시킴으로서 좀 더 용이하게 적재함을 들어 올릴 수 있는 정도의 효과의 차이는 통상의 기술자가 쉽게 예측 가능한 정도에 불과하다 할 것이다."[47]라고 판시하여 통상의 기술자가 통상의 창작능력을 발휘하여 쉽게 도출할 수 있는 발명은 진보성이 부정된다고 판단하였다.

특허청 심사 기준에 따르면, 통상의 기술자가 '통상의 창작능력의 발휘'에 해당하는 유형으로 균등물에 의한 치환, 기술의 구체적 적용에 따른 단순한 설계변경, 일부 구성요소의 생략, 단순한 용도의 변경·한정, 공지 기술의 일반적인 적용, 수치범위의 최적화 또는 호적화 등을 제시하고 있다.[48]

따라서 특허발명과 선행기술의 차이가 단순히 균등물에 의한 치환, 기술의 구체적 적용에 따른 단순한 설계변경, 일부 구성요소의

---

46) 특허청, 특허·실용신안 심사지침서, 3307면 참조.
47) 대법원 2007. 9. 6. 선고 2007후1527 판결 참조.
48) 특허청, 특허·실용신안 심사지침서, 3307-3310면 참조.

생략, 단순한 용도의 변경·한정, 공지 기술의 일반적인 적용, 수치범위의 최적화 또는 호적화 등에만 있다면, 그러한 차이는 통상의 기술자가 통상의 창작능력을 발휘하여 쉽게 극복할 수 있는 것이라고 볼 수 있다.

다만, 선행기술과 차이를 보이는 특허발명의 구성요소가 선행기술과는 다른 기술적 과제를 해결하기 채택된 수단에 해당하거나, 그러한 구성요소가 다른 구성요소와 유기적으로 결합되어 새로운 작용효과를 나타내는 경우라면, 그것을 섣불리 통상의 창작능력 범위 내라고 평가하여서는 안 될 것이다.[49]

실무상 특허발명과 선행기술의 기술적 구성이 다르더라도 그 기능이 동일하고 작용효과 면에서도 별다른 차이가 없을 때 이를 단순 설계변경 사항 내지 단순 선택 사항 등이라고 하여 진보성을 부정한다는 판단을 많이 하고 있으나, 통상의 기술자의 통상의 창작능력의 발휘에 해당하는지에 대해서는 기술적 과제, 다른 구성요소와의 결합 정도, 작용효과의 차이 등을 종합적으로 고려하여야 할 것으로 보인다.

(4) 진보성 심리 방식의 구체적인 개선 방향

종래 실무는 진보성 부정을 주장하는 측에서 구성요소가 모두 공지되어 있음을 밝히기만 하면, 결합의 용이성에 관하여 별도의 증거를 통한 증명 없이 곧바로 진보성 여부를 판단하여 왔다. 보통 구성요소의 공지 여부를 밝히기 위해 선행기술에 관한 명세서가 서증으로 제출되는 것은 당연히 요구되나, 이를 넘어서 결합의 용이성에 관한 근거 자료가 별도의 증거로서 제출되는 경우는 매우 드물었다.

---

49) 윤태식, "진보성 등 판단에 있어서 설계변경사항의 한계", 특허판례연구(개정판), 박영사(2012), 259-266면 참조.

그 결과 결합의 용이성에 관한 판단을 한다고 하더라도, 대부분 해당 발명 및 선행기술의 명세서에 기재된 내용만을 근거로 양 발명의 기술분야가 서로 관련되어 있고, 기능이나 작용이 공통되어 있으며, 부정적 교시 등 결합을 방해할 만한 별다른 기재가 없다는 정도만으로 결합의 용이성을 인정하는 경우가 많았다.

그런데 진보성 판단의 객관성과 예측가능성을 제고하기 위해서는 통상의 기술자의 출원 당시의 기술수준, 기술상식, 해당 기술분야의 기본적 과제, 발전 경향, 해당 업계의 요구 등과 같은 진보성 판단 자료에 관하여 증거를 통한 충분한 사실심리가 이루어져야 한다. 특허법원도 이러한 점을 의식하여서지 기존의 명세서 등 서증 위주의 사실심리에서 탈피하여 전문가 증인, 전문심리위원, 검증·감정, 사실조회 등 다양한 증거방법을 통해 사실심리를 충실화하고자 노력하고 있다. 이러한 점은 특허법원의 최근 통계에서도 잘 드러나는데, 특허 사건에서 기존의 서증 외에 전문가 증인, 전문심리위원원 등을 심리에 활용한 사례가 지속적으로 증가하고 있음을 알 수 있다.[50)

또한, 대법원은 "행정소송의 일종인 심결취소소송에 직권주의가 가미되어 있다고 하더라도 여전히 변론주의를 기본 구조로 하는 이상, 심결의 위법을 들어 그 취소를 청구할 때에는 직권조사사항을 제외하고는 그 취소를 구하는 자가 위법사유에 해당하는 구체적 사실을 먼저 주장하여야 하고, 따라서 법원이 당사자가 주장하지도 않은 법률요건에 관하여 판단하는 것은 변론주의 원칙에 위배되는 것이다."라고 판시하여 특허소송에서도 변론주의 원칙이 적용됨을 분명히 한 바 있다.[51)

---

50) 특허 사건에서 전문가 증인, 전문심리위원 등이 채택된 건수가 2010년의 경우에는 11건에 불과하였으나, 2015년의 경우에는 67건으로 급증하였다.
51) 대법원 2011. 3. 24. 선고 2010후3509 판결 참조. 위 판결에 대한 해설로는

그런데 종래에는 특허 무효를 주장하는 측은 특허발명의 개별 구성요소가 공지되어 있는 선행기술(들)을 제시하는 것만으로 주장·증명책임을 다한 것으로 운용되어 왔으나, 앞서 살핀 바와 같이 결합의 용이성 역시 중요한 요건사실에 해당하므로, 결합의 용이성 부분(주인용발명의 특정 및 주인용발명과 부인용발명 등의 구체적인 결합 방식 등 포함)에 대해서도 진보성을 부정하는 측에서 구체적으로 주장하도록 하여야 하고, 이를 뒷받침하는 증거도 제출하도록 실무를 개선해 나갈 필요가 있을 것으로 보인다.

마. 발명의 진보성 판단과 효과

(1) 문제의 소재

종래의 목적·구성·효과 대비 방식에 의할 때 발명의 효과도 진보성 판단의 요소에 해당함은 의문의 여지가 없는데, 이는 외국의 경우에도 마찬가지라고 할 수 있다. 이하에서는 발명의 진보성 판단 과정에서 발명의 효과를 어떻게 취급할 것인지, 현재 실무에서 개선해야 될 점이 무엇인지 등과 관련하여 외국의 기준을 먼저 살펴본 다음 우리나라에 맞는 기준을 검토해 보기로 한다.

(2) 미국

우선, 미국 특허청의 심사 기준에 의하면, ① 공지된 방법에 따라 선행기술의 구성요소들을 조합하여 예측가능한 결과를 얻은 경우[52]

전지원, "심결취소소송에서의 변론주의", 대법원판례해설 88호, 법원도서관(2011), 205-229면 참조.
52) 최승재, 전게논문(주 9), 377면 참조.

② 공지된 하나의 구성요소를 단순히 다른 것으로 치환하여 예측가
능한 결과를 얻은 경우[53] ③ 공지된 기술을 공지된 장치(방법 또는
물건)에 적용하여 예측가능한 결과를 얻은 경우[54] 등은 진보성이 부
정된다고 보는데, 이러한 유형들에서 공통적으로 발명의 효과(result)
가 참작된다고 할 수 있다.

한편, 법원의 판결들은 자명성 판단과 관련하여 구조·방법 측면에
서의 차이(구성의 차이)와 기능·효과 측면에서의 차이(효과의 차이)
를 절차적으로 다르게 취급하고 있다. 즉, 법원은 구조·방법 측면에
서의 차이는 해당 특허발명이 일응의 자명성(prima facie obviousness)을
충족하는지 여부를 판단하는 과정에서 고려하고, 기능·효과 측면에
서의 차이는 일응의 자명성이 번복될 수 있는지 여부를 판단하는 과
정에서 고려하는 경향이 있다. 따라서 법원은 '예상할 수 없었던 결
과'에 관한 증거를 일응의 자명성을 극복할 수 있는지 여부와 관련
하여 고려하고 있다.

(3) 유럽

유럽 특허청이 채택하고 있는 과제 해결 접근법의 맥락에서 기술
적 과제는, 해당 발명이 가장 근접한 선행기술을 넘는 기술적 효과
를 제공하기 위하여 가장 근접한 선행기술을 수정하고 변경하는 목
표와 작업을 의미한다. 이와 같이 기술적 과제의 설정과 관련하여
발명의 효과는 중요한 고려요소가 되기 때문에, 유럽의 진보성 법리
를 효과 중심 접근법(effect-based approach)라고 부르기도 한다.[55]

또한, 유럽 특허청의 심사 기준에 의하면, 예측되지 않던 기술적

---

53) 상게논문, 377-378면 참조.
54) 상게논문, 378면 참조.
55) EPO Guidelines for Examination, Part G Chapter Ⅶ. 5.2.

효과는 진보성을 긍정하는 지표가 될 수 있다. 그러한 기술적 효과
는 청구된 발명(청구항)으로부터 기인하는 것이어야 하고, 오직 명세
서에만 기재된 부가적인 특징들로부터 기인하는 것이어서는 안 된
다.[56]

선행문헌들에 나타난 교시의 결합으로부터 유리한 기술적 효과
가 예측 가능하기 때문에 통상의 기술자가 발명에 도달하는 것이 이
미 자명한 경우라면, 추가적인 효과의 발생과 무관하게 발명의 진보
성은 부정된다.[57] 즉, 선행기술이 통상의 기술자로 하여금 특정한 해
결책을 채택하도록 유도함으로써 기술적 과제의 본질적인 부분이
선행기술에 의해 자명해진 경우라면, 해당 발명의 진보성은 부정되
고, 그 외의 예상하지 못한 보너스 효과만으로는 진보성이 인정될
수는 없다.[58]

만일 객관적인 기술적 과제가 설정되고, 그러한 과제에 대한 특
정한 해결책이 선행기술의 관점에서 통상의 기술자에게 자명한 경
우라면, 그 해결책은 진보성을 결여한 것으로 평가되고, 이러한 결론
은 해당 발명이 추가적인 과제를 해결하였다는 사실에 의해 바뀌지
않는다. 그러한 상황 하에서 특허 청구된 발명의 놀라운 효과는 진
보성의 존재를 긍정하는 지표로 사용될 수 없다.[59] 특히 통상의 기
술자가 선행기술로부터 출발하여 해당 발명에 이르는 데에 다른 대
체로(alternatives)가 없어서 '일방통행로'(one-way street) 상황에 해당하
는 경우라면, 이때 발생하는 효과는 단순히 보너스 효과에 불과하므
로, 진보성 인정에 도움을 줄 수 없다.[60]

---

56) EPO Guidelines for Examination, Part G Chapter Ⅶ. 10.1.

57) T 365/86, T 350/87, T 226/88.

58) T 69/83, T 231/97, T 170/06.

59) T 936/96.

60) T 192/82.

(4) 일본

일본 특허청의 심사 기준에 의하면, 명세서 등에 명시적으로 기재된 청구항 기재 발명의 유리한 효과가 발명의 진보성을 긍정하는 요소로 참작될 수 있다. 여기서 유리한 효과란 인용발명에 비해 청구항에 기재된 발명이 더 유리하다는 것을 의미하고, 그러한 효과는 청구항에 기재된 발명의 기술적 구성에 의해 도출되는 것이어야 한다.[61]

청구항 기재 발명과 인용발명 사이의 효과의 대비는 통상의 기술자가 청구항 기재 발명에 용이하게 도달할 수 있을지 여부를 판단하는 과정에서 이루어져야 하는데, 통상의 기술자가 인용발명에 의하여 청구항 기재 발명에 용이하게 도달할 수 있다는 점이 충분하게 논증되는 경우라면 더 나은 효과의 유무와 관계없이 발명의 진보성은 부정된다.[62]

그러나 인용발명의 특정 사항과 청구항 기재 발명의 특정 사항이 서로 유사하고, 통상의 기술자가 복수의 인용발명을 결합하여 청구항 기재 발명을 용이하게 생각해 낼 수 있는 것으로 보이는 경우라할지라도, 청구항 기재 발명이 인용발명에 비해 이질적인 효과를 갖거나 동질의 현저한 효과를 가지며, 이러한 효과가 해당 기술수준으로부터 통상의 기술자가 예측할 수 있는 범위를 넘어서는 경우라면 진보성이 긍정될 수 있다.

특히 화학분야의 발명 등과 같이 물건의 구성에 의해 효과의 예측이 쉽지 않은 기술분야에 있어서는 인용발명과 대비하여 더 나은 효과를 갖는다는 점이 진보성의 존재를 긍정하기 위한 보다 유력한 자료가 될 수 있다.[63]

---

61) 일본 특허 심사기준 제2부 제2장 2.5. (3)
62) 일본 특허 심사기준 제2부 제2장 2.5. (3) Ⅰ.

마찬가지로 특허발명의 조성물을 구성하는 개개의 성분이 공지
되었다고 하더라도, 그 결합의 결과 예측될 수 없었던 현저한 효과
를 낳는 경우라면, 그 특허발명은 인용발명들로부터 용이하게 도달
할 수 있는 것이라고 보기 어렵다.[64]

(5) 검토

미국, 유럽, 일본 등 다른 나라의 진보성 판단 기준을 종합하여
보면, 발명의 효과가 진보성 판단 시에 고려해야 될 요소에 해당함
에는 의문의 여지가 없으나, 효과의 현저성이 구성의 곤란성과 대등
한 지위를 갖는 판단 요소라고 보기는 어려워 보인다. 즉, 구성의 곤
란성에 대한 판단이 불명확한 경우에 효과의 현저성이 중요한 참작
요소가 될 뿐, 구성의 곤란성에 대한 판단이 그 자체로 명확한 경우
에는 효과에 대한 판단은 필요하지 않는다고 보는 것이 대체적인 경
향인 것 같다.

진보성 판단의 요소 중 어느 것을 중시할 것인지와 관련하여 종
래 구성중심설, 효과중심설, 예측가능성설 등의 견해의 대립이 있어
왔고,[65] 효과를 진보성 판단에 참작할 것인지와 관련하여서도 비참
작설, 간접사실설, 독립요건설 등의 견해의 대립이 있어 왔다.[66]

일반적으로 선행기술과 대비하여 출원 당시의 기술수준에 비추
어 효과가 이질적이거나 양적으로 현저하게 증대된 경우에 '효과의
현저성'이 있다고 본다. 발명의 효과가 현저한 이상, 그와 같은 발명

63) 일본 특허 심사기준 제2부 제2장 2.5. (3) Ⅰ.
64) 東京高判 昭52. 9. 7.[昭和 44(行ケ)107].
65) 조영선, "발명의 진보성 판단에 관한 연구", 사법논집 37집, 법원도서관(2004), 112-119면 참조.
66) 구체적인 내용은 한동수, "발명의 진보성 판단기준", 특허소송연구 4집, 특허법원(2008), 500-502면 참조.

이 용이한 것이었다면 통상의 기술자가 그와 같은 발명에 이르지 않은 채 방치하였을 리가 만무한 것이므로, 발명의 효과가 현저하다는 것은 결국 통상의 기술자가 그와 같은 발명에 이르는 것이 용이하지 않다는 유력한 근거가 되는 것이다.[67] 즉, 발명의 효과가 현저하다는 것은 발명을 구성하는 개별 구성요소를 채택하고 이를 결합하여 특허발명에 이르는 것이 어렵다는 것이 되므로, 발명 전체의 효과도 개별 구성요소의 채택 가능 여부 및 그 결합의 곤란성 여부를 판단하면서 함께 고려될 수밖에 없다.

다만, 발명의 실체는 객관적으로 드러나는 구성으로 표현되는 것이므로, 통상 '구성의 곤란성'을 중심으로 진보성을 판단하되, 구성의 곤란성 유무가 불분명한 경우에 효과의 현저성 유무를 중요하게 참작하게 진보성을 판단하는 것이 옳다고 본다. 그와 같이 해석하는 것이 앞서 살펴본 주요국의 법리와 부합할 뿐만 아니라, 현재의 심사·심판·소송 실무와도 부합하는 합리적인 해석으로 보인다.

그런데 종래 특허 실무를 보면, 구성의 곤란성과 효과의 현저성의 결론이 서로 다른 경우는 찾아보기 힘들었기 때문에, 구성의 곤란성과 효과의 현저성이 항상 한 세트로 움직이는 것처럼 보여, 법원이 진보성에 관한 결론을 먼저 내린 후 구성의 곤란성과 효과의 현저성을 맞춰가는 것이 아니냐는 비판을 받아 왔다.[68] 구성의 곤란성이나 효과의 현저성에 관한 증거나 논증 과정에 충분히 설시되지 않았던 종래의 판결문에서는 위와 같은 오해의 소지가 다분하였다고 볼 수 있다.

생각건대, 발명의 진보성 판단에 있어 효과의 검토는 구성의 곤란성 유무에 따라 달라질 수 있다고 본다. 먼저, 구성의 곤란성이 명백히 인정되는 경우에는 효과의 현저성 유무를 더 이상 묻지 않고도

---

67) 법원행정처, 전게서(주 18), 56면 참조.
68) 정차호, 전게서(주 2), 275면.

진보성이 부정되지 않는다고 할 것이다. 마찬가지로 구성의 곤란성이 명백히 부정되는 경우에는 효과의 현저성 유무를 더 이상 묻지 않고도 진보성이 부정된다고 할 것이다. 따라서 위와 같은 경우에 있어서는 원칙적으로 효과의 현저성 유무에 관한 별도의 판단을 할 필요는 없다. 물론, 위와 같은 경우에 있어서도 판결문상 진보성 인정 또는 부정이라는 결론의 설득력을 높이기 위해 효과의 현저성 유무에 대한 판단을 추가로 설시할 수 있으나, 이는 판결 결론의 논거를 보충하기 위한 것임을 유념할 필요가 있다.

반면, 구성의 곤란성 유무에 대한 판단이 불분명한 경우에는 효과의 현저성을 중요하게 참작할 필요가 있다. 즉, 특허발명의 구성이 선행기술의 그것과 차이가 있고, 그것이 주지관용기술의 단순한 부가·변경·삭제의 정도를 넘는 것이기는 하나, 출원 당시 통상의 기술자의 기술수준에서 기술적 과제의 해결로서 제시한 구성의 변경이 용이한지 여부가 애매할 경우에는 효과의 현저성 유무를 중요하게 참작하여 진보성 유무를 판단할 수 있다.

실무상 화학·의약·유전자 분야의 발명 등은 구성의 곤란성 유무를 판단하기 어렵고, 구성만으로 효과의 예측이 쉽지 않은 분야에 속하므로, '효과의 현저성' 유무에 의하여 진보성 부정 여부가 판가름되는 경우가 많다. 위와 같이 구성의 곤란성 유무에 대한 판단이 불분명한 사안에서는 구체적인 논리 구조로서, 구성의 곤란성에 관한 판단 부분에서는 특허발명이 선행기술에 비하여 구성의 차이가 있음을 밝힌 다음, 그러한 차이점이 통상의 기술자 입장에서 쉽게 극복할 수 있는지 여부와 관련하여 효과의 현저성 유무를 참작하되, 효과의 현저성이 인정되면 통상의 기술자가 그러한 차이점을 쉽게 극복할 수 없다고 보아 진보성이 부정되지 않는다고 판단하고, 효과의 현저성이 인정되지 않으면 통상의 기술자가 그러한 차이점을 쉽게 극복할 수 있다고 보아 진보성이 부정된다고 판단하면 될 것이다.

이론적으로 볼 때 구성의 곤란성 및 효과의 현저성이 동시에 인정되거나, 동시에 부정되는 경우라면 진보성 부정 여부의 판단에 별다른 어려움이 없을 것이나, 구성의 곤란성은 인정되지만 효과의 현저성은 인정되지 않는 경우 및 구성의 곤란성은 부정되지만 효과의 현저성은 인정되는 경우에 있어 이를 어떻게 취급할 것인지가 문제된다.

우선, 구성의 곤란성은 인정되지만 효과의 현저성은 인정되지 않는 경우 구성중심설의 관점에서는 이른바 '기술의 풍부화'에 기여한 것이어서 진보성을 인정해야 한다고 볼 수 있으나, 효과중심설의 관점에서는 진보성을 부정할 수밖에 없다. 한편, 구성의 곤란성은 부정되지만 효과의 현저성은 인정되는 경우 구성중심설의 입장을 일관되게 적용하면 진보성을 부정할 수밖에 없지만, 효과중심설의 관점에서는 진보성을 인정해야 한다고 보게 된다.

그러나 구성중심설이나 효과중심설은 다분히 이론적인 설명의 편의를 위한 것이고, 구성의 곤란성과 효과의 현저성이 상호 별개 독립적으로 진보성 판단의 기준이 된다고 보기는 어렵다. 또한, 실제 구성중심설의 입장에 선다고 하더라도, 효과에 대한 아무런 검토 없이 구성 자체만으로 구성의 곤란성 유무가 명백한 경우는 실제 사례에서 찾아보기 힘들다. 실제에 들어가 보면, 구성의 곤란성을 판단하는 것은 결코 쉬운 일이 아니고, 대부분의 판단 작용에 있어 구성의 차이로 인하여 효과가 어떻게 달라지는가, 그 효과의 현저성은 어느 정도인가가 결국 구성의 곤란성을 평가하는 결정적 요소가 되는 것이 현실이다. 나아가 효과의 현저성을 판단하는 것 즉, 선행기술에 비하여 어느 정도 개선된 효과가 있어야 현저하다고 평가할 수 있는지도 구성의 곤란성 등과의 상관관계 하에서 결정될 수밖에 없다.

따라서 앞서 취한 구성중심·효과참작설의 기준에 따르더라도 실제 사안에서 효과에 대한 검토 없이 구성의 곤란성 유무만으로 진보

성 판단의 결론이 내려지는 경우는 드물고, 구성과 효과에 대한 종합
적인 검토 하에 진보성 판단의 결론이 내려져야 할 것으로 보인다.

종래 실무에서 구성의 차이는 있지만 효과의 차이가 크지 않은
경우, 기술의 풍부화에 기여하였다고 하여 구성의 곤란성을 긍정할
수도 있지만, 많은 경우 통상의 기술자가 동일한 효과를 갖는 기술
적 수단들 중에서 단순 선택한 것이라고 보아 구성의 곤란성을 부정
하는 판단을 해 온 것이나, 구성의 차이는 미미하지만 효과의 차이
가 커 보이는 경우, 현저한 효과가 발생하였다고 하여 효과의 현저
성을 긍정할 수도 있지만, 많은 경우 기술적 구성이 동일한 이상 그
효과도 예측 가능한 범위 내라고 하여 효과의 현저성을 부정하는 판
단을 해 온 것도 진보성 판단에 있어 구성과 효과가 독립된 별개의
판단 요소가 아닌 서로 상관관계를 갖는 판단 요소임을 뒷받침하는
것이라고 하겠다.

바. 발명의 진보성 판단과 2차적 고려사항

(1) 문제의 소재

앞서 본 바와 같이 발명의 진보성 판단은 발명의 구성을 중심으
로 검토하되, 기술적 과제(목적) 및 효과도 중요한 고려요소로 참작
하여야 한다. 한편, 이러한 고려요소들 외에도 상업적 성공 등과 같
은 2차적 고려사항(secondary consideration)도 함께 고려되어야 한다.
이하에서는 먼저 2차적 고려사항에 관한 외국의 법리를 소개하고,
우리나라 판례의 태도를 검토한 후, 2차적 고려사항을 진보성 판단
에 어떻게 그리고 어느 정도로 고려할 것인지 등에 대해 살펴보고자
한다.

(2) 미국

앞서 본 Graham 판결에서는 비자명성 요건의 판단 시 비자명성에 대한 객관적 근거(소위 2차적 고려사항이라고 하는 상업적 성공, 오랫동안 해결되지 못했고 특허 청구된 발명에 의하여 비로소 해결된 기술적 과제, 경쟁자들의 실패 등)의 검토가 이루어져야 한다고 판시한 바 있다.[69] 위 판결에서 2차적 고려사항을 고려할 수 있다고 판시한 이후로 이러한 2차적 고려사항만으로 진보성을 인정할 수 있을 것인가에 논의의 초점이 맞추어지고 있는데, 연방대법원은 2차적 고려사항의 위치 및 비중에 관하여 명시적인 언급을 하지 않고 있다.

2차적 고려사항의 위치 및 비중과 관련하여 다음과 같은 3가지 입장이 존재한다. 첫째, 2차적 고려사항은 진정하게 '2차적으로' 검토하는 것 즉, 자명성 여부가 의심스러울 때(in doubt)에만 이를 고려해야 한다는 입장이다.[70] 둘째, 2차적 고려사항은 자명성 결론을 보강하는 자료로서만 사용될 뿐, 그 자체가 자명성 판단에 영향을 미칠 수 없다는 입장이다.[71] 셋째, 2차적 고려사항은 자명성 문제와 관련하여 항상 관련이 있고, 제출된 증거의 실질적인 증거가치를 상당한 주의를 가지고 반드시 검토하여야 한다는 입장이다.[72] 이러한 입장은 CAFC의 현재 주류적 태도라고 할 수 있는데, CAFC는 In re Sernaker 사건에서 2차적 고려사항은 항상 검토되어야 하는 것이고, 침해 사건뿐만 아니라 특허심사 단계에서도 그것이 제출되는 한 반드시 검토되어야 한다고 판시한 바 있고,[73] Truswal Systems Corp. v. Hydro-Air Engineering Inc. 사건에서는 "적어도 Graham 판결 이후로 상업적 성공

---

69) 383 U.S. 1 (1966).
70) 453 F.2d 132, 136, 171 USPQ 277, 280 (9th Cir. 1971).
71) 220 U.S. 428 (1911).
72) 697 F.2d 1313, 217 USPQ 702 (9th Cir. 1983).
73) 702 F.2d 989, 217 USPQ 1 (Fed. Cir. 1983).

과 같은 2차적 고려사항은 명백히 중요해졌다. 그러한 증거는 시간 적으로 '2차적인' 것을 의미할 뿐, 그 중요성 측면에서 '2차적인' 것을 의미하지는 않는다."라고 판시하였다.[74]

미국 판례에서 2차적 고려사항으로 검토된 것으로는 오래된 필요 및 타인의 실패(long-felt need and failure of others)[75], 상업적 성공 (commercial success)[76], 경쟁업자의 승복 및 라이센싱(commercial acquiescence and licensing)[77], 전문가의 승인(professional approval)[78], 타 인에 의한 복제(copying by others)[79] 등이 있다.

(3) 유럽

유럽에서도 2차적 지표(secondary indicators)는 진보성 판단 시에 고 려될 수 있다. 다만, 다수의 심결 예에서 2차적 지표는 그 자체로 진 보성 판단을 대체할 수 없고, 하나의 고려요소에 불과한 것으로 취 급되어 왔다. 즉, 그러한 2차적 지표는 진보성 존부가 의심스러운 사 건 즉, 선행기술의 교시에 대한 객관적인 평가가 명확한 결론을 제 공하지 못하는 사건에서만 중요한 의미를 갖는다. 따라서 2차적 지 표는 진보성 판단의 부차적인 고려요소이다.[80]

유럽의 심결 예에서 2차적 지표로 검토한 것으로는 기술적 편견 (technical prejudice)[81], 오래된 필요의 충족(satisfaction of a long-felt need)[82],

---

74) 813 F.2d 1207, 1212, 2 USPQ2d 1034, 1038 (Fed. Cir. 1987).
75) 212 F.3d 1272, 54 USPQ2d 1673 (Fed. Cir. 2000).
76) 383 U.S. 1 (1966).
77) 976 F.2d 1559, 24 USPQ2d 1321 (Fed. Cir. 1992).
78) 383 U.S. 39. 148 USPQ 479 (1966).
79) 220 U.S. 428 (1911).
80) T 645/94, T 284/96, T 1072/92.
81) T 119/82, T 48/86.
82) EPO Guidelines for Examination, Part G Chapter VII. 10.3.

상업적 성공(commercial success)[83], 시장 경쟁자들의 행위[84], 예측되지 않던 기술적 효과(unexpected technical effect)[85] 등이 있다.

(4) 일본

일본에서도 발명의 제품이 상업적으로 성공하였다는 사실은, 그러한 상업적 성공이 판매 기법이나 광고 등과 같은 다른 요인이 아니라, 청구항 기재 발명의 기술적 특징에서 기인하였다는 출원인의 주장 및 입증이 있는 경우에 한하여, 진보성을 긍정하는 요소로 참작될 수 있다.[86]

예컨대, 청구항 기재 발명은 정유 공장에 남아 있는 가스를 배기 가스로 활용하는 기술에 관한 것으로서 이러한 발명은 큰 상업적 성공을 거두었다. 이는 원재료를 매우 싸게 공급받을 수 있으면서 잔류물을 효과적으로 활용하는 방법이었기 때문에 그 효과가 매우 현저한 것이었다. 이러한 사안에서 일본 법원은 청구항 기재 발명이 통상의 기술자가 용이하게 도달할 수 있는 것이라고 보기 어렵다고 판단하였다.[87]

다만, "본건 고안의 실시품이 시판 후 즉시 많은 수요를 불러일으켜 시장 수요의 태반을 차지하였다는 주장이 진실일지라도, 진보성이 없다고 인정되는 이상, 그와 같은 사정은 진보성의 판단을 좌우하기에 충분하지 않다."라고 하여 상업적 성공은 진보성 여부가 명확하지 않은 사안에서 부차적으로 고려되는 요소라고 본 판례도 있다.[88]

---

83) EPO Guidelines for Examination, Part G Chapter Ⅶ. 10.3.
84) T 252/06.
85) EPO Guidelines for Examination, Part G Chapter Ⅶ. 10.1.
86) 일본 특허 심사기준 제2부 제2장 2.8. (6).
87) 東京高判 平4. 12. 9.[平成元(行ケ)180].
88) 東京高判 昭62. 7. 21.

한편, 효과가 큰 것임에도 불구하고 오랫동안 그것을 실시한 자가 없었다는 사정 또는 요망되고 있으면서도 오랫동안 해결되지 않았던 과제였다는 사정 등도 진보성을 긍정하는 요소로 참작될 수 있다. 다만, 해결하려고 하면 쉽게 해결할 수 있는 과제이면서도 시장성 등이 없기 때문에 관련 업계에서 해결에 흥미를 보이지 않았던 경우에 불과하다면, 진보성을 긍정하는 요소로 참작하기 어렵다.[89)]

판례 중에는 "본건 출원 전에 당업자들이 본건 방법보다 열악한 방법을 실시하고 있었다면, 특별한 사정이 없는 한 본건 방법을 쉽게 생각해 낼 수 있는 것이라고 볼 수 없다."라고 판시한 것이 있는가 하면[90)], "단순히 종래 실시된 사실이 없다고 하여 곧바로 진보성이 있다고 단정할 수 없다. 생각건대, 특정한 방법이 어느 정도의 작용효과를 발생시킨다고 하더라도 그 반면에 실용상 방해가 되는 결점도 수반하기 때문에 당업자가 굳이 이것을 실시하지 않는 경우도 있기 때문이다."라고 판시한 것도 있다.[91)]

(5) 판례의 태도

우리나라의 판례는 2차적 고려사항 중 상업적 성공에 관하여 언급한 것이 보일 뿐 다른 사항에 관한 것은 예를 거의 찾아보기 힘들다.[92)] 상업적 성공에 관한 대법원 판례를 보면, ① 효과의 현저성을 근거로 진보성을 인정하면서 상업적 성공도 진보성 인정의 사유가 될 수 있다고 설시한 사례[93)], ② 목적, 구성, 효과의 판단에서 진보성

---

89) 吉藤辛朔 著, YOU ME 特許法律事務所 譯, 特許法槪說(第13版), 대광서림 (2000), 153면 참조.
90) 大審判 昭12. 3. 3.
91) 東京高判 昭43. 12. 10.
92) 한동수, "심결취소소송에서 주지관용기술의 증명 방법 및 발명의 진보성 판단시 2차적 고려사항", 대법원판례해설 76호, 법원도서관(2008), 394면 참조.

을 부정한 뒤 상업적 성공만으로는 진보성을 인정할 수 없다고 설시한 사례[94], ③ 위 ②와 동일한 설시를 하면서 단지 "상업적으로 성공하였다는 점은 진보성을 인정하는 하나의 자료로 참고할 수는 있지만"이라는 표현을 부가한 사례[95] 등으로 분류해 볼 수 있으나, 아직까지 상업적 성공 등과 같은 2차적 고려사항이 결론에 직접적으로 영향을 미친 사례는 없는 것 같다.

대법원은 "당해 발명의 실시품이 상업적으로 성공하였다는 점 등의 2차적 고려사항은 진보성을 인정하는 하나의 자료로 참고할 수는 있지만, 이러한 2차적 고려사항의 존재 자체만으로는 진보성이 인정된다고 할 수는 없고, 발명의 진보성에 대한 판단은 우선적으로 명세서에 기재된 내용 즉, 발명의 목적, 구성, 작용효과를 토대로 선행공지기술에 기하여 통상의 기술자가 용이하게 발명할 수 있는지 여부에 따라 판단되어야 하는 것이므로, 이러한 2차적 고려사항이 존재한다는 사정만으로는 진보성을 인정할 수 없다"라고 판시하여 2차적 고려사항을 진보성 판단 시 하나의 자료로 참고할 수 있을 뿐, 2차적 고려사항만으로 진보성을 인정할 수는 없다는 입장을 취하는 것 같다.

(6) 검토

생각건대, 2차적 고려사항은 그것이 제출되는 한 진보성 판단에

---

93) 대법원 1995. 11. 28. 선고 94후1817 판결, 대법원 1996. 10. 11. 선고 96후559 판결.
94) 대법원 2004. 11. 12. 선고 2003후1512 판결, 대법원 2008. 8. 21. 선고 2006후3472 판결.
95) 대법원 2005. 11. 10. 선고 2004후3546 판결, 대법원 2008. 5. 29. 선고 2006후3052 판결, 대법원 2009. 7. 23. 선고 2009후78 판결, 대법원 2010. 1. 28. 선고 2007후3752 판결.

있어 참작되어야 한다. 그러나 그것이 구성의 곤란성을 중심으로 한 진보성 판단의 결론을 대체할 수는 없고, 구성의 곤란성 유무가 명백하지 않은 경우에 부차적으로 고려되는 요소라고 할 것이다. 다만, 2차적 고려사항을 진보성 판단의 독자적인 증거로 사용할 수 없다고 하더라도, 최소한 적극적인 검토 자료로 채택하여야 할 것이다.[96] 더욱이 구성이 비교적 간단하여 구성의 곤란성이 쉽게 인정되지 않아 보이는 사건의 경우 2차적 고려사항에 관한 검토를 좀 더 신중하게 할 필요가 있다.

상업적 성공 등 2차적 고려사항으로 언급되는 것들의 상당수는 다른 관점에서 보면 발명의 효과에 관한 객관적인 지표에 해당하므로, 쉽사리 그 증거 가치를 부정할 것이 아니라, 효과의 현저성을 입증하는 객관적인 자료로서 중요하게 검토하여야 할 것으로 보인다. 예컨대, 특허법원 2014. 7. 10. 선고 2013허4497 판결(확정)에서는 등록고안에 따른 제품이 상업적으로 성공하였다는 실용신안권자의 주장과 관련하여, 법원은 전문가 증언 등을 통해 등록고안과 같은 R형 핀 튜브 응축기가 주인용고안과 같은 종래의 박스형 핀 튜브 응축기에 비해 우수한 열 교환 효율을 갖고, 그로 인해 상업적 성공에 이르게 되었음을 전제로 효과의 현저성을 인정함으로써 진보성이 부정되지 않는다고 판단하였다. 이 사건은 상업적 성공의 주장을 발명의 효과와 연계하여 판단한 사안이라고 할 수 있다.

또한, 오래된 필요 및 타인의 실패 등과 같은 요소들은 2차적 고려사항으로 언급되는 것이기는 하나, 한편으로는 통상의 기술자의 기술수준을 나타내는 지표에도 해당할 수 있기 때문에, 2차적 고려사항이라는 명목 하에 그 검토를 소홀히 해서는 안 된다고 할 것이다. 예컨대, 해당 기술분야에서 오랫동안 문제점이 인식되었음에도

---

96) 강경태, "2차적 고려사항", 특허판례연구(개정판), 박영사(2012), 274-275면 참조.

그것이 해결되지 못하였다는 사정은 그만큼 해당 분야의 통상의 기술자의 기술수준이 낮다는 추론이 가능하기 때문에, 진보성을 보다 넓게 인정할 여지가 있다고 할 것이다.

제3절 용이성 판단 시 사후적 고찰 방지 방안

가. 문제의 소재

앞서 본 바와 같이 발명의 진보성을 판단함에 있어서는 출원 시를 기준으로 즉, 발명이 아직 존재하지 않음을 전제로 과연 통상의 기술자가 선행기술로부터 해당 발명을 도출하는 것이 용이한지 여부를 판단하여야 하고, 이미 해당 발명의 내용을 다 알고 있는 사후적 시각에 입각하여 용이 도출 여부를 판단하여서는 안 된다. 이는 흔히 사후적 고찰(hindsight)의 금지로 설명된다.

사후적 고찰이란 어떤 일의 결과를 알고 난 후에 마치 처음부터 그 일이 발생할 것이라고 알고 있었던 것처럼 지각하게 되는 현상을 말하며, 심리학에서는 이를 '사후 과잉 확신 편향'이라고 표현하기도 한다.[1] 주변에서 발생한 일에 대하여 실제로는 그 일을 예측할 수 없었음에도 불구하고 예측할 수 있었다고 믿는 것이고, 그에 따라 그 일에 대하여 크게 놀라지 않은 것이 이 편향을 구성하고 있는 핵심 요소이다. 우연에 의해 설명될 수 있는 역사적 사건들이 결과가 알려지고 난 후에는 대개 필연적인 사건들로 해석되는 것도 이 편향의 결과이다. 이 편향 때문에 사람들은 "나는 처음부터 그것을 알고 있었다."라는 착각을 자주 경험하게 된다.[2]

이러한 사후 과잉 확신 편향(사후적 고찰)은 매우 보편적이고 강력한 현상이고, 이러한 사후적 고찰의 오류가 특허발명의 진보성 판

---

1) 최인철, "사후 과잉 확신 편향과 인과 추론", 한국심리학회지 23권 1호, 한국심리학회(2004), 138면 참조.
2) 상게논문, 138면 참조.

단에서 가장 경계해야 할 것 중 하나라는 점에 대해서는 별다른 이론의 여지가 없다.[3] 특허발명의 경우 사후적 고찰이 특히 문제되는 이유는, 발명의 진보성을 판단하는 시점이 발명의 시점 이후이고, 판단의 관점 역시 발명자가 아닌 통상의 기술자일 뿐만 아니라, 문제되고 있는 발명이 종래의 발명과 어떻게 다르고 어떻게 실시되는가에 대한 상세한 설명이 모두 주어진 상태에서 발명의 진보성이 판단되어진다는 점에 있다. 따라서 특허발명의 진보성을 판단할 때, 사후적 고찰이 쉽게 일어날 수 있게 된다.[4]

이러한 사후적 고찰이 금지되어야 한다는 것은 특허법이 '출원시'를 진보성 판단의 기준시점으로 명시하고 있는 점에서 그 근거를 찾을 수 있는데, 만일 해당 발명에 관한 지식을 얻은 후에 사후적으로 선행기술을 바라보면 양 발명이 서로 흡사한 것처럼 보여 문제 해결 과정에서의 어려움을 쉽게 간과할 수 있고, 이로 인해 쉽게 진보성을 부정할 우려가 있다는 점에서도 당연한 원칙이라고 볼 수 있다.

대법원도 "진보성이 부정되는지 여부의 판단 대상이 된 발명의 명세서에 개시되어 있는 기술을 알고 있음을 전제로 하여 사후적으로 통상의 기술자가 그 발명을 용이하게 할 수 있는지를 판단하여서는 아니 된다."라고 하여 사후적 고찰이 진보성 판단에 있어 금지되는 것임을 명확히 하였다.[5]

---

3) Gregory N. Mandel, "Patently Non-Obvious: Empirical Demonstration that the Hindsight Bias Renders Patent Decision Irrational", 67 Ohio St. L.J. 1391(2006). 위 논문에서는 특허법에서 사후적 고찰이 비자명성 요건 판단에 미치는 영향에 관한 실증적 연구 결과를 소개하고 있는데, 그에 따르면 사후적 고찰은 예견되는 것보다 그리고 다른 법적 판단보다 훨씬 더 특허성 판단을 왜곡시킨다고 하고, 2차적 고려사항의 고려가 이러한 사후적 고찰의 문제를 치유하지 못하며, CAFC의 TSM 테스트나 연방대법원의 Graham framework도 이러한 사후적 고찰의 우려를 완전히 불식시킬 수 없다고 지적하였다.

4) 우라옥, "특허법상 진보성 판단과 사후적 판단", 기업법·지식재산법의 새로운 지평, 법문사(2011), 590면 참조.

위와 같이 사후적 고찰의 오류는 진보성 판단에 있어 가장 유의해야 할 요소라는 점에 대해서는 특허법을 아는 사람이라면 누구라도 동의하는 바이지만, 이러한 당위를 넘어서서 구체적으로 사후적 고찰의 오류를 방지 내지 감소하기 위한 구체적인 방법에 대해서는 아직까지 충분한 논의가 이루어지지 않고 있는 실정이다. 따라서 이하에서는 이러한 사후적 고찰의 오류를 방지 내지 감소시키기 위한 구체적인 방법론을 제시해 보고자 한다.

나. 선행기술의 범위

특허법상 진보성은 기술분야를 불문하는 신규성과는 달리, '그 발명이 속하는 기술분야에서 통상의 지식을 가진 사람'을 전제로 하는 개념이기 때문에 대비의 대상이 되는 선행기술 역시 그 발명이 속하는 기술분야에서 통상의 지식을 가진 사람 즉, 통상의 기술자가 접할 수 있는 것이어야 한다. 따라서 선행기술은 특허발명(출원발명)과 그 기술분야가 동일하거나 인접한 것이어야 하고, 그러한 점에서 선행기술의 범위는 제한된다고 할 수 있다.

그렇다면 양 발명의 기술분야가 동일하거나 인접하지 않은 경우에는 어떠한가? 이 점과 관련하여 판례는 "특허법 제29조 제2항에서 '그 발명이 속하는 기술분야'란 원칙적으로 당해 특허발명이 이용되는 산업분야를 말하므로, 당해 특허발명이 이용되는 산업분야가 비교대상발명의 그것과 다른 경우에는 비교대상발명을 당해 특허발명의 진보성을 부정하는 선행기술로 사용하기 어렵다 하더라도, 문제로 된 비교대상발명의 기술적 구성이 특정 산업분야에만 적용될 수 있는 구성이 아니고 당해 특허발명의 산업분야에서 통상의 기술을

---

5) 대법원 2007. 8. 24. 선고 2006후138 판결 등 참조.

가진 자가 특허발명의 당면한 기술적 문제를 해결하기 위하여 별다른 어려움 없이 이용할 수 있는 구성이라면, 이를 당해 특허발명의 진보성을 부정하는 선행기술로 삼을 수 있다."라고 판시한 바 있다.[6]

생각건대, 대법원이 위와 같은 판단 기준을 정립하게 된 것은, 특허발명이 이용되는 산업분야만을 고려하다 보면, 그 범위가 지나치게 좁아지게 되어 특허발명에 이용되는 기술적 구성이 다른 산업분야에 공지되어 있고, 특허발명을 이용하는 산업분야에서 그 다른 산업분야에서의 문제해결방법을 참조할 것이 충분히 예상됨에도 이를 진보성 판단에서 배제하는 불합리가 발생할 수 있음을 우려한 것으로 보인다.

그런데 이러한 판례의 기준은 어디까지나 선행기술이 특허발명과 이용되는 산업분야가 다르다는 이유만으로 선행기술의 범위에서 배제하여서는 안 된다는 점을 분명히 한 것일 뿐, 해당 선행기술의 기술적 구성이 '특허발명의 산업분야에서 통상의 기술을 가진 자가 특허발명의 당면한 기술적 문제를 해결하기 위하여 별다른 어려움 없이 이용할 수 있는 구성'인가에 관한 판단은 결합에 대한 암시나 동기 등을 살펴 객관적으로 판단되어야 할 문제에 해당한다. 만일 그러한 결합의 용이성에 관한 객관적인 판단이 뒷받침되지 않는다면, 이는 단순히 '할 수 있다(could)'를 넓힌 것일 뿐, 정작 '하려고 했을까(would)'의 판단은 제대로 하지 않은 결론에 이를 수 있고, 사실상 진보성 판단에 있어서의 선행기술 범위 제한을 무력화하는 결과를 낳게 할 수 있다.[7]

---

6) 대법원 2008. 7. 10. 선고 2006후2059 판결 참조.
7) 최승재, "결합발명의 진보성 심리 및 판단 방법에 개선을 위한 연구", 특별법연구 제12권, 사법발전재단(2015), 407면 참조.

다. 특허발명과 선행기술의 대비

진보성 판단을 위해서는 특허발명과 선행기술의 구성을 확정하고 이를 대비하는 작업이 필수적인데, 그 과정에서도 사후적 고찰의 우려가 상당히 존재한다. 특히 우리나라의 실무는 전통적으로 특허발명의 구성을 여러 개의 구성요소로 나누고, 그 각 구성에 대응되는 구성을 여러 개의 선행기술로부터 도출한 다음에 이를 결합할 수 있거나 당연히 도출할 수 있다는 판단 구조를 취해 왔다. 그런데 위와 같은 판단 구조를 취할 경우 부지불식간 선행기술 자체의 교시 내용에 비추어 볼 때 그와 같이 해석하기 어려운 것임에도 특허발명과 임의적으로 대응시켜 특허발명과 동일한 방식으로 작동할 것이라고 선행기술의 기술적 구성을 확정하게 될 가능성이 있다.

이러한 판단 방식은 결국 특허발명의 명세서에 기재된 내용을 로드맵 내지 청사진으로 삼아서, 특허발명과 대응되는 선행기술을 찾고, 해당 선행기술의 의미를 확정하는 결과가 되어 금지되어야 할 사후적 고찰의 양태에 해당한다. 사실 발명자의 입장에서 보면, 발명 행위에 있어서 가장 기본이 되면서도 어려운 작업은 수많은 선행기술들 중에서 자신이 해결하고자 하는 과제와 가장 관련성 있는 선행기술을 찾아내는 것이라고 할 것인데, 이미 발명이 된 내용을 알고 있음을 전제로 할 경우 그 과정은 자명한 것이라고 치부될 가능성이 크다.

이와 관련하여 대법원도 2007. 8. 24. 선고 2006후138 판결에서 "구 특허법(2006. 3. 3. 법률 제7871호로 개정되기 전의 것) 제29조 제2항에 따라 어떤 발명의 진보성이 부정되는지 여부를 판단하기 위해서는 통상의 기술자를 기준으로 하여 그 발명의 출원 당시의 선행공지발명으로부터 그 발명을 용이하게 할 수 있는지를 보아야 할 것이고, 진보성이 부정되는지 여부의 판단 대상이 된 발명의 명세서에 개시

되어 있는 기술을 알고 있음을 전제로 하여 사후적으로 통상의 기술
자가 그 발명을 용이하게 할 수 있는지를 판단하여서는 아니 된다."
라고 판시하였다.

　위 판례는 선행기술의 기술적 구성의 확정을 사후적 고찰과 관련
지은 것으로서, 선행기술의 해석은 출원시의 기술을 기준으로, 그 자
체적으로 해당 분야에서 통상의 지식을 가진 자의 입장에서 해석되
어야 하고, 선행기술 자체만을 두고 판단할 때에 구체적으로 개시된
것으로 해석되지 아니하는 구성을 특허발명에 개시된 구성과 임의
적으로 대응시켜 특허발명과 같은 방식으로 작동될 것이라고 해석
하여 단정하면 안 된다는 것을 분명히 한 것이다.[8]

　또한, 사후적 고찰을 줄이기 위해서는 선행기술과 특허발명을 대
비함에 있어서도 발명을 전체적으로 대비하는 것이 필요하다. 대법
원 2007. 9. 6. 선고 2005후3284 판결에서도 "특허발명의 진보성 여부
를 판단함에 있어서는 청구항에 기재된 복수의 구성을 분해한 후 각
각 분해된 개별 구성요소들이 공지된 것인지 여부만을 따져서는 안
되고, 특유의 과제 해결원리에 기초하여 유기적으로 결합된 전체로
서의 구성의 곤란성을 따져 보아야 할 것이며, 이 때 결합된 전체 구
성으로서의 발명이 갖는 특유한 효과도 함께 고려하여야 한다."라고
판시하여 발명의 진보성이 개개의 구성요소가 아닌 전체적인 유기
적 구성의 관점에서 판단하여야 한다는 점을 분명히 하였다.

　앞서 본 바와 같이 특허법원을 중심으로 발명 전체를 대비하는
방식으로 진보성을 판단하는 방식(발명 전체로 보아 특허발명과 주
인용발명의 공통점과 차이점을 파악한 후 차이점의 용이 도출 여부
를 판단하는 방식)이 점차 증가하는 추세에 있는데, 이 역시 특허발
명을 개별 구성요소로 나누어 선행기술과 대비할 때 노출될 수 있는

---

8) 우라옥, 전게논문(주 4), 610면 참조.

사후적 고찰의 우려를 극복하고자 하는 시도로 판단된다.

한편, 선행기술을 지나치게 상위개념화 내지 추상화하여 특허발명과의 공통성을 찾는 것 역시 특허 실무에 있어서 자주 문제되는 사후적 고찰의 유형 중 하나이다. 이러한 상위개념화는 선행기술 및 해당 특허발명의 명세서에 각각 기재되어 있는 구체적인 과제와 그 해결수단으로서의 구체적인 기술적 구성을 대비하는 것이 아니라, 과제에 관해서는 기술분야의 관련성을 가지고 있는 한, 구체적인 과제의 공통성의 유무를 무시하고, 해결수단에 관해서도 구체적인 기술적 구성으로서의 해결수단이 아니라 쌍방에서 채용되어 있는 해결원리에 있어서 공통하다면 진보성이 없다고 판단하는 경향을 가리킨다.[9]

이러한 상위개념화의 오류를 방지하기 위해서는 결국 선행기술을 파악함에 있어 특허발명의 관점이 아닌, 선행기술 자체의 관점에서 기술적 과제 및 과제 해결수단을 특정하고, 이를 기초로 특허발명과 대비하는 것이 필요하다고 할 것이다. 구체적인 방법론으로서, 선행기술에 대한 기술검토를 먼저 하고, 이를 기초로 특허발명과 대비하는 방식으로 실무를 개선하여야 한다는 견해[10], 소송절차상 특허발명에 대해서는 논할 수 없도록 하면서 선행기술과 통상의 기술자의 기술수준만을 논의하도록 하는 소위 사후적 고찰 방지 기일을 도입하자는 견해[11] 등이 있는데, 사후적 고찰 방지와 관련하여 경청할 만한 제안이라고 생각한다.

---

9) 상게논문, 605면 참조.
10) 김승곤, "소송단계의 진보성판단에 있어서 유럽특허청의 과제해결접근법이 던지는 몇 가지 시사점", 특허소송연구 6집, 특허법원(2013), 63면 참조.
11) 한상욱, 2016. 1. 25.자 관할 집중 관련 특허법원 세미나 발표자료 참조.

라. 통상의 기술자의 기술수준 인정

앞서 본 바와 같이 특허법 제29조 제2항에 따를 때 발명의 진보성
은 해당 발명이 속하는 기술분야에서 통상의 지식을 가진 사람 즉,
통상의 기술자 관점에서 객관적으로 판단되어야 하고, 이는 미국, 유
럽, 일본 등 다른 나라의 경우에도 마찬가지이다. 위와 같이 통상의
기술자 관점에서 발명의 진보성이 판단되기 위해서는 출원 당시 통
상의 기술자의 기술수준이 확정되어야 한다.

그런데 우리나라의 심사, 심판, 소송 실무를 보면, 통상의 기술자
의 기술수준은 구체적 증명의 대상이 되기보다는 심사관이나 심판
관 스스로의 기술수준 또는 변론 전체의 취지를 통하여 법관이 심증
으로 파악한 기술수준으로 이해되는 경향이 있어 왔다.

그러나 발명의 진보성은 특허의 유효성에 관한 법률문제의 하나
로서, 법원이 발명의 진보성을 판단할 때에는 선행기술의 범위와 내
용, 진보성 판단의 대상이 된 발명과 선행기술의 차이, 그리고 관련
되는 기술분야에서 통상의 기술자의 기술수준에 대하여 증거 등 기
록에 나타난 자료를 통하여 이를 파악하여야 하고[12], 특히 통상의
기술자의 기술수준을 사실문제로 취급하지 않을 경우 통상의 기술
자의 기술수준을 법관이나 법관을 기술적으로 보조하는 기술심리관,
특허조사관 등의 판단으로 대체할 위험이 있는바, 이는 부지불식간
출원 당시가 아닌 판단 시점에서 진보성을 판단하게 되는 쪽으로 경
도될 수 있다.[13]

위와 같이 통상의 기술자의 기술수준이 증거 등에 의하여 명확히
확정되지 않거나 무시되는 경우, 법원의 판단이 곧 통상의 기술자의

---

12) 대법원 2009. 11. 12. 선고 2007후3660 판결 참조.
13) 한동수, "발명의 진보성 유무의 판단 방법", 사법 12호, 사법연구재단(2010),
    270-271면.

판단으로 대체될 우려가 있고, 이는 해당 발명의 내용이 알려져 있는 상태에서 발명의 진보성을 판단하게 되어 사후적 고찰로 흐를 가능성이 높아지게 된다.

이처럼 통상의 기술자의 기술수준을 사실문제로 취급하여 증거 등에 의하여 입증하도록 해야 한다는 것은 소송법상 당연한 지적이라고 할 것이고, 효율성이나 심리 부담의 증가 등과 같은 현실적인 이유로 결코 간과되어서는 안 되며, 나아가 위와 같이 통상의 기술자의 기술수준 등과 관련된 사실심리를 강화하는 것은 진보성 판단의 객관성과 예측가능성을 높이는 데에 중요한 역할을 할 것으로 보일 뿐만 아니라, 그 자체로 사후적 고찰의 위험성을 줄이는 데에 상당한 기여를 할 것으로 보인다.

나아가 통상의 기술자의 기술수준을 어떻게 심리·판단할 것인지에 관하여 최근 논의가 활발한데, 앞서 제5장에서 살펴 본 바와 같이 통상의 기술자의 학력이나 실무 경험, 주지관용기술 및 기술상식, 해당 기술분야의 특성, 문제점들을 해결한 선행기술의 예 등이 종합적으로 고려되어야 할 것으로 보인다.

마. 결합의 용이성 판단

오늘날 거의 대부분의 발명은 2 이상의 공지된 구성요소가 결합하여 도출되는 결합발명에 해당하고, 많은 가치 있는 발명들은 기존의 여러 구성요소들을 새로운 방식으로 결합하여 새로운 결과를 낳게 하는 것이다. 따라서 발명을 복수의 구성 부분으로 나누어 개개의 요소가 공지되었는지 여부만을 살펴 진보성을 부정하는 것은 이러한 결합의 가치를 과소평가하는 결과가 되고, 해당 특허발명의 진보성을 부정하기 위한 선행기술을 찾고 이를 결합하기 위하여 해당 특허발명의 내용을 로드맵이나 청사진으로 활용하는 셈이 되어 다

분히 사후적 고찰의 산물일 수 있다.[14]

　이러한 점 때문에 결합발명의 진보성 판단에 있어서 사후적 고찰을 방지하기 위하여 세계 각 국에서는 다양한 법리가 발전되어 왔다. 미국의 TSM 테스트나 유럽의 could-would 접근법이 대표적이라고 할 수 있는데, 비록 그 표현에는 다소 차이가 있으나, 이들 모두 결합에 대한 동기나 암시 등이 선행기술에 존재하는지 여부를 핵심적 고려요소로 하고, 결과적으로 사후적 고찰을 방지하기 위한 제도적 장치로서 기능하는 것이라는 점에서 공통된다고 볼 수 있다.

　이러한 법리는 우리나라에도 상당한 영향을 미쳐 대법원 2007. 9. 6. 선고 2005후3284 판결에 이르러 "여러 선행기술문헌을 인용하여 특허발명의 진보성을 판단함에 있어서는 그 인용되는 기술을 조합 또는 결합하면 당해 특허발명에 이를 수 있다는 암시·동기 등이 선행기술문헌에 제시되어 있거나, 그렇지 않더라도 당해 특허발명의 출원 당시의 기술수준, 기술상식, 해당 기술분야의 기본적 과제, 발전 경향, 해당 업계의 요구 등에 비추어 보아 그 기술분야에 통상의 지식을 가진 자가 용이하게 그와 같은 결합에 이를 수 있다고 인정할 수 있는 경우에는 당해 특허발명의 진보성은 부정된다."라는 내용으로 구체화되기에 이르렀다.

　위 대법원 2007. 9. 6. 선고 2005후3284 판결에서 제시된 기준은 그 동안의 외국 및 국내의 논의를 종합하여 나름대로 합리적이고 절충적인 기준을 제시한 것으로 보이므로, 적어도 결합발명의 진보성 판단에 있어서는 위 판례에서 제시된 요소들을 증거 등에 의하여 인정하고, 이를 기초로 결합의 용이성 여부를 판단하는 것으로 실무가 운용되어야 할 것이다. 특히 실무상 진보성 유무가 많이 다투어지는 사건에서는 선행기술문헌에 결합에 대한 동기 등이 명확히 제시되

---

14)　Martin J. Adelman, Randal R. Rader, Gordon P. Klancnik, Patent Law in a nutshell(2nd edition), West(2013), p.175.

어 있지 않은 경우가 대부분이므로, 그 경우에 있어서 그 외의 사정들 즉, '당해 특허발명의 출원 당시의 기술수준, 기술상식, 해당 기술분야의 기본적 과제, 발전경향, 해당 업계의 요구' 등을 들어 결합의 용이성을 인정하기 위해서는 증거 등에 의하여 충분한 사실인정이 수반되어야 할 것이다.

바. 2차적 고려사항에 대한 검토

객관적 증거인 2차적 고려사항에 대한 검토가 사후적 고찰에 어떤 영향을 미치는지에 관하여는 2차적 고려사항을 가장 적극적으로 고려하는 것으로 보이는 미국에서조차도 논란이 있다. 2차적 고려요소를 검토함으로써 사후적 고찰을 제법 감소시킬 수 있다는 주장이 있는가 하면, 2차적 고려요소가 사후적 고찰을 감소하는 데 기여하는 정도는 '물통에 담긴 물방울 하나(a drop in the bucket)'에 비견될 정도로 미미하다는 주장도 있다고 한다.[15] 앞서 본 바와 같이 우리나라의 판례도 2차적 고려사항을 진보성 판단 시 하나의 자료로 참고할 수 있을 뿐, 2차적 고려사항만으로 진보성을 인정할 수는 없다는 입장을 취하는 것 같다.

생각건대, 2차적 고려사항이 구성의 곤란성을 중심으로 한 진보성 판단의 결론을 대체할 수는 없고, 구성의 곤란성 유무가 명백하지 않은 경우에 부차적으로 고려되는 요소라고 할 것이다. 다만, 2차적 고려사항을 진보성 판단의 독자적인 증거로 사용할 수 없다고 하더라도, 최소한 적극적인 검토 자료로 채택하여야 할 것이며, 2차적 고려사항이 진보성 판단에 사실상 전혀 기여하고 있지 못하고 있는 현재 실무의 태도는 개선될 필요가 있다.[16]

---

15) 정차호, "발명의 진보성 판단에 있어서 사후고찰 감소 방안", 지식재산21 제110호, 특허청(2010), 97면 참조.

상업적 성공 등 2차적 고려사항으로 언급되는 것들의 상당수는 발명의 효과에 관한 객관적인 지표에 해당하므로, 쉽사리 그 증거 가치를 부정할 것이 아니라, 효과의 현저성을 입증하는 객관적인 자료로서 중요하게 검토하여야 할 것으로 보인다. 그리고 특허권자의 발명을 복제하고 실시하고 있다거나, 오래된 필요 등을 해결한 경우 등과 같은 사정이 객관적으로 입증된 때에는 그 해결이 자명하지 않았다는 반증이 될 수 있으므로, 사후적 판단의 배제하기 위해서라도 적극적으로 고려하는 것이 필요하다.

또한, 오래된 필요 및 타인의 실패 등과 같은 요소들은 2차적 고려사항으로 언급되는 것이기는 하나, 한편으로는 통상의 기술자의 기술수준을 나타내는 지표에도 해당할 수 있기 때문에, 2차적 고려사항이라는 명목 하에 그 검토를 소홀히 해서는 안 된다고 할 것이다. 예컨대, 해당 기술분야에서 오랫동안 문제점이 인식되었음에도 그것이 해결되지 못하였다는 사정은 그만큼 해당 분야의 통상의 기술자의 기술수준이 낮다는 추론이 가능하기 때문에, 진보성을 보다 넓게 인정할 여지가 있다고 할 것이다.

---

16) 강경태, "2차적 고려사항", 특허판례연구(개정판), 박영사(2012), 274-275면 참조.

제8장

결 론

　진보성은 특허제도의 근간 및 목적과 가장 관련이 깊은 특허요건
이라고 할 수 있을 뿐만 아니라, 특허요건 중 가장 중요하고도 판단
하기 어려운 것이라는 데에 별다른 이견이 없다. 그런데 우리 특허
법에는 제29조 제2항에서 '특허출원 전에 그 발명이 속하는 기술분야
에서 통상의 지식을 가진 자가 선행발명에 의하여 용이하게 발명할
수 있는 것일 때에는 특허를 받을 수 없는 것'으로만 규정하고 있을
뿐이어서 법원의 판례를 통한 법 해석에 의해서 구체적인 기준을 제
시하는 것은 매우 중요하다고 할 것이다.

　이 글에서는 발명의 진보성 판단 기준과 관련한 국내외의 그동안
의 논의를 전반적으로 살펴봄과 아울러 이러한 기준을 구체적으로
적용 내지 운용하는 것과 관련하여 실무상 개선하여야 될 사항을 함
께 논의해 보았다. 이를 위해 우선 특허법에 관한 법리를 선도하고
있는 것으로 평가되는 미국, 유럽, 일본 등 다른 나라에서의 발명의
진보성 판단 기준을 필요한 범위 내에서 소개하였고, 다음으로 국내
의 진보성 판단 기준을 정리함과 아울러 그동안 국내에서 진보성 판
단·심리 방식의 개선과 관련하여 제안된 내용들을 검토하였으며, 나
아가 진보성 판단·심리 방식 개선의 논의를 위해 앞으로 필요한 사
항들은 무엇인지를 살펴보았다.

　제2장 제2절에서는 미국에서의 발명의 진보성 판단 기준에 대해
살펴보았다. 미국 연방대법원은 1851년 Hotchkiss v. Greenwood 사건에
서 발명이 특허를 받을 수 있기 위해서는 통상적인 기술자의 성과와
차별화시킬 수 있는 일정한 수준의 기술과 독창성이 필요하다고 하
여 처음으로 비자명성 요건에 대해 판시하였다. 이후 비자명성 요건
은 1952년 특허법 개정을 통해 특허법에 명문으로 규정되었다. 연방
대법원은 1966년 Graham v. John Deere Co. 사건을 통해 비자명성 판단
의 기본 틀인 Graham framework을 제시하였는데, Graham framework는
① 선행기술의 범위 및 내용의 확정, ② 특허 청구된 발명과 선행기

술의 차이 확정, ③ 통상의 기술자의 기술수준의 확정, ④ 비자명성에 대한 객관적 근거(소위 2차적 고려사항이라고 하는 상업적 성공, 오랫동안 해결되지 못했고 특허 청구된 발명에 의하여 비로소 해결된 기술적 과제, 경쟁자들의 실패 등)의 검토에 의하여 비자명성을 판단하는 것이다. 1982년 설립된 CAFC는 사후적 고찰을 방지하기 위해 2 이상의 선행기술을 결합하여 특허 청구된 발명에 도달하게 되는 경우, 그러한 결합을 교시, 시사, 동기를 부여하는 사항이 있어야 한다는 TSM 테스트를 사용하였다. 연방대법원은 2007년 KSR International Co. v. Teleflex 사건을 통해 TSM 테스트가 유용한 통찰 방법이기는 하나, TSM 테스트의 엄격한 적용은 옳지 않다고 판단하였고, 이후 하급심 판례는 KSR 판결의 기준에 따라 결합의 동기 등과 관련하여 기술상식을 고려하는 등 좀 더 유연한 접근 방식을 취하고 있다.

제2장 제3절에서는 유럽에서의 발명의 진보성 판단 기준에 대해 살펴보았다. 진보성 판단의 객관성과 예측가능성을 담보하기 위해 EPO는 이른바 '과제 해결 접근법'을 채택하여 운영해 오고 있다. 과제 해결 접근법은 3단계로 이루어지는데, ① 가장 근접한 선행기술(the closest prior art)을 결정하고, ② 해결되어야 할 '객관적인 기술적 과제'(objective technical problem)를 설정하며, ③ 당해 발명이, '가장 근접한 선행기술'과 '객관적인 기술적 과제'를 출발점으로 놓고 볼 때, 기술자에게 자명했을 것인지 여부를 고려한다. 자명성 여부를 판단함에 있어서는, 객관적인 기술적 과제에 직면한 통상의 기술자로 하여금 가장 근접한 선행기술을 수정 또는 변경하여 해당 발명의 조건에 부합함으로써 그 발명이 이루고자 하는 것을 성취하도록 하는 어떤 교시(teaching)가 선행기술 전체(the prior art as a whole)에 존재하는지 여부를 판단하게 된다. 이러한 자명성 여부 판단에 있어서의 핵심은 통상의 기술자가 가장 근접한 선행기술을 수정 또는 변경하여

해당 발명에 도달할 수 있었는지(could have arrived) 여부가 아니라, 그가 객관적인 기술적 과제를 해결하려는 기대 아래 그 선행기술을 수정 또는 변경을 하였을 것인지(would have done) 여부이다.

제2장 제4절에서는 일본에서의 발명의 진보성 판단 기준에 대해 살펴보았다. 진보성 유무는 통상의 기술자가 인용발명으로부터 청구항에 기재된 발명에 용이하게 도달할 수 있는지 여부로 결정된다. 이를 위해 먼저 청구항에 기재된 발명과 하나 또는 그 이상의 인용발명을 특정한다. 다음으로, 논리 부여에 가장 적합한 하나의 인용발명(주인용발명)을 선택하고, 청구항에 기재된 발명과 주인용발명을 대비하여 일치점 및 차이점을 추출한다. 그런 다음 차이점과 관련하여, 청구항에 기재된 발명의 진보성을 부정하기 위한 논리 부여가 가능한지를 인용발명(주지관용기술 포함) 및 기술상식에 근거하여 탐색한다. 구체적인 논리 부여에 있어서는, 차이점에 따른 구성이 다른 인용발명 등을 이용하여 조합 내지 치환이 용이한지 여부를 검토하되, 구체적으로 기술분야의 관련성이 있는지, 과제의 공통성이 있는지, 기능이나 작용에 공통성이 있는지, 인용발명의 내용 중에 시사가 있는지, 단순한 설계변경 사항인지, 공지된 재료 중 최적의 재료를 선택한 것인지 등을 종합적으로 고려한다. 또한 조합이나 치환의 저해 요인이 있거나 예상을 뛰어넘는 효과가 있을 경우에는 이를 진보성 판단에 긍정적으로 참작한다. 위와 같은 절차를 걸쳐 통상의 기술자가 인용발명으로부터 청구항에 기재된 발명에 용이하게 도달할 수 있다는 논리 부여에 성공하면, 진보성을 부정하고, 반대의 경우에는 진보성을 부정하지 않는다.

제3장에서는 진보성 판단의 대상이 되는 특허발명을 특정하는 것에 대해 살펴보았다. 이는 주로 청구범위 해석과 관련된 문제로서, 청구범위에 기재된 문언의 의미내용을 해석함에 있어서는 청구범위에 기재된 문언을 중심으로 하되(문언 중심의 원칙), 발명의 설명 또

는 도면, 출원시의 기술상식, 기술수준도 참작하여야 한다(발명의 설명 등 참작의 원칙). 즉, 청구범위에 기재된 문언의 일반적인 의미내용을 기초로 하면서도 발명의 설명 또는 도면, 출원시의 기술상식, 기술수준 등을 참작하여 객관적·합리적으로 해석하여야 한다. 발명의 설명 및 도면 등을 참작하여 청구범위에 기재된 문언을 해석한다고 하여, 발명의 설명 및 도면 등에 의하여 청구범위에 기재된 사항을 제한하거나 확장하여 해석할 수 없다. 청구범위에 기재된 문언이 기능적 표현으로 되어 있는 경우에도 이와 마찬가지이다.

제4장에서는 특허발명과 대비되는 선행기술과 관련한 제반 쟁점들을 검토하였다. 먼저 선행기술의 자격 내지 적격과 관련하여 특허법 제29조 제1항 각 호의 요건의 해석론을 살펴보았다. 또한, 진보성 판단에 있어 특허발명과 선행기술은 원칙적으로 그 기술분야가 동일·인접한 것이어야 하되, 판례는 ① 문제로 된 선행기술의 기술적 구성이 특정 산업분야에만 적용될 수 있는 구성이 아니고, ② 통상의 기술자가 특허발명의 당면한 기술적 문제를 해결하기 위하여 별다른 어려움 없이 이용할 수 있는 구성이라면 서로 동일·인접한 기술분야가 아니더라도 진보성 부정의 근거로 사용할 수 있다고 보고 있음을 확인하였다. 나아가 명세서에 기재된 종래기술을 어떻게 취급할 것인지 여부, 선행기술이 미완성인 발명인 경우에도 진보성 판단의 근거로 삼을 수 있는지 여부 등에 대해서도 살펴보았다.

제5장에서는 통상의 기술자의 의미와 그 기술수준을 어떻게 판단할 것인지에 대해 검토하였다. '통상의 기술자'는 특허법 전반에 사용되는 중핵적(中核的) 개념으로서, 구체적으로 통상의 기술자가 누구를 의미하는지에 관하여 심사관 기준설과 상상의 인물 기준설이 대립하고 있으나, 특허법상 상상의 인물로 봄이 상당하다. 또한, 통상의 기술자의 기술수준을 어떻게 심리·판단할 것인지에 관하여 최근 논의가 활발한데, 통상의 기술자의 학력이나 실무 경험, 주지관용

기술 및 기술상식, 해당 기술분야의 특성, 문제점들을 해결한 선행기술의 예 등을 종합적으로 고려하여야 함을 살펴보았다. 나아가 진보성 판단에서의 통상의 기술자 및 그 기술수준이 특허법상 다른 판단국면 특히, 명세서 기재 요건 판단에서의 그것과 어떠한 관계를 갖는지 등에 대해서도 크게 일원론과 이원론의 대립이 있는데, 이를 통일적으로 파악하는 일원론이 보다 합당한 해석이라는 점도 아울러 살펴보았다.

제6장에서는 발명의 용이 도출 여부에 관한 구체적인 판단 방법에 대해 검토하였다. 먼저 전통적인 목적·구성·효과 대비 방식과 관련한 문제점을 분석하고, 그 문제점을 어떻게 개선 내지 보완할 것인지를 살펴보았다. 이러한 종래의 실무와 관련하여 대법원은 사후적 고찰 금지를 강조하는 대법원 2007. 8. 24. 선고 2006후138 판결, 발명 전체로서의 대비 및 결합의 동기 등을 강조하는 대법원 2007. 9. 6. 선고 2005후3284 판결, 통상의 기술자의 기술수준 등 진보성 판단자료에 대한 사실심리의 필요성을 강조하는 2009. 11. 12. 선고 2007후3660 판결, 결합의 용이성 여부에 관한 구체적인 판단 방법을 제시한 대법원 2011. 2. 10. 선고 2010후2698 판결 등에 관하여도 살펴보았다.

제7장에서는 진보성 판단 방법을 개선하기 위한 방안과 관련하여, 특허발명의 객관적인 기술적 과제를 확인하는 작업이 이루어져야 하고, 주인용발명(가장 가까운 선행기술)을 결정한 후 발명 전체를 대비하는 방식으로 진보성 판단이 이루어져야 하며, 증거 등 사실심리를 통해 결합의 용이성 내지 통상의 창작능력 발휘와 관련된 논거들을 충분히 제시함으로써 진보성 판단의 논거를 객관적으로 검증할 수 있어야 할 뿐만 아니라, 진보성 판단의 객관성을 높이기 위해 발명의 효과 및 2차적 고려요소를 좀 더 적극적으로 고려해야 함을 제안하였다. 마지막으로 진보성 판단에 있어 가장 문제가 되는 사후적 고찰을 방지 내지 감소하기 위한 구체적인 방법론도 제시하

였다.

이상과 같은 내용으로 발명의 진보성 판단에 관하여 검토하였다. 서두에서 밝힌 바와 같이 특허법에 있어서 진보성 판단은 매우 중요하면서도 고도의 가치 평가가 수반되는 어려운 작업임에는 이론의 여지가 없다. 필자가 생각하기에 바람직한 진보성 판단 기준 내지 방법은 객관성 내지 예측가능성이 보장됨과 아울러 구체적으로 타당한 결론을 이끌 수 있는 것이어야 하는데, 이러한 서로 상충되는 목표를 조화할 수 있는 기준을 마련하는 것은 무척 어려운 일이고, 부단한 연구와 개선이 필요한 문제라고 할 것이다.

이 논문에서는 나름대로 우리나라의 진보성 판단 실무의 문제점을 진단해 보고, 그에 관한 개선 방안을 제시하고자 노력하였다. 그 주장 중에는 그동안 학계나 실무계에서 충분히 논의된 내용도 있지만, 일부는 필자의 주관적인 경험에 기대어 한 다소 낯선 주장도 포함되어 있을 수 있다. 아무쪼록 이 글이 발명의 진보성 판단에 관하여 보다 합리적이고 바람직한 해석론의 정립과 실무의 개선에 작은 단초가 되기를 바란다.

참고문헌

[국내 문헌]

강경태, "공지의 의의와 비밀유지의무", 특허판례연구(개정판), 박영사(2012)

강경태, "미국 연방순회항소법원 연수기", 특허소송연구 5집, 특허법원(2011)

강경태, "이원적 청구범위해석방법에 관한 검토", 특허판례연구(개정판), 박영사(2012)

강경태, "2차적 고려사항", 특허판례연구(개정판), 박영사(2012)

강경태, "특허청구범위해석론의 재검토", 특허소송연구 4집, 특허법원(2008)

곽준영·이상철, 조문별·쟁점별 특허판례(제7판), 특허심판원(2015)

김동준, 특허균등침해론, 법문사(2012)

김승곤, "소송단계의 진보성판단에 있어서 유럽특허청의 과제해결접근법이 던지는 몇 가지 시사점", 특허소송연구 6집, 특허법원(2013)

김승곤, "기재불비 및 진보성유무 판단 시 명세서에 기재된 배경기술의 취급", 특허소송연구 6집, 특허법원(2013)

김승조, "진보성 판단에 있어서 기술분야", 특허판례연구(개정판), 박영사(2012)

김원준, 특허법, 박영사(2004)

김운호, "진보성 판단에 있어서 '그 발명이 속하는 기술분야'의 의의", 대법원판례해설 78호, 법원도서관(2009)

박동식, 유럽특허법, 세창출판사(2009)

박민정, "통상의 기술자와 기술수준", 특허소송연구 6집, 특허법원(2013)

박성수, "실용신안 명세서에 종래기술로 기재한 기술은 특별한 사정이 없는 한 출원 전 공지기술로 보아야 하는지", 대법원판례해설 59호, 법원도서관(2006)

박성수, "특허발명의 진보성 판단", 대법원판례해설 74호, 법원도서관(2008)

박성수, "특허법원 판결로 본 특허의 유효성 분석 - 진보성 판단을 중심으로", 지식과 권리, 대한변리사회(2007)

박성수, "특허청구범위의 해석과 출원명세서의 발명의 상세한 설명 및 도면의 참조", 대법원판례해설 74호, 법원도서관(2008)

박성수, "특허청구범위의 해석에 관한 소고", 사법논집 39집, 법원도서관(2004)

박시영, "미국과 한국의 진보성 판단에 관한 비교법적 고찰", 발명특허 36권 6호, 한국발명진흥회(2011)

박원규, "기능식 청구항의 해석", 특허판례연구(개정판), 박영사(2012)

박일희, "특허 요건 중 진보성에 대한 비교법적 고찰", Law & Technology 7권 5호, 서울대학교 기술과법센터(2011)

박정희, "설정등록된 실용신안의 공지시점", 대법원판례해설 82호, 법원도서관(2009)

박태일, "최근 특허법원 주지관용기술 판단 사례에 관한 검토", 특허소송연구 5집, 특허법원(2010)

박태일, "특허법 제29조 제1항 소정의 공지된 발명의 의미", 특허판례연구(개정판), 박영사(2012)

법원행정처, 알게 쉽게 고쳐 쓴 특허판결, 사법발전재단(2015)

사법연수원, 특허법, 2012

설민수, "미국과의 비교를 통해 본 한국법원의 특허청구항 해석원칙과 그 실제", 사법 23호, 사법발전재단(2013)

설민수, "특허침해 구제기관으로서 ITC의 대두와 한국에서의 시사점", 선진상사법률연구 58호, 법무부(2012)

신혜은, "진보성 판단을 위한 합리적인 기준의 모색", 특허소송연구 5집, 특허법원(2011)

심준보, "공지·공연실시·간행물공지의 의의", 특허소송연구 4집, 특허법원(2008)

심준보, "특허법상 공지·공연실시의 의미와 관계", 지식재산21 제96호, 특허청(2006)

손천우, "제조방법이 기재된 물건(Product by Process) 청구항의 특허침해판단에서의 해석기준", 사법논집 36호, 사법발전재단(2016)

손천우, "특허청구항 해석에서 사실심과 법률심의 판단범위와 근거", 사법논집 60집, 법원도서관(2016)

송영식, 지적소유권법(상), 육법사(2008)

우라옥, "특허법상 진보성 판단과 사후적 판단", 기업법·지식재산법의 새로운 지평, 법문사(2011)

유영선, "등록된 발명 또는 고안의 공지 시기", 특허판례연구(개정판), 박영사(2012)

유영선, "의학발명의 유형별 특허요건의 비교·분석", 특허소송연구 6집, 특허법원(2013)

유영선, "제조방법이 기재된 물건발명(Product by Process Claim)의 해석", 2014 TOP 10 특허판례 세미나 자료집, 한국특허법학회(2015)

윤여강, "특허법에서의 '그 발명이 속하는 기술 분야에서 통상의 지식을 가진 자'에 대한 연구", 산업재산권 30호, 한국산업재산권법학회(2009)

윤선희, 특허법(개정판), 법문사(2012)

윤태식, "진보성 등 판단에 있어서 설계변경사항의 한계", 특허판례연구(개정판), 박영사(2012)

윤태식, 판례중심 특허법, 진원사(2013)

이규홍, "CAFC의 현황에 대한 소고", 재판자료 113집, 법원도서관(2007)

이교림, "발명의 진보성 판단기준", 대법원판례해설 17호, 법원도서관(1992)

이상철, "명세서의 종래기술을 선행기술로 사용할 수 있는지 여부", 지식재산 21 제96호, 특허청(2006)

이수미, "명세서의 기재 요건으로 인한 특허발명 권리범위의 한정", 법학연구 14집 2호, 인하대학교(2011)

이윤원, "특허법상 진보성 판단에 관한 연구", 충남대학교 대학원 박사학위논문(2006)

이인종, 특허법개론(제11판), 21c법경사(2004)

이해영, 미국특허법(제4판), 한빛지적소유권센터(2012)

이호조, "진보성 판단에서 기술분야가 다른 선행기술의 사용", 특허판례연구(개정판), 박영사(2012)

이회기, "발명의 진보성 판단의 방법", 특허판례연구(개정판), 박영사(2012)

이회기, "신규성을 부정하기 위한 선행기술(문헌)의 적격", 특허판례연구(개정판), 박영사(2012)

이헌, "독립항과 종속항의 구별", 특허법원 지적재산소송 실무연구회 발표문(2013. 4. 발표)

이헌, "독립항과 이를 한정하는 종속항 등 여러 항으로 이루어진 특허발명 청구항의 해석", Law & Technology 9권 2호, 서울대학교 기술과법센터(2013)

이헌, "발명의 진보성 판단과 기술적 과제", Law & Technology 11권 3호, 서울대학교 기술과법센터(2015)

이헌, "진보성 심리에 관한 특허법원 최근 동향", 2015. 5. 12.자 특허심판원 세미나 자료

임호, 특허법, 법문사(2003)

전지원, "심결취소소송에서의 변론주의", 대법원판례해설 88호, 법원도서관

(2011)

정상조·박성수 공편, 특허법 주해 I, 박영사(2010)

정상조·박준석, 지적재산권법(제2판), 홍문사(2011)

정연덕, "한국, 미국, 일본의 특허 무효율 비교", 창작과 권리 70호, 세창출판사(2013)

정태호, "특허법상 미완성발명과 기재불비의 적용관계에 관한 검토", 창작과 권리 62호, 세창출판사(2011)

정차호, "발명의 진보성 판단에 있어서 사후고찰 감소 방안", 지식재산21 제110호, 특허청(2010)

정차호, 특허법의 진보성, 박영사(2014)

조영선, "발명의 진보성 판단에 관한 연구", 사법논집 37집, 법원도서관(2004)

조영선, 특허법(제3판), 박영사(2011)

조영선, 특허소송에 있어서 발명의 진보성 판단의 국제기준에 관한 비교분석, 고려대학교 산학협력단(2010)

조영선, "특허쟁송과 당업자의 기술수준", 저스티스 86호, 한국법학원(2005)

조영선, "한국의 특허법 관련 실무 동향", Law & Technology 4권 3호, 서울대학교 기술과법센터(2008)

최승재, "결합발명의 진보성 심리 및 판단 방법에 개선을 위한 연구", 특별법연구 제12권, 사법발전재단(2015)

최승재, 미국특허법, 법문사(2011)

최인철, "사후 과잉 확신 편향과 인과 추론", 한국심리학회지 23권 1호, 한국심리학회(2004)

천효남, 특허법(제11판), 법경사(2005)

특허법원, 특허법원 2014, 2015

특허법원, 특허법원 2015, 2016

특허법원 지적재산소송 실무연구회, 지적재산소송실무(제3판), 박영사(2014)

특허청, 특허·실용신안 심사지침서, 2011

한규현, "신규성·진보성 판단의 대상이 되는 발명의 확정", 대법원판례해설 74호, 법원도서관(2008)

한동수, "등록실용실안의 보호범위의 확정 방법", 대법원판례해설 78호, 법원도서관(2009)

한동수, "발명의 진보성 유무의 판단 방법", 사법 12호, 사법연구재단(2010)

한동수, "발명의 진보성 판단기준", 특허소송연구 4집, 특허법원(2008)

한동수, "심결취소소송에서 주지관용기술의 증명 방법 및 발명의 진보성 판

단시 2차적 고려사항", 대법원판례해설 76호, 법원도서관(2008)

한동수, "진보성 판단에 제공되는 선행기술의 자격", Law & Technology 5권 2
  호, 서울대학교 기술과법센터(2009)

한동수, "특허청구범위가 기능적 표현으로 기재된 경우 발명의 내용을 확정
  하는 방법", 대법원판례해설 82호, 법원도서관(2010)

한상욱, "세계에 내세울 만한 한국의 진보성 판단기준", 「특허법의 진보성」
  (정차호 저), 박영사(2014)

황영주, "특허의 진보성 판단에 관한 각국 기준의 개괄적 비교", 특허법원 개
  원 10주년 기념논문집, 특허법원(2008)

황종환, 특허법(개정7판), 한빛지적소유권센터(2005)

[국외 문헌]

吉藤辛朔 著, YOU ME 特許法律事務所 譯, 特許法槪說(第13版), 대광서림
  (2000)

中山信弘, 註解 特許法(上)(第3版), 靑林書院(2003)

中山信弘·相澤英孝·大渕哲也 編, 比較特許判例硏究會 譯, 特許判例百選(第3
  版), 박영사(2005)

中山信弘, 特許法(第2版), 弘文堂(2012)

竹田和彦 著, 金琯植 外 5人 譯, 特許의 知識(第6版), 명현출판사(2002)

竹田 稔 監修, 特許審査·審判의法理と課題, 發明協會(2002)

飯村敏明, "일본의 특허진보성관련 판례동향 및 시사", 일본지적재산고등재
  판소장 초청 특별세미나 자료, 특허청(2013)

日本 特許庁, 特許·實用新案 審査基準, 2006

Christopher A. Cotropia, "Patent Law Viewed Through an Evidentiary Lens: The
  'Suggestion Test' as a Rule of Evidence", 2006 B.Y.U. L. Rev. 1517,
  1547-56(2006)

Dan L. Burk, Mark A. Lemley, "Is Patent Law Technology-Specific?", 17 Berkely Tech.
  L.J. 1155(2002)

David J. Abraham, "Shinpo-Sei: Japanese Inventive Step Meets U.S. Non-Obviousness",
  77 J. Pat. & Trademark Off. Soc'y 528(1995)

Donald S. Chisum, Chisum on Patents, volume 2, LexisNexis(2014)

EPO, Guidelines for Examination, 2014

EPO, Case Law of the EPO Boards of Appeal(7th edition), 2013

Martin J. Adelman, Randal R. Rader, Gordon P. Klancnik, Patent Law in a nutshell(2nd edition), West(2013)

Martin J. Adelman, Randal R. Rader, John. R. Thomas, Cases and Materials on Patent Law(3rd edition), West(2009)

George G. Triantis, "The Efficiency of Vague Contract Terms: A Response to the Schwartz-Scott Theory of U.C.C. Article 2", 62 La. L. Rev. 1065(2002)

Gerald Paterson(박종효 등 역), European Patent, 한국특허정보원(2009)

Gregory N. Mandel, "Patently Non-Obvious: Empirical Demonstration that the Hindsight Bias Renders Patent Decision Irrational", 67 Ohio St. L.J. 1391(2006)

Joel Miller, Claim Construction at the PTO-The "Broadest Reasonable Interpretation", 88 J. Pat. & Trademark Off. Soc'y 279(2006)

Jonathan J. Darrow, "The Neglected Dimension of Patent Law's PHOSITA Standard", Harvard Journal of Law & Technology, Vol. 23, No. 1, 227(2009)

Jason Rantanen, "The Federal Circuit's New Obviousness Jurisprudence: An Empirical Study", 16 Stan. Tech. L. Rev. 709(2013)

John R. Allison et al. "Understanding the Realities of Modern Patent Litigation", 92 Tex. L. Rev. 1769(2014)

Jonathan M. Spenner, "Obvious-to-Try Obviousness of Chemical Enantiomers in View of Pre- and Post-KSR Analysis", 90 J. Pat. & Trademark Off. Soc'y 475(2008)

Joseph P. Meara, "Just who is the person having ordinary skill in the art? Patent law's mysterious personage", 77 Wash. L. Rev. 267(2002)

Peter S. Menell, "Patent Claim Construction: A Modern Synthesis and Structured Framework, 25 Berkeley Tech. L.J. 711(2010)

Rebecca S. Eisenberg, "Obvious to Whom? Evaluating Inventions from the Perspective of PHOSITA", 19 Berkeley Tech. L.J. 885(2004)

Samson Vermont, "A New Way to Determine Obviousness; Applying the Pioneer Doctrine to 35 U.S.C. § 103(A)", 29 AIPLA Q.J. 375(2001)

Samuel Oddi, "Beyond Obviousness: Invention Protection in the Twenty-First Century", 38 Am. U. L. Rev. 1097(1989)

Theresa Stadheim, "How KSR v. Teleflex Will Affect Patent Prosecution in the Electrical and Mechanical Arts", 91 J. Pat & Trademark Off. Soc'y 142(2009)

Thomas M. Leber, "The could/would-problem in the problem-solution approach: a proposal to solve this issue in a systematic manner", European Intellectual Property Review(2010)

USPTO, Manuel of Patent Examining Procedure(MPEP), 2015

[인터넷 자료]

http://www.epo.org/law-practice/legal-texts/epc.html (2015. 4. 방문)

http://www.epo.org/law-practice/legal-texts/guidelines.html (2015. 4. 방문)

http://www.epo.org/law-practice/case-law-appeals/case-law.html (2015. 4. 방문)

http://www.jpo.go.jp/tetuzuki_e/t_tokkyo_e/Guidelines/2_2.pdf (2015. 5. 방문)

http://www.D1-Law.com (2015. 6. 방문)

http://www.patentlyo.com/patent/2015/06/remand-deference-indefinite.html (2016. 4. 방문)

http://www.fta.go.kr/webmodule/_PSD_FTA/us/doc/kor/47-18IPR.pdf (2016. 6. 방문)

찾아보기

이 헌

■ 학력
2000. 2. 서울대학교 법과대학 법학과 졸업(법학사)
2005. 2. 서울대학교 대학원 법학과 졸업(지적재산권법 석사)
2016. 8. 서울대학교 대학원 법학과 졸업(지적재산권법 박사)

■ 경력
2000. 제42회 사법시험 합격
2001. 3. ~ 2003. 2. 사법연수원 수료(제32기)
2003. 4. ~ 2006. 3. 육군 법무관
2006. 4. ~ 2009. 2. 대구지방법원 판사
2009. 2. ~ 2012. 2. 전주지방법원 남원지원 판사
2012. 2. ~ 2016. 2. 특허법원 판사
2014. 2. ~ 2014. 12. 미국 조지워싱턴대학교 로스쿨 연수
2016. 2. ~ 현재 대법원 재판연구관(지적재산권조)

■ 주요 논저
· 발명의 진보성 판단과 기술적 과제, 특허판례연구 3판, 한국특허법학회(2017. 8).
· 독립항과 종속항의 구별, 특허소송연구 7집, 특허법원(2017. 2).
· 미국의 진보성 판단 기준에 관한 연구, 특허소송연구 7집, 특허법원(2017. 2).
· '분명하지 아니한 기재를 명확하게 하는 경우'의 판단 기준 및 발명의 진보성 유무를 판단하는 방법, 대법원판례해설 110호, 법원도서관(2016 하반기).
· 2차적저작물의 저작재산권 양도와 원저작물의 저작재산권, 대법원판례해설 110호, 법원도서관(2016 하반기).
· 저작재산권 침해행위에 관한 공소사실의 특정 정도, 대법원판례해설 110호, 법원도서관(2016 하반기).
· 발명의 진보성 판단에 관한 연구, 서울대학교 박사학위논문(2016. 8).
· 특허권침해로 인한 특허법위반 사건에서의 공소사실 특정 여부에 관한 판단 기준, 108호, 법원도서관(2016 상반기)

발명의 진보성 판단에 관한 연구

초판 인쇄 ┃ 2017년 9월 20일
초판 발행 ┃ 2017년 9월 27일

지 은 이   이 헌
발 행 인   한정희
발 행 처   경인문화사
총 괄 이 사   김환기
편   집   김지선 박수진 한명진 유지혜
마 케 팅   김선규 하재일 유인순
출 판 번 호   406-1973-000003호
주   소   파주시 회동길 445-1 경인빌딩 B동 4층
전   화   031-955-9300 팩   스   031-955-9310
홈 페 이 지   www.kyunginp.co.kr
이 메 일   kyungin@kyunginp.co.kr

ISBN 978-89-499-4295-7 93360
값 35,000원